国家自然科学基金资助出版
铁路科技图书出版基金资助出版

高速铁路光传送网(OTN)保护技术

孙　强　林　木　郭桂芳　熊　杰　编著

中国铁道出版社有限公司

2019年·北　京

内 容 简 介

随着 OTN 的大规模使用，关于 OTN 保护的相关研究也逐渐深入，相关技术不断发展完善。本书重点阐述了 OTN 网络保护的相关内容，对在高速铁路网络研究方面取得的成果进行了总结，主要包括光传送网(OTN)、OTN 保护技术、OTN 保护策略研究等内容。

本书可作为高等院校通信专业的教材，也可以作为铁路通信专业技术人员学习 OTN 技术的培训教材，还可以作为科研人员的参考书。

图书在版编目(CIP)数据

高速铁路光传送网(OTN)保护技术/孙强等编著．—北京：中国铁道出版社有限公司，2019.8
ISBN 978-7-113-25958-7

Ⅰ.①高… Ⅱ.①孙… Ⅲ.①高速铁路-光传送网 Ⅳ.①U238

中国版本图书馆 CIP 数据核字(2019)第 122393 号

书　　名：高速铁路光传送网(OTN)保护技术
作　　者：孙　强　林　木　郭桂芳　熊　杰

策　　划：亢嘉豪
责任编辑：亢嘉豪　　**编辑部电话：**010-51873146　　**电子信箱：**dianwu@vip.sina.com
封面设计：高博越
责任校对：焦桂荣
责任印制：高春晓

出版发行：中国铁道出版社有限公司(100054，北京市西城区右安门西街 8 号)
网　　址：http://www.tdpress.com
印　　刷：北京柏力行彩印有限公司
版　　次：2019 年 8 月第 1 版　2019 年 8 月第 1 次印刷
开　　本：787 mm×1 092 mm　1/16　**印张：**15.25　**字数：**354 千
书　　号：ISBN 978-7-113-25958-7
定　　价：58.00 元

前　言

截至2018年底，中国高速铁路总营业里程已达到2.9万公里，我国已成为世界上高速铁路投产运营里程最长、在建规模最大的国家。我国自主研制的时速350 km高速列车居全球领先地位，在列车制造、列车控制、系统集成和工务工程等技术方面已处于世界先进行列。

高速铁路是一个复杂的系统，由轨道线路、高速列车、运行控制、牵引供电、运营调度和客运服务等系统构成。目前，世界各国正在研究和发展以智能客户端、智能云、智能控制、智能指挥和智能调度等为特征的智能铁路。信息通信网络是高速铁路和智能铁路的关键技术之一，光传送网络是信息基础设施。随着数据业务的迅猛发展，网络的核心技术逐步由TDM（时分复用）向IP（网络互连协议）演进。以SDH（同步数字体系）+WDM（波分复用）的传输网组网方式已不能满足日益增长的数据业务需求。未来光传送网对安全可靠性、传输容量、交叉颗粒、业务调度能力、带宽利用率、组网方式、接口类型、传输距离和网管功能提出了更高的要求，而OTN（光传送网，Optical Transport Network）技术很好地满足了高速铁路和智能铁路对于光传送网的要求，成为高速铁路和智能铁路光传输网的主流技术。

OTN是克服SDH与WDM技术的不足而提出来的一种新的光传输技术，其结合了光域和电域处理的优势，提供巨大的传送容量、完全透明的端到端波长/子波长连接以及电信级的保护。随着OTN的大规模使用，关于OTN保护的相关研究也逐渐深入，相关技术不断发展完善，本书重点阐述OTN网络保护的相关内容，对在高速铁路网络研究方面取得的成果进行总结。

全书共4章。第一章为绪论，简要介绍SDH和WDM的基本原理及应用。第二章为光传送网（OTN），主要介绍OTN的概念、体系结构以及应用场景。第三章主要介绍OTN保护技术，并重点结合铁路OTN网络介绍OTN保护方式及综合保护机制等内容。第四章为OTN保护策略研究，通过总结近年来取得的学术成果和经验，对高速铁路OTN网络的保护技术进行了详细阐述。

本书由孙强、林木、郭桂芳、熊杰编著。在本书的编写过程中，得到了相关领导和同事们的大力支持与帮助，同时也得到国家自然科学基金(U1534201)和铁路科技图书出版基金的支持，在此表示衷心的感谢。

由于编者的水平有限，加之时间仓促，书中难免有不足之处，恳请读者批评指正。

编　者

2019年2月于北京

目　　录

第一章　绪　　论

第一节　同步数字体系(SDH)

一、SDH 基本知识

(一)SDH 帧结构复用

SDH 网是由一些 SDH 的网络单元(NE)组成的，在光纤上进行同步信息传输、复用、分插和交叉连接的网络(SDH 网中不含交换设备，它只是交换局之间的传输手段)。SDH 网的概念中包含以下几个要点。

(1)SDH 网有全世界统一的网络节点接口(NNI)，从而简化了信号的互通以及信号的传输、复用、交叉连接等过程。

(2)SDH 网有一套标准化的信息结构等级，称为同步传递模块 STM-N(N=1、4、16、64)，并具有一种块状帧结构，允许安排丰富的开销比特(即比特流中除去信息净负荷后的剩余部分)用于网络的 OAM。

(3)SDH 网有一套特殊的复用结构，允许现存准同步数字体系、同步数字体系和宽带综合业务数字网(B-ISD)的信号都能纳入其帧结构中传输，即具有兼容性和广泛的适应性。

(4)SDH 网大量采用软件进行网络配置和控制，增加新功能和新特性非常方便，适合将来不断发展的需要。

(5)SDH 网有标准的光接口，即允许不同厂家的设备在光路上互通。

(6)SDH 网的基本网络单元有终端复用器(TM)、分插复用器(ADM)、再生中继器(REG)和同步数字交叉连接设备(SDXC)等。

本书先介绍 STM-N 信号帧结构的安排，应尽可能使支路低速信号在一帧内均匀、有规律地排列。因为这样便于实现支路低速信号的分/插、复用和交换，其实是为了方便地从高速 SDH 信号中直接上/下低速支路信号。鉴于此，ITU-T 规定了 STM-N 的帧是以字节(8 bit)为单位的矩形块状帧结构，如图 1-1 所示。

从图中看出，STM-N 的帧结构由 3 部分组成：段开销，包括再生段开销(RSOH)和复用段开销(MSOH)；管理单元指针(AU-PTR)；信息净负荷(payload)。

而 SDH 的复用包括两种情况：一种是低阶的 SDH 信号复用成高阶 SDH 信号；另一种是低速支路信号(例如 2 Mbit/s、34 Mbit/s、140 Mbit/s)复用成 SDH 信号 STM-N。

第一种情况主要通过字节间插复用方式来完成的，复用的个数是 4 合 1，即 4×STM-1→STM-4，4×STM-4→STM-16。在复用过程中保持帧频不变(8 000 帧/s)，这就意味着高一级的 STM-N 信号速率是低一级的 STM-N 信号速率的 4 倍。在进行字节间插复用过程中，各帧的信息净负荷和指针字节按原值进行间插复用，而段开销则会有些取舍。在复用成的

STM-N 帧中，SOH 并不是所有低阶 SDH 帧中的段开销间插复用而成，而是舍弃了一些低阶帧中的段开销。

第二种情况用得最多的就是将 PDH 信号复用进 STM-N 信号中去。

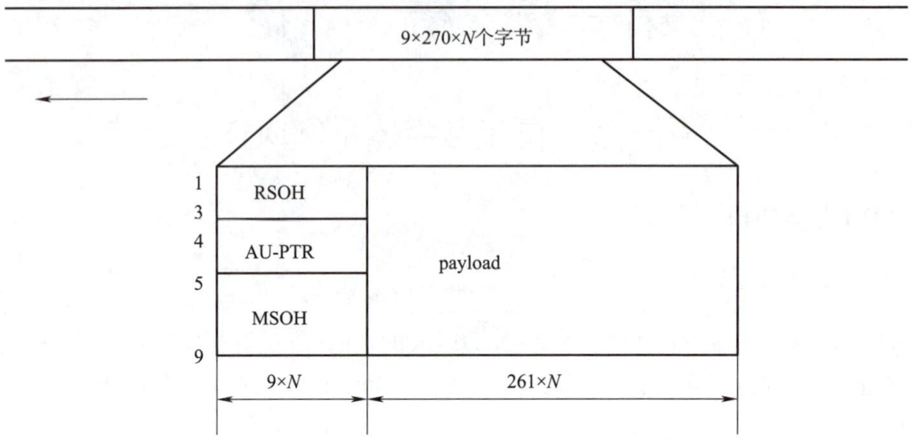

图 1-1　STM-N 帧结构

（二）SDH 的基本网络单元

1. 终端复用器(TM)

TM 是 SDH 基本网络单元中最重要的网络单元之一。它的主要功能是将若干个 PDH 低速率支路信号复用成为 STM-1 帧结构电(或光)信号，或将若干个 STM-n 信号复用成为 STM-N($n<N$)信号输出。解复用过程与复用过程相反。

2. 分插复用器(ADM)

ADM 是 SDH 传输系统中最具特色、应用最广泛的基本网络单元。ADM 分插复用器是在高速信号中分接(或插入)部分低速信号的设备。

3. 再生中继器(REG)

REG 是将经过光纤长距离传输后，受到较大衰减和色散畸变的光脉冲信号，转换成电信号后，进行放大、整形、再定时、再生成为规范的电脉冲信号，经过调制光源变换成光脉冲信号，送入光纤继续传输，以延长通信距离。

4. 同步数字交叉连接设备(SDXC)

SDXC 是指 SDH 设备或网络中的数字交叉连接设备。主要功能：实现 SDH 设备内支路间、群路间、支路与群路间、群路与群路间的交叉连接，还兼有复用、解复用、配线、光电互转、保护恢复、监控和电路资源管理等多种功能。

（三）SDH 的设备

1. 数字交叉连接器

在过去的电信网中，如果要对电路进行调度则是靠值机人员在人工配线架上进行操作来完成的。随着电信网的飞速发展，传输容量越来越大，传输系统种类也有所增加，这时再通过传统的人工配线架互联调度路由，将因为它的低效率、低可靠性和高费用显得越来越不适应快速连接和再连接的要求。于是,人们就研制出了一种相当于“自动配线架”的数字交叉连接器(Digital Cross Connect equipment,DXC),其中适用于 SDH 的数字交叉连接器称为 SDXC,但大多数场合仍称为 DXC。

(1)数字交叉连接器是一种相当于“自动配线架”的提供快速连接和再连接功能的设备。具体地说,DXC 设备实质上是兼有复用、配线、保护/恢复、监测和网络管理等多种功能的一种传输设备。

(2)DXC 的功能可列出七八种。本书仅就其中最基本的电路调度功能——路由选择作简单的介绍。

①在 SDH 网络所服务的范围内,当出现重要会议或重大活动等需要占用电路时,DXC 可根据需要对通信网中的电路重新调配,迅速提供电路。

②当网络出现故障时,DXC 能够迅速提供网络的重新配置,上面的这些网络重新配置都是通过控制系统来完成的,而不像传统的 PDH 是由人工在人工配线架上来操作的。

③业务的汇集和疏导功能,DXC 能将同一传输方向传输过来的业务填充到同一传输方向的通道中;将不同的业务置分类导入不同的传输通道中。

④保护倒换功能,一旦 SDH 网络某一传输通道出现故障,DXC 可对复用段、通道进行保护倒换,接入保护通道。通道层可以预先划分出优先等级,由于这种保护倒换对网络全面情况不需做了解,因此具有很快的倒换速度。DXC 除上述功能外,还有开放宽带业务、网络恢复、不完整通道段监视、测试接入等功能。

(3)DXC 与数字交换机的特点

①信号独立性:目前现有准同步数字体系存在三个速率标准,即以 2 Mbit/s 为基准数字系列和以 1.544 Mbit/s 为基准的数字系列。正因为 SDH 网络中的交叉连接网络可对任何数字系列的信号进行交叉连接,因而可以在 DXC 设备的接口板上观察到彼此独立的各速率接口。

②无阻塞:理论上将 DXC 能够以点对点或点对多点方式支持任意带宽的支路信号进行无阻塞的交叉连接。

③周期性:在每一帧(125 μs)中,所有支路信号均周期性地重复出现在相应的位置上。

④同步性:并行输入的各支路信号彼此之间的频率相同,这样 DXC 设备可按字节间插方式形成高阶信号。

2. ADM

分插复用器(ADM,Add/Drop Multiplexer)用于 SDH 传输网络的转接站点处,例如链的中间结点或环上结点是 SDH 网上使用最多、最重要的一种网元,是一个三端口的器件。

ADM 是 SONET/SDH 网络的主要组成部分,联合或多元一些较低速数据流进入到一个单束光。ADM 在接收的一个光信号之上(OC-n/STM-n),被设定丢弃到来的整个信号或丢弃仅仅特定的一部分较低速率的光信号和/或较低速率的准同步数字系列(PDH)信号(T1,T3),剩余的信号通过。同时,光信号或 PDH 信号能够被附加来取代丢弃的信号和完成流出的光信号。

ADM 位于传输网络的转接站点处,例如链的中间结点或环上结点。ADM 有两个线路端口和一个支路端口。两个线路端口各接一侧的光缆(每侧收/发共两根光纤),为了描述方便将其分为西(W)向、东向(E)两个线路端口。ADM的作用是从线路端口接收的信号中拆分出到达该目的地的低速支路信号,再将一些低速支路信号插进线路信号中并将其传送到其要到达的目的节点。ADM设在网络的中间局点,有东西两个线路侧方向,能够完成上下支路信号的功能。

ADM有两个线路端口和一个支路端口。两个线路端口各接一侧的光缆(每侧收/发共两根光纤)。ADM的作用是将低速支路信号交叉复用进线路上去,或线路端口侧收的线路信号中拆分出低速支路信号。ADM是SDH最重要的一种网元,通过它可等效成其他网元,例如:一个ADM可等效成两个TM。

二、SDH光传输系统

(一)系统结构

SDH光缆线路系统中可以采用多种结构,如点到点系统、点到多点系统以及环路系统等,其中点到点链状系统和环路系统是使用最为广泛的基本线路系统。下面着重介绍这两种线路系统。

1. 点到点链状线路系统

图1-2中给出了一个典型点到点链状线路系统,由具有复用和光接口功能的线路终端、中继器和光缆传输线构成。其中中继器可以采用目前常见的光—电—光再生器,也可以使用掺铒光纤放大器(EDFA),在光路上完成放大的功能。另外在此系统中,既可以构成单向系统,也可以构成双向系统。

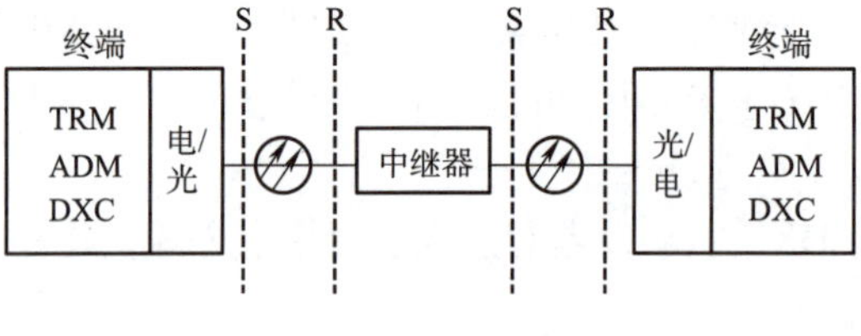

图1-2　点对点系统

2. 环路系统

(1)环路系统组成

在环路系统中,可选用分插复用器(ADM),也可以选用交叉连接设备来作为结点设备,它们的区别在于后者具有交叉连接功能,是一种集复用、自动配线、保护/恢复、监控和网管等功能为一体的传输设备,可以在外接操作系统或电信管理网络(TMN)设备的控制下,对多个电路组成的电路群进行交叉连接,因此其成本很高,故通常使用在线路交汇处,而接入设备则可以使用数字环路载波系统(DLC)、宽带综合业务接入单元(B-ISDN)以及FDDI。

(2)环路系统间的互联

由于环路系统具有自愈功能,即无论是系统中的设备还是光线路出现故障时,系统都能够在无人干涉的情况下自动进行环路倒换,从而保证两节点间的通信。而当故障排除之后,系统又得以恢复为正常状态。可见采用环路系统的一大优点就是其环内业务的可靠程度高。但从业务容量方面考虑，任何环路系统所能提供的业务量将是有限的。在环路信号速率一定的情况下，环路中结点数越多，则每个节点所分配业务量越少。因而接入环路的节点数必须加以限制。另外由于一个实际的 SDH 网络可以由若干个环路网络相互连接构成，故而称其中的每个环形网络为一个子网。正是这样相互连接的子网构成了一个完整的 SDH 网络。环形子网间的互联方式直接影响到 SDH 网络的生存性。

通常环形子网的互联方式有多种，最常见的有单节点和多节点互联两大类。下面便逐一进行介绍。

①单节点互联

单节点互联是一种最简单的互联方式，它是通过一个节点来实现两个环形子网间的互联。

a. 环间公网 DXC 互联

如图 1-3 所示，在两个环中存在一个公共节点，如果在公共节点处设置一个 DXC 设备，便可通过 DXC 的交叉连接功能来实现不同环形子网间的业务互通。这种方法的优点是结构简单，使用设备数量少，但目前 DXC 性能还不足以支持此方式。因而还未达到实用的程度。

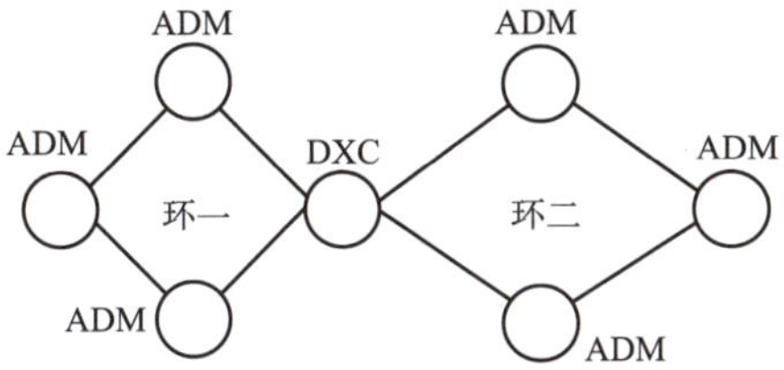

图 1-3　环间公网 DXC 互联

b. 环间通过独立 DXC 互联

从图 1-4 可以看出，在两个完整的环形网之间另外设置了一个专门的 DXC，这样通过 DXC 的环间互联，可实现两环中由 ADM 上下的话路之间的连接。从系统结构可以看出，此种方式中所使用的设备较多，但层次清晰，因而便于进行控制和管理。图中是一个实用 SDH 环形网，共分为三级，每一级均采用环形网实现，环与环之间的互联正是采用了此种方案。

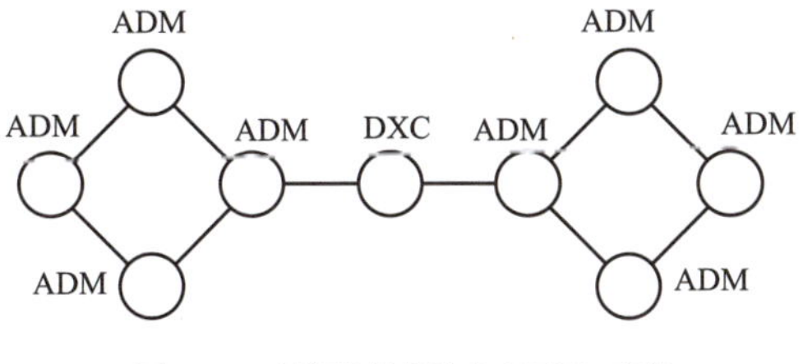

图 1-4　环间通过独立 DXC 互联

c. 环间通过 ADM 支路互联

所谓环间通过 ADM 支路互联是指通过两个环上 ADM 的支路来实现的互联方式，如

图 1-5 所示。此方式与环间通过独立 DXC 实现互联的方式的区别在于两环间未使用 DXC 设备,这样使得其结构简单,使用设备数量较少,互联成本较低。

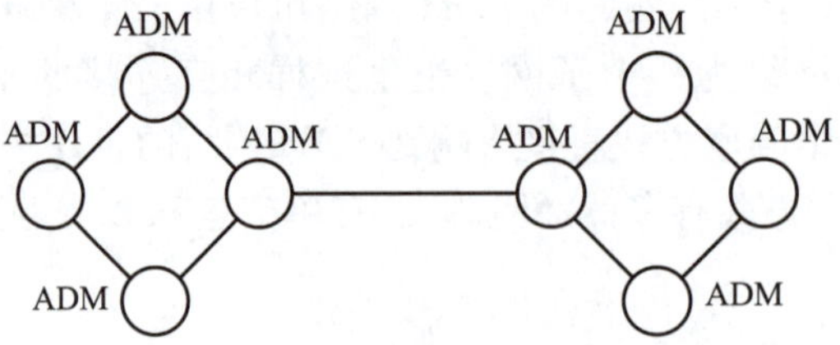

图 1-5　环间通过 ADM 支路互联

以上三种方案均是以单节点方式实现环间互联,具有共同的特点,即结构简单、工作层次清晰、一次性投资成本较低,因而被广泛应用于现有的 SDH 网络中。由于环与环之间单节点环形网互连的联系依赖于两个节点间的连接,而且这两节点间又无其他迂回路由,因而互联设备(DXC,ADM)一旦出现故障,则直接影响整个网络的生存能力。随着技术条件的不断成熟,网络最终将采用多点互联方式。

②多节点互联

所谓多节点互联方式是指通过一个以上的节点来完成两个环网之间的互联,这样两个环间的业务互联就存在一个以上的路径,因而即使某一互联路径上的设备出现故障,也可以利用迂回路由完成互通,从而保证了业务的安全性。但与单节点互联方式相比,一次性投资成本较高。

(二) SDH 网络性能指标

为了保证通信网中 SDH 系统的通信质量,在 ITU-T 及我国制定的 SDH 同步网络技术标准中做出了一系列的规定。本节就 SDH 网络与设备的主要性能指标进行介绍。

1. SDH 网络性能指标

通常把两个用户间的信息传递与交流定义为通信业务,可由电信网络提供。为保证这两个用户间的通信质量,那么网络必须要能够保证这两个用户间所建立起的端到端连接的传输质量。众所周知,电信网络的结构是相当复杂的,因而对每两个用户所可能建立起的连接进行逐一的分析是不现实的,但可以针对其中通信距离最长、结构最为复杂、传输质量最差的连接进行分析研究。这就是假设数字段(HRDS)和假设参考数字通道(HRDP)。这样连接的通道质量都能满足要求,那么其他连接情况也应该都能满足要求。

ITU-T 提出了“系统参考模型”的概念,并规定了系统参考模型的性质参数及指标,光纤通信系统的质量指标都应遵循此规定。

(1)假设参考数字连接(HRX)

一个数字通道是指与交换机或终端设备相连接的两个数字配线架 DDF 或等效设备间的全部传输手段,通常涵盖了一个或几个数字段,它包括所有的复接和分接设备,这样数字信号在通过数字通道过程中,其取值和顺序均不会发生变化,因而呈现透明性。

ITU-T 规定在全球范围内任意两个用户间的最长假设数字通道的长度为 27 500 km,其中包括国内部分,最长假设参考数字通道的长度为 6 900 km,这部分又可分为长途网、中继网和用户网(接入网)三部分。可见 ITU-T 建议的一个标准的最长 HRX 包含 14 个假设参考数字链路和 13 个交换节点。

(2)假设参考数字链路(通道)

为了简化数字传输系统的研究,把 HRX 中的两个相邻交换点的数字配线架间所有的传输系统、复接、分接设备等各种传输单元(不包括交换),用假设参考数字链路(HRDL)表示。

ITU-T 建议 HRDL 的合适长度是 2 500 km,根据我国地域广阔的特点,我国长途一级干线的数字链路长为 5 000 km。

(3)假设参考数字段

为了具体提供数字传输系统的性能指标,把 HRDL 中相邻的数字配线架的传输系统(不包括备用设备)用假设参考数字段表示。根据我国的特点,长途一级干线 HRDS 为 420 km,长途二级干线的 HRDS 为 280 km。在光纤系统中,HRDS 的两端就是光端机,中间是光缆传输线路及若干光中继器,当然,一个光纤通信系统可以由若干 HRDS 组成。

总之,HRX 总的性能指标可以按比例分配到其中的 HRDL 中去,HRDL 上的性能指标又可以再分配到 HRDS 中去。光纤通信系统的性能指标都是在这三种参考模型的基础上定的。它的重要指标有误码性能和抖动性能。

2. SDH 网络的误码性能

在 PDH 传输网中的误码特性是用平均误码率(BER)、严重误码秒、误码秒来描述的,而 SDH 网络中的误码特性又是如何进行评定呢?下面对 SDH 光通信系统的评定方法进行讨论。

(1)误码评定参数

在 SDH 网络中,由于数据传输是以块的形式进行的,其长度不等,可以是几十比特,也可能长达数千比特,然而无论其长短,只要出现误码,即使仅出现一比特的错误,该数据块也必须进行重发,因而在高比特率通道的误码性能参数是用误块来进行说明的,这在 ITU-T 制定的 G.826 规范中得以充分体现,见表 1-1。从表中可以清楚地看到是以误块秒比(ESR)、严重误块秒比(SESR)及背景误块比(BBER)为参数来表示的。

表 1-1　高比特率全程通道的端对端误码性能规范要求

速率等级(Mbit/s)	2.048 基群	8.448 二次群	34.368 三次群	155.520	622.080 STM×4	2448.320 STM×16
ESR	0.04	0.05	0.075	0.16	待定	待定
SESR	0.002					
BESR	2×10^{-4}	2×10^{-4}	2×10^{-4}	2×10^{-4}	2×10^{-4}	10^{-4}

误块(EB)由于 SDH 帧结构采用块状结构,因而当同一块内的任意比特发生差错时,则认为该块出现差错,通常称该块为差错块或误块。这样按照块的定义,就可以对单个监视块的 SDH 通道开销中的 Bip-x 进行效验。

(2)误码性能规范

全程误码指标由假设参考通道模型可知,最长的假设参考数字通道为 27 500 km,其全程端到端的误码特性应满足要求。从上述参数定义可以看出，测量参数的准确性与测试时间有关，可见只有进行较长时间的观察才能准确地做出评估，ITU-T 建议的测量时间为一个月。

值得说明的一点是系统的 ESR、SESR、BBER 三个参数都满足要求时，才能认为该通道符合全程误码性能指标，如果有任何一项指标不满足，则认为该通道不符合全程误码性能指标的要求。

3. SDH 网络抖动性能

抖动是数字光纤通信系统的重要指标之一，它对通信系统的质量有非常大的影响。为了满足数字网的抖动要求，ITU-T 根据抖动的累积规律对抖动范围做出了两类规范，其一是数字段的抖动指标，包括数字复用设备、光端机和光纤线路；其二是数字复接设备，测试指标有：输入抖动容限、无输入抖动时的输出抖动以及抖动转移特性等。

4. SDH 网络延时特性

(1)延时的概念

信号在光纤中传输时是以光波作为载体传播的。传播速率非常快，但从一个地方传输到另一地方仍需要一定的时间，这个时间即为延时。由于光通信信道中所传输的信号多为数字信号，含有多种频率成分，因而对于数字信号而言，延时是指数字信号传输的群时延。

(2)产生延时的各环节

就端到端光通信系统而言，可能产生延时的环节很多，但主要可分为以下两种情况。

①光线路系统

光信号也是一种电磁波，即使如此高速传输的电磁波在光纤中传输一定距离，也必然经历一段时间，即延时。其时间的长短与光纤纤芯所使用的材料有关。对于数字光通信系统而言，通常会引入 5 μs/km 的传输延时。

②网络节点和其他数字设备

在一个端到端的数字连接中，除传输系统(光纤)外，还需要经过若干网络节点设备(数字交换机和数字交叉连接设备)，其中很可能存在缓冲器、时隙交换单元和数字处理器等，当信号经过这些设备时均会产生延时。当然 PCM 终端设备、复用设备、回波消除器和复用转换器也会产生不同程度的传输延时。

不同业务信号对延时的敏感程度不同。下面就以电话业务、数字业务和电视业务为例来进行说明。

a. 电话业务：当通道传输延时过大时，会使收话方等待时间过长，从而打破一般谈话的习惯，给人一种失去接触的感觉。

b. 数字业务：对于单向传输的数字业务而言，延时不会对其造成实质性影响，但对于采用自动请求重发(ARQ)纠错的数字系统而言，因使用了反向通道，如果延时过大会使反向通道用时过长，从而造成传输效率的下降。对于信令系统更是如此，这是因为其中使用了大量的证实信号，当延时过大时，则要求相应的信令系统设备保持时间也应该相对加长，同样降低了传输效率。

c. 电视业务：广播电视业务属于单向业务，理论上讲延时的影响不大，但延时的变化却会打破恒定的比特率编码电视信号流的周期性，使图像信号与伴音信号的延时不一致，出现图像与伴音相脱节的现象。

为了保证通信质量，因而在端到端的连接中，必须严格控制延时。

（三）SDH光接口、电接口技术标准

1. SDH光接口、电接口的界定

PDH准同步数字体系仅建立了电接口的技术标准，而未制定光接口的技术标准，使各厂家开发的产品在光接口上互不兼容，限制了设备的灵活性，同时也增加了网络的复杂性和运营成本。而在SDH网络中，不仅有统一的电接口，而且有统一的光接口，这样不同厂家生产的具有标准光接口的SDH网元可以在一个数字段中混合使用，从而可实现其横向兼容性。下面对光接口、电接口的定界进行讨论。

(1)光接口、电接口的界定

一个完整的光纤通信系统的具体组成如图1-6所示。把光端机与光纤的连接点称为光接口，而把光端机与数字设备的连接点称为电接口。其中光接口共有两个：即“S”和“R”。所谓“S”点是指光发射机与光纤的连接点，经该点光发射机可向光纤发送光信号；而“R”点是指光接收机与光纤的连接点，通过该点光接收机可以接收来自光纤的光信号。电接口也有两个，即“A”和“B”。光端机可由A点接收从数字终端设备送来的STM-N电信号；可由B点将STM-N电信号送至数字终端设备。由此，光端机的技术指标也分为两大类，即光接口指标和电接口指标，在后面会分别进行介绍。这里首先介绍一下光接口的分类。

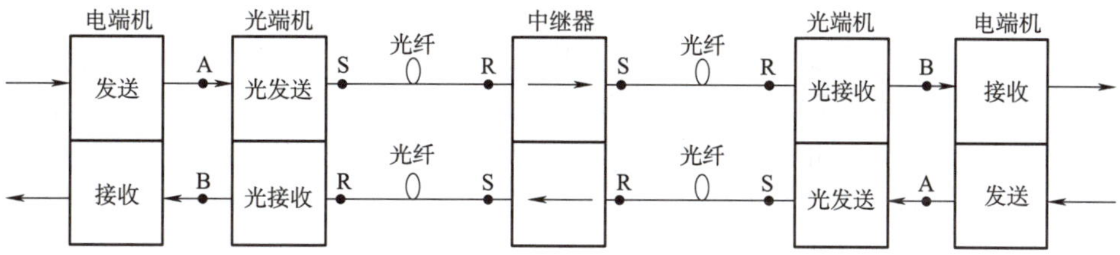

图1-6 光纤数字通信系统

(2)光接口的分类

在SDH网络中所应用的光接口很多。通常人们按应用场合的不同，将其分为以下几类：

I：局内通信。一般传输距离只有几百米，最多不超过2 km。

S：短距离局间通信。一般指局间再生段距离为15 km左右的场合。

L：长距离局间通信。一般指局间再生段距离为40～80 km的场合。

V：甚长距离局间通信。一般指局间再生段距离为80～120 km的场合。

U：超长距离局间通信。一般指局间再生段距离为160 km左右的场合。

采用光放大器可进一步增加局间通信距离，因而此时的短距离局间的通信距离可达20～40 km，而长距离局间通信L的通信距离也加大到40～80 km。以上只是SDH光接口

代号的第一部分，它的第二部分有1～2位数字，用来表示SDH信号的速率等级。在第一部分与第二部分之间用一个横线将其隔开。第二部分数字的含义如下：

1：STM-1；

4：STM-4；

16：STM-16；

64：STM-64。

SDH光接口代号的第三部分，占用一位数字，用来表示该接口适用的光纤类型和工作波长，其含义如下：

1或空白：表示适用于G.652光纤，其工作波长为1 310 nm；

2：表示适用于G.652、G.654光纤，其工作波长为1 550 nm；

3：表示适用于G.653光纤，其工作波长为1 550 nm。

2. SDH光接口技术指标

SDH光接口技术参数大致分为三部分：发射机S点特性、接收机R点特性和SR点间光通道特性。

(1)发射机

①光谱特性

为了保证高速光脉冲信号的传输质量，因而必须对SDH光接口所使用的光源的光谱特性作出规定。显然所使用的光源性质不同，其所呈现的光谱特性也不同。对于多纵模激光器(MLM)和发光二极管(LED)，由于其光谱宽度较大，能量也较为分散，因而常采用均方根(RMS)宽度来度量光脉冲能量的集中程度。

②平均发送功率

平均发送功率是指在光端机发送伪随机序列时在参考点S所测得的平均光功率，其大小与光源类型、标称波长、传输容量和光纤类型有关。应该指出的是，对于一个实际光通信系统而言平均发送光功率并不是越大越好。虽然从理论上讲发送功率越大，通信距离越长，但光功率过大则会使光纤工作在非线性状态，这种非线性效应会对光纤产生不良影响，所以平均光功率应取适当的数值。

③消光比

光源的消光比是指输入光端机的信号为全“0”码时与全“1”码时，光端机的平均发送光功率之比。

④码型

SDH光接口的线路码型为加扰的NRZ(非归零码)，其扰码采用 x_7+x_6+1 为生成多项式的7级扰码器。

(2)接收机

①接收灵敏度

接收灵敏度是指在R点处满足给定误码率(BER$=1\times10^{-10}$)条件下，光端机能够接收到的最小平均光功率。

②接收机过载功率

光接收机的过载功率是指在误码率 BER$\leqslant 1\times10^{-10}$时，在 R 点所需要的最小平均接收光功率。

③接收机反射系数

光接收机的反射系数是指在 R 点的反射光功率与入射光功率之比。

④光通道功率代价

根据 ITU-TG.957 建议，光通道功率代价应包括码间干扰、模分配噪声以及啁啾声所引起的总色散代价以及光反射功率代价。通常不得超过 1 dB，而对 L-16.2 系统，则不得超过 2 dB。

3. SDH 电接口技术指标

SDH 系统只配置了 2.048 Mbit/s、34.368 Mbit/s、139.264 Mbit/s 和 STM-1 的电接口，其他更高等级只配置了标准的光接口。

STM-1 电接口参数如下：

标准比特率：155.520 Mbit/s。比特率容差：$\pm20\times10^{-6}$。

码型：为了与常规 139.264 Mbit/s PDH 接口标准兼容，STM-1 等级的电接口标准码型也采用传号反转码——CMI 码。按照其编码规则，“0”为“01”，“1”为“00”或“11”，并彼此交替出现，其最大连续码数为 123 个，该码型结构简单，便于编解码操作。

三、SDH 传送网和自愈网

（一）SDH 传送网

1. 传送网

通常网络是指能够提供通信服务的所有实体及其逻辑配置。可见从信息传递的角度来分析，传送网是完成信息传送功能的手段，是网络逻辑功能的集合。它与传输网的概念存在着一定的区别。所谓传送网是以信息信号通过具体物理媒质传输的物理过程来描述，由具体设备组成的网络。在某种意义下，传输网（或传送网）又都可泛指全部实体网和逻辑网。

2. 通道、复用段、再生段

在 SDH 传输系统中，通道、复用段、再生段间的关系如图 1-7 所示。图中，PT 指通道终端，它是虚容器的组合分解点，完成对净负荷的复用和解复用，并完成对通道开销的处理。MST 指复用段终端、完成复用段的功能，如产生和终结复用段开销（MSOH）。相应的设备有光缆线路终端、高阶复用器、宽带交叉连接器等。RST 是指再生段终端。它的功能块在构成 SDH 帧结构过程中产生再生段开销（RSOH），在相反方向则终结再生段开销。

为了便于理解，将上述关于通道、复用段、再生段的划分与相应的设备联系起来，为了能够使由此所构成的网络具有组网灵活、简单的特性，同时又便于描述，因而规范一个网络模型时，多采用分层和分割的概念。

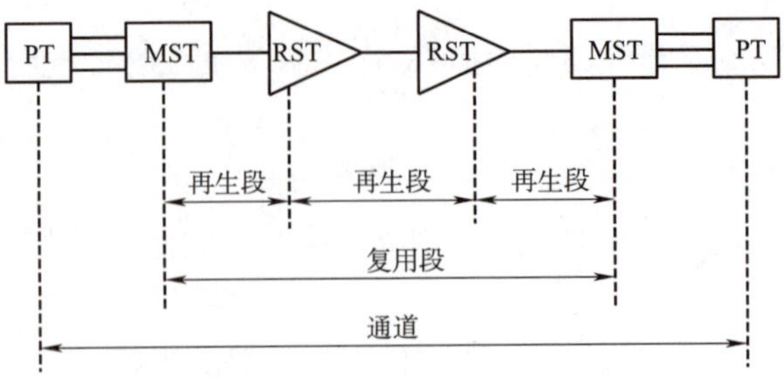

图 1-7　SDH 传输系统中通道、复用段、再生段间的关系

3. 分层与分割的概念

从垂直方向看,传送网是由两个相互独立的传送网络层(即层网络)构成,即通道层和传输媒质层。下一层为上一层提供服务。若下面一个特定通道层网络为 VC-12,那么上面一个特定通道层网络便是 VC-3/VC-4,VC-12 通道层为 VC-3/VC-4 通道层提供服务。通道层又是为电路层提供服务的,而每一层网络可以在水平方向上按照其内部结构分割为若干部分,因而分层与分割的关系是相互正交的。

SDH 传送网共分为通道层和传输媒质层。由于电路层是面向业务的,因而严格地说不属于传送网。但电路层网络、通道层网络和传输媒质层网络之间彼此都是相互独立的,并符合顾主与服务者的关系,即在每两层网络之间连接节点处,下层为上层提供透明服务,上层为下层提供服务内容。下面对包括电路层在内的各层网络进行简要介绍。

(1)电路层网络

电路层网络是面向公用交换业务的网络。例如电路交换业务、分组交换、租用线业务和 B-ISDN 虚通路等。根据所提供的业务,又可以区别为各种不同的电路网络层。通常电路网络层是由各种交换机和用于租用线业务的交叉连接设备以及 IP 路由器构成。它与相邻的通道层网络保持独立。这样 SDH 不单能够支持某些电路层业务,而且能够直接支持电路层网络,并且去掉了其中多余的 PDH 网络层,使电路层业务清晰可见,从而简化了电路层交换。

(2)通道层网络

通道层网络为电路层网络节点(如交换机)提供透明的通道(即电路群),例如,VC-11/VC-12 可以看作电路层节点间通道的基本传送容量单位,而 VC-3/VC-4 则可以看作局间通信的基本传送单位。通道层网络能够对一个或多个电路层网络提供不同业务的传送服务。例如提供 2 Mbit/s、34 Mbit/s、140 Mbit/s 的 PDH 传输链路,提供 SDH 中的 VC-11、VC-12、VC-2、VC-3、VC-4 等传输通道以及 B-ISDN 中的虚通道。由于在 SDH 环境下通道层网络可以划分为高阶通道层网络和低阶通道层网络,因而能够灵活方便地对通道层网络的连接性进行管理控制,同时能为由交叉连接设备建立的通道提供较长的使用时间。使各种类型的电路层网络都能按要求的格式将各自电路层业务映射进复用段层,从而共享通道层资源。同时通道层网络与其相邻的传输媒质层保持相互独立的关系。

(3)传输媒质层网络

传输媒质层网络是指那些能够支持一个或多个通道层网络,并能在通道层网络节点处提供适当通道容量的网络。例如 STM-*N* 就是传输媒质层网络的标准传输容量。该层主要面向线路系统的点到点传送。传输媒质层网络又是由段层网络和物理媒质层网络组成的。其中段层网络主要负责通道层任意两节点之间信息传递的完整性，而物理媒质层则主要负责确定具体支持段层网络的传输媒质。

①段层网络

段层网络又可以进一步分为复用段层网络和再生段层网络。复用段层网络是用于传送复用段终端之间信息的网络。例如负责向通道层提供同步信息，同时完成有关复用段开销的处理和传递等工作。再生段层网络是用于传递再生中继器之间以及再生中继器与复用终端之间信息的网络。例如负责定帧扰码、再生段误码监视以及再生段开销的处理和传递等工作。

②物理媒质层

物理媒质层网络是指那些能够为通道层网络提供服务的、能够以光电脉冲形式完成比特传送功能的网络，与段开销无关。实际上物理媒质层是传送层的最底层，无需服务层的支持，因而网络连接可以由传输媒质支持。

③光通信系统中的再生段、复用段和通道

按照分层的概念，不同层的网络有不同的开销和传递功能。为了便于对上述信息进行管理控制，因而在 SDH 传送网中的开销和传递功能也是分层的。其中再生段终端(RST)主要完成再生段功能，即再生段开销(RSOH)的产生和终结。复用段终端(MST)主要完成复用段功能，即复用段开销(MSOH)的产生和终结，其功能可以包含在光线路终端、宽带 DXC 和高阶复用器等设备中。通道终端(PT)主要完成对净负荷的复用和解复用以及通道开销(POH)的产生和终结，其功能可以包含在低阶复用器、DXC 和用户环路系统等设备中。

(4)相邻层网络间的关系

每一层网络可以为多个客户层网络提供服务。当然不同的客户层网络对服务层网络有不同的要求，因而可对每一服务层网络进行优化处理，使其满足客户层网络的特定要求。以 VC-4 层网络为例来进行说明，VC-12、VC-2、VC-3、广播电视和 B-ISDN 均可以作为 VC-4 层网络的客户层网络，这样可根据各自的要求综合为一个 VC-4 来行传输。因此必须构成一个优化的 VC-4 层网络。

从以上分析可见，相邻层网络间的关系满足客户与服务提供者之间的关系，而客户与服务提供者进行联系的地方正是服务层网络中为客户层网络提供链路连接的地方。

4. SDH 网络拓扑结构

网络的拓扑结构是指网络的形状，即网络节点设备与传输线路的几何排列，因而根据不同的用户需求，同时考虑到社会经济的发展状况，可以确定不同的网络拓扑结构。

(1)SDH 网络的基本拓扑结构

在 SDH 网络中，通常采用点对点链状、星形、树形、环形等网络结构，下面分别进行介绍。

①点到点链状网络结构

点到点链状拓扑即为线形拓扑，它将各网络节点串联起来，同时保持首尾两个网络节点呈开放状态的网络结构。

这种网络结构简单，便于采用线路保护方式进行业务保护，但当光缆完全中断时，此种保护功能失效。另外这种网络的一次性投资小，容量大，具有良好的经济效益，因此很多地区采用此种结构来建立 SDH 网络。

②星形网络结构

星形网络拓扑结构即使其中一个特殊网络节点(即枢纽点)与其他的互不相连的网络节点直接相连，这样除枢纽点之外的任意两个网络节点之间的通信，都必须通过此枢纽点才能完成连接，因而一般在特殊点配置交叉连接器(DXC)以提供多方向的互联，而在其他节点上配置终端复用器(TM)。

这种网络结构简单，它可以将多个光纤终端统一成一个终端，从而提高带宽的利用率，同时又可以节约成本，但在枢纽节点上业务过分集中，并且只允许采用线路保护方式，因此系统的可靠性能不高，故仅在初期的 SDH 网络建设中出现。目前多使用在业务集中的接入网中。

③树形网络结构

一般树形网络结构是由星形结构和线形结构组合而成的网络结构，因而树形网络结构是指将点到点拓扑基本物理拓扑类型单元的末端点连接到几个枢纽点时的网络结构。通常在这种网络结构中，连接三个以上方向的节点应设置 DXC，其他节点可设置 TM 或 ADM。

这种网络结构适合于广播式业务，而不利于提供双向通信业务，同时也存在枢纽点可靠性不高和光功率预算问题，但这种网络结构仍在长途网中使用。

④环形网络结构

环形网络是指那些将所有网络节点串联起来，并且使之首尾相连，而构成的一个封闭网络。在此网络中，只有任意两网络节点之间的所有节点全部完成连接之后，任意两个非相邻网络节点才能进行通信。通常在环形网络结构中的各网络节点上可选用分插复用器，也可以选用交叉连接设备来作为节点设备，它们的区别在于后者具有交换功能，它是一种集复用、自动化配线、保护/恢复、监控和网管等功能为一体的传输设备，可以在外接的操作系统或电信管理网络(TMN)设备的控制下，对多个电路组成的电路群进行交换，因此其成本很高，故通常使用在线路交汇处。

这种网络结构的一次性投资要比线形网络大，但其结构简单，而且在系统出现故障时，具有自愈功能，即系统可以自动地进行环回倒换处理，排除故障网元，而无需人为地干涉就可恢复业务的功能。这对现代大容量光纤网络是至关重要的，因而环形网络结构受到人们的广泛关注。

⑤网孔形结构

网孔形结构是指若干个网络节点直接相互连接时的网络结构。

这时没有直接相连的两个节点之间仍需利用其他节点的连接功能，才能完成互通，而如果网络中所有的网络节点都达到互通，则称之为理想的网孔形网络结构。通常在业务密度较大的网络中的每个网络节点上均需设置一个 DXC，可为任意两节点间提供两条以上的路由。这样一旦网络出现某种故障，可通过 DXC 的交叉连接功能，对受故障影响的业务进行迂回处理，以保证通信的正常进行。

由此可见，这种网络结构的可靠性高，但由于目前 DXC 设备价格昂贵，如果网络中采用此设备进行高度互联，则会使光缆线路的投资成本增大，从而一次性投资大大增加，故这种网络结构一般在 SDH 技术相对成熟、设备成本进一步降低、业务量大且密度相对集中时采用。

(2)我国 SDH 网络结构

我国 SDH 网络结构中采用四级制。

第一级干线：这是最上一层网络，主要用于省会、城市间的长途通信，由于其规模较大，因而一般在各城市的汇接节点之间采用 STM-64、STM-16 高速光链路，而在汇接节点城市装备 DXC 设备，例如 DXC4/4，从而形成一个以网孔形结构为主，其他结构为辅的大容量、高可靠性的骨干网。由于使用了 DXC4/4 设备，这样可以直接通过 DXC4/4 中的 PDH 体系140 Mbit/s 接口，将原有的 140 Mbit/s 和 565 Mbit/s 系统纳入到长途一级干线之中。

第二级干线：这是第二层网络，主要用于省内的长途通信。考虑具具体业务量的需求，通常采用网孔形或环形骨干网结构，有时也辅以少量线形网络，因而在主要城市装备 DXC 设备，其间用 STM-4 或 STM-16 高速光纤链路相连接，形成省内 SDH 网络结构。同样由于在其中的汇接点采用 DXC4/4 或 DXC4/1 设备，因而通过 DXC4/1 上的 2 Mbit/s、34 Mbit/s 和 140 Mbit/s 接口，从而使原有的 PDH 系统也能纳入二级干线进行统一管理。

第三级干线：这是第三层网络，主要由用于长途端局与市话之间以及市话局之间通信的中继网构成。根据区域划分法，可分为若干个由 ADM 组成的 STM-4 或 STM-16 高速环路，也可以是用路由备用方式组成的两节点环，而这些环是通过 DXC4/1 设备来沟通，既具有很高的可靠性，又具有业务量的疏导功能。

第四级是网络的最底层面，称为用户网，也可称为接入网。由于业务量较低，而且大部分业务量汇聚于一个节点(交换局)上，因而可以采用环形网络结构，也可以采用星形网络结构，其中是以高速光纤线路作为主干链路来实现光纤用户环路系统(OLC)的互通，或者经由 ADM 或 TM 来实现与中继网的互通。速率为 STM-1 或 STM-4，接口可以为 STM-1 光/电接口、PDH 体系的 2 Mbit/s、34 Mbit/s 和 140 Mbit/s 接口、普通电话用户接口、小交换机接口、2B+D 或 30B+D 接口以及城域网接口等。由于用户接入网是 SDH 网中最为复杂、最为庞大的部分，占通信网投资的大部分，但为了实现信息传递的宽带化、多样化和智能化，因而用户网必须逐步向光纤化方向发展。这样才有光纤到路边(FTTC)和光纤到户(FTTH)的不同阶段，相信在不久的将来会逐步地完成由 PDH 到 SDH 的过渡以及 SDH 与 CATV 的一体化。

综上所述，我国的 SDH 网络结构具有以下的特点：

(1)具有四个相当独立而又综合一体化的层面；

(2)简化了网络规划设计；

(3)适应现行行政管理体制；

(4)各个层面可独立实现最优化；

(5)具有体制和规划的统一性、完整性和先进性。

另外需要说明的是：随着技术的不断进步，人们对业务量的要求逐步提高，SDH 网络结构有可能将四个层面逐渐简化为两个层面，即将一级和二级干线网融为一体，组成长途网；而将中继网与接入网融合成为本地网。

(二) SDH 自愈网

随着技术的不断进步,信息的传输容量以及速率越来越高,因而对通信网络传递信息的及时性、准确性的要求也越来越高。如果一旦通信网络出现线路故障,那么将会导致局部甚至整个网络瘫痪,因此网络生存性问题是通信网络设计中必须加以考虑的重要问题。因而人们提出一种新的概念——自愈网。

1. 自愈网的概念

自愈网是无需人为干预网络就能在极短时间内从失效状态中自动恢复所携带的业务,使用户感觉不到网络已出现了故障。其基本原理就是使网络具有备用路由,并重新确立通信能力。自愈的概念只涉及重新确立通信,而不管具体失效元部件的修复与更新,而后者仍需人为干预才能完成。而在 SDH 网络中,根据业务量的需求,可以采用各种各样拓扑结构的网络。不同网络结构所采取的保护方式不同,因而在 SDH 网络中的自愈保护可以分为线路保护倒换、环形网保护、网孔形 DXC 网络恢复及混合保护方式等。

2. 自动线路保护倒换

自动线路保护倒换是最简单的自愈形式,其结构有两种;即 1+1 和 1∶n 结构方式。

(1)1+1 结构

在图 1-8 中给出了 1+1 线路保护倒换结构,可以看出,由于发送端是永久地与主用、备用信道相连接,因而 STM-N 信号可以同时在主用信道和备用信道中传输,在接收端 MSP(复用段保护功能)同时对所接收到的来自主、备用信道的 STM-N 信号进行监视,正常工作情况下,选择来自主用信道的信号作为输出信号。一旦主用信道出现故障,则 MSP 会自动从备用信道中选取信号作为接收信号。

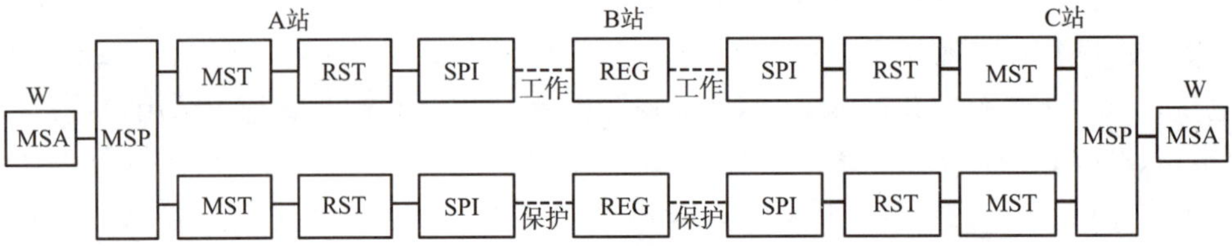

注:REG—再生中继器

图 1-8　1+1 线路保护倒换结构

(2)1∶n 结构

在图 1-9 中给出 1∶n 线路保护倒换结构。在 1∶n 结构中,备用信道由多个主用信道共享,一般 n 值范围为 1～14。

3. 环路保护

SDH 传输网中所采用的网络结构有多种,其中环形结构才具有真正意义上的自愈功能,故而也称为自愈环,即无需人为干预,网络就能在极短的时间内从失效故障中自动恢复所携带的业务,使用户感觉不到网络已出了故障,因而环形网络具备发现替代传输路由,并重新确立通信的能力,可见它特别适应大容量的光纤通信发展的要求,故得到了广泛的重视。

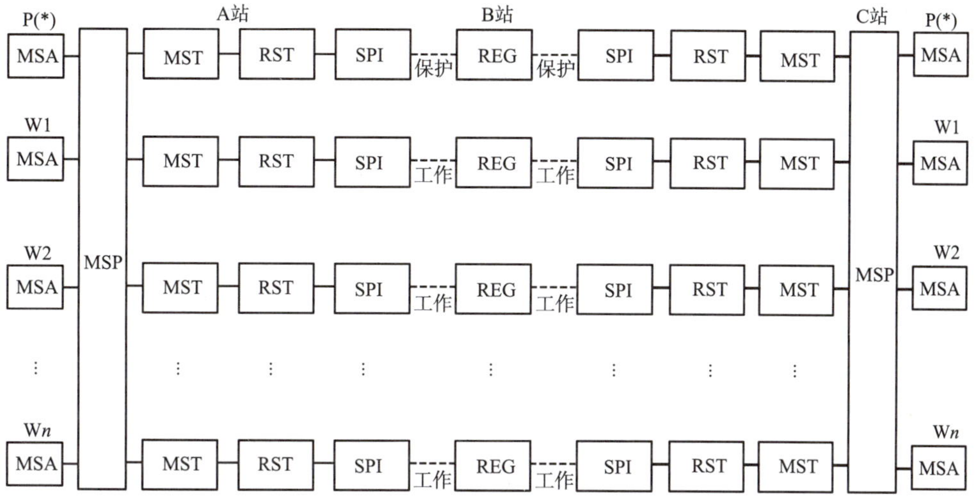

注：*仅对额外业务才需要；
REG—再生中继器。

图 1-9 1∶n 线路保护倒换结构

自愈环结构方式的划分如下：

(1)按照自愈环结构划分，可分为通道倒换环和复用段倒换环。前者是指业务量的保护，是以通道为基础的保护，利用通道 AIS 信号决定是否应进行倒换；后者是指业务量的保护，以复用段为基础的保护，当复用段出故障时，复用段的业务信号都转向保护环。

(2)按照进入环的支路信号和由分路节点返回的支路信号方向是否相同来划分，可分为单向环和双向环两种。单向环是指所有的业务信号在环中按同一方向传输；而双向环是指进入环的支路信号和由此支路信号分路节点返回的支路信号的传输方向相反。

(3)按照一对节点之间所用光纤的最小数量来划分，可分为二纤环和四纤环。显而易见，前者是指节点间是由两根光纤实现，而后者则是四根光纤。

4. DXC 保护

DXC 保护主要是指利用 DXC 设备在网孔形网络中进行保护的方式。在业务量集中的长途网中，一个节点有很多大容量的光纤支路，它们彼此之间构成互联的网孔形拓扑。若是在节点处采用 DXC4/4 设备，则一旦某处光缆被切断时，利用 DXC4/4 的快速交叉连接特性，可以很快地找出替代路由，并且恢复通信。于是产生了 DXC 保护方式，如图 1-10 所示。

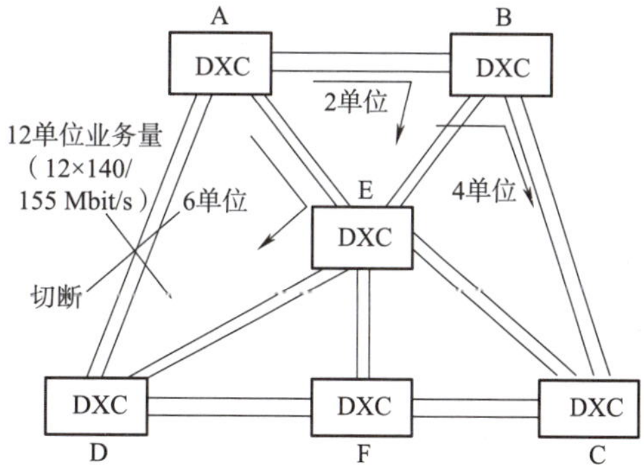

图 1-10 采用 DXC 为节点的保护

DXC 保护方式是这样进行保护的：假设从 A 到 D 节点，本有 12 个单位的业务量，假设为 12×140/155 Mbit/s，当 AD 间的光缆图采用 DXC 为节点的保护被切断后，DXC 可以从网络中发现图中所示的 3 条替代路由来共同承担这几个单位的业务量。从 A 经 E 到 D 分担

6个单位,从A经B和E到D为2个单位,从A经B、C和F到D为4个单位。由此可见,网络越复杂,可供选择的代替路由越多,DXC恢复效率也越高。这样看来适当增加DXC节点数量可进一步提高网络恢复能力,但这样做又同时增加了DXC设备间的端口容量及线路数量,从而增加成本,因此DXC节点数也不宜过多。

5. 混合保护

混合保护是采用环形网保护和DXC保护相结合的方式,这样可以取长补短,大大增加网络的保护能力。混合保护结构如图1-11所示。

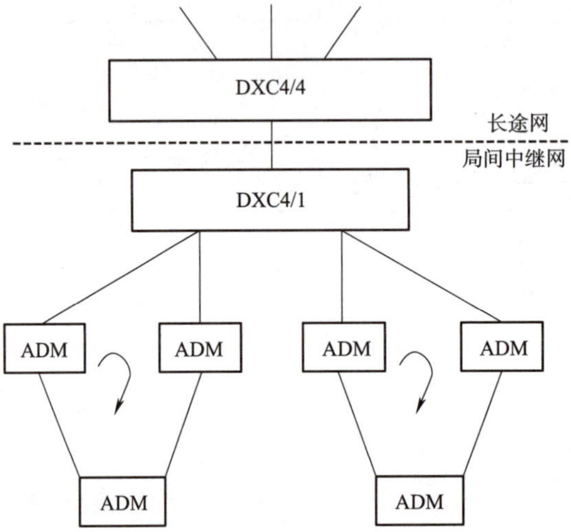

图1-11 混合保护结构

第二节 波分复用(WDM)

一 WDM基本知识

(一)WDM原理

光通信系统可以按照不同的方式进行分类。如果按照信号的复用方式来进行分类,可分为频分复用系统(FDM-Frequency Division Multiplexing)、时分复用系统(TDM-Time Division Multiplexing)、波分复用系统(WDM-Wavelength Division Multiplexing)和空分复用系统(SDM-Space Division Multiplexing)。所谓频分、时分、波分和空分复用,是指按频率、时间、波长和空间来进行分割的光通信系统。应当说,频率和波长是紧密相关的,频分即波分,但在光通信系统中,由于波分复用系统分离波长采用光学分光元件,不同于一般电通信中采用的滤波器,所以仍将两者分成两个不同的系统。

波分复用是光纤通信中的一种传输技术,它利用了一根光纤可以同时传输多个不同波长的光载波的特点,把光纤可能应用的波长范围划分成若干个波段,每个波段作一个独立的通道传输一种预定波长的光信号。光波分复用的实质是在光纤上进行光频分复用(OFDM),只是因为光波通常采用波长而不用频率来描述、监测与控制。随着电-光技术的向前发展，在同一光纤中波长的密度会变得很高。因而，使用术语密集波分复用(DWDM-Dense Wavelength Division Multiplexing)，与此对照，还有波长密度较低的 WDM 系统，较低密度的称为稀疏波分复用(CWDM-Coarse Wave Division Multiplexing)。

这里可以将一根光纤看作是一个“多车道”的公用道路，传统的 TDM 系统只不过利用了这条道路的一条车道，提高比特率相当于在该车道上加快行驶速度来增加单位时间内的运输量。而使用 DWDM 技术，类似利用公用道路上尚未使用的车道，以获取光纤中未开发的巨大传输能力。

(二) WDM 设备的传输方式

1. 单向 WDM

如图 1-12 所示，单向波分复用系统采用两根光纤，一根光纤只完成一个方向光信号的传输，反向光信号的传输由另一根光纤来完成。

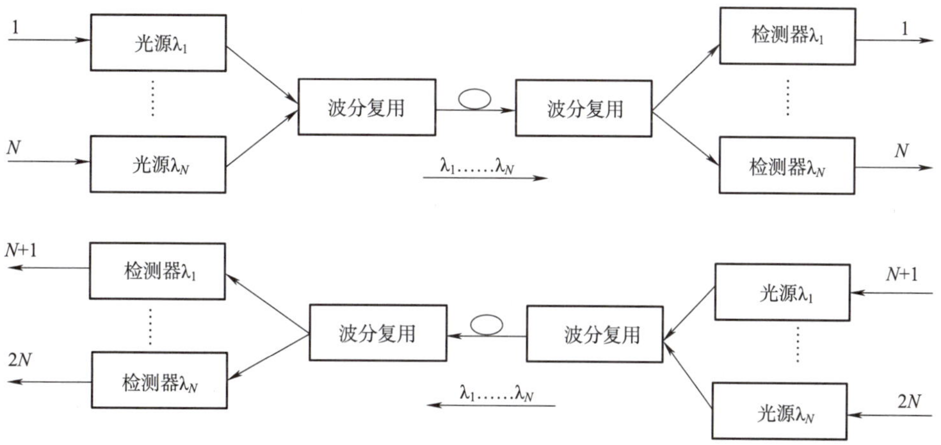

图 1-12　WDM 的单向传输方式

这种 WDM 系统可以充分利用光纤的巨大带宽资源，使一根光纤的传输容量扩大几倍至几十倍。在长途网中，可以根据实际业务量的需要逐步增加波长来实现扩容，十分灵活。在不清楚实际光缆色散的前提下，也是一种暂时避免采用超高速光系统而利用多个 2.5 Gbit/s 系统实现超大量传输的手段。

2. 双向 WDM

如图 1-13 所示，双向波分复用系统只用一根光纤，在一根光纤中实现两个方向光信号的同时传输，两个方向光信号应安排在不同波长上。

单纤双向 WDM 传输方式允许单根光纤携带全双工通路，通常可以比单向传输节约一半的光纤器件，由于两个方向传输的信号不交互产生 FWM(四波混频)产物，因此其总的 FWM 产物比双纤单向传输少很多，但缺点是该系统需要采用特殊的措施来对付光反射(包括由于光接头引起的离散反射和光纤本身的瑞利后向反射)，以防多径干扰；当需要将光信号放大以延长传输距离时，必须采用双向光纤放大器以及光环形器等元件，但其噪声系数稍差。

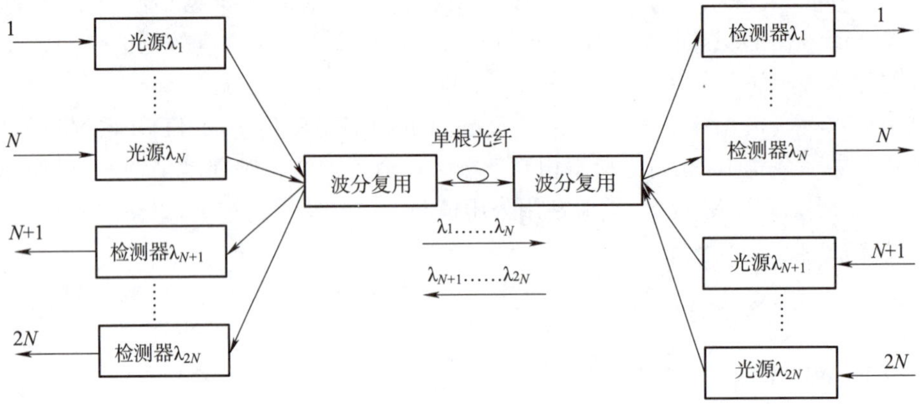

图 1-13 WDM 的双向传输方式

ITU-T 建议 G.692 文件对于单纤双向 WDM 和双纤单向 WDM 传输方式的优劣并未给出明确的看法。实用的 WDM 系统大都采用双纤单向传输方式。

(三) WDM 系统组成

N 路波长复用的 WDM 系统的总体结构主要由发送和接收光复用终端(OMT)单元与中继线路发达(ILA)单元三部分组成,如果按组成模块来分有:光波长转换单元(OTU);波分复用器:分波/合波器(ODU/OMU);光放大器(BA/LA/PA);光监控信道/通路(OSC)。

(1)光波长转换单元(OTU)将非标准的波长转换为 ITU-T 所规范的标准波长,系统中应用光/电/光(O/E/O)的变换,即先用光电二极管 PIN 或 APD 把接收到的光信号转换为电信号,然后该电信号对标准波长的激光器进行调制,从而得到新的合乎要求的光波长信号。

(2)波分复用器可分为发端的光合波器。光合波器用于传输系统的发送端,是一种具有多个输入端口和一个输出端口的器件,它的每一个输入端口输入一个预选波长的光信号,输入的不同波长的光波由同一输出端口输出。光分波器用于传输系统的接收端,正好与光合波器相反,它具有一个输入端口和多个输出端口,将多个不同波长信号分类开来。

(3)光放大器不但可以对光信号进行直接放大,同时还具有实时、高增益、宽带、在线、低噪声、低损耗的全光放大器,是新一代光纤通信系统中必不可少的关键器件。在目前实用的光纤放大器中主要有掺铒光纤放大器(EDFA)、半导体光放大器(SOA)和光纤拉曼放大器(FRA)等,其中掺铒光纤放大器以其优越的性能被广泛应用于长距离、大容量、高速率的光纤通信系统中,作为前置放大器、线路放大器、功率放大器使用。

(4)光监控信道是为 WDM 的光传输系统的监控而设立的。ITU-T 建议优先采用 1 510 nm 波长,容量为 2 Mbit/s。靠低速率下高的接收灵敏度(优于−50 dBm)仍能正常工作。但必须在 EDFA 之前下光路,而在 EDFA 之后上光路。

(四)DWDM

DWDM技术是利用单模光纤的带宽以及低损耗的特性,采用多个波长作为载波,允许各载波信道在光纤内同时传输。与通用的单信道系统相比,密集WDM(DWDM)不仅极大地提高了网络系统的通信容量,充分利用了光纤的带宽,而且它具有扩容简单和性能可靠等诸多优点,特别是它可以直接接入多种业务更使得它的应用前景十分光明。

在模拟载波通信系统中,为了充分利用电缆的带宽资源,提高系统的传输容量,通常利用频分复用的方法。即在同一根电缆中同时传输若干个频率不同的信号,接收端根据各载波频率的不同利用带通滤波器滤出每一个信道的信号。

同样,在光纤通信系统中也可以采用光的频分复用的方法来提高系统的传输容量。事实上,这样的复用方法在光纤通信系统中是非常有效的。与模拟的载波通信系统中的频分复用不同的是,在光纤通信系统中是用光波作为信号的载波,根据每一个信道光波的频率(或波长)不同将光纤的低损耗窗口划分成若干个信道,从而在一根光纤中实现多路光信号的复用传输。

由于目前一些光器件(如带宽很窄的滤光器、相干光源等)还不很成熟,因此,要实现光信道非常密集的光频分复用(相干光通信技术)是很困难的,但基于目前的器件水平,已可以实现相隔光信道的频分复用。人们通常把光信道间隔较大(甚至在光纤不同窗口上)的复用称为光波分复用(WDM),把在同一窗口中信道间隔较小的WDM称为密集波分复用(DWDM)。随着科技的进步,现代的技术已经能够实现波长间隔为纳米级的复用,甚至可以实现波长间隔为零点几个纳米级的复用,只是在器件的技术要求上更加严格而已,因此把波长间隔较小的8个波、16个波、32个波乃至更多个波长的复用称为DWDM。ITU-TG.692建议,DWDM系统的绝对参考频率为193.1 THz(对应的波长为1 552.52 nm),不同波长的频率间隔应为100 GHz的整数倍(对应波长间隔约为0.8 nm的整数倍)。

DWDM系统的构成及频谱示意图如图1-14所示。发送端的光发射机发出波长不同而精度和稳定度满足一定要求的光信号,经过光波长复用器复用在一起送入掺铒光纤功率放大器(掺铒光纤放大器主要用来弥补合波器引起的功率损失和提高光信号的发送功率),再将放大后的多路光信号送入光纤传输,中间可以根据情况决定有或没有光线路放大器,到达接收端经光前置放大器(主要用于提高接收灵敏度,以便延长传输距离)放大以后,送入光波长分波器分解出原来的各路光信号。

DWDM通常有两种应用形式:开放式DWDM与集成式DWDM。

开放式DWDM系统的特点是对复用终端光接口没有特别的要求,只要求这些接口符合ITU-T建议的光接口标准。DWDM系统采用波长转换技术,将复用终端的光信号转换成指定的波长,不同终端设备的光信号转换成不同的符合ITU-T建议的波长,然后进行合波。

集成式DWDM系统没有采用波长转换技术,它要求复用终端的光信号的波长符合DWDM系统的规范,不同的复用终端设备发送不同的符合ITU-T建议的波长,在接入合波器时就能占据不同的通道,从而完成合波。

根据工程的需要,可以选用不同的应用形式。在实际应用中,开放式DWDM和集成式DWDM可以混合使用。

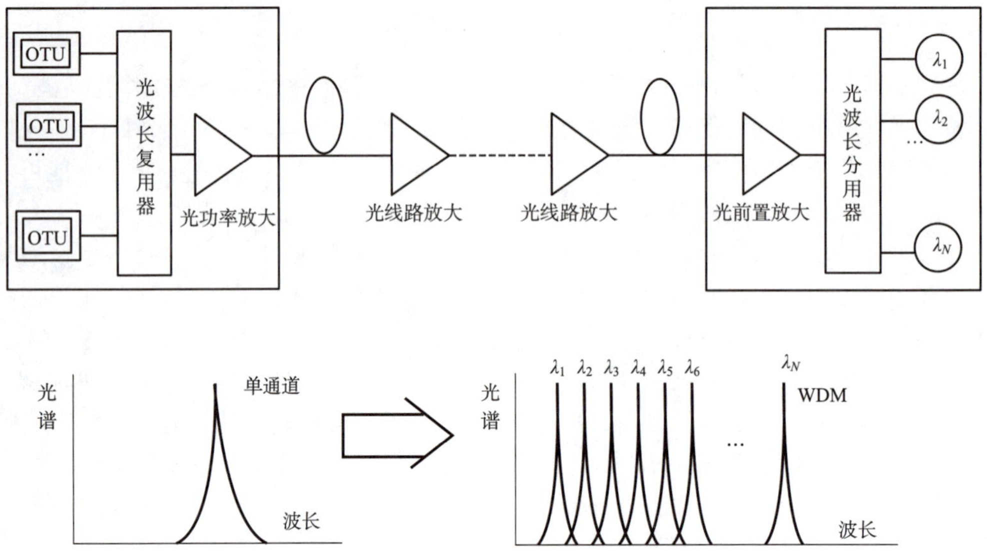

图 1-14　DWDM 系统的构成及频谱示意图

(五)CWDM

DWDM 无疑是当今光纤应用领域的首选技术,但其也存在着价格比较昂贵的一面。面对这一需求,CWDM(稀疏波分复用)应运而生。

CWDM(稀疏波分复用),顾名思义,是密集波分复用的近亲,它们的区别有两点:(1)CWDM 载波通道间距较宽,因此一根光纤上只能复用 2～16 个左右波长的光波,“稀疏”与“密集”称谓的差别就由此而来;(2)CWDM 调制激光采用非冷却激光,而 DWDM 采用的是冷却激光,它需要冷却技术来稳定波长,实现起来难度很大,成本也很高。CWDM 避开了这一难点,CWDM 系统采用的 DFB 激光器不需要冷却,因而大幅降低了成本,整个 CWDM 系统成本只有 DWDM 的 30%。随着越来越多的城域网运营商开始寻求更合理的传输解决方案,CWDM 越来越广泛地被业界接受。

在同一根光纤中传输的不同波长之间的间距是区分 DWDM 和 CWDM 的主要参数。目前的稀疏波分复用系统一般工作在从 1 260 nm 到 1 620 nm 波段,间隔为 20 nm,可复用 16 个波长通道,其中 1 400 nm 波段由于损耗较大,一般不用。

相对于密集波分复用系统,稀疏波分复用系统在提供一定数量的波长和 100 km 以内传输距离的同时,大大降低了系统的成本,并具有非常强的灵活性。因此稀疏波分复用系统主要应用于城域网中。CWDM 用很低的成本提供了很高的接入带宽,适用于点对点、以太网、SONET 环等各种流行的网络结构,特别适合短距离、高带宽、接入点密集的通信场合,如大楼内或大楼之间的网络通信。

但是,CWDM 是成本与性能折衷的产物,不可避免地存在一些性能上的局限。业内专家指出,CWDM 目前主要存在以下三点不足:(1)CWDM 在单根光纤上支持的复用波长个数较少,导致日后扩容成本较高;(2)复用器、复用调制器等设备的成本还应进一步降低,这些设备不能只是 DWDM 相应设备的简单改型;(3)CWDM 还未形成标准。

综上所述，波分复用系统从 20 世纪 90 年代中期开始，受市场需要和技术发展的驱动，在国内外都呈现出了飞速发展的态势，主要应用于长途传输网的密集波分复用系统和应用于城域网以及以太网的稀疏波分复用系统都有了很大的突破并得到了大量的商用，同时，系统的发展主要取决于关键技术的突破和相关标准的制定，过去数年的发展都证明了这一点。

二、WDM 网络应用

（一）WDM 主要性能

WDM（Wave length Division Multiplexing）是光纤通信中的一种传输技术，它利用一根光纤可以同时传输多个不同波长的光载波信号，把光纤所应用的波长范围划分成若干个波段，每个波段作为一个独立的通信信道传输光信号。因此，WDM 大大提高了光通信系统的传输能力。WDM 技术是未来高速全光通信中传输容量潜力最大的一种多信道复用方式。它可以在一根光纤中传输多个波长的光信号。而每个光载波可以通过 FDM 或 TDM 方式，各自承载多路模拟或多路数字信号。其基本原理是在发送端将不同波长的光信号组合起来，耦合到光缆线路中在同一根光纤上传输，在接收端将组合的光波长分开，不同波长的信号送入不同的终端。因此将此项技术称为光波长分割复用，简称光波分复用技术。EDFA 是这种多波长系统走向实用化的关键技术，它可以在几个太赫兹的波长范围内同时给多个波长提供增益。

WDM 技术对网络的扩容升级，发展宽带业务，挖掘光纤带宽能力，实现超高速通信等均具有十分重要的意义，尤其是加上掺铒光纤放大器（EDFA）的 WDM 对现代信息网络具有更强大的吸引力。

（二）WDM 组网与保护方式

基于传统 WDM 网络的组网方式主要有两种：基于点到点线性的 WDM 网络和基于环型的 WDM 网络，如图 1-15 所示。

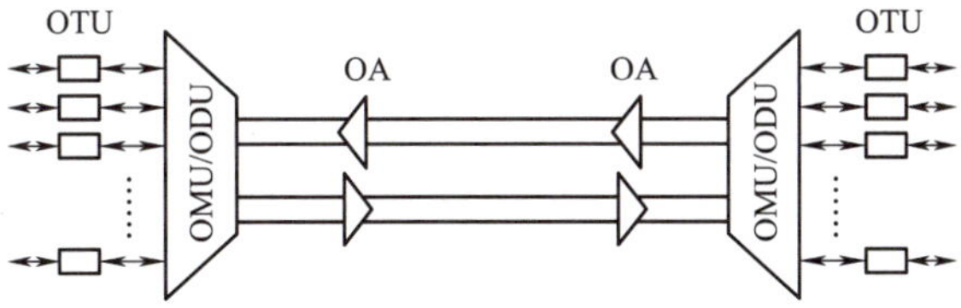

图 1-15　线性 WDM 与环形 WDM 网络

基于线性的 WDM 网络除了实现点到点长距离和大容量的传送能力之外并没有其他的组网能力，仅仅是为客户业务提供波长/子波长级别的大颗粒传送通道，因此，线性的 WDM 网络是最简单的一种网络组织形式。按照目前线性 WDM 网络的技术实现和实际商用情况，基于 WDM 线性网络的设备节点主要为 OTM 节点和 OADM 节点，相应的网络保护方式主要有基于波长的 1+1 保护、1∶N 保护和基于复用段的 1+1 保护等。

WDM环网是WDM网络的另外一种组网形式，除了支持线性WDM的主要特征之外，基于网络的环形结构，WDM环网可以提供冗余路由(网络节点之间是双向连接)，可以支持更多的保护方式。按照目前环形WDM网络的技术实现和实际商用情况，基于WDM环网的设备节点主要为OADM节点和OTM节点，相应支持的网络保护方式除了线性WDM网络支持的保护方式之外，还支持双向光通道共享保护倒换、双向线路共享保护倒换等。

1. WDM线性组网与保护

WDM线性组网时，主要是为客户业务提供多个透明的高速率传送通道，如16/32×2.5 G线性WDM网络，32/40×10 G线性WDM网络和80/160×10 G网络等。在WDM应用的初期阶段，高层的应用业务主要为TDM语音业务，由于业务传送的生存性(自愈保护)主要由SDH网络来保证，因此，WDM网络层面主要提供大容量业务管道即可。但是随着IP类数据业务的爆炸式持续增长，IP类业务数据业务已经成为WDM网络的主要带宽客户，传统的IP OVER SDH OVER WDM的网络架构已经逐渐不适应大颗粒IP类数据业务的高速发展，而基于IP OVER WDM的网络架构已逐渐成为IP类数据业务传送的主要发展趋势。由于SDH网络层面逐渐淡去，因此，SDH网络原先承担的组网及保护功能必须逐渐由WDM层面来逐渐代替。

根据现有线性WDM网络的技术和应用条件，可应用于WDM线性网络的保护方式主要有以下3种。

(1)光通道1+1保护

光通道的1+1保护是采用双发选收的原理，对客户侧光通道进行保护，如图1-16所示。在光通道1+1保护系统中，业务接口、复用器/解复用器、线路光放大器、光缆线路等都需要有备份，业务信号在发送端被永久桥接在工作系统和保护系统，在接收端监视从这两个线路通道收到的业务信号状态，并选择更合适的信号。这种保护方式不需要APS协议，每一个通道的倒换与其他通道的倒换没有关系，倒换速度快(50 ms以内)，可靠性较高。

光通道1+1保护支持以下检测和触发条件：

①SF条件：线路光信号丢失(LOS)，及OTUk层的SF条件和ODUkP层的SF条件(线路单波信号格式为OTN帧时)，或者SDH段层的SF条件(线路单波信号格式为SDH帧时)。

②SD条件：光功率过高、过低，及基于监视OTUk层及ODUkP层的误码劣化(DEG)(线路单波信号格式为OTN帧时)，或者SDH段层的SD条件(线路单波信号格式为SDH帧时)。

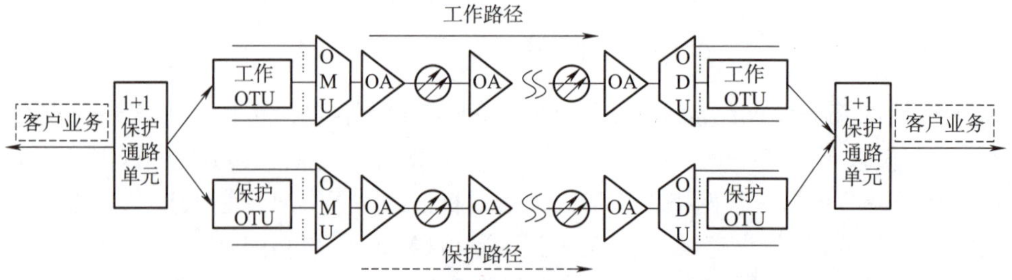

图1-16　光通道的1+1保护

(2)光通道 1∶N 保护

光通道的 1∶N 保护方式如图 1-17 所示，在发送端客户业务 1 到客户业务 N 连接的 WDM 网络层面的工作 OTU1 到工作 OTUN 共用一个保护段，与保护 OTU1 构成 1∶N 的保护关系。在正常工作的时候，保护波长不传送客户业务。当任意一个光通道出现故障时，在接收端会监视和判断接收到的信号状态，并执行来自保护段合适信号的桥接和选择。

基于单个光通道的 1∶N 保护属于双端同时倒换，收端和发端都同时进行保护倒换动作，并且每一个通道的倒换与其他通道的倒换独立，但是需要 APS 协议进行控制。一旦检测到启动倒换事件，保护倒换应在 50 ms 内完成。一般而言，这种设备保护方式往往要求工作通道和备份通道都必须是同源同宿的，而实际上很少在两个节点之间存在多个波长业务连接，因此，在实际应用中，光通道 1∶N 的保护方式实际中很少使用。

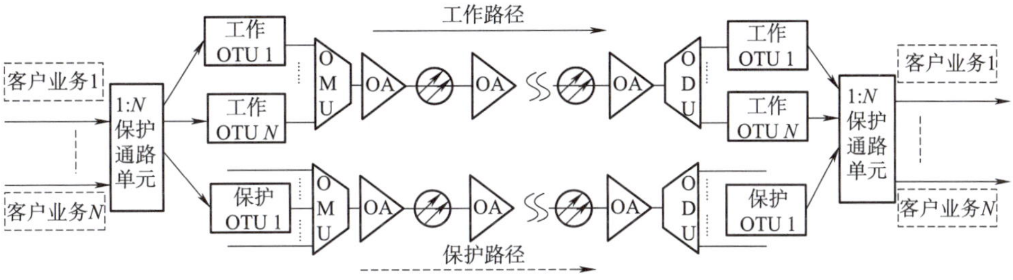

图 1-17　光通道 1∶N 保护

光通道 1∶N 保护支持以下检测和触发条件：

①SF 条件：线路光信号丢失(LOS)，OTUk 层的 SF 条件和 ODUkP 层的 SF 条件(线路单波信号格式为 OTN 帧时)，或者 SDH 段层的 SF 条件(线路单波信号格式为 SDH 帧时)。

②SD 条件：光功率过高、过低，基于监视 OTUk 层及 ODUkP 层的误码劣化(DEG)(线路单波信号格式为 OTN 帧时)，或者 SDH 段层的 SD 条件(线路单波信号格式为 SDH 帧时)。

(3)光复用段 1+1 保护

光复用段 1+1 保护采用线路双发选收方式，不需要 APS 协议控制。这种保护方式是在光纤线路上进行 1+1 保护，而不对终端设备进行保护，如图 1-18 所示。在发端和收端分别使用 1×2 光分路器和光开关，或采用其他手段，在发送端对合路的光信号进行分离，在接收端，对光信号进行选路。

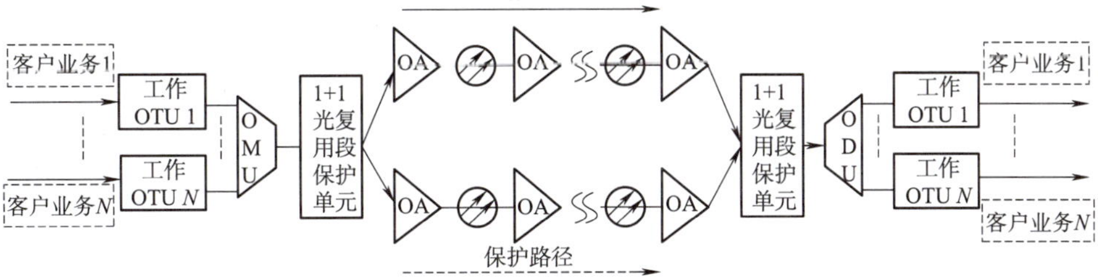

图 1-18　光复用段 1+1 保护

在这种保护系统中，只有光缆和 WDM 的线路系统是备份的，而 WDM 系统终端站的业务终端和复用器/解复用器则是没有备份的。

一旦检测到启动倒换事件，保护倒换一般应在 50 ms 内完成。

光复用段 1+1 保护支持以下检测和触发条件：

①线路信号丢失(LOS)；

②光通路 OSNR 过低(可选)；

③其他检测和触发条件。

2. WDM 环网组网与保护

WDM 环网与点到点 WDM 网络的差异较大，主要表现为 WDM 环网上的节点之间存在两条路由，这就为环网上的业务提供了天然的冗余路由，以此条件可以提供更为丰富的保护方式。

根据现有 WDM 环网的技术和应用条件，可应用于 WDM 环网的保护方式除了前面的线性保护方式之外，WDM 环网还支持以下 2 种环网保护方式：

(1)两纤双向光波长通道共享保护环

光通道共享保护，是一个环上在不同段上存在的双向业务连接分别使用了内纤的 λ_1 和外纤的 λ_2 作为工作波长，与此同时，内纤的 λ_2 和外纤的 λ_1 分别被用作外纤的工作波长 λ_2 和内纤的工作波长 λ_1 的保护波长。因为不同跨段的双向业务连接都是共用同一对波长作为保护波长，因此这种保护方式称作光通道共享保护(OCh-SPRing)。双向光通道共享保护属于共享式光通道保护，保护通道在正常情况下可以传送低优先级的业务，适合于均匀型的环网业务分布模式。

(2)两纤双向光线路共享保护环

双向光线路共享保护属于共享式保护，在保护通路闲置情况下可以传送一些低等级的业务，适合于环网各节点之间的业务流量相对均匀的情况，从工作方式上看相当于一种光复用段保护倒换。

综上所述，WDM 环网可以支持由 OTM 背靠背节点组网，也可支持 OADM 节点组网或者 OTM 背靠背节点和 OADM 混合组成环网。另外，根据 WDM 环网的组成拓扑和技术条件，WDM 环网可支持多种保护方式，典型的如光通道 1+1 保护、光通道 1∶N 保护、光复用段 1+1 保护、光通道共享保护和光线路共享保护等。

三、WDM 的优势

光纤的容量是极其巨大的，而传统的光纤通信系统都是在一根光纤中传输一路光信号，这样的方法实际上只使用了光纤丰富带宽的很少一部分。为了充分利用光纤的巨大带宽资源，增加光纤的传输容量，以密集 WDM(DWDM)技术为核心的新一代的光纤通信技术已经产生。

WDM 技术具有如下特点：

1. 超大容量

目前使用的普通光纤可传输的带宽是很宽的，但其利用率还很低。使用 DWDM 技术可以使一根光纤的传输容量比单波长传输容量增加几倍、几十倍乃至几百倍。现在商用最高容量光纤传输系统为1.6 Tbit/s系统。容量3.2 Tbit/s实用化系统的开发已具备条件。

2. 对数据的“透明”传输

由于DWDM系统按光波长的不同进行复用和解复用，而与信号的速率和电调制方式无关，即对数据是“透明”的。一个WDM系统的业务可以承载多种格式的“业务”信号，如ATM、IP或者将来有可能出现的信号。WDM系统完成的是透明传输，对于“业务”层信号来说，WDM系统中的各个光波长通道就像“虚拟”的光纤一样。

3. 系统升级时能最大限度地保护已有投资

在网络扩充和发展中，无需对光缆线路进行改造，只需更换光发射机和光接收机即可实现，是理想的扩容手段，也是引入宽带业务(例如CATV、HDTV和B-ISDN等)的方便手段，而且利用增加一个波长即可引入任意想要的新业务或新容量。

4. 高度的组网灵活性、经济性和可靠性

利用WDM技术构成的新型通信网络比用传统的电时分复用技术组成的网络结构要大大简化，而且网络层次分明，各种业务的调度只需调整相应光信号的波长即可实现。由于网络结构简化、层次分明以及业务调度方便，由此而带来的网络的灵活性、经济性和可靠性是显而易见的。

5. 可兼容全光交换

可以预见，在未来有望实现的全光网络中，各种电信业务的上/下、交叉连接等都是在光上通过对光信号波长的改变和调整来实现的。因此，WDM技术是实现全光网的关键技术之一，而且WDM系统能与未来的全光网兼容，将来可能会在已经建成的WDM系统的基础上实现透明的、具有高度生存性的全光网络。

第三节 OTN在铁路中的应用

OTN技术是在SDH和WDM技术的基础上发展起来的，兼有两种技术的优点，OTN解决传统WDM网络无波长/波长业务调度能力、组网能力弱、保护能力弱等问题。OTN技术包括了光层和电层的完整体系结构，各层网络都有相应的管理监控机制。

作为承载2.5 Gbit/s颗粒以上的传送网技术，考虑到现有的传送网络分层关系和传送业务颗粒分布特征，OTN应主要应用于全国骨干传送网络及铁路局内汇聚层传送网络。

全国骨干层覆盖铁路总公司及各铁路局，解决各铁路局至铁路总公司及铁路局间业务，并可为铁路局汇聚层业务提供保护通道。铁路局汇聚层解决铁路局内业务，为铁路局内SDH系统业务提供保护通道。

全国骨干层节点设置选择应为总公司局所在地、局交界、大型枢纽等重要节点。采用40/80波×10 Gbit/s OTN系统。

铁路局汇聚层OTN节点应选择在局内业务汇聚点、铁路交汇点、枢纽节点。采用40/80波×10 Gbit/s或2.5 Gbit/s OTN系统。

OTN系统可采用链型、星型、环型、环带链型、环相切、环相交和MESH等组网方式。根据铁路业务流向来看，铁路业务多为集中式业务，跨子网业务，且铁路业务安全可靠要求较高,故铁路 OTN 建设不宜采用环网保护。复用段保护需要在主备用路由上均建设光放大器,采用光复用段保护,建设和维护成本较大,铁路建设不建议采用。铁路建设宜采用子网连接保护的 ODU*k* 1+1 保护。具备双路由光缆资源 OTN 网络,宜采用光线路保护方式,对整个波道进行保护。

铁路 OTN 应采用光监控信道,保证能够监控到任何一个站点。

第二章　光传送网(OTN)

第一节　概　　述

一、OTN 的概念

OTN(光传送网,Optical Transport Network)是以 WDM 为基础、在光层组织网络的传送网,是下一代的骨干传送网。众所周知,传统的传送网是基于语音业务而设计和优化的,提议 2M、155M 业务的汇聚,具备分插复用、交叉连接、管理监视以及自动保护倒换等功能。

OTN,通常也称为 OTH (Optical Transport Hierarchy),是通过 G. 872、G. 709、G. 798 等一系列 ITU—T 的建议所规范的新一代"数字传送体系"和"光传送体系"。从居于核心地位的 G. 709 协议中可以看出,OTN 跨越了传统的电域(数字传送)和光域(模拟传送),成为管理电域和光域的统一标准。从电域看,OTN 保留了许多传统数字传送体系(SDH)行之有效的方面。同时,OTN 扩展了新的能力和领域,如提供对更大颗粒的 2.5 G、10 G、40 G 业务的透明传送的支持,通过异步映射同时支持业务和定时的透明传送,对带外 FEC 的支持,对多层、多域网络连接监视的支持等。从光域看,OTN 第一次为波分复用系统提供了标准的物理接口,同时将光域划分成 OCH(光信道层)、OMS(光复用段层)、OTS(光传送段层)三个子层。另外,为了解决客户信号的数字监视问题,光通道层又分为光通道传送单元(OTU*k*)和光通道数据单元(ODU*k*)两个子层,类似于 SDH 技术的段层和通道层。因此,从技术本质上而言,OTN 技术是对已有的 SDH 和 WDM 的传统优势进行了更为有效地继承和组合,同时扩展了与业务传送需求相适应的组网功能,而从设备类型来看,OTN 设备相当于 SDH 和 WDM 设备融合为一种设备,同时拓展了原有设备类型的优势功能。

二、OTN 技术特点与优势

OTN 是以波分复用技术为基础、在光层组织网络的传送网,主要应用于国干传送网及区域骨干传送网,提供大容量数据及 TDM 业务承载。OTN 通过 G. 872、G. 709、G. 798 等一系列 ITU-T 的建议所规范的新一代"数字传送体系"和"光传送体系",解决传统 WDM 网络无波长/子波长业务调度能力差、组网能力弱、保护能力弱等问题。

OTN 跨越了传统的电域(数字传送)和光域(模拟传送),是管理电域和光域的统一。

OTN 处理的基本对象是波长级业务,它将传送网推进到真正的多波长光网络阶段。由于结合了光域和电域处理的优势,OTN 可以提供巨大的传送容量、完全透明的端到端波长/子波长连接以及电信级的保护,是传送宽带大颗粒业务的最优技术。

OTN 概念涵盖了光层和电层两层网络，其技术继承了 SDH 和 WDM 的双重优势，关键技术特征体现为：

1. 多种客户信号封装和透明传输

OTN 可以支持多种客户信号的透明传送，如 SDH、GE 和 10GE 等。OTN 定义的 OPU*k* 容器传送客户信号时不更改其净荷和开销信息，而其采用的异步映射模式保证了客户信号定时信息的透明。

10GE 接口相对于 10 G POS 接口具有很大的成本优势，路由器采用 10GE 接口可以大大降低网络建设成本。而目前基于 SDH 的 WDM 系统主要是针对 SDH 信号的传送，无法实现对 10GE LAN 信号的透明传送。因此，WDM 系统引入 OTN 接口是路由器采用 10GE 接口的前提条件。

2. 大颗粒调度和保护恢复

OTN 技术提供 3 种交叉颗粒，即 ODU1(2.5 Gbit/s)、ODU2(10 Gbit/s)和 ODU3(40 Gbit/s)。高速率的交叉颗粒具有更高的交叉效率，使得设备更容易实现大的交叉连接能力，降低设备成本。经过测算，基于 OTN 交叉设备的网络投资将低于基于 SDH 交叉设备的网络投资。在 OTN 大容量交叉的基础上，通过引入 ASON 智能控制平面，可以提高光传送网的保护恢复能力，改善网络调度能力。

3. 完善的性能和故障监测能力

目前基于 SDH 的 WDM 系统只能依赖 SDH 的 B1 和 J0 进行分段的性能和故障监测。当一条业务通道跨越多个 WDM 系统时，无法实现端到端的性能和故障监测，以及快速的故障定位。

而 OTN 引入了丰富的开销，具备完善的性能和故障监测机制。OTU*k* 层的段监测字节(SM) 可以对电再生段进行性能和故障监测；ODU*k* 层的通道监测字节(PM) 可以对端到端的波长通道进行性能和故障监测。从而使 WDM 系统具备类似 SDH 的性能和故障监测能力。

OTN 还可以提供 6 级连接监视功能(TCM)，对于多运营商/多设备商/多子网环境，可以实现分级和分段管理。适当配置各级 TCM，可以为端到端通道的性能和故障监测提供有效的监视手段，实现故障的快速定位。

因此在 WDM 系统中引入 OTN 接口，可以实现对波长通道端到端的性能和故障监测，而不需要依赖于所承载业务信号(SDH/10GE 等) 的 OAM 机制。从而使基于 OTN 的 WDM 网络成为一个具备 OAM 功能的独立传送网。

4. FEC 能力

G.709 为 OTN 帧结构定义了标准的带外 FEC 纠错算法，FEC 校验字节长达 4×256 字节，使用 RS(255,239) 算法，可以带来最大 6.2 dB(BER=10^{-15}) 编码增益，降低 OSNR 容限，延长电中继距离，减少系统站点个数，降低建网成本。G.975.1 定义了非标准 FEC，进一步提高了编码增益，实现更长距离的传送，但是因为多种编码方式不能兼容，不利于不同厂家设备的对接，通常只能应用于 IaDI 接口互联。

三、OTN 标准的进展

(一)国外标准研究

OTN 技术标准国际上主要由 ITU-T SG15 来负责制定。ITU-T 1998 年就提出了 OTN 的概念,启动了 OTN 系列标准的制定,到 2008 年 OTN 主要系列标准已基本完善。另外,ITU-T 还完成了基于 OTN 的控制平面和管理平面的主要规范。目前相关的 OTN 技术国际标准包括网络体系架构、结构和映射、物理层特性、功能、网络性能、保护倒换等方面。

根据对 OTN ITU-T 标准的研究,归纳出标准体系架构如图 2-1 所示。

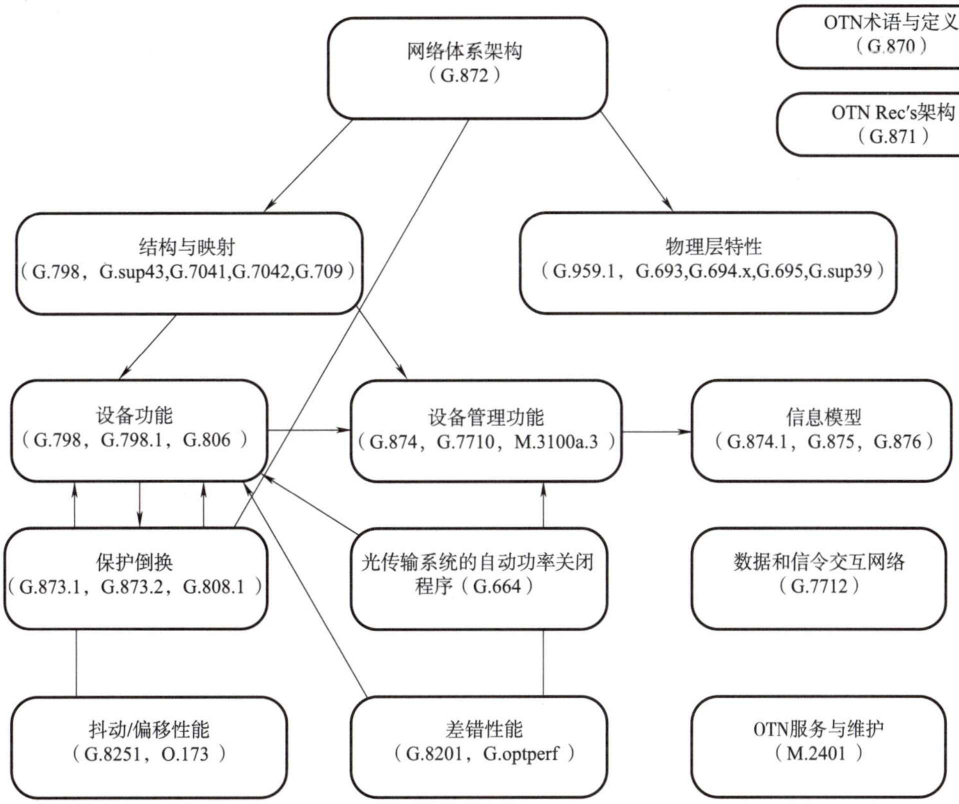

图 2-1　ITU-T OTN 标准体系架构

(二)国内标准研究

国内通信行业对 OTN 技术的发展也颇为关注。国内 OTN 的标准化工作主要由中国通信标准化协会(CCSA)的传送与接入网工作委员会(TC6)的第 1 工作组(WG1)来完成。

从 OTN 国内标准的整体发展现状来看,OTN 标准也是趋于基本成熟的阶段,后续的标准化工作则侧重于现有已立项标准体系的逐渐完善和补充,同时根据 OTN 技术最新的发展和应用需求情况,逐步立项并制定相关要求标准。

根据对 OTN 国家标准的研究,归纳出标准体系架构如图 2-2 所示。

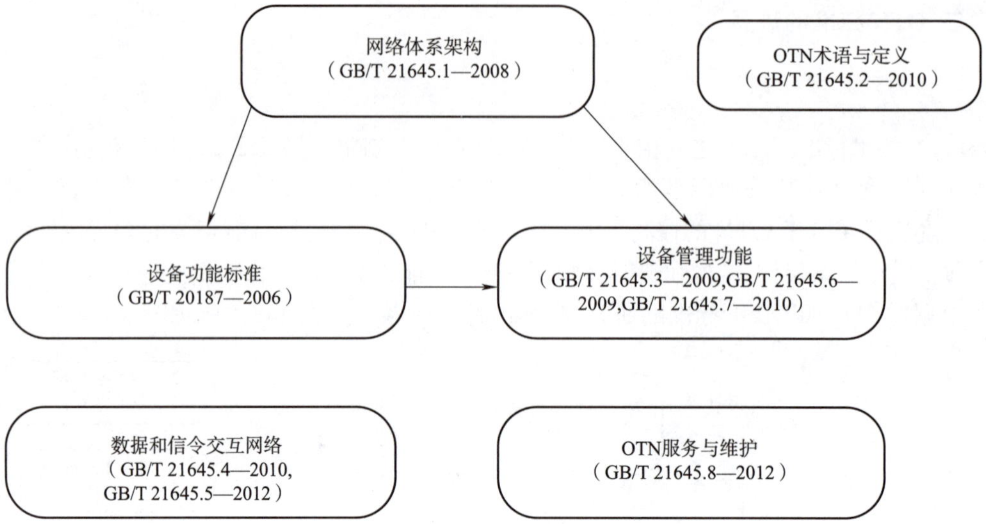

图 2-2　OTN 国家标准体系架构

(三)相关的通信行业标准

根据对 OTN 通信行业标准的研究,归纳出标准体系架构如图 2-3 所示。

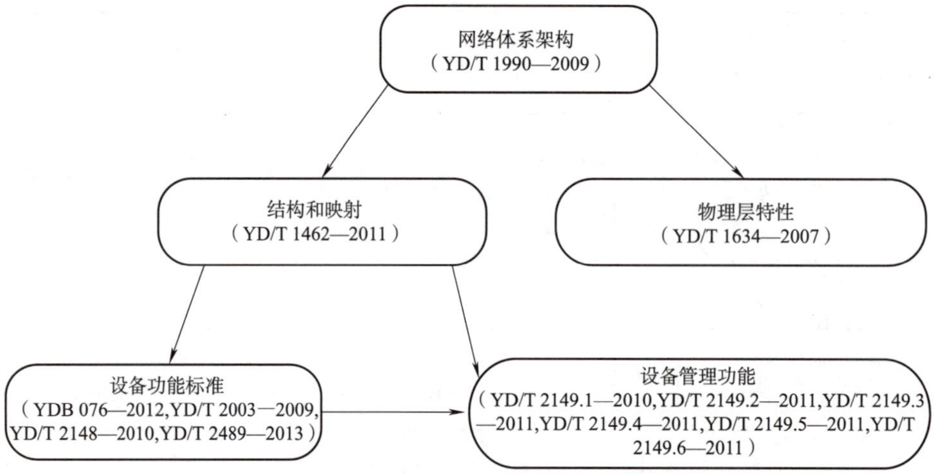

图 2-3　OTN 通信行业标准体系架构

四、铁路传输网络现状分析与研究

(一)铁路传输网络研究现状

铁路传输网络以光传送技术为主题,全路传输网按骨干层、汇聚层、接入层三层结构建设。目前传输网已覆盖全路路网。铁路骨干层传输网分为光层和电层。至 2015 年底,已完成覆盖铁路总公司和 18 个铁路局的骨干层传输网更新改造,铁路现有传输网满足了铁路既有业务和新增业务的需求,京沪穗环以及东北环已完成 OTN 网络的建设。年全路传输网网络结构如图 2-4 所示。

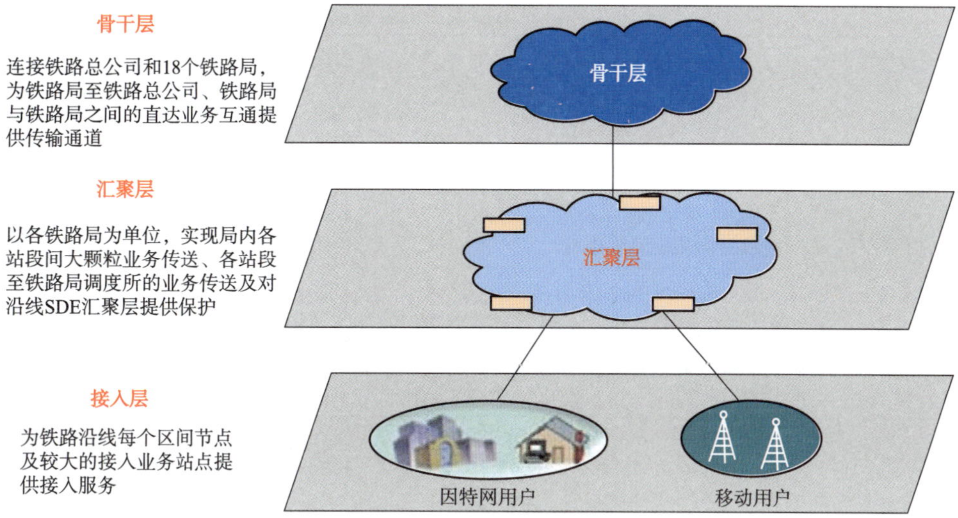

图 2-4　传输网网络结构

1. 骨干层传输网现状

目前,铁路骨干层传输网分为光层和电层。光层主要由 DWDM 系统构成六大环网。五大环覆盖铁路总公司和 18 个铁路局,均为铁路和中国移动共有。既有骨干层传输网网络结构如图 2-5 所示。

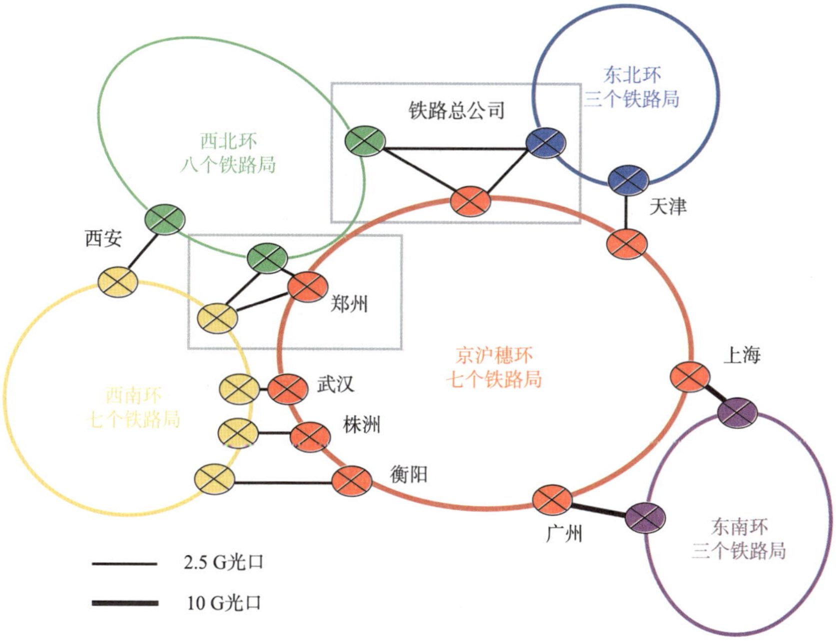

图 2-5　既有骨干层传输网网络结构

既有五大环系统覆盖的铁路局及系统容量见表 2-1。

表 2-1　既有五大环覆盖范围及系统容量设置情况统计表

序号	波分系统名称	覆盖铁路局	系统容量	设备厂家	开通时间(年)
1	京沪穗环	北京局、济南局、郑州局、武汉局、上海局、南昌局、广铁集团	40×10 Gbit/s 系统	北电公司	2001
2	东南环	上海局、南昌局、广铁集团	40×10 Gbit/s 系统	北电公司	2002
3	西南环	西安局、成都局、郑州局、昆明局、武汉局、南宁局、广铁集团	32×2.5 Gbit/s 系统	华为公司	2002
4	西北环一/二	北京局、郑州局、西安局、太原局、乌鲁木齐局、呼和局、兰州局、青藏公司	32/40×2.5 Gbit/s 系统	马可尼/中兴	2001/2006
5	东北环	北京局、沈阳局、哈尔滨局	16×2.5 Gbit/s 系统	中兴公司	2002

在五大环 DWDM 系统上，由 SDH 设备构成电层骨干传输网，上下 2M、155M、622M 颗粒的业务，分布在五大区域骨干层节点，共有 SDH 环和链 60 个。

(1)京沪穗环

利用京广线、京沪线、浙赣线及上海至武汉铁路光缆开通京沪穗骨干环 40×10 Gbit/s DWDM 系统；九江—南昌间及来舟—福州间开通链状 16×10 Gbit/s DWDM 系统。京沪穗 DWDM 系统在 29 个节点设置了 OTM 设备；系统容量为 40 波，12 个主要区段已配置 10～12 波，配置波道均已占用，目前设备已停产，无法实现扩容。

SDH 系统采用 10 Gbit/s SDH 设备组成 6 个复用段保护环，在各省会城市设置 SDH ADM 设备。3 个 SDH 环带宽利用率为 94%～100%；3 个 SDH 环带宽利用率为 46%～62%，业务端口基本无空余，且设备停产，无法实现扩容。

(2)东北环

利用铁路京山线、沈山线、长大线、长滨线、滨洲线、平齐线、大郑线、新义线、锦承线、京承线铁路光缆，开通东北骨干环 16×2.5 Gbit/s DWDM 系统；白城—长春间及新立屯—沈阳间开通链状 16×2.5 Gbit/s DWDM 系统。东北环 DWDM 系统在 15 个节点设置 OTM 设备，在 12 个节点设置 OADM 设备；系统容量为 16 波(含 1 个备用波)。12 个主要区段已配置 8～16 个波，除沈阳—辽阳—大连、大连—丹东—沈阳还有 2 个波道空余，长春—延吉还有 1 个波道空余外，其余区段配置波道均已占用。目前 DWDM 设备已经停产，无法实现扩容。

SDH 系统采用 2.5 Gbit/s SDH 设备组成 16 个复用段保护环(链)，在各省会城市、地级市设置 SDH ADM 设备。其中 6 个骨干和 5 个地市 SDH 环带宽利用率为 85%～100%；2 个骨干和 2 个地市 SDH 环带宽利用率为 46%～66%，业务端口基本无空余；骨干 06 SDH 环由于只在沈阳、哈尔滨、大连三个节点下业务，所以带宽利用率低。

(3)西北环一(马可尼)

利用铁路京广线、陇海线、包兰线、京包线、同蒲线、石太线铁路光缆，开通西北骨干环 32×2.5 Gbit/s DWDM 系统；兰州—乌鲁木齐及兰州—格尔木间开通链状 16×2.5 Gbit/s DWDM 系统。西北环 DWDM 系统在 48 个节点设置 OTM 设备，在 23 个节点设置 OADM 设备；系统容量为 32(16)波(含 1 个备用波)。12 个主要区段已配置 3～10 波，配置波道均已占用。目前DWDM设备已经停产,无法实现扩容。

SDH系统采用2.5 Gbit/s SDH设备组成16个复用段保护环(链),在各省会城市、地级市设置SDH ADM设备。6个SDH环带宽利用率为71%~89%,9个SDH环带宽利用率为40%~68%,西北环2号链带宽利用率为20%,业务端口基本无空余。

西北环一(马可尼)设备已停产,无法实现扩容。

(4)西北环二(中兴)

利用铁路京广线、陇海线、包兰线、京包线、同蒲线、石太线铁路光缆,开通西北骨干环40×2.5 Gbit/s DWDM系统。西北环DWDM系统在26个节点设置OTM设备,在45个节点设置OADM设备;系统容量为40波(含1个备用波)。15个主要区段已配置了6~40个波,已使用了5~37个波,大部分区段还有2个以上的空余波道。

SDH系统采用2.5 Gbit/s SDH设备组成4个复用段保护环(链),在各省会城市、地级市设置SDH ADM设备。2个SDH环(链)带宽利用率为97%~100%;2个SDH环带宽利用率为61%~76%,业务端口基本无空余。

西北环二(中兴)可利旧扩容使用。

(5)西南环

利用陇海线、宝成线、成昆线、南昆线、湘桂线、京广线、武阳线、西康线、襄渝线铁路光缆开通西南骨干环32×2.5 Gbit/s DWDM系统,广州—衡阳间开通链状40×2.5 Gbit/s DWDM系统。西南环DWDM系统在31个节点设置了OTM设备,在46个节点设置了OADM设备;系统容量为32波(含1个备用波)。19个主要区段已配置了13~31个波,配置波道均已占用。目前DWDM设备已经停产,无法扩容。

SDH系统采用2.5 Gbit/s SDH设备组成17个复用段保护环,在各省会城市、地级市设置SDH ADM设备。11个SDH环带宽利用率为83%~100%;6个SDH环带宽利用率为41%~79%,业务端口基本无空余。

(6)东南环

从上海开始经杭州、宁波、温州、福州、厦门、潮州、汕头到广州利用租用光缆,再由广州开始经惠州、龙川、赣州、南昌、鹰潭、金华、杭州到上海利用铁路光缆,开通东南骨干环40×10 Gbit/s DWDM光传送系统。东南环DWDM系统在17个节点设置了OTM设备;系统容量为40波。3个主要区段已配置2~5个波,配置波道均已占用。

SDH系统采用10 Gbit/s SDH设备组成1个复用段保护环,在各省会城市、地级市设置SDH ADM设备,环带宽利用率为96%。

目前设备已经停产,无法实现扩容。租用光缆的故障率很高,无法使用。

2. 汇聚层传输网现状(局内干线传输网)

汇聚层传输网为局内各重要节点间的业务提供传输通道,并对铁路沿线接入层提供保护。汇聚层传输网已经覆盖所有铁路干线及大部分支线铁路线。汇聚层传输网包括三部分:

(1)铁通划转回的原“省干”传输系统

省内波分系统12个,省干SDH系统共78个;省干波分主要为40×2.5 Gbit/s DWDM系统,省干SDH系统主要为2.5 Gbit/s SDH系统。

(2)新建铁路线汇聚层传输系统

新建铁路线汇聚层传输系统为 10 Gbit/s 或 2.5 Gbit/s MSTP 系统，如京津、京沪、武广、郑西、福厦、沪宁、沪杭等高速铁路为 10 Gbit/s 系统，其余线为 2.5 Gbit/s 系统。建设标准要求带宽利用率在 50%～60%。

(3)既有线汇聚层传输系统

既有铁路沿铁路线一般只有 1 条长途光缆。其光传输系统利用该光缆中的 4 芯光纤，组织本条铁路线的 SDH 2.5 G(或 622M)(1+1)链型中继层，承载局内干线通信，并承担本线接入层的保护通道。一般在较大车站、通信站设置 SDH 2.5 G 或 622M 设备。

3. 接入层传输网现状(局内传输网)

接入层传输网主要为铁路沿线的每个业务节点和铁路地区的所有用户提供接入通道，目前主要是 155M 和 622M 传输系统，也有部分区段采用 2.5 Gbit/s 传输系统。

高速铁路及新建铁路接入层传输系统为 2.5 G/622 Mbit/s MSTP 系统。带宽利用率一般为 50%以下。

接入层传输网已经覆盖所有铁路干线及支线铁路线。

4. 光电缆线路现状

铁路长途通信线路以光缆为主体。光缆大部分为 G.652 光纤，光缆容量主要为 8 芯、16 芯、20 芯、24 芯、32 芯。既有线光缆在铁路一侧敷设 1 条，以直埋为主；高速铁路光缆在铁路 2 侧各敷设 1 条，以槽道为主。个别支线还有架空光缆和明线线路。

(二)铁路传输网络问题分析

根据目前铁路传输网络的现状进行分析，可以得到如下七条铁路传输网络中所存在的问题：

1. 骨干层、汇聚层传输网网络结构与铁路不适应

现有的骨干层、汇聚层传输网基本上是按照满足铁通公网业务需求设计建设的(省际、省内、城域)，其业务流量和流向与铁路运输体系结构(总公司、局、站段)不够匹配，导致传输电路调度、业务开通和运营管理等方面存在困难，部分电路开通路由复杂，也加剧了资源紧张的状况。

2. 骨干层、汇聚层传输网资源不足、覆盖不够、不能满足铁路应用需求

现有骨干层 DWDM 系统既有配置的波道在绝大部分区段已全部使用，而且无法扩容。京沪穗、东南环、西北环一(马可尼)系统(DWDM 系统和 SDH 系统)及东北环、西南环 DWDM 系统由于设备停产原因已无法扩容，致使系统可利用通道资源不足，骨干网既有资源运用接近饱和。

现有骨干层 SDH 系统在时隙、端口的使用情况，目前，铁路总公司至北京、沈阳、呼和浩特、西安铁路局的通道仅余少量 2M，铁路总公司至上海铁路局仅余 1 条 155M 电路，铁路总公司至其余铁路局无法开通 2M 和 155M 电路。此外，部分主要干线汇聚层传输系统容量偏小，大量本地通信枢纽机房至信息中心间传输系统容量偏小，现有的传输网已不能支持铁路信息化业务发展。

3. 设备陈旧，部分厂家产品停产，维护困难

骨干层京沪穗环、东南环、西北环一、西南环、东北环设备在网运行时间长达 9 年以上，且设备生产厂家已经破产或设备型号停产。随着设备供应及技术服务支持中断，系统无法扩容，板卡返修无法解决，购买备品备件非常困难，在网设备老化，故障率呈不断上涨趋势，

网络维护运营成本增加。

4. 系统可靠性不适应铁路安全运营需要

现有骨干层DWDM系统采用点对点方式组网，业务调度、故障定位、网络管理、自愈能力均较弱；汇聚层和接入层未形成有效的传输系统自愈保护；高速铁路两条光缆加单节点设备的组网方式，在无其他路由迂回保护的情况下，仍会存在单点设备故障影响业务运用的问题。

5. 铁路和中国移动共用网络资源，存在安全管理隐患

目前铁路和中国移动共用传输网络通道、机房及设备，在运营管理及网络维护过程中存在安全管理隐患。部分机房面积和环境无法满足需求。

6. 设备制式陈旧，接口种类单一，对铁路多种业务接入的支持能力差

现有很多设备不具备综合接入能力，仅配置了2M和155M接口，未配置以太网等数据接口，不能适应多业务接入的使用要求。

7. 光缆质量劣化、容量不足

由于多年来施工、偷盗造成的光缆中断使得纤芯损伤、接头过多，导致部分区段光缆性能指标严重劣化，达不到开通长距离传输系统的技术要求，尤其是东南环租用光缆的故障率很高，无法使用。约40%光缆已无可用空闲光纤。

(三)铁路传输网络技术分析

随着数据业务的迅猛发展，网络的核心技术逐步由TDM(时分复用)向IP(网络互联协议)演进。以SDH(同步数字体系)+WDM(波分复用)的传送网组网方式已不能满足日益增长的数据业务需求。未来传送网对安全可靠性、传输容量、交叉颗粒、业务调度能力、带宽利用率、组网方式、接口类型、传输距离和网管功能提出了更高的要求，能有效降低CAPEX(资金、固定资产的投入)和OPEX(运营成本)。而OTN(光传送网)技术包括了光层和电层的完整体系结构，很好地满足了业界对于未来传送网的要求，成为未来传送网的主流技术。

随着国内铁路交通的飞速发展，各种可应用于铁路运营的通信技术和应用方式也在不断发展；同时近几年来，通信网络所承载的业务也发生了巨大的变化。数据业务发展非常迅速，特别是宽带、视频业务的发展，对传输网络提出了新的要求。而通信系统中最重要的传输系统要能够提供适应这种增长的海量带宽，更重要的是要求传输网络可以进行快速灵活的业务调度、完善便捷的网络维护管理(OAM功能)，以适应业务的需求。

目前铁路交通采用的传输技术主要是SDH、WDM和OTN技术，前两种技术都存在着一定的局限性。SDH技术偏重于业务的电层处理，具有灵活的调度、管理和保护能力，OAM功能完善。但是，它以VC4为基本交叉调度颗粒，采用单通道线路，容量增长和调度颗粒大小受到限制，无法满足业务的快速增长，特别是在满足铁路这样的专用网的要求上存在一定的不足。WDM技术以业务的光层处理为主，多波长通道的传输特性决定了它具有提供大容量传输的天然优势。

但是，目前的WDM网络主要采用点对点的应用方式，缺乏有效的网络维护管理手段。纯光调度系统(如ROADM)虽然可实现类似于SDH的调度和保护功能，但由于物理受限和波长受限问题，很难在大范围网络中应用。而且颗粒单一灵活性差，不能实现不同厂家设备的互通。而OTN技术包括了光层和电层的完整体系结构，各层网络都有相应的管理监

控机制，光层和电层都具有网络生存性机制，从而可以解决上述存在的问题。

当前铁路通信中，一方面全业务承载对传送网的灵活组网提出了挑战；另一方面，OTN 历经十余年的演进，已具备灵活的多业务承载能力。承载全业务开启了铁路 OTN 应用的崭新时代。在运营商和众多 OTN 业务承载传送网中，OTN 已经从干线下沉到城域网和本地网，实现了承载网全面使用。OTN 技术可以提供强大的 OAM 功能，并可实现多达 6 级的串联连接监测(TCM)功能，提供完善的性能和故障监测功能。OTN 设备基于 ODU*k* 的交叉功能使得电路交换粒度由 SDH 的 155 Mbit/s 提高到 2.5 Gbit/s、10 Gbit/s、40 Gbit/s、100 Gbit/s，从而实现大颗粒业务的灵活调度。另外，OTN 独特的帧结构及传输方式是专为专网的应用而开发，也十分适合地铁这样相对封闭的专用网络。目前，OTN 技术的相关国际、国内标准已趋于完善，主流传输设备厂家均能提供不同交叉容量的 OTN 设备，相关仪表厂商也已推出多款商用的测试仪表，国内外主流电信运营商、大型专网单位都已开展了基于 OTN 技术构建的光传送网络建设和运用。铁路 OTN 是全国性网络，需长距离传输、大颗粒承载、高容量和可靠性强的传送网络，OTN 技术固有的先进和成熟的优点能满足铁路 OTN 的需要，采用 OTN 技术实现铁路传送网。传统的铁路传送网技术有较差的灵活性，难以实现不同设备之间的互通。OTN 技术正是在 SDH 和 WDM 两种传统技术基础上逐步发展完善起来的，它有两种技术的共同优点，简单地说就是对 SDH 的技术和 WDM 的技术进行全面整合优化。

OTN 综合 SDH 的优点和 DWDM 的带宽可扩展性，集传送和交换能力于一体，是承载宽带 IP 业务的理想平台，代表了下一代传送网的发展方向。OTN 保留了许多 SDH 的优点，如多业务适配、分级复用和疏导、管理监视、故障定位、保护倒换等。同时 OTN 扩展了新的能力和领域，例如提供大颗粒的 2.5、10、40、100 G 业务的透明传送，支持带外 FEC，支持对多层、多域网络进行级联监视等。在光层侧，OTN 将光域划分成光信道层(OCH)、光复用段层(OMS)、光传送段层(OTS)3 个子层，允许在波长层面管理网络并支持光层提供的 OAM(运行、管理、维护)功能，信号流向如图 2-6 所示。为了管理跨多层的光网络，OTN 提供了带内和带外两层控制管理开销。尤其是 OTN 系统中融入 MPLS-TP 协议，为铁路飞速增长的视频、办公业务颗粒提供了可依赖的传输平台。

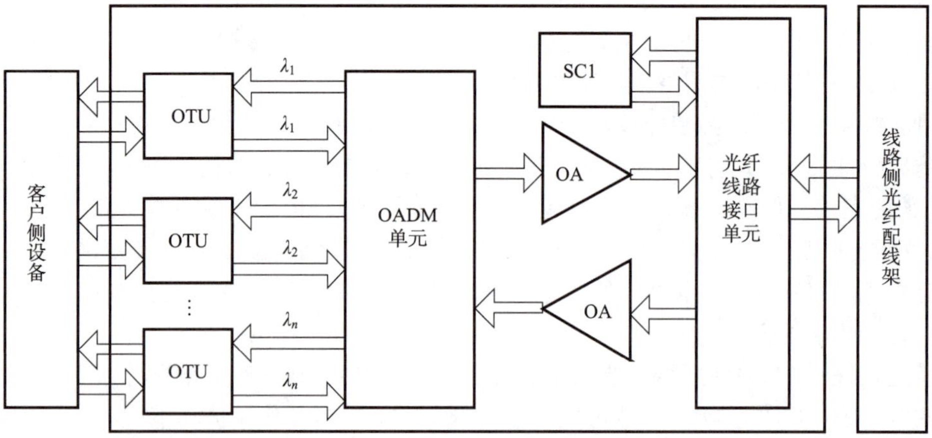

图 2-6　OTN 系统信号流向

第二节　OTN体系架构

一、OTN 网络分层结构及接口

(一)OTN 网络分层

按照 ITU-T G. 872 定义的 OTN 网络分层结构,可分为光通道层、光复用段层和光传送段层三个层面。如图 2-7 所示。

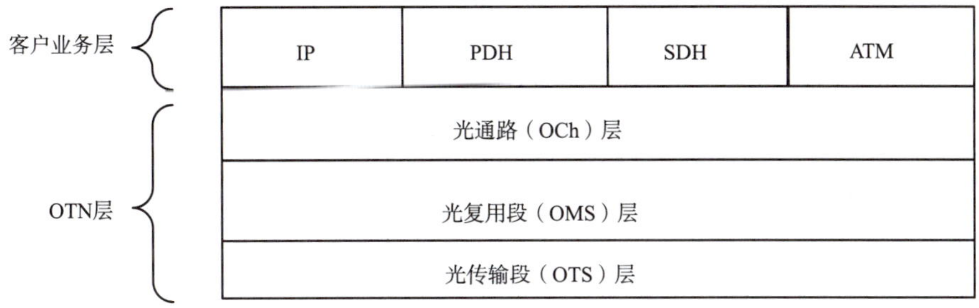

图 2-7　OTN 网络分层结构

光通路层提供两个光网络节点间端到端的光信道,提供包括监测、配置、连接、交叉调度、备份和光层保护与恢复等功能,支持不同格式的用户净荷。

光复用段层支持波长的复用,以复用段的形式管理每一种信号,提供包括波分复用、复用段保护和恢复等功能。

光传送段层(OTS layer)为光信号在不同类型的光媒质(如 G. 652、G. 653、G. 655 光纤等)上提供传输功能,确保光传输段适配信息的完整性,同时实现光中继器或光放大器的控制和检测功能。

1. 光通路层(OCh 层)

光通路层分为三个电域子层:光通路净荷单元(OPU*k*)、光通路数据单元(ODU*k*)、光通路传送单元(OTU*k*)。

光通路净荷单元(OPU*k*):实现客户信号映射进一个固定的帧结构(数字包封)的功能,包括但不限于 IP 分组、以太网帧、STM-*N* 和 ATM 信元。

光通路数据单元(ODU*k*):提供与信号无关的连通性、监控和连接保护等功能,这一层也叫数据通道层。

光通路传送单元(OTU*k*):提供监控功能、FEC 和光段层保护,这一层也叫作数字段层。各种客户层信息经过光通路净荷单元 OPU*k* 的适配,映射到 ODU*k* 中,然后在 ODU*k* 中加入光通路数据单元的开销、并映射进 OTU*k* 中,在 OTU*k* 中加入光通路传送单元的开销,再映射到光通路层 OCh,然后调制到光信道载波 OCC 上。

2. 光复用段层(OMS 层)

光复用段层保证相邻的两个 DWDM 设备之间 DWDM 信号的完整传输,为波长复用信号提供网络功能,包括:为支持灵活得多波长网络选路重配置光复用段;为保证 DWDM 光复用段适配信息的完整性进行光复用段开销的处理;光复用段的运行、检测和管理等。

通过 OMS 路径实现光通路在接入点之间的传送,其特征信息包括 OCh 层适配信息的数据流和复用段路径终端开销的数据流,均为逻辑信号,采用 n 级光复用单元(OMU-n)表示,其中 n 为光通路个数。光复用段中的光通路可以承载业务,也可以不承载业务。不承载业务的光通路可以配置或不配置光信号。

OMS 层网络的传送功能和实体主要由 OMS 路径、OMS 路径源端(OMS-TT 源端)、OMS 路径宿端(OMS-TT 宿端)、OMS 网络连接(OMS-NC)、OMS 链路连接(OMS-LC)等组成。

3. 光传输段层(OTS 层)

光传输层为光信号在不同类型的光纤介质上(如 G. 652、G. 655 等)提供传输功能,同时实现对光放大器和光再生中继器的检测和控制。

自从同步数字体系(SDH)出现以来,光通信的发展进入了一个崭新的时期,在 12 年前原 CCITT 首次通过 SDH 的三个建议后,SDH 的发展和应用以前所未有的速度向前推进。

OTS 层网络通过 OTS 路径实现光复用段在接入点之间的传送。OTS 定义了物理接口,包括频率、功率和信噪比等参数。其特征信息可由逻辑信号描述,即 OMS 层适配信息和特定的 OTS 路径终端管理/维护开销,也可由物理信号描述,即 n 级光复用段和光监控通路,具体表示为 n 级光传输模块(OTM-n)。

OTS 层网络的终端包括路径源端、路径宿端、双向路径终端 3 种方式,主要实现 OTS 连接的完整性验证、传输质量的评估、传输缺陷的指示和检测等功能。

光传输段层网络涉及光传输段终端之间端到端的信息传递,通过接入点间的光传输段路径提供对光复用段的传送。该层网络包含对光线路放大器的监视能力。

(二)传输网承载业务接口类型

1. 通信专业接口类型

通信专业接口类型包括数据网、各业务网及支撑网的接口类型,即包括 IP 数据网、电话交换网、数字调度通信系统、综合视频监控系统、电视会议系统、GSM-R 移动通信、同步网、网管等系统的接口类型。IP 数据网的接口类型主要有 FE/GE/10GE、2M/155M/622M/2.5 G/10 G 接口,其中骨干、局干数据网的接口类型主要有 GE/10GE、155M/622M/2.5 G/10 G 接口;电话交换网的接口类型主要有 2M/155M/GE 接口;数字调度通信系统的接口类型主要有 2M 接口;综合视频监控系统的接口类型主要有 FE/GE 接口;电视会议系统的接口类型主要有 2M/155M/GE 接口;GSM-R 移动通信系统的接口类型主要有 2M/GE 接口;时间同步网可能需要 2M、GE 接口;网管网需要 2M/FE 等接口;监控系统需要 2M/FE/GE 等接口。

2. 非通信专业接口类型

非通信专业接口类型包括信号专业铁路运输指挥系统、信息化专业安全生产网、内部服务网、外部服务网的广域互联等的接口类型。这些系统的接口类型主要是 2M、155M、FE、GE、10GE 接口。

3. 业务接口变化趋势

目前铁路通信信息化业务以 2 Mbit/s TDM 业务为主,并逐渐向 IP 接口迁移,接口类型由 2M 向 155M、GE/10GE 接口过渡,但 2M、155M 等业务仍长期存在。同时还存在一些低速率的数据业务。

二、OTN 光传送模块及其帧结构

(一)简化功能的 OTM(OTM-0.m、OTM-0.mvn)

相关标准目前为 IrDI 定义了 OTM-$nr.m$、OTM 0.m 和 OTM-0.mvn 简化功能的 OTM 接口。

OTM-$nr.m$ 接口定义有 9 种 OTM nr 接口信号：

① OTM-nr.1(承载 $i(i \leqslant n)$OTU1[V]信号)；

② OTM-nr.2(承载 $j(j \leqslant n)$OTU2[V]信号)；

③ OTM-nr.3(承载 $k(k \leqslant n)$OTU3[V]信号)；

④ OTM-nr.4(承载 $l(l \leqslant n)$OTU4[V]信号)；

⑤ OTM-nr.1234(承载 $i(i \leqslant n)$OTU1[V],$j(j \leqslant n)$OTU2[V],$k(k \leqslant n)$OTU3[V]和 $l(l \leqslant n)$OTU4[V]信号,其中 $i+j+k+l \leqslant n$)；

⑥ OTM-nr.123(承载 $i(i \leqslant n)$OTU1[V],$j(j \leqslant n)$OTU2[V]和 $k(k \leqslant n)$OTU3[V]信号,其中 $i+j+k \leqslant n$)；

⑦ OTM-nr.12(承载 $i(i \leqslant n)$OTU1[V]和 $j(j \leqslant n)$OTU2[V]信号,其中 $i+j \leqslant n$)；

⑧ OTM-nr.23(承载 $j(j \leqslant n)$OTU2[V]和 $k(k \leqslant n)$OTU3[V]信号,其中 $j+k \leqslant n$)；

⑨ OTM-nr.34(承载 $k(k \leqslant n)$OTU3[V]和 $l(l \leqslant n)$OTU4[V]信号,其中 $k+l \leqslant n$)。

统称为 OTM-$nr.m$,如图 2-8 所示。

OTM-$nr.m$ 接口信号包含 n 个 OCC,其中有 m 个低速率信号,也可能会是少于 m 个的高速率 OCC。

在每一个端点都具有 3R 再生和终结功能的单跨段的光通路上,OTM-0.m 支持单波长光通路,定义了 4 种 OTM-0.m 接口信号,每种承载一个包含 OTUk[V]信号的单波长光通路。

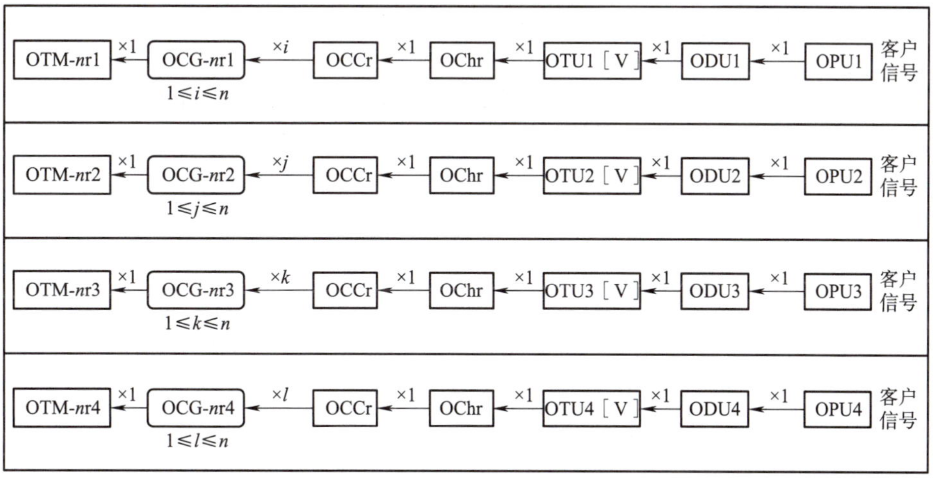

(a) OTM-$nr.m$接口承载相同的多通路信号

图 2-8

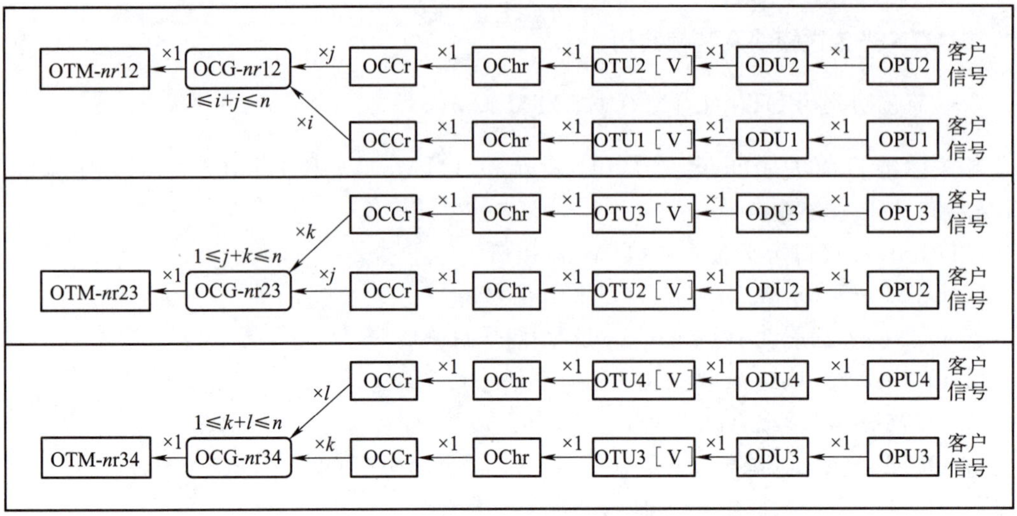

(b) OTM-*nr.m*接口承载两种不同的多通路信号

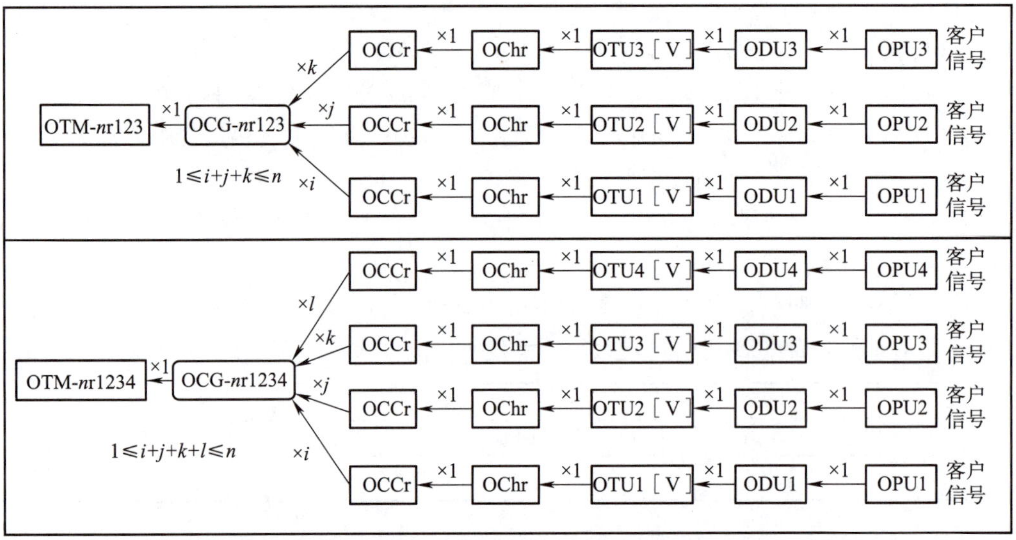

(c) OTM-*nr.m*接口承载两种以上不同的多通路信号

图 2-8 OTM-*nr*. *m* 结构

① OTM-0. 1(承载 OTU1[V])；

② OTM-0. 2(承载 OTU2[V])；

③ OTM-0. 3(承载 OTU3[V])；

④ OTM-0. 4(承载 OTU4[V])。

统称为 OTM-0. *m*。

图 2-9 显示了不同信息结构之间的关系，以及 OTM-0. *m* 的映射方式。

OTM-0. *m* 信号结构中不需要 OSC 和 OOS。

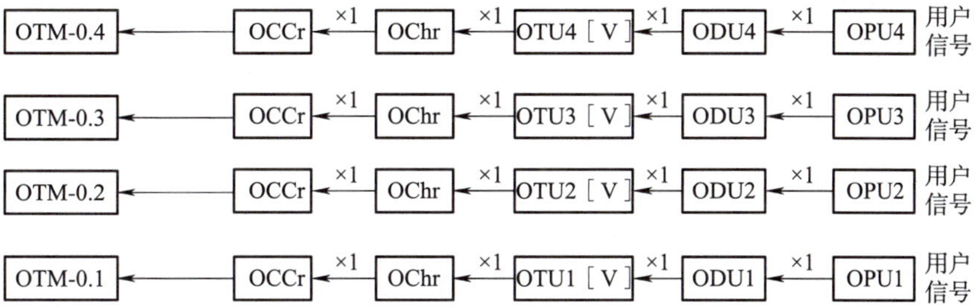

图 2-9 OTM-0.*m* 结构

在每一个端点都具有 3R 再生和终结功能的单跨段的光通路上，OTM-0.*mvn* 支持一个多通道光信号。目前定义了两种 OTM-0.*mvn* 接口信号，每种承载包含一个 OTU*k*[V]信号分发到 4 个光通道上的 4 路光信号：

① OTM-0.3v4(承载 OTU3)；

② OTM-0.4v4(承载 OTU4)。

统称为 OTM-0.*mvn*。图 2-10 显示了 OTM-0.3v4 和 OTM-0.4v4 的不同信息结构之间的关系。OTM-0.*mvn* 信号结构中不需要 OSC 和 OOS。

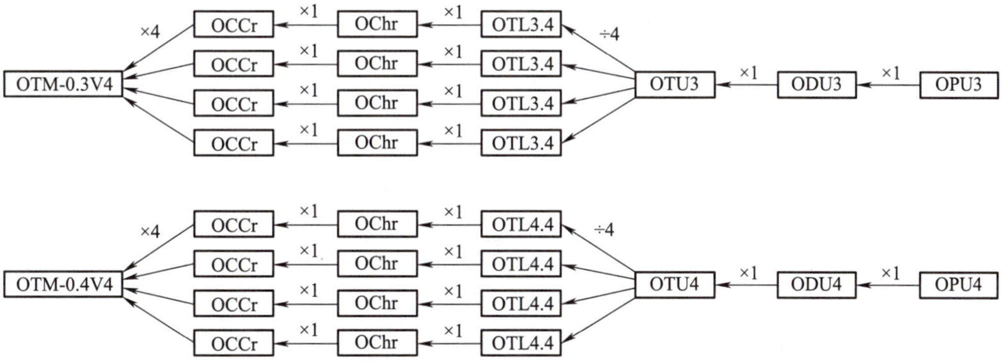

图 2-10 OTM-0.3v4 和 OTM-0.4v4 结构

(二)全功能 OTM(OTM-*n*.*m*)

OTM-*n*.*m* 接口支持单个或多个光区段内的 *n* 个光通路，接口不要求 3R 再生。

定义有 9 种 OTM-*n* 接口信号：

① OTM-*n*.1(承载 $i(i\leqslant n)$OTU1[V]信号)；

② OTM-*n*.2(承载 $j(j\leqslant n)$OTU2[V]信号)；

③ OTM-*n*.3(承载 $k(k\leqslant n)$OTU3[V]信号)；

④ OTM-*n*.4(承载 $l(l\leqslant n)$OTU4[V]信号)；

⑤ OTM-*n*.1234(承载 $i(i\leqslant n)$OTU1[V]，$j(j\leqslant n)$OTU2[V]，$k(k\leqslant n)$OTU3[V]和 $l(l\leqslant n)$OTU4[V]信号，其中 $i+j+k+l\leqslant n$)；

⑥ OTM-*n*.123(承载 $i(i\leqslant n)$OTU1[V]，$j(j\leqslant n)$OTU2[V]和 $k(k\leqslant n)$OTU3[V]信号，其中 $i+j+k\leqslant n$)；

⑦ OTM-n. 12(承载 $i(i\leqslant n)$OTU1[V]和 $j(j\leqslant n)$OTU2[V]信号,其中 $i+j\leqslant n$);

⑧ OTM-n. 23(承载 $j(j\leqslant n)$OTU2[V]和 $k(k\leqslant n)$OTU3[V]信号,其中 $j+k\leqslant n$);

⑨ OTM-n. 34(承载 $k(k\leqslant n)$OTU3[V]和 $l(l\leqslant n)$OTU4[V]信号,其中 $k+l\leqslant n$)。

统称为 OTM-n. m,如图 2-11 所示。

OTM-n. m 接口信号包含 n 个 OCC,其中有 m 个低速率信号和 1 个 OSC,也可能会是少于 m 个的高速率 OCC。

(三)OTUk 帧结构

OTUk 采用固定长度的帧结构,且不随客户信号速率而变化,也不随 OTU1、OTU2、OTU3、OTU4 等级而变化。当客户信号速率较高时,相对缩短帧周期,加快帧频率,而每帧承载的数据信号没有增加。对于承载一帧 10 Gbit/s SDH 信号,大约需要 11 个 OTU2 光通道帧,承载一帧 2.5 Gbit/s SDH 信号则大约需要 3 个 OTU1 光通道帧。

OTUk 帧结构如图 2-12 所示,为 4 行 4 080 列结构,主要由 3 部分组成:OTUk 开销、OTUk 净负荷、OTUk 前向纠错。图中第 1 行的第 1～14 列为 OTUk 开销,其中第 1～8 列被用作 FAS 帧定位,第 2～4 行中的第 1～14 列为 ODUk 开销,第 1～4 行的 15～3 824 列为 OTUk 净负荷,第 1～4 行中的 3 825～4 080 列为 OTUk 前向纠错码。

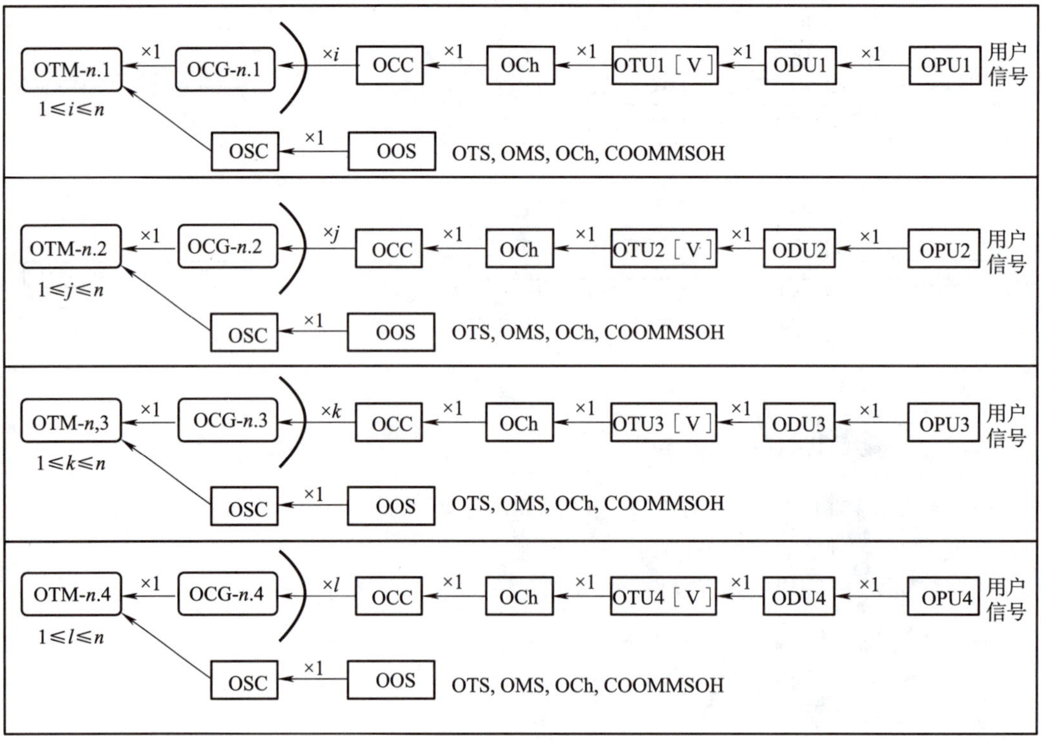

(a) OTM-$n.m$接口承载相同的多通路信号

图 2-11　OTM-n. m 复用结构

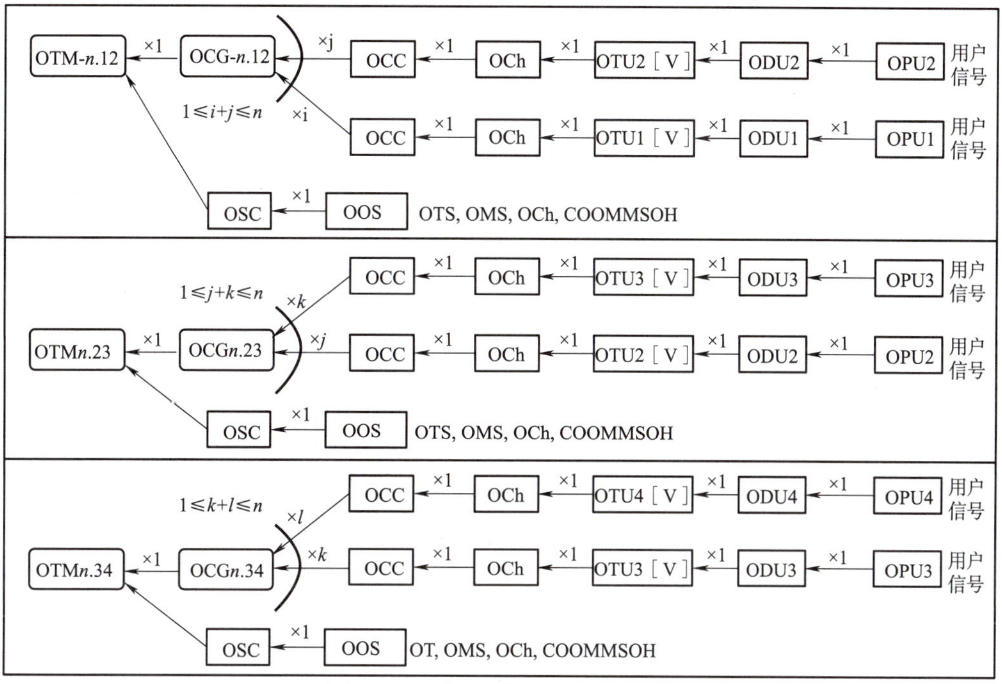

（b）OTM-*n.m*接口承载两种不同的多通路信号

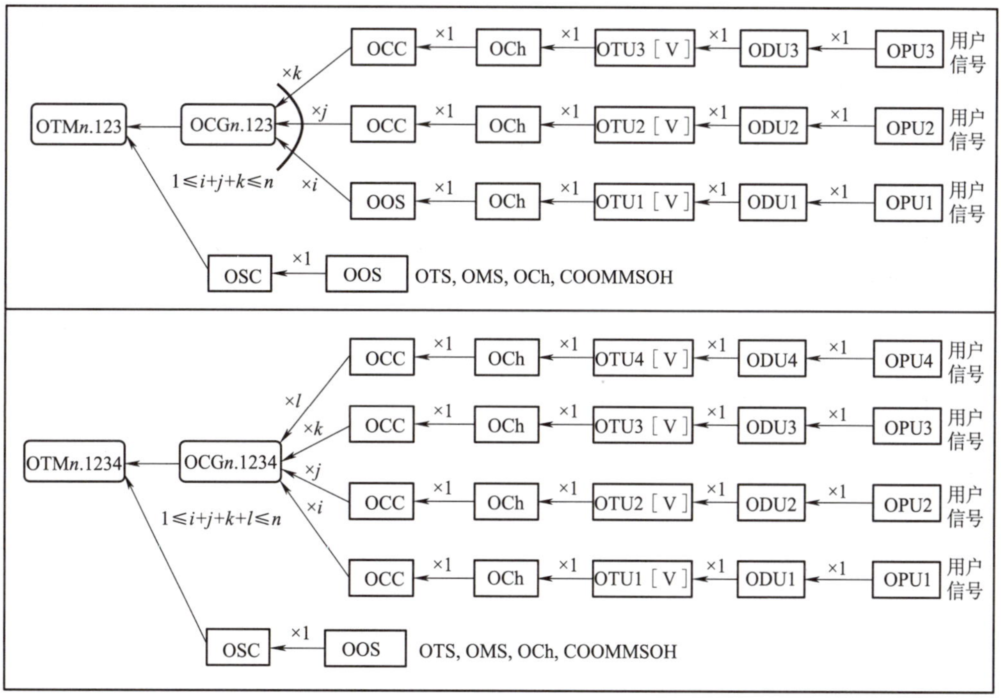

（c）OTM-*n.m*接口承载两种以上不同的多通路信号

注：复用　映射

图 2-11　OTM-*n.m* 复用结构(续)

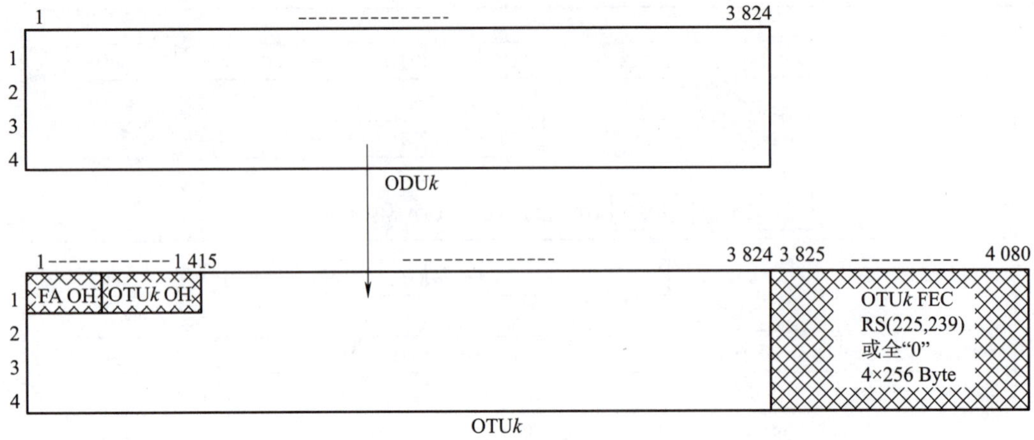

图 2-12　OTUk 帧结构

OTUk(k=1,2,3,4)的帧结构与 ODUk 帧结构紧密相关,OTUk 帧结构基于 ODUk,另外还附加了 FEC 字段。它是以 8 bit 字节为基本单元的块状帧结构,由 4 行 4 080 列字节数据组成。OTUk 与 ODUk 相比,增加了 256 列 FEC 字节。OTUk 信号包括 RS(255,239)编码,如果 FEC 不使用,填充全"0"码。当支持 FEC 功能与不支持 FEC 功能的设备互通时(在 FEC 区域全部填充"0"),FEC 功能的设备应具备关掉此功能的能力,即对 FEC 区域的字节不做处理。OTU4 必须支持 FEC。

(四)ODUk 帧结构

ODUk(k=0,1,2,2e,3,4)帧结构如图 2-13 所示,为 4 行 3 824 列结构,主要由两部分组成:ODUk 开销和 OPUk。第 1～14 列为 ODUk 的开销部分,但第 1 行的 1～14 列用来传送帧定位信号和 OTUk 开销,第 2、3、4 行的 1～14 列用来传送 ODUk 开销。15～3 824 列用来承载 OPUk。

OPUk(k=0,1,2,2e,3,4)帧结构如图 2-14 所示,为 4 行 3 810 列结构,主要由两部分组成:OPUk 开销和 OPUk 净负荷。OPUk 的 15～16 列用来承载 OPUk 的开销,17～3 824 列用来承载 OPUk 净负荷。OPUk 的列编号来自于其在 ODUk 帧中的位置。

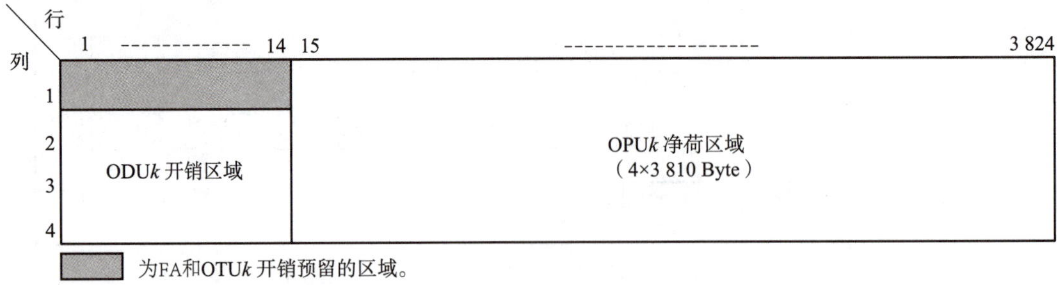

图 2-13　ODUk 帧结构

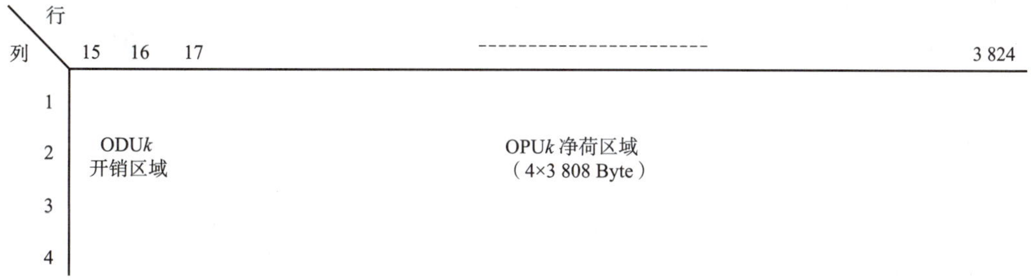

图 2-14 OPUk 帧结构

三、OTN 网络的分割

(一)OTN 的分域

OTN 传送网络从水平方向可分为不同的管理域,其中每个管理域可以仅有单个 OTN 设备组成,也可由运营商的某个网络或子网组成,如图 2-15 所示。根据 ITU-T G.872 规范,定义域间的物理连接称为域间接口(IrDI),域内的物理连接称为域内接口(IaDI)。

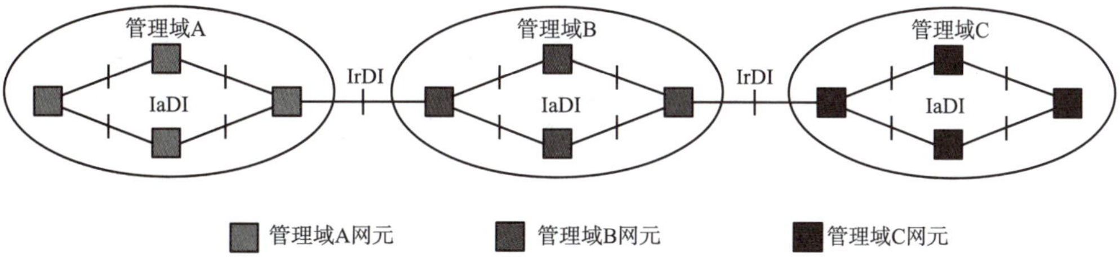

图 2-15 OTN 分域

(二)不同管理域的互联互通

IrDI 通过 3R 再生的方式,是 IrDI 实现互通唯一可行的途径,具体包括以下 4 种方式。

(1)非 OTN 域(如 SDH、以太网等)通过非 OTN IrDI 接口(如 SDH 接口、以太网接口等)和 OTN 域实现互联,在非 OTN IrDI 接口的客户层实现互通。

(2)非 OTN 域通过 OTN IrDI 接口和 OTN 域实现互联,在 ODU 子层实现互通。

(3)OTN 域通过非 OTN IrDI 接口(如 SDH 接口、以太网接口等)实现互联,在非 OTN IrDI 接口的客户层实现互通。

(4)OTN 域通过 OTN IrDI 接口实现互联,在 ODU 子层实现互通。

(三)OTN 域内分割

由于客户数字信号通过 OTN 传送时可能需要 3R 中继,因此,单个的管理域可进一步分割为不同的 3R 中继段。通过不同的 3R 中继段时 OCh 层网络需要终结,具体 3R 的中继功能由客户数字信号到 OCh 适配的源端和宿端来实现,而客户数字信号是否需要终结取决于客户信号的类型。

如果 OCh 客户信号为 OTU*k* 信号,在进行 3R 时需要终结 OTU*k* 子层网络,如图 2-16 所示。此时 OCh 和 OTU*k* 层网络相互重合,即 OTU*k* 数字段构成一个 3R 中继段。

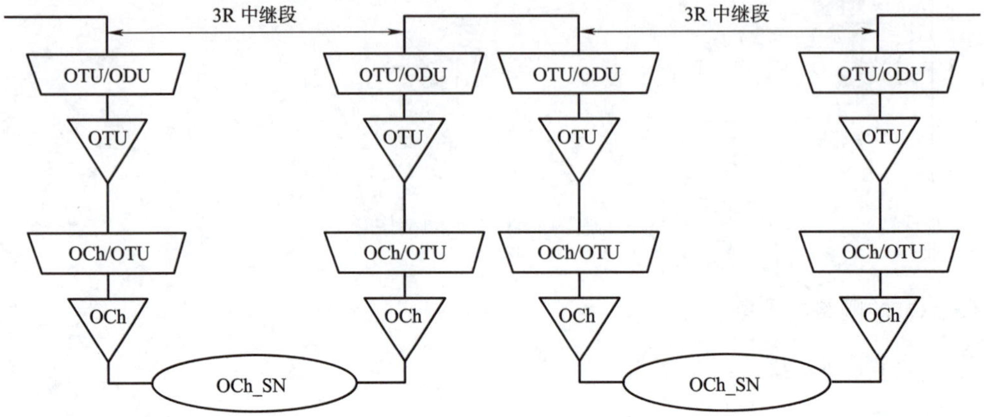

图 2-16　客户信号为数字 OTN 时的 3R 中继段

而对于其他 OCh 的数字客户信号(如 SDH),则在进行 3R 时不需要终结客户层网络,如图 2-17 所示。

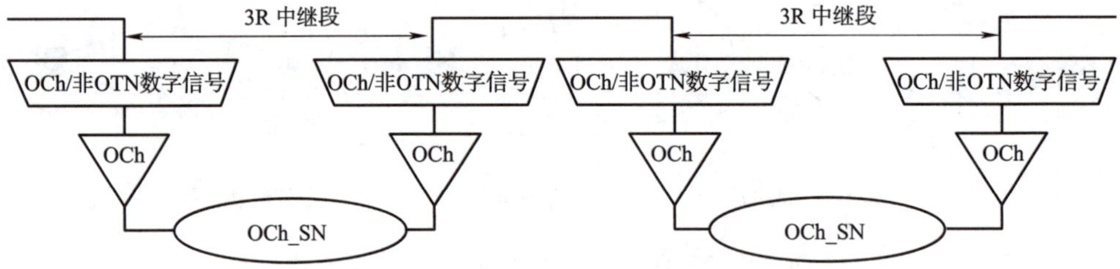

图 2-17　客户信号为非数字 OTN 时的 3R 中继段

对于单个 3R 中继段,实际应用有需要时可进一步分割。例如,当 OCh 层提供灵活路由功能时,就需要对 3R 中继段进行进一步分割。

四、OTN 业务映射方式

(一)客户信号映射

对于客户信号的映射,主要包含以下方式:

(1)使用非同步映射或比特同步映射规程(AMP、BMP)将 STM-16、STM-64 和 STM-256 恒定比特率客户信号映射到 OPU*k*。

(2)使用比特同步映射规程(BMP)将 10GBASE-R 恒定比特率客户信号映射到 OPU2e。

(3)使用比特同步映射规程(BMP)将经过定时透明 50B/51B 压缩编码转换的 FC-1200 恒定比特率客户信号映射到 OPU2e。

(4)使用对客户信号透明的通用映射规程(GMP)将 1.238 Gbit/s 及以下的恒定比特率

客户信号映射到 OPU0,将 2.488 Gbit/s 及以下的恒定比特率客户信号映射到 OPU1。映射之前可能会进行定时透明的编码转换(TTT)以压缩信号比特速率,使其与 OPU*k* 净荷容量匹配。

(5)使用对客户信号透明的通用映射规程(GMP)分别将 2.5、10.0、40.1 或 104.3 Gbit/s 恒定比特率客户信号映射到 OPU1、OPU2、OPU3 或 OPU4。映射之前可能会进行定时透明的编码转换(TTT)以压缩信号的比特速率,使其与 OPU*k* 净荷容量匹配。

(6)使用对客户信号透明的比特同步映射规程(BMP)将其他恒定比特率客户信号映射到 OPUflex。

(7)将 ATM 信号映射到 OPU*k*。

(8)使用通用成帧规程(GFP-F)将数据分组流(如以太网、MPLS、IP)映射到 OPU*k*。

(9)将测试信号映射到 OPU*k*。

(10)使用非同步映射规程(AMP)将连续模式下的 GPON 恒定比特率客户信号映射到 OPU*k*。

OTN 多业务各种映射方式具体应用见表 2-2。

表 2-2 OTN 映射方式

映射方式	应　　用
异步映射规程(AMP)	SDH 客户信号映射到 OTN; 复用 LO ODU 信号到 2.5 Gbit/s; ODU0 复用到 ODU1
比特同步映射规程(BMP)	SDH 客户信号映射到 OTN 可选方式; CBR 客户信号映射到 ODUflex(CBR)
GFP 帧或 ATM 信元映射到 OPU 净荷容器	采用 GFP 封装映射分组客户信号到 OTN; 映射 ATM 信元到 OTN
通用映射规程(GMP)	映射 non-SDH CBR 客户信号到 OPU*k*(*k*=0,1,2,3,4) 复用到 1.25 Gbit/s 支路时隙(除了 ODU0 映射到 ODU1)
ODUflex(GFP)	GFP 封装映射分组客户信号到 ODUflex(GFP)

注:2.5 Gbit/s 和 1.25 Gbit/s 是支路时隙的近似速率,实际的 HOODU 信号的支路时隙速率存在细微的差别。

OTN 设备的接口适配功能实现客户业务接入,经过 ODU*k* 接口适配功能模块映射复用处理后产生 ODU*k*(*k*= 0,1,2,2e,flex,3,3e1,3e2,4)通道信号。业务接口支持以下业务。

(1)SDH 业务:STM-1/4/16/64/256 SDH 业务。

(2)OTU*k* 业务:OTU1/2/2e/3/3e1/3e2/4 OTU 业务。

(3)以太网业务:FE/GE/10GE 及 40GE/100GE 以太网业务。

(4)FC 业务:FC-100/200/400/800/1 200、FICON/FICON EXPRESS。

(5)CPRI 业务:CPRI Option 1/2/3/4/5/6。

(6)其他业务:PON 等客户业务接入。

(二)级联

OTN 中级联的实现是通过 OPU*k* 信号的虚级联实现的。

1. OPU*k* 的虚级联

OPU*k* 虚级联 OPU*k*-*X*v(*k*=1,2,3)的帧结构如图 2-18 所示。它是由基于字节的块状帧结构组成,一共 4 行、3 810 列,目前不支持 OPU*k*(*k*=0,2e,4,flex)的虚级联。

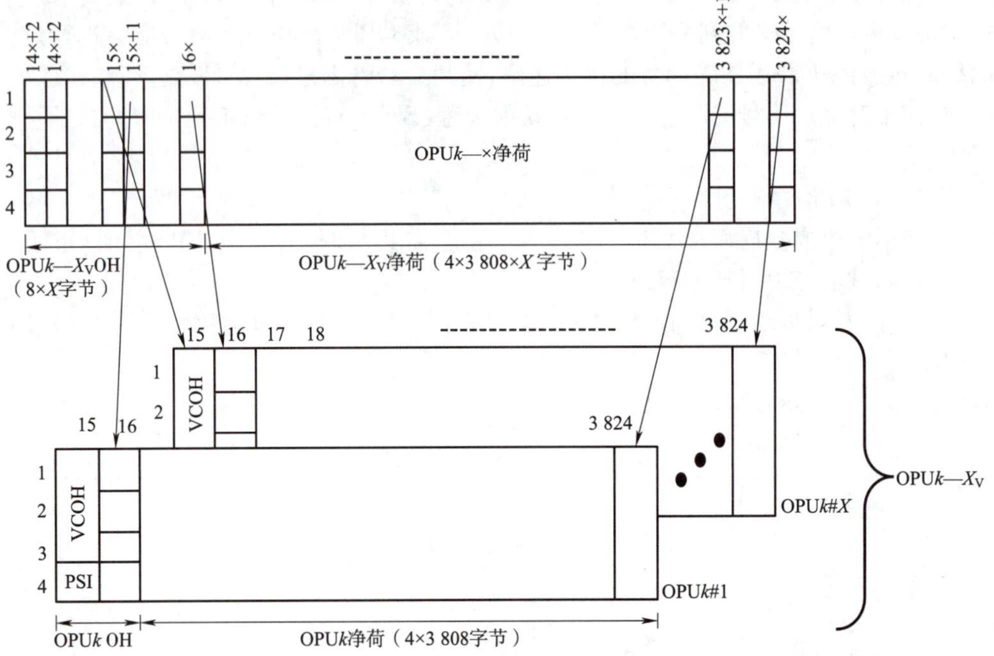

图 2-18　OPU*k*-*X*v 帧结构

OPU*k*-*X*v 帧中主要有 OPU-*X*v 开销区域和 OPU-*X*v 净荷区域。其中,列 $14X+1\sim16X$ 作为 OPU*k*-*X*v 的开销区域;列 $16X+1\sim3\ 824X$ 作为 OPU*k* - *X*v 的净荷区域。需要注意的是,OPU*k*-*X*v 的列编号来自于 ODU*k* 帧中 OPU*k* 的列号码。

OPU*k*-*X*v 提供一个连续的净荷区域,包括 *X* 个 OPU*k* 净荷区域(OPU*k*-*X*-PLD),其净荷容量为 $X\times238/(239-k)\times4(k-1)\times2\ 488\ 320\pm20\times10^{-6}$ kbit/s。OPU*k*-*X*-PLD 映射进 *X* 个单独的 OPU*k*,组成 OPU*k*-*X*v。

每个 OPU*k*-*X*v 中的 OPU*k* 在一个 ODU*k* 中传输,*X* 个 ODU*k* 组成 ODU*k*-*X*v。每个 ODU*k*-*X*v 中的 ODU*k* 单独在网络中传输,由于每个 ODU*k* 不同的传输时延,导致到达终点每个 ODU*k* 的时间不同,因此 OPU*k* 也不同。这种时延必须进行补偿,个别 OPU*k* 必须重新定位校准,这样才能进入连续的净荷域。

OPU*k*-*X*v 的开销包括:*X* 个净荷结构标识符(PSI),PSI 中包括净荷类型(PT)与客户信号失效(CSF);*X* 个虚级联开销(VCOH),用于虚级联特定序列和复帧指示;与客户信号映射进 OPU*k* 净荷相关的开销(如调整控制和插入 opportunity 比特),如图 2-19 所示。OPU*k*-*X*v 中每一个 OPU*k* 的 PSI 和 VCOH 开销都不同,而映射特定开销与级联信号相关。

OPU*k*-*X*v 的 VCOH 中为每一个 OPU*k* 携带了 3 字节的 VCOH。每一个 OPU*k* 中的 VCOH 字节定义如图 2-19 所示。

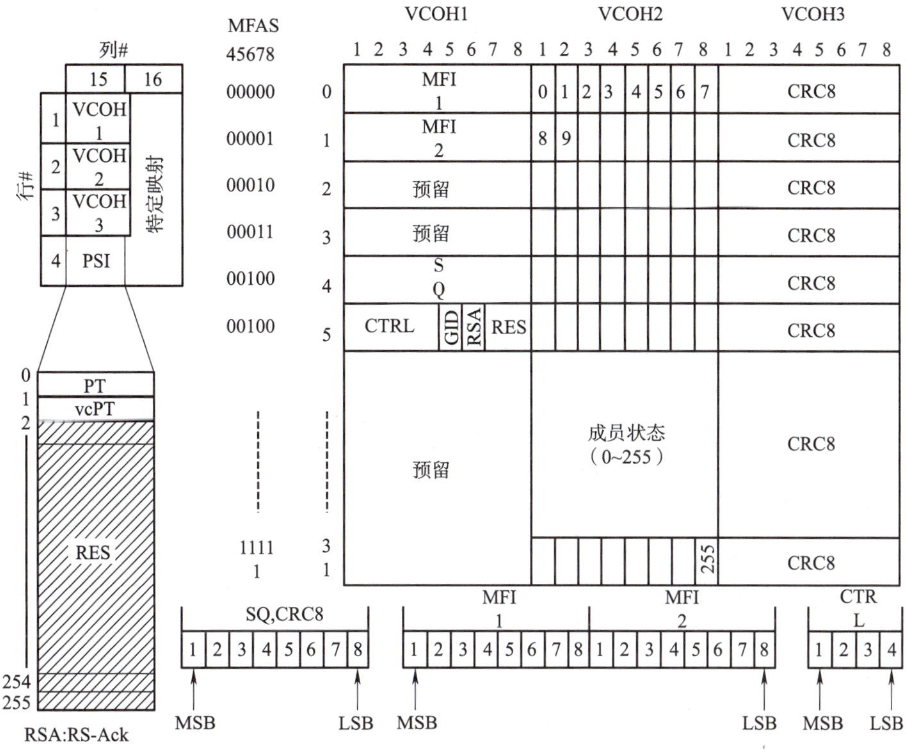

图 2-19 OPU*k*-*X*v 虚级联开销

2. OPU*k*-*X*v 净荷结构标识符

OPU*k*-*X*v 的每一个 OPU*k* 中分配了 1 个字节，在第 4 行、第 15 列，用于传输一个 256 字节的净荷结构指示符(PSI)信号。

PSI 用于虚级联的净荷类型指示符(vcPT)。

OPU*k*-*X*v 中每个 OPU*k* 的 PSI 的内容相同。

(1)OPU*k*-*X*v 净荷类型(vcPT)

在净荷结构标识符的 PSI[1]字节中定义了 1 字节的 OPU*k*-*X*v 净荷类型信号，指示 OPU*k*-*X*v 信号的组成。编码见表 2-3。

表 2-3 虚级联 OPU*k*(OPU*k*-*X*v)信号的净荷类型(vcPT)编码

MSB 1 2 3 4	LSB 5 6 7 8	Hex code	解 释
0 0 0 0	0 0 0 1	01	实验映射
0 0 0 0	0 0 1 0	02	异步 CBR 映射
0 0 0 0	0 0 1 1	03	比特同步 CBR 映射
0 0 0 0	0 1 0 0	04	ATM 映射
0 0 0 0	0 1 0 1	05	GFP 映射
0 0 0 0	0 0 0 0	10	比特流加字节定时映射

续上表

MSB 1 2 3 4	LSB 5 6 7 8	Hex code	解　释
0 0 0 0	0 0 0 1	11	比特流不加字节定时映射
0 1 0 1	0 1 0 1	55	不可用
0 1 1 0	0 1 1 0	66	不可用
1 0 0 0	××××	80-8F	预留码,为私有应用
1 1 1 1	1 1 0 1	FD	NULL 测试信号映射
1 1 1 1	1 1 1 0	FE	PRBS 测试信号映射
1 1 1 1	1 1 1 1	FF	不可用

注:1. 预留了 228 个备用编码,为将来的国际标准使用。
2. 这些值在可用的编码范围之外。这些比特模式出现在 ODU*k* 维护信号中。
3. 值“01”仅用于实验的目的,其映射码并没有在上表中定义。
4. 这 16 个编码值并不遵从下一步的标准。

(2)OPU*k*-*X*v 净荷结构标识符预留开销(RES)

OPU*k* PSI 中预留了 253 字节及 7 bit,为将来的国际标准使用。这些字节和比特在 OPU*k* 开销中为 PSI[2]～PSI[255],所有这些字节设置为 0。

(3)OPU*k*-*X*v 客户信号故障(CSF)

为支持本地管理系统,定义一个单比特 OPU*k*-*X*v 客户信号故障(CSF)指示符,携带映射到 OPU*k*-*X*v 的客户信号从 OTN 入口到出口的故障状态。

OPU*k*-*X*v CSF 位于净荷结构指示符(PSI)字节的第 1 bit。PSI 字节的第 2～8 个比特为将来国际标准化预留,这些比特值设置为 0。

OPU*k*-*X*v CSF 比特设置为“1”用于指示客户信号故障,其他情况设置为“0”。

注:在此建议修订之前开发的设备将 OPU*k*-*X*v CSF 比特设为“0”,并忽略 OPU*k* CSF 中的任何值。

3. OPU*k*-*X*v 虚级联开销(VCOH1/2/3)

OPU*k*-*X*v 中的每个 OPU*k* 有 3 个字节用于传输一个 8×3 Byte×32 帧结构,用于虚级联特定开销。这些字节位于行 1、2、3 的第 15 列。

此结构与 ODU*k* 复帧定位,并且锁定在 MAFS 的 4、5、6、7、8 bit。

此结构在 256 帧复帧中重复 8 次。

此结构用于传输复帧,为一个 LCAS 控制开销排序。

(1)OPU*k*-*X*v 虚级联复帧指示(MFI1、MFI2)

两级复帧用于克服在虚级联组内部成员之间的不同传输时延,同时通过接收机内部的校准机制补偿这些不同的时延。

第一级复帧采用帧队列开销区域中的 MFAS 作为 8 bit 的复帧指示。每一个 ODU*k* 帧的 MFAS 值会递增。范围为 0～255。

第二级复帧采用 VOCH 中的 MFI1 和 MFI2 开销字节。它们形成了 16 bit 的复帧计数器,其中 MFI1 位于 VCOH[0],作为高比特;MFI2 位于 VCOH[2],作为低比特。

第二级的复帧计数器的值为 0～65 525,从第一级复帧(MFAS=0)开始,每增加一个复帧,此计数器加 1。

综合第一级复帧和第二级复帧,一共包括 16 777 216 ODU*k* 帧长。

在 ODU*k*-*X*v 的起始端,所有 ODU*k*-*X*v 的单个 OPU*k* 的复帧序列号是相同的。

校准进程至少能够补偿 125 μs 的差分时延。

(2)OPU*k*-*X*v 序列号指示符(SQ)

序列号指示符 SQ 标识了 ODU*k*-*X*v 中单个 OPU*k* 的排列顺序,这些 OPU*k* 组成了连续的 OPU*k*-*X*-PLD。

8 bit 的序列号 SQ(支持 *X*~256)在 VCOH1[4]中传输,其中比特 1 为最高比特,比特 8 为最低比特。

OPU*k*-*X*v 中的每一个 OPU*k* 有一个固定唯一的序列号,范围为 0~(*X*-1)。传送 OPU*k*-*X*v 的第一个实现的 OPU*k* 的序列号为 0,传送第一个时隙的 OPU*k* 的序列号为 1,OPU*k* 的第 *X* 个实现的 OPU*k* 的序列号为(*X*-1)。

对要求固定带宽的应用,序列号固定分配,不可配置。这使得 OPU*k*-*X*v 的组成可以不使用踪迹来验证,也可以通过传输许多具备踪迹终结功能的 OPU*k* 信号完成,此踪迹终结功能是 OPU*k* 踪迹终结功能资源群组的一部分。

(3)OPU*k*-*X*v LCAS 控制字(CTRL)

LCAS 控制字(CTRL)位于 VOCH1[5]的比特 1~4,其中比特 1 为最高位,比特 4 为最低位。

(4)OPU*k*-*X*v LCAS 成员状态区域(MST)

LCAS 成员状态区域(MST)报告 OPU*k*-*X*v 中的单个 OPU*k* 的状态。

每个 OPU*k* 中的 1 比特用于从宿到源报告状态,使用 VCOH 的 0~31 Byte。

所有成员的状态共 256 bit,在 1 567 μs(*k*=1)、390 μs(*k*=2)和 97 μs(*k*=3)中传输。

(5)OPU*k*-*X*v LCAS 群指示符(GID)

LCAS 群指示符(GID)为接收机提供了一种方法,可用于验证所有来自同一个发送机的通路信号。

VCOH1[5]的比特 5 为 GID 使用。

(6)OPU*k*-*X*v LCAS 重排确认(RS-Ack)

当检测到序列号的增加或者减少时,重排确认用于从宿到源指示信号的重新排序指示。

VCOH1[5]的比特 6 用于 RS-Ack。

(7)OPU*k*-*X*v LCAS 循环冗余校验(CRC)

8 比特的 CRC 校验用于快速接受虚级联 LCAS OH。CRC-8 将 VCOH1 和 VCOH2 一帧一帧地计算,并插入 VCOH3。CRC-8 的多项式为 $x_8+x_3+x_2+1$。

(8)OPU*k*-*X*v VCOH 预留开销

预留 VCOH 全部设置为 0。

4. OPU*k* 特定映射开销

OPU*k* 开销的 *X* 个 4 字节预留,为特定映射开销使用。这些字节位于 15*X*+1~16*X* 列。

(三)ODUk 到 ODTU 信号以及 ODTU 到高阶 OPUk 支路时隙的映射

ODUk 到 ODTU 信号以及 ODTU 到高阶 OPUk 支路时隙的映射主要定义以下复用方式：

(1)采用客户/服务者指定的异步映射规程(AMP)，实现 ODU0 到 HO OPU1、ODU1 到 HO OPU2、ODU1 和 ODU2 到 HO OPU3 的复用；

(2)采用与客户信号无关的通用映射规程(GMP)，实现其他 ODUj 到 HO OPUk 的映射。

ODUj 到 HO OPUk 的复用基于如下两个步骤进行：

① 采用 AMP 或 GMP，实现 ODUj 到光通路数据支路单元(ODTU)的异步映射；

② ODTU 到一个或多个 HO OPUk 支路时隙的字节同步映射。

(四)OTN 的链路容量调整协议-ODUflex(GFP)无损调整(HAO)

1. HAO 概述

OTN 定义了两种 ODUflex 容器，一种是基于固定比特速率(CBR)业务的 ODUflex，另一种是基于包业务的 ODUflex，缩写为 ODUflex(GFP)。HAO 协议类似 SDH LCAS 技术，能够增强 OTN 在承载未来的分组业务时的带宽利用率及灵活性。

HAO 协议提供了一种无损调整 ODUflex(GFP)连接带宽的控制机制。为了完成无损调整，ODUflex 连接中的所有节点必须要支持 HAO 协议，否则，需要重新关闭连接并重新建立。ODUflex 链路配置的修改必须要通过管理或控制平面下发。

HAO 技术与 LCAS 存在较大差异的地方：其一，针对管理开销来说，ODUflex 针对的是整个业务链路，而虚级联是反向复用的方式，因此管理开销监视的 ODUflex 针对的是整个业务链路，而虚级联是反向复用的方式，因此管理开销监视的是不同的链路。其二，LCAS 仅仅需要首末节点支持即可，带来的缺点是整个链路引入的延时较大，末节点需要较大的 FIFO 进行对齐。而 ODUflex 则需要整个 ODUflex 链路都参与，但各个 ODUflex 链路都走同一个路径，不需要 FIFO 进行缓存。其三，ODUflex HAO 技术分两步执行，需要时隙管道和 ODUflex 链路连动配合。

可以说，相比 LCAS，HAO 虽然需要整条链路的参与，但因克服了 LCAS 在管理控制及缓存方面的重大问题，能够为运营商带来灵活管理及低成本的带宽调整方案，是未来 OTN 承载分组业务的核心技术之一。

2. HAO 开销

同步改变 ODUflex 连接容量需要通过 HAO 开销 RCOH 完成。RCOH 包含控制时隙链路变化的 LCR 协议开销和控制 ODUflex 链接的 BWR 协议开销，如图 2-20 所示。

LCR 协议开销包含 CTRL 字段、TPID 字段和 TSGS 比特。BWR 协议开销包含 NCS 比特、TSCC 比特和 RP 比特。HO OPUk 时隙开销定义了 LCR 协议开销字节和 BWR 协议的 RP 比特、TSCC 比特。ODUflex 开销定义了 BWR 协议的 NCS 比特。表 2-4 对 HAO 各种控制开销进行了说明和解析。

表 2-4 ODUflex HAO 协议控制字解析

协议	命令名称	位数	解　　释
LCR	CTRL	2 bit	控制命令的种类 00:IDLE 01:ADD 10:REMOVE 11:NORM
	TPID	7 bit	指示要增加或减少的时隙号 0000000～1010000:指示时隙号
	TSGS	1 bit	应答从源端和宿端发送的相应时隙的带宽调整命令,校验该命令是否可行 0:带宽调整命令还未被应答(NACK(0)),表明还不知道该增减命令及相应的增减时隙是否可行 1:带宽调整命令的应答信号(ACK(1)),从接收节点返回源端,表明源端发送的增减命令及相应的增减时隙可行
BWR	TSCC	1 bit	链路带宽增减连通性检测,由源端向宿端各节点发送,这个信号同时会触发进入或退出 GMP 特殊模式 0:当源端完成 ODUflex 链路带宽增减后,由源端发送 TSCC=0 到宿端,通知各节点 ODUflex 链路增减完成,退出 GMP 特殊模式,TSCC=0 能穿透中间节点 1:设置 GMP 进入特殊模式,然后源端发送 TSCC=1 到宿端,通知各节点 ODUflex 链路开始进行增减操作
	NCS	1 bit	链路带宽增减连通性检测,是 TSCC 信号的应答信号,由宿端向源端发送,中间节点不需要处理该信号 0:TSCC=0 信号的应答信号,从宿端发送 NCS=NACK(0)到源端,源端收到后,表明源端到宿端的 ODUflex 链路带宽完成增减操作 1:TSCC=1 信号的应答信号,从宿端发送 NCS=ACK(1)到源端,源端收到后,表明源端到宿端的时隙链路已经准备好
其他	RP	1 bit	指示 RCOH 开销携带的是 resize 协议字节还是 CnD 字节 0:表明 RCOH 携带的是 CnD 字节 1:表明 RCOH 携带的是 Resize 协议

	Column15(OPU flex Overhead)							
	1	2	3	4	5	6	7	8
1	RES	RES	RES	RESERVED				
2	RES	NCS	RES	RESERVED				
3	CRC-3			RESERVED				

(a) OPU flex overhead

	Column15(HO OPU*k* Overhead)							
	1	2	3	4	5	6	7	8
1	RP	RES	RES	TPID				
2	TSCC	RES	RES	TSGS	CTRL		TPID	
3	CRC-3			CRC-5				

(b)HOOPUK overhead with resizing protocol (RP=1)

图 2-20　RCOH 开销

3. HAO 协议

LCR 协议和 BWR 协议在带宽增加和带宽减少时执行步骤不是很一致。在带宽增加时,先执行 LCR 协议,完成时隙链路的带宽增加,再执行 BWR 协议,最终完成 ODUflex 链路带宽增加的操作。在带宽减少时,先启动 LCR 协议发动减少命令,随后挂起,再执行 BWR 协议完成 ODUflex 链路的带宽减少操作,重新启动 LCR 协议,再完成时隙链路的减少。

五、OTN 交叉连接技术

(一)OTN 设备

OTN 设备应具备客户接口、接口适配、线路接口处理等功能,OTN 设备存在以下形态。

1. OTN 终端复用设备

OTN 终端复用设备支持 OTN 接口的 WDM 设备,这里的 OTN 接口包括线路接口和支路接口(也称为业务接口或域间互联接口)。用于域间互联的 OTN IrDI 接口的 FEC 应采用 G.709 定义的标准 FEC,或者关闭 FEC 方式。采用白光 OTU*k* 接口用于不同厂家传送设备的互联,代替传统传送设备采用 SDH 和以太网等客户业务接口对接的方式,可以实现对波长通道端到端的性能和故障监测。

目前主流厂家的波分系统在线路侧已基本上采用了 OTN 结构,并均已支持符合 G.709 标准的 OTN 接口,因此都属于 OTN 终端复用设备。如图 2-21 所示的是 OTN 终端复用设备功能模型。

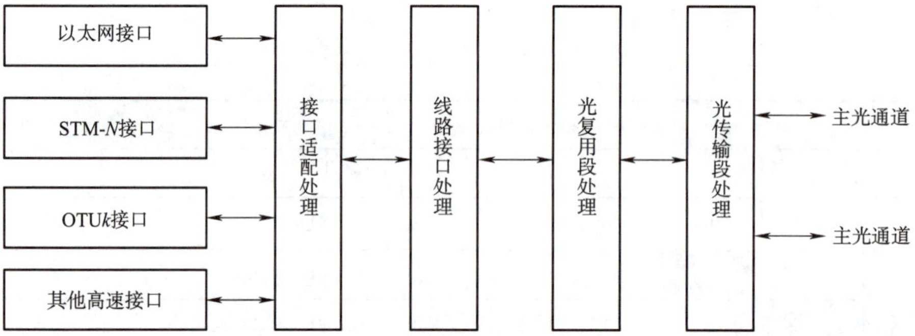

图 2-21 OTN 终端复用设备功能模型

2. OTN 交叉连接设备

OTN 交叉连接功能是 OTN 网络实现灵活调度和保护的关键功能,为 OTN 网络提供灵活的电路调度和保护能力。从交叉类型上,OTN 交叉有 ODU*k* 电交叉、波长交叉,还有通用交叉,以实现不同等级业务的适配和调度。从实现方式上,OTN 交叉有空分交叉和时隙交叉。交叉连接矩阵的冗余保护对于设备和整个系统非常重要,目前实现方式有 1+1 和 $M:N$ 两种实现方式,以提高 OTN 设备的可靠性。

OTN 交叉连接设备还可同时具备 ODU*k* 交叉和 OCh 交叉模块,提供 ODU*k* 电层和 OCh 光层调度能力,波长级别的业务可以直接通过 OCh 交叉,多业务统一调度和汇聚可先通过 ODU*k* 集中交叉调度,再通过线路接口处理模块汇聚到 ODU*k* 高阶容器,最后波分复用到主光通道。两者配合可以优势互补,又同时规避各自的劣势。

因受色散、OSNR、非线性等物理层性能的限制,以及出于避免波长冲突的考虑,以波长交叉为主的 ROADM 和 OXC 设备在组建大型端到端的复杂波长网络时有一定困难。同时对于核心节点,目前光交叉连接矩阵无法实现冗余保护。对于这些问题,可适当引入电层调度来加以解决。总而言之,纯粹的波长交叉连接设备适合用在距离相对较短、容量大、波长级业务调度为主的网络。但随着相干调制技术,以及电域色散补偿技术的成熟,受色散、OSNR、非线性等物理层性能限制的外部因素将被突破,届时伴随着带宽需求的真正膨胀,纯粹的波长交叉连接设备将会得到广泛的应用。

基于 ODU*k* 电交叉连接的大容量 OTN 设备,已经成熟并通过测试,在实际网络也得到规模应用,目前最大可以实现 12.8 T 的无阻塞交叉连接能力,从理论分析上,通过扩展芯片总数(单芯片容量可以达到 1T)、并行处理的方式,OTN 设备的电交叉能力可以超过 25 T,这种超高容量的 OTN 设备定位在省际核心节点。

OTN 设备具有不同的产品形态,ROADM/OXC 和电交叉 OTN 设备各有优势,都具备一定的应用场景,单一的 ROADM/OXC 设备还难以方便地组建大网,而电交叉 OTN 设备还需要进一步提高交叉能力,二者混合组网既可以解决超大容量,又能满足多种业务接入、灵活调度和长距离组网的需求。

(1)OTN 电交叉设备

类似于现在的 SDH 交叉设备,OTN 电交叉设备完成 ODU*k* 级别的电路交叉功能,为 OTN 网络提供灵活的电路调度和保护能力。OTN 电交叉设备可以独立存在,类似于 SDH DXC 设备,对外提供各种业务接口和 OTU*k* 接口(包括 IrDI 接口)。也可以与 OTN 终端复用功能集成在一起,同时提供光复用段和光传输段功能,支持 WDM 传输。

Infinera 公司的 DTN WDM 设备就是一种集成了 OTN 终端复用功能的 OTN 电交叉设备,支持 ODU1 级别的交叉,交叉容量为 400 G,还支持 GMPLS 控制协议。图 2-22 所示的是 OTN 电交叉设备的功能模型。

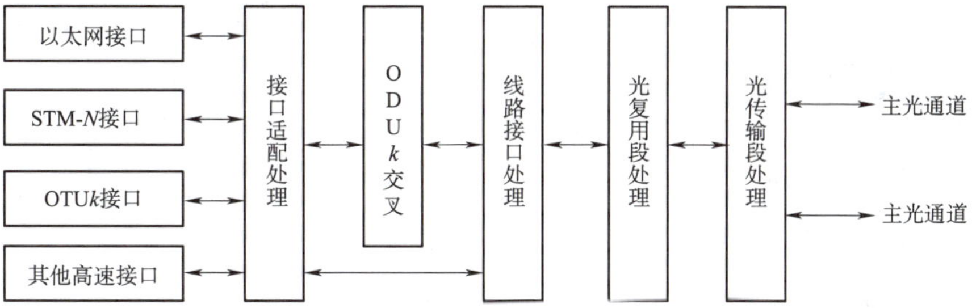

图 2-22 OTN 电交叉设备的功能模型

(2) OTN 光交叉设备

OTN 光交叉设备(即 ROADM/PXC)提供 OCh 光层调度能力,实现波长级别业务的调度和保护恢复。ROADM 是光纤通信网络的节点设备,它的基本功能是在波分系统中通过远程配置实时完成选定波长的上下路,而不影响其他波长通道的传输,并保持光层的透明性。功能和要求如下:

①波长资源可重构,支持两个或两个以上方向的波长重构;

②可以在本地或远端进行波长上下路和直通的动态控制；

③支持穿通波长的功率调节；

④在 WDM 环网上应采取措施防止光通道错连，避免造成光信号自环；

⑤游光纤断纤的情况下，不能影响整网未经过故障光纤段的其他业务；

⑥波长重构对所承载的业务协议、速率透明；

⑦对波长的重构操作不影响其他已存在波长业务的信号质量，不能产生额外的误码；

⑧支持本地任意端口的任意波长上下(可选)；

⑨支持任意方向在本地任意端口的任意波长上下(可选)；

⑩支持波长级广播、组播(可选)；

⑪支持本地上下路的功率调节(可选)；

⑫支持本地上下路及穿通波长的功率监测(可选)。

(3) OTN 光电混合交叉设备

OTN 电交叉设备可以与 OCh 交叉设备(ROADM 或 PXC) 相结合，同时提供 ODU*k* 电层和 OCh 光层调度能力。波长级别的业务可以直接通过 OCh 交叉，其他需要调度的业务经过 ODU*k* 交叉。两者配合可以优势互补，又同时规避各自的劣势。这种大容量的调度设备就是 OTN 光电混合交叉设备。

这种设备的一个典型产品是华为推出的 OSN6800 设备，该设备同时支持基于 ROADM 的 OCh 交叉和 ODU1/GE 交叉，其中 ODU1 交叉容量 320 G，支持 ASON 控制平面。其他厂家(如烽火和中兴通讯)也在开发类似的产品。如图 2-23 所示的是 OTN 光电混合交叉调度设备的功能模型。

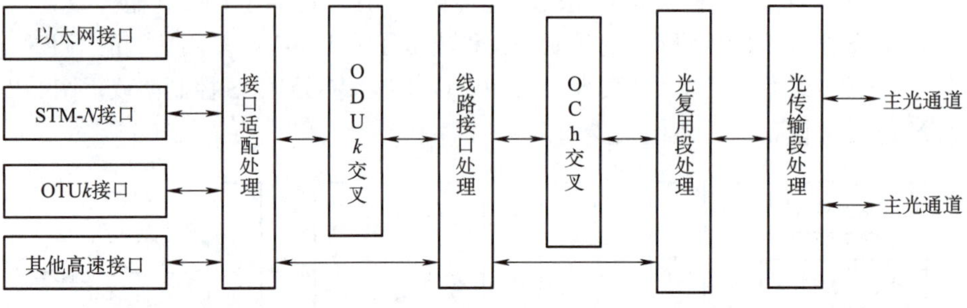

图 2-23　OTN 光电混合交叉调度设备的功能模型

(二)OTN 电交叉连接技术

OTN 电交叉连接技术是以 ODU*k* 为颗粒进行映射、复用和交叉，这与传统 SDH 设备 VC 交叉比较类似。SDH 设备具有 VC-12 低阶交叉能力和 VC-4 的高阶交叉能力，与此相对应，OTN 电交叉设备也引入了高阶/低阶光通道数据单元(HO/LOODU)。HO/LO 如同 SDH 中的高阶/低阶容器的概念，LOODU 相当于业务层，用于适配不同速率和不同格式的业务；HOODU 相当于隧道层，用于提供一定带宽的传送能力，该层次化的结构支持业务板卡与线路板卡分离，使得网络部署更加灵活和经济。

传统 OTN 的复用体系速率等级为 2.5 G、10 G 和 40 G，对应 ODU1、ODU2 和 ODU3。

CBR 的业务采用异步映射(AMP)或者比特同步映射(BMP)方式映射到相应的 ODUk,分组业务采用 GFP 方式映射到 ODUk,这些 ODUk 再映射到相应的 OTUk 中。当然,低速率等级的 ODU 也可复用到高速率等级的 ODU 中。

随着多业务 OTN 标准化,OTN 交叉在支持一个或者多个级别 ODUk(k=1,2,3)交叉的基础上,增加了 ODU0(适配 GE 业务)和 ODU2e(适配 10GE 业务),极大地增加了 OTN 网络对 IP 网络适配的灵活性。

第一,OTN 引入了速率为 1.244 Gbit/s 的新的光通道数据单元 ODU0,ODU0 可以独立进行交叉连接,也可映射到高阶 ODU 中(如 ODU1、ODU2、ODU3 和 ODU4),但不直接出物理层接口。

第二,采用 BMP 方式将 10GE 信号映射到 ODU2e;通过 GFP-F 映射 10GE 帧和控制码字到 ODU2。10G FC 信号可通过码字变换方式映射到 ODU2e。

第三,在 40 G 速率上,引入了两种类型的 ODU,其中 ODU3e1 仅用于传送 4 路 ODU2e 信号,速率为 255/236×4×10.312 5 Gbit/s,映射方式为 AMP;而 ODU3e2 是可承载多业务的 ODU,可传送 32 个 ODU0 或者 16 个 ODU1 或者 4 个 OUD2/ODU2e 或者 1 个 ODU3,其速率为 243/217×16×2.488 320 Gbit/s,映射方式为 GMP。

第四,为了适应 100GE 业务的传送,引入了 ODU4,速率为 104.355 Gbit/s。LOODU 复用到 ODU1/2/3 时均采用 AMP,而复用到 ODU4 时采用 GMP。

目前 OTN 交叉设备为网络传输提供大带宽和灵活调度的功能。随着移动 3G 业务和 IP 化发展,全业务城域网必须要支持大量 GE 接口和业务灵活调度发放。因此,ODU0 交叉能力将成为 OTN 组网能力的关键指标,OTN 交叉在向任意颗粒无阻塞全交叉发展。

(三)OTN 光交叉连接技术

光交叉连接技术兼有复用、配线、保护/恢复、监控和网管多个功能。对于一般传输网络而言,当网络拓扑主要为环或链,而且其保护和恢复方案也以环网为基础时,光交叉连接并不是一种必需的网元。但为了完成整个传输网络的灵活配置且以较小冗余代价具备必要的保护/恢复功能,则必须在网络中配置光交叉连接设备。而且一旦采用了该设备,其在网络中必然是最核心的网元。

光交叉主要由光交叉连接矩阵、输入接口、输出接口、管理控制单元等模块组成。为增加光交叉的可靠性,每个模块都具有主用和备用的冗余结构,OXC 自动进行主备倒换。输入输出接口直接与光纤链路相连,分别对输入输出信号进行适配、放大。管理控制单元通过编程对光交叉连接矩阵、输入接口、输出接口模块进行监测和控制。监测内容包括:输入/输出信号丢失,输出信号劣化,激光器恶化,激光器失效(温度超出范围或失控),光交叉内部运行状态等。控制内容包括:交叉连接控制,主备保护倒换等。光交叉连接矩阵是光交叉的核心,要求无阻塞、低延迟、宽带和高可靠,并且要具有单向、双向和广播形式的连接功能。

对光信号进行交叉连接比较成熟的技术是波分复用技术和空分技术,时分技术目前还不成熟。正在研制的大容量波分复用(WDM)光传输系统采用波分复用技术,可以很方便地对指定波长的光信号进行处理。如果将波分复用技术和空分技术相结合,就大大提高了交叉连接矩阵的容量和灵活性。光交叉连接矩阵为 M 条光纤入,M 条光纤出。一条光纤中

的 N 个波长光信号通过 $1\times N$ 波分去复用器(DEMUX)分解为 N 个单波长光信号，M 条光纤中的光信号分解为 $M\times N$ 个单波长光信号，在光空分交叉连接矩阵内进行交叉连接。交叉后的光信号经过波长转换器，由波分复用器(MUX)复用进 M 条光纤，每条光纤包含 N 个波长的光信号，因此要求光空分交叉连接矩阵大小为$(M\times N)\times(M\times N)$。当传输网络使用单一波长($N=1$)传输信号时，单一波长光信号直接在光空分交叉连接矩阵内进行交叉。如果 OXC 设计最大光纤入出为 M，则光空分交叉连接矩阵大小为 $M\times M$。光空分交叉连接矩阵可以级联使用，采用多级矩阵时需要考虑光损耗的问题。

光交叉与电交叉在网络中的作用相同，但功能和实现的方法不同。主要的不同点是：

1. 光交叉是对光信号交叉连接，电交叉是对电信号交叉连接 。

2. 光交叉具有透明的传输代码格式和比特率，可以对不同传输代码格式和不同比特速率等级的信号进行交叉，设备型号少。从理论上说，一种设备可以对 PDH(140 Mbit/s，565 Mbit/s)、SDH(155 Mbit/s，622 Mbit/s，2.5 Gbit/s)及 ATM 的各种速率和格式的信号进行交叉连接；DXC 设备针对不同传输代码格式和不同比特速率等级的信号要进行不同的处理，因此有许多不同型号，例如：DXC4/4、DXC4/1、DXC1/0、ATM-DXC 等 。

3. 光交叉容量、交叉连接速率和接入速率高，交叉连接速率和接入速率范围宽，可以从 140 Mbit/s 到 10 Gbit/s，交叉总容量可达到 1～10 Tbit/s；电交叉受电子元件的限制，交叉连接速率和接入速率目前不超过 622 Mbit/s，交叉总容量只达到 40 Gbit/s。

4. 光交叉无需进行时钟同步和开销处理；电交叉必须进行时钟同步和开销处理。

5. 光交叉易于网络升级，网络升级时一般无需更换；电交叉在网络升级时需要随之更换。

6. 光交叉适用于高比特率信号的交叉连接；电交叉能够对信号进行更细致的处理，适用于低比特率信号的交叉连接。

7. 光交叉一般用于替代现有的光总配线架；电交叉一般用于替代现有的数字配线架。

(四)OTN 通用交叉连接技术

通用交叉矩阵可以保证和现有网络的互联互通及向全分组时代的平滑演进，这种矩阵最主要的特点就是能够直接同时支持基于 TDM 电路的 VC 时隙交叉连接、支持基于分组的分组交换(L2 的转发)，以及 ODU 交叉。通用交换矩阵的目标是设计一种能完全灵活地支持 SDH 等 TDM 业务流，同时也支持 100％电信级以太网等分组业务流的交换平台，能够交换所有业务流，包括同步或非同步的通用交换结构，在保留业务内在本质的同时，不考虑其具体的实现技术。通用交换结构用到了一种被称为“量子交换”的技术，业务流被分割成“信息量子”(一种比特块)，借助成熟的 ASIC 技术并基于特定网络的实现技术，信息量子可以从一个源实体被交换到另一个或多个目的实体。这样就能实现各种类型的交换功能，从真正的交叉连接(时延、抖动可预期)到各种 QoS 级别的统计复用——从尽力而为到可保证的服务。对于各种类型的业务通过相应的接口板卡接入到设备，各种与业务相关的处理均在接口板卡上实现。例如对于 SDH 的接口单元卡，它能够处理从 STM-1 到 STM-256 的信号。信号的开销以及高阶(HO)的净荷处理是在接口单元卡上实现，而连接功能作为一个实体，在矩阵板卡上实现。同样，对于分组业务，与分组业务相关的二层处理，例如 MAC 处理、VLAN 处理、MPLS-TP 处理等都在接口板卡上实现。通过接口板卡上的背板接口处理单元,将信息流分割成标准的“量子单元”(Quantum),如图 2-24 所示。

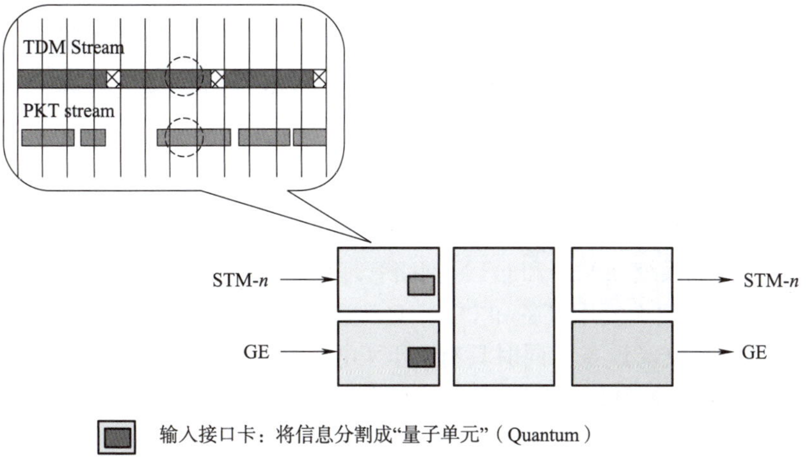

图 2-24　“量子单元”分割原理

TDM 业务和分组业务具有不同的业务流量模型和特性,但是在系统时钟的同步处理下,将两种比特流分割成相同大小的“量子单元”,“量子单元”的大小要远小于最小可处理的信息单元大小,只有数十比特。这些相同的“量子单元”进入交换矩阵后,使得交换矩阵在控制单元的统一管理下,可以以相同的方式处理“量子单元”,即实现交换/交叉矩阵不同输入和输出端口间的连接,从而达到 TDM 业务的交叉连接和分组业务的交换功能。对于 TDM 连接,交叉矩阵中的连接是一种静态的连接,即两个端口间的连接将保留较长的时间;而对于分组业务而言,其业务在交叉矩阵中的连接是一种动态的连接,控制系统根据接口单元中二层处理的结果,实时调整交换的端口,如图 2-25 所示。

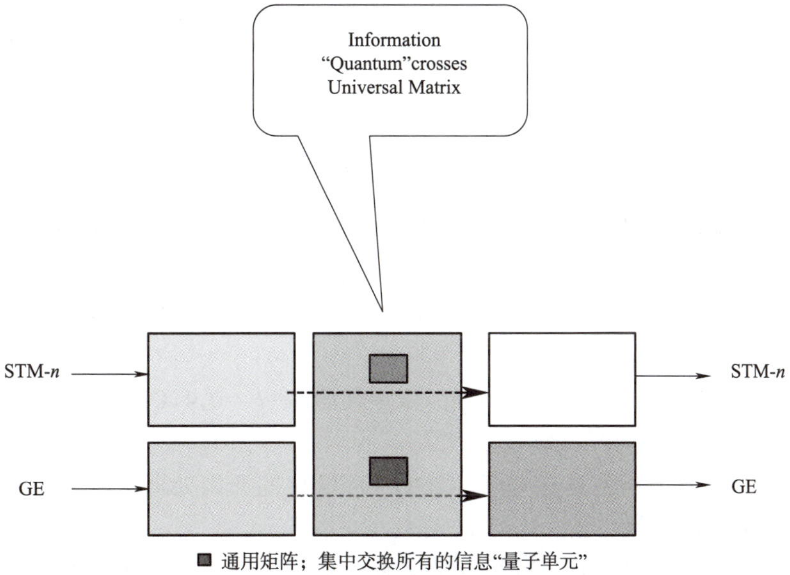

图 2-25　“量子单元”交换

最终经过交换矩阵处理过后的“量子单元”，再传送到目标接口单元的背板接口处理单元进行信息的恢复，以及相应的各种接口及物理层的处理。

第三节　OTN网络管理和OAM机制的应用

一、OTN网络管理需求

按照电信管理网络(TMN)的管理分层架构，OTN网络管理系统的体系结构由OTN网元、OTN网元管理系统(EMS)和OTN网络管理系统(NMS)组成，如图2-26所示。其中OTN网元分为OTN终端复用设备和OTN交叉连接设备，OTN交叉设备主要包括OTN电交叉设备、OTN光交叉设备和同时具有OTN电交叉和光交叉功能的设备。OTN网络管理系统主要面向OTN网络进行管理，强调端到端的业务管理功能，并且应能够管理所有的OTN网元类型。

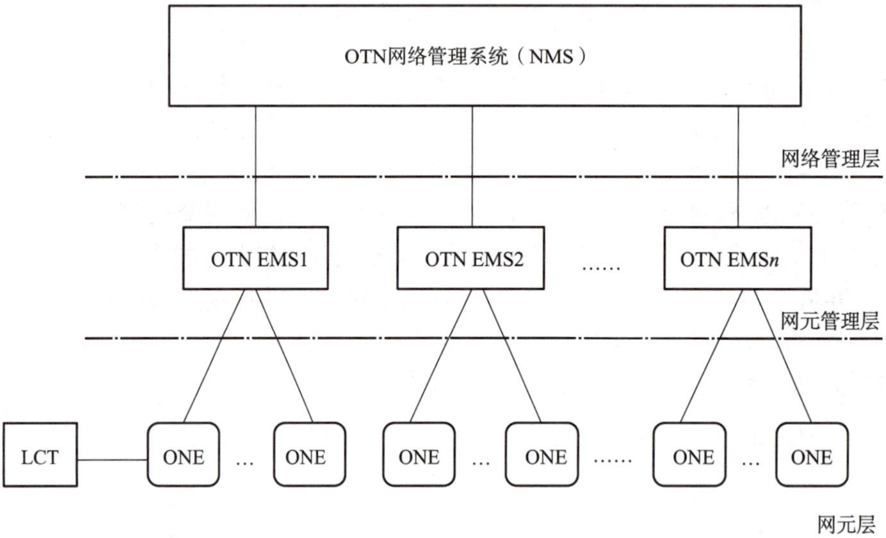

图2-26　OTN网络管理系统架构

根据OTN网络层次结构和设备形态特征，OTN网络管理应满足以下管理需求。

1. 多层网络管理：OTN传送平面管理具有多层次管理的特点，在管理上各层之间是客户与服务者的关系。当OTN传送平面采用光电混合交叉设备时，应包括光层和电层管理功能，并提供多层网络拓扑视图。

2. 交叉连接管理：OTN支持OCh光交叉和ODUk(k=0,1,2,3,4)电交叉，OTN网络管理需提供相应的交叉连接管理功能。

3. 开销管理：OTN设备具有OPU/ODU/OTU层的开销处理监测功能，OTN网络管理需提供相应的开销管理功能。

4. 端到端业务调度和管理：OTN支持多种业务的承载，OTN网络管理应满足以下业务类型的管理需求。

(1)子波长级(ODU*k*)业务

① 业务带宽:支持 ODU0(1.25 G)、ODU1(2.5 G)、ODU2(10 G)、ODU3(40 G)和 ODU4(100 G)。

② 业务方向:支持单向、双向、组播和环回。

(2)波长级(OCh)业务

① 承载业务速率:支持 2.5 G、10 G、40 G 和 100 G。

② 业务方向:支持单向、双向、组播和环回。

5. OCh 和 ODU*k* 的保护管理:OTN 支持基于 OCh 通道和 ODU*k* 通道的 1+1 保护功能,OTN 网络管理需提供相应的保护管理功能。

6. 控制平面管理:根据系统配置,OTN 网络可支持控制平面功能。

二、OTN 网络管理体系结构

(一) OTN 网络管理与 WDM 网络管理之间的关系

与传统 WDM 设备相比,OTN 网络的光线路侧系统具有传统 WDM 系统的特性。因此,OTN 网络管理应具有 WDM 网络管理的功能,两者可以同时存在并纳入统一的管理框架之中。对同一厂家的 OTN 网络和 WDM 系统可以进行统一管理。

另外,OTN 网络管理和 WDM 系统网络管理可以纳入到上层 NMS 中进行管理。OTN 网管的 EMS/NMS 接口功能可以在 WDM 接口功能的基础上实现功能扩展。

(二) OTN 网络管理结构

如图 2-27 所示为 OTN 网络管理的体系结构。OTN NE 是不同厂商的 OTN 设备,可以是单个设备,也可以是一个单厂商的 OTN 子网。OTN EMS 是由各设备厂商提供的管理系统,可以对本厂商的 OTN 设备进行配置、操作和维护。NMS 可以管理不同设备厂商的 OTN 网络,也可以管理其他传送网络。

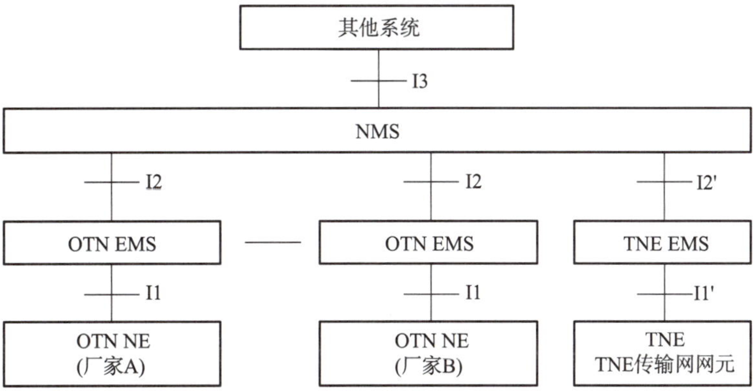

图 2-27　OTN 网络管理体系结构

与 OTN 网络管理相关的接口包括 I1～I3。

I1 为 EMS 和 OTN NE 之间的接口，属于厂商管理设备的内部接口；I1 为其他传送网网元和传统 EMS 之间的接口。

I2 为各个 OTN EMS 向 NMS 提供的接口，本部分标准主要对 I2 接口进行规范。I2 为 TNE EMS 与 NMS 之间的接口，通过 I2 接入到 NMS 管理之中，以实现其他传送网与 OTN 的统一管理。

I3 为 NMS 与其他系统之间的接口，其他系统可能为综合网络管理系统、资源管理系统等。

（三）OTN 网络管理功能模块

OTN 网络管理完成标准管理信息的交换及故障管理、性能管理、配置管理和安全管理。管理对象包括：传送平面（光层网络或/和电层网络）、控制平面、DCN、业务等。网元间通信可采用 GCC，或采用外部数据通信网；网元与网管之间采用外部数据通信网，协议栈可采用 OSI 协议栈或 TCP/IP 协议栈通信。OTN 网络管理系统功能模块如图 2-28 所示。

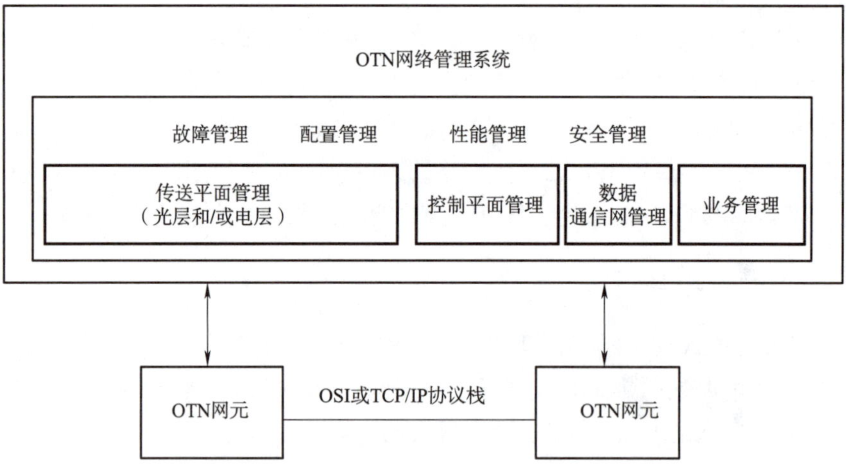

图 2-28　OTN 网络管理系统功能模块

其中，当 OTN 传送平面设备形态为光电混合交叉设备时，OTN 传送平面管理具有多层次管理的特点，主要包括光层和电层网络管理功能。

三、OTN 开销及其在网络运维中的应用

（一）OTN 开销

OOS 中的逻辑单元如图 2-29 所示。

OTU*k*、ODU*k* 和 OPU*k* 的开销如图 2-30 和图 2-31 所示。

（二）开销类型

1. 光通路净荷单元开销（OPU*k* OH）

OPU*k* OH 信息添加到 OPU*k* 信息净荷以创建 OPU*k*，包括支持客户信号适配的信息。

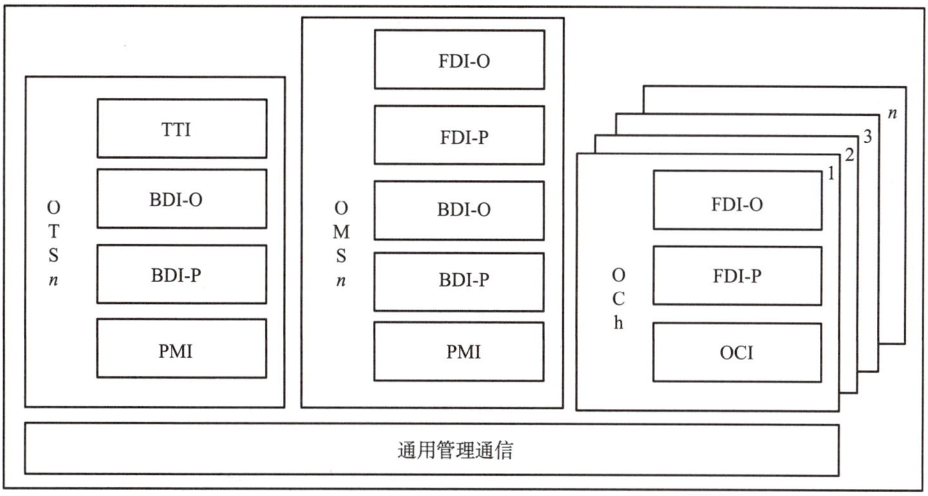

图 2-29 OOS 中的逻辑单元

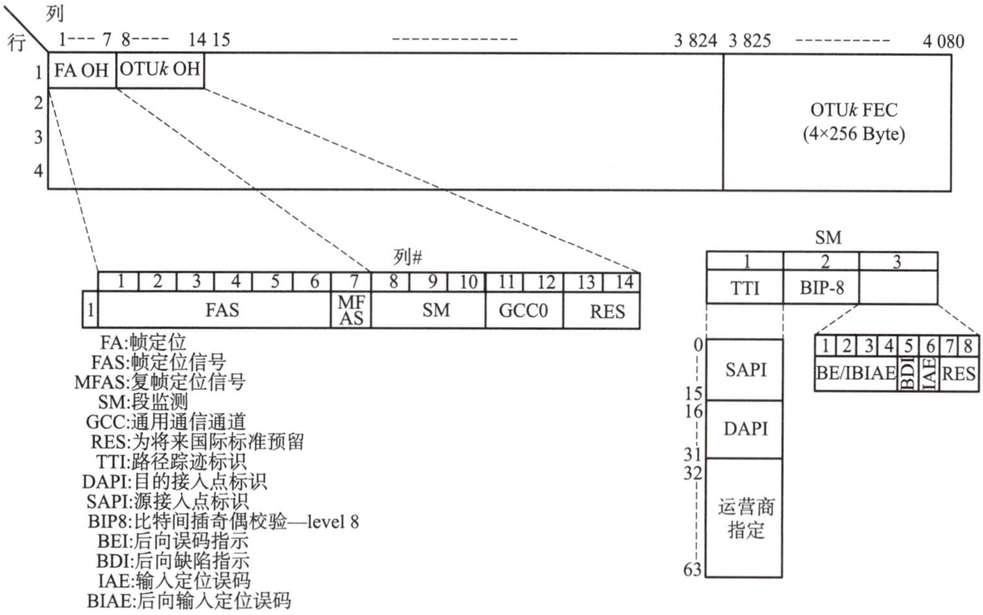

图 2-30 OTUk 帧结构、帧定位和 OTUk 开销

当 OPUk 信号组合和拆分时，OPUk OH 会终结。

2. 光通路数据单元开销(ODUk OH)

ODUk OH 信息添加到 ODUk 信息净荷以创建 ODUk，其包括支持光通路的维护和操作功能。ODUk OH 由负责端到端的 ODUk 通道的开销和 6 个级别的串联连接监控开销组成。在 ODUk 信号组合和拆分时，ODUk 通道 OH 终结。TC OH 在相应的串行连接的源和宿处分别添加和终结。

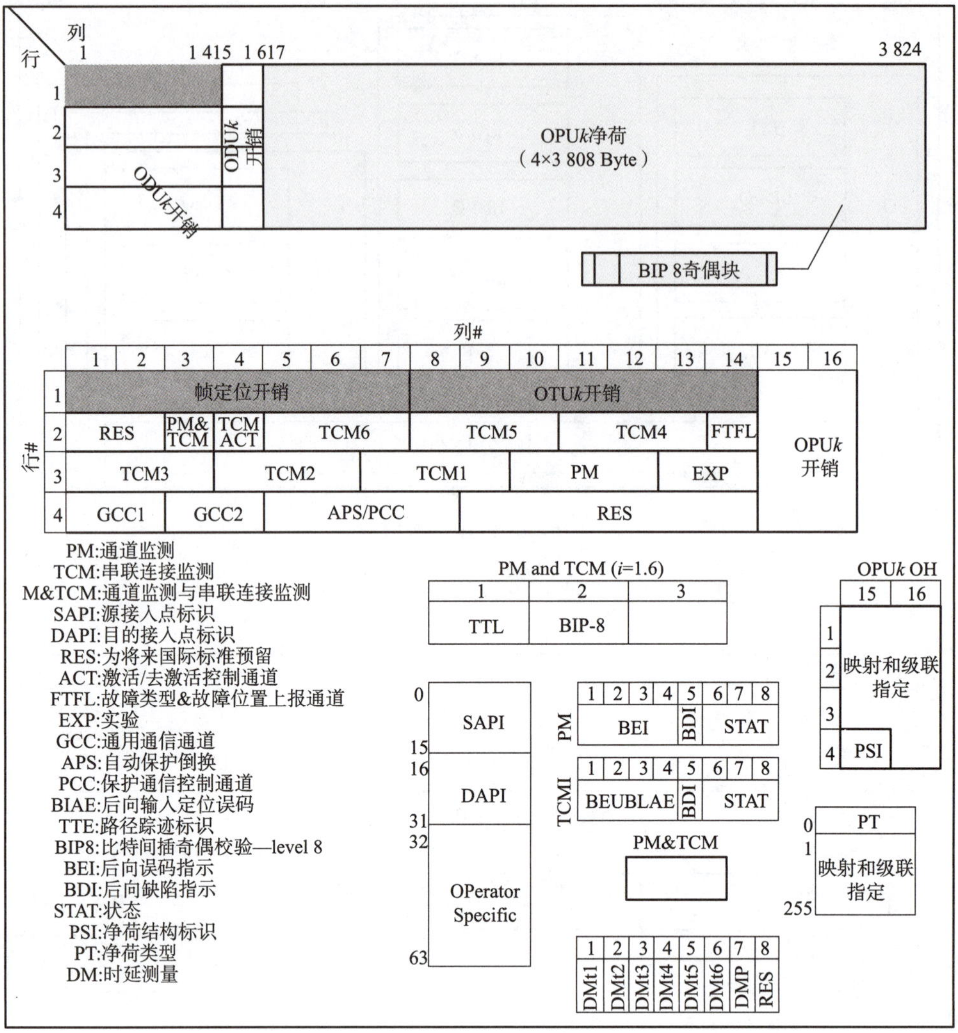

图 2-31　ODUk 帧结构、ODUk 和 OPUk 开销

3. 光通路传送单元开销(OTUk OH)

OTUk OH 信息是 OTUk 信号结构的一部分,包括用于操作功能的信息,支持在一个或多个光通路连接上进行传送。OTUk OH 在 OTUk 信号组合和拆分时终结。

4. 光通路非随路开销(OCh OH)

OCh OH 信息添加到 OTUk 以创建 OCh。其包括支持故障管理的维护功能信息。当 OCh 信号组合和拆分时,OCh OH 被终结。

5. 光复用段开销(OMS OH)

OMS OH 信息添加到 OCG 以创建 OMU,其包含支持光复用段的维护和操作功能的信息。OMS OH 在 OMU 信号组合和拆分时终结。

6. 光传输段开销(OTS OH)

把 OTS OH 信息添加到信息净荷以创建 OTM。其包含支持光传输段的维护和操作功能的信息。OTM 组合和拆分时 OTS OH 被终结。

7. 综合管理通信开销(COMMS OH)

把 COMMS OH 信息添加到信息净荷以创建 OTM。其提供网元之间的综合管理通信。

(三) TCM 字节的应用

OTN OAM 机制的应用可以分为带内(电层)管理方案和带外(光层)管理方案。OTN 开销中 TCM 的应用是一个创新,TCM 位于 ODU 子层,主要作用在于监视 ODU 子层的误码性能。TCM 理论上最多可支持 6 级,每级的监视点可以灵活设置,而用法上又可分为级联、嵌套,适合跨域复杂组网环境。在级联应用模式下,如图 2-32 所示,每个厂家网络内部设置一级 TCM 监视,厂家间设置一级 TCM 监视,业务源宿点波长转换板使能 PM 监视。网络内任意一段链路发生误码,PM 监视点和误码发生段对应的 TCM 监视点均可检测到误码,而其他 TCM 监视点不会报误码。故障定位时,首先通过 PM 判断整条链路出现故障,然后通过各家网管查询 TCM 的监视结果,进而定位到故障发生段。TCM 级联的用法虽然可通过网管查询性能进而定位故障点,但要通过各家网管分段去查询。

在嵌套模式下,OTN 全网配置有统一的第三方网络级网管,采用 TCM 嵌套方式,可进一步减少故障定位时间。如图 2-33 所示,选择一个业务源宿点(如厂家 C)同时设置多级 TCM 监视,每级监视范围各不相同以便覆盖整个网络,网络内其他点只设置一级 TCM 监视。这样,当网络任意一段发生误码时,直接在厂家 C 网管上读取各 TCM 的监视结果,可直接判断出故障发生点,例如只有 TCM3 监视有误码,可判断是厂家 B 子网内发生故障。

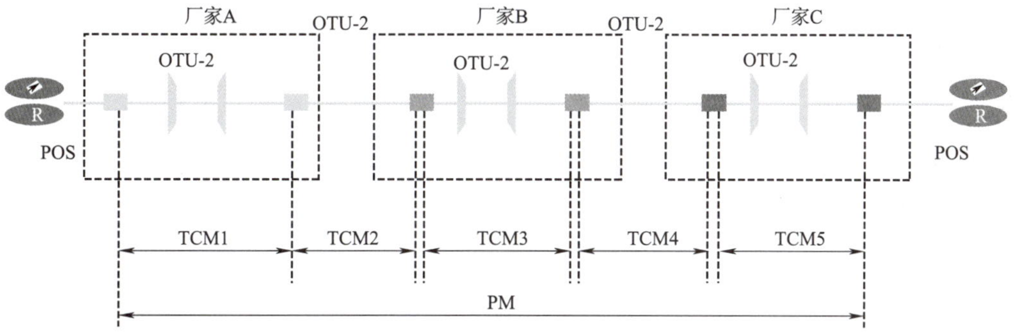

图 2-32　TCM 级联模式应用举例

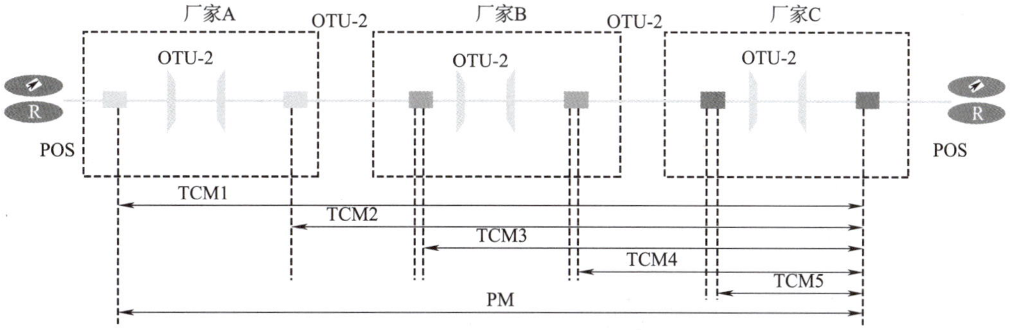

图 2-33　TCM 嵌套模式应用举例

(四) 故障检测机制

OTN 在承载以太网业务时,按照以太网速率的不同有不同的检测机制。

1. GE 故障检测

GE 的连通性故障检测技术包括以下 3 种。

① 802.3ah,慢协议,用于波分和路由器之间的链路层连通性检测。

② 802.1ag,用于波分到路由器、路由器到路由器之间的连通性故障检测、故障定位。

③ 802.3,自协商功能,用于波分和路由器之间的 ETH 能力协商,可以用于单通场景的保护倒换。

802.3ah 只能用于点到点的单跳场景,标准上是以 1 s/包的速度检测连通性。802.1ag 可用于路由器端到端的连通性检测,尤其 CCM(最快 3.3 ms)发送和 RDI 的应用可以触发保护倒换,并避免单通情况。LB/LT 的功能可以用于故障的定位,此时需要波分支持 802.1ag 的 MIP 功能。自协商模式下,波分和路由器的以太口都要支持自协商模式,通过自协商的机制可以检测链路故障以及单通故障。

2. 10GE 故障检测

10GE 连通性故障检测技术除了 GE 的场景外,在 802.3ae 标准上定义了 LF/RF(local fault/remote fault),LF/RF 是一种数字序列,在帧间隙中传送,位于 RS 层和 PCS 层,LF 具备检测功能,PCS 编码错误,LOS 等都可以产生 LF 信息,并在 RS 层反向传送 RF 信息,利用 LF/RF 告警可以实现快速故障传递,用于保护倒换等场景,特点是快速反应,与具体业务无关。

G.709v3 中规定了对 10GE BIT 透传(ODU2E)方式下,对 LF/RF 处理能力,使 OTN 层故障和 ETH 层的故障可以实现联动,因为是芯片处理,使 OTN 层和 ETH 层的故障传递更直接快速。

3. 100GE 故障检测

100GE 连通性故障检测机制在 802.3ba 中有定义,与 10GE 的 802.3ae 相同也采用 LF/RF 的方式,不同的地方在于 100GE 在 G.709 标准中未定义 G.709 与 100GE 的故障传递机制。

100GE 的标准 802.3ba 中定义了两种误码检测方式 BER 和 BIP8,BER 采用同步头的奇偶校验方式,采用 66 bit 采样 2 bit 的方式检测误码,抽样率较低,对业务的误码性能检测精度不高。

BIP-8(bit interleaved parity)采用 8 bit 的偶校验,检测对象是每个 lane 的 16 384 BLOCK,最小粒度是每个 BLOCK 是 66 bit,BIP-8 检测结果放在下一个 alignment marker 中。检测过程描述:BIP-8 对每个 lane 中的 alignment marker 之间的所有 bit 进行校验检测,共 16 384 个 BLOCK(包含 alignment marker),同步头的 2 bit 校验放在 BIP3 的 bit3 和 bit4 中,8 bit 检测结果放入下一个 alignment marker 的 M3 中,alignment marker 中只用到了前 34 bit,后 32 bit 采用取反操作,以保持电平平衡。检测精度:最大 10^{-6} 误码率,超过 10^{-6} 误码率将导致饱和溢出。

BIP-8 的误码检测方式与 SDH 和 OTN 的检测原理相同,采用 BIP-8 的误码检测来检测 ETH 误码性能,同时也可以触发保护倒换。

（五）OTN 开销在抑制设备告警中的应用

由于设备厂家在设计告警时主要考虑告警如何覆盖每个设备部件基于特定物理或逻辑实现的多个故障模型,很少考虑到故障间的一些关联模型,更没有站在运营商网络运行维护的角度去分析不同告警间的内容关联。厂家网管系统通常都提供了拓扑管理的功能,但是反映全局性网络资源的拓扑视图仍然没有很好地建立起来。在很多情况下,告警反映了网络中一个局部位置硬件或软件资源的失效(故障),而故障具有沿着网络传递的效应,造成一旦出现故障,则网络中出现大量告警的情况,影响故障判断与处理。

OTN 通过引入电层交叉为大颗粒业务的快速部署提供了便利,但同时也为日常维护带来了新的问题。在传统波分系统中,由于只承载少量业务,告警的数量较少,故障较易判断和定位。在 OTN 系统中,除了对传统波分的告警完全继承外,还新增了大量的电层业务层面告警,数据统计表明,对同一故障,OTN 系统告警数量大约是波分系统的 5～6 倍。因此,从运维角度出发,对 OTN 告警进行梳理与整合,识别根源告警,抑制衍生告警十分有必要。通过研究告警触发、上报机制,不同告警之间的关系,即可列出常见告警之间的抑制关系图,提高告警处理的效率。

第四节　OTN 网络结构

一、拓扑结构

网络拓扑是标识网络分段、互联位置和用户群体的网络结构体,主要用于显示网络的几何形状而非实际的物理位置和技术实现。在网络规划过程中,拓扑设计是最基础的一步。

网络的物理拓扑结构即网络节点和传输线路的几何排列,反映了物理上的连接性。网络的效能、可靠性和经济性在很大程度上与具体物理拓扑有关。OTN 网络的基本物理拓扑结构主要有以下三种类型。

1. 线型拓扑

当所有的网络节点以一种非闭合的链路形式连接在一起时所形成的拓扑就是线型拓扑。通常这种结构的端点是波分复用终端,中间节点是光分插复用设备。线型拓扑的优点是网络结构简单,对线路系统要求较低,可以灵活的上下业务,缺点是生存性较差,因为节点或链路的失效将把整个系统割裂为独立的若干部分,而无法有效进行通信,不能完全发挥 OTN 技术的优势。线型拓扑结构如图 2-34 所示。

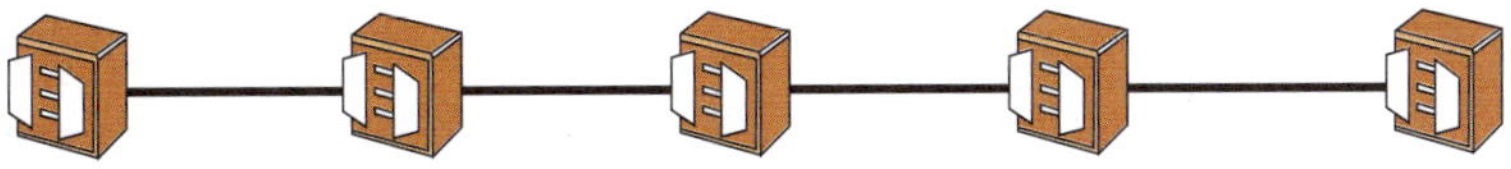

图 2-34　线型拓扑结构

星型拓扑是线型拓扑结构的一种特殊变化。网络中有一个特殊节点与其他所有节点都有物理连接，而其他各节点之间都没有物理连接。其中这个特殊节点称为中心节点，通常由具有 OXC 功能的节点承担；而其他节点称为从节点，可以使用波分复用终端设备。星型拓扑可以更加有效地对网络带宽进行管理和利用，但对中心节点的要求很高，因为它的失效将导致整个网络的瘫痪。同时还要求中心节点有很强的业务处理能力，以疏导各从节点与中心节点以及从节点之间的业务。星型拓扑结构如图 2-35 所示。

2. 环型拓扑

若线型拓扑的两个端点也使用光分插复用设备并用光缆线路连接，就形成了环型拓扑。该结构是光网络中相对简单但却是最重要的一种拓扑结构。在之前的铁路网络中，由于环型拓扑实现简单，并且任何两个节点之间都有两条传输方向相反的路由，使网络具有良好的保护性能和生存性，因此 WDM 网络大多运用这种拓扑结构，且环网保护技术成熟，管理简单，是现阶段最常用的拓扑结构。

环型结构主要有两大优点：一是 OTN 提供了类似于 SDH 的环网保护机制及复用映射机制，可以借助于 SDH 丰富的组网经验，方便网络的前期规划及后期维护；二是在环型结构下，OTN 技术提供了多样化的保护方式，网络的安全性能得到保障 。

环型结构主要缺点是为提高系统的利用率，在进行前期规划时需根据业务的流量流向进行环网设计，并尽量避免业务跨环，网络设计有一定的难度。环型拓扑结构如图 2-36 所示。

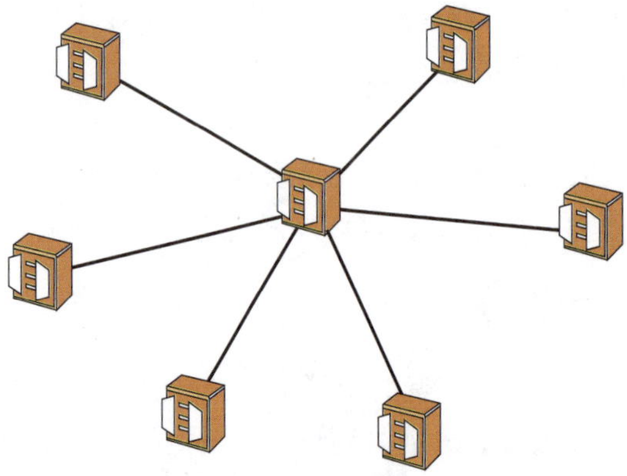

图 2-35　星型拓扑结构

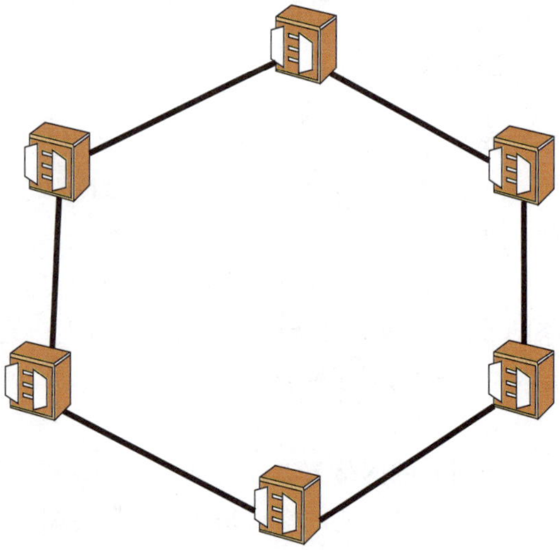

图 2-36　环型拓扑结构

3. 网型拓扑

在保持连通的情况下，所有网络节点之间至少存在两条不同的物理连接的非环型拓扑就是网型拓扑。为实现网络较强的连通要求，网型网络的节点至少应该是具有交叉功能的终端设备。

网型拓扑结构的主要优点是：业务调度比较灵活，能根据业务的流量流向设置直达电路,网络可靠性高。

网型拓扑结构的主要缺点是:结构和响应的控制管理都比较复杂,由于 OTN 的通路安排将涉及光层的波道组织和电层的电路组织,在开启智能功能前,通路安排需全部依靠人工进行,不仅增加了通路安排的复杂度,也不便于网络的后期维护。因此,网型拓扑结构通常仅用于要求高可靠性的骨干网中。

网型拓扑结构分为全网型拓扑结构和部分网型拓扑结构。全网型拓扑结构如图 2-37 所示。部分网型拓扑结构如图 2-38 所示。

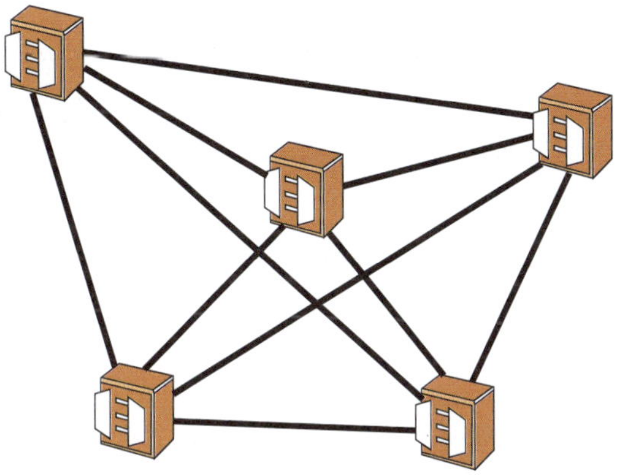

图 2-37　全网型拓扑结构

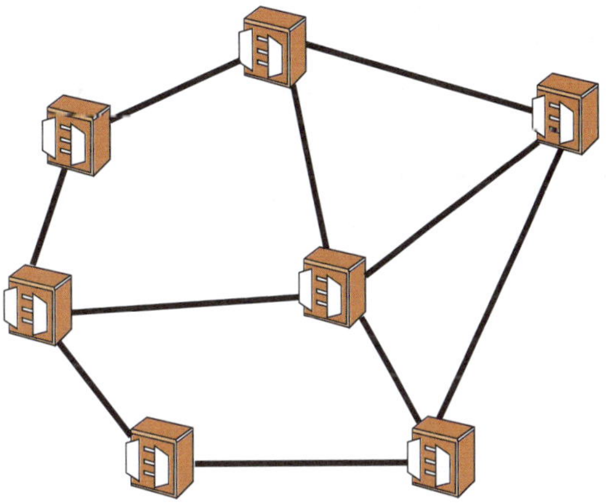

图 2-38　部分网型拓扑结构

OTN 设备灵活的组网方式和强大的 OAM 能力决定了今后的组网不限于环网的方式,而将向网状网进行过渡。

二、拓扑上的光路映射和波长分配

(一)生 存 性

OTN(Optical Transport Network,光传送网)是以波分复用技术为基础,在光层组织网络的传送网,不仅能满足用户对带宽持续增长的需求,同时可以解决传统 WDM 网络波长业务调度能力差、组网能力弱、保护能力弱等问题。随着国内外通信技术的发展,OTN 逐渐成为骨干层铁路传输网所采用的主要技术。由于 OTN 设备的带宽容量大,传输速率高,网络部件(光纤、网络节点设备等)的失效,会使网络中一条或者多条光路失效,从而造成大量铁路通信数据的丢失,这将给铁路安全带来极大隐患,因此生存性是铁路传输网规划和设计必须考虑的关键性能指标。

光网络生存性可以分为保护和恢复两大类别。在保护方案中,网络提供的生存性服务是利用专用的资源(即备份资源)实现的。在恢复方案中,控制机制是在网络部件出现失效以后实时寻找可用资源来恢复受影响的业务。保护机制预留保护资源,当故障发生的时候,可以有较快的业务恢复时间,保证了网络的生存性。根据保护对象的不同,保护又可以分为链路保护和通路保护,相比于链路保护,通路保护具有更高的资源利用率,同时也能满足保护倒换时间低于 50 ms 的要求，所以主要采用通路保护策略。

(二)基本方案

常见网状结构光网络的生存性策略可分为：基于专用资源的保护机制和实时寻找可用资源的动态恢复机制。

保护机制：采用预先规划的方法分配网络资源，防止未来可能出现的网络失效，分为针对通路的保护和针对链路的保护两种策略。

恢复机制：在网络出现失效后，动态寻找网络中可用资源并重选路由绕过失效部件，分为通路恢复和链路恢复两种策略。

综合考虑资源利用率和保护倒换时间，选择采用通路保护来进行设计。

网络生存性设计通常有以下步骤：

1. 分析网络中的已知参数，如：链路容量，节点功能及相关参数等；
2. 明确设计的优化目标，如：资源利用率、保护倒换时间等；
3. 采用一定的路由算法求解出满足要求的工作路由和保护路由；
4. 选择合适的保护机制，对整个网络拓扑进行建模；
5. 求解模型，并分析结果是否达到预期要求。

下面以 2 号环为例，进行仿真设计。

如图 2-39 所示，2 号环共有 21 个节点和 25 条链路，假设每条链路的权重已知，链路容量已知，环内节点之间业务需求已知，设计目标是：在满足所有环内业务需求的前提下，能 100% 恢复单链路失效引起的故障，同时保证保护倒换时间低于 50 ms。

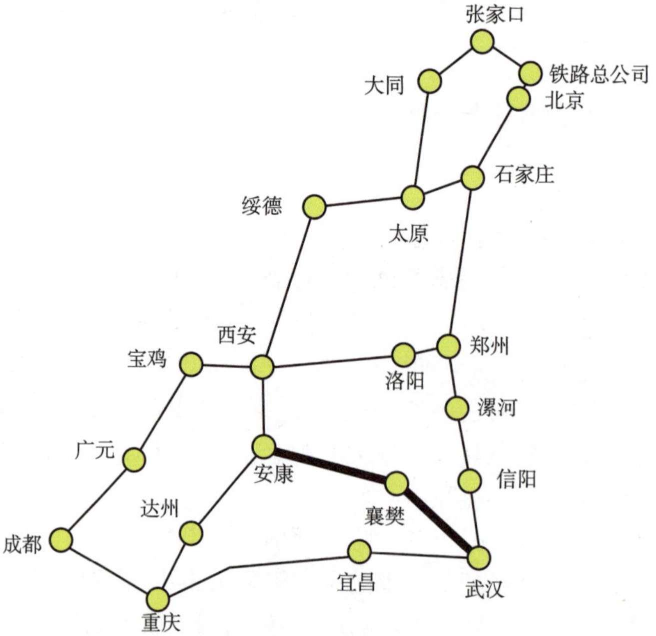

图 2-39　2 号环网络拓扑

1. 路由策略

因为工作/保护通路经过的链路越少，占用的波长资源越少，资源利用率也就越高，同时，保护通路经过的链路越少，则保护倒换时间就越快，因此对于环内任意两个节点之间的需求，为了保证较高的资源利用率和较低的保护倒换时间，需要求出最短的工作通路和保护通路；对于保护通路，应保证其和相对应的工作通路是链路分离的(若工作通路和保护通路经过同一链路，二者存在同时失效的风险)，因此在这里采用带链路分离约束条件的前 *K* 条最短路径算法(*K*-shortest-paths 算法)分别求出满足所有环内业务需求的链路分离的工作通路和保护通路。

2. 保护策略

通路保护分为独占保护资源的专用通路保护和在一定条件下可以共享保护资源的共享通路保护两种方式。下面举例阐述和对比两种策略。

假设有“绥德→石家庄”和“西安→武汉”两个需求，需求都占用一个波长单位的资源，以带链路分离约束条件的前 *K* 条最短路径算法求解二者的工作路由和保护路由，然后采用专用通路保护和共享通路保护两种策略分别进行建模，并通过计算机编程求解模型，结果见表 2-5、表 2-6。

表 2-5 专用通路保护路由及波长分配情况

需求	工作路由	保护路由
绥德→石家庄	绥德→太原→石家庄(λ_1)	绥德→西安→洛阳→郑州→石家庄(λ_1)
西安→武汉	西安→安康→襄樊→武汉(λ_1)	西安→洛阳→郑州→漯河→信阳→武汉(λ_2)

表 2-6 共享通路保护路由及波长分配情况

需求	工作路由	保护路由
绥德→石家庄	绥德→太原→石家庄(λ_1)	绥德→西安→洛阳→郑州→石家庄(λ_1)
西安→武汉	西安→安康→襄樊→武汉(λ_1)	西安→洛阳→郑州→漯河→信阳→武汉(λ_1)

在共享通路保护策略下，由于两个需求的工作路由是链路分离的，因此“西安→洛阳”“洛阳→郑州”两段链路可以共享波长资源，相比专用通路保护策略，共享通路保护有更高的资源利用率；而专用通路保护由于独占保护资源，保护倒换时间更快，同时在双链路失效情况下，也能更好保护业务。

下面以 2 号环为例，假设环内存在 10 个、14 个需求的情况下，利用上述方法，分别计算两种通路保护所需资源，采用波长链路(任一链路上的一个波长，记为 1 单位波长链路)来计量所占用资源，波长资源占用情况见表 2-7。

表 2-7 资源占用情况

需求数	采用不同保护策略波长资源占用情况 (单位:波长链路)		
	无保护	专用通路保护	共享通路保护
10	62	159	134
14	76	198	162

需要说明的是，除了表中所示总的波长资源占用情况之外，通过求解模型还可以得到：任意一个需求的工作通路和保护通路在其所经过的各条链路上的波长占用情况。

另外根据模拟仿真结果，当需求数为 14 时，存在需求“西安→北京”，无法为其找到与工作通路链路分离的保护通路，因此需要改进路由算法。

3. 保护倒换时间

在工作通路失效的情况下，由工作通路切换到保护通路上需要花费的时间称为保护倒换时间。保护倒换时间与保护链路经过的节点数目、链路长度、节点处理失效/倒换信息的时间等都有关系，通路保护的倒换流程如图 2-40 所示。

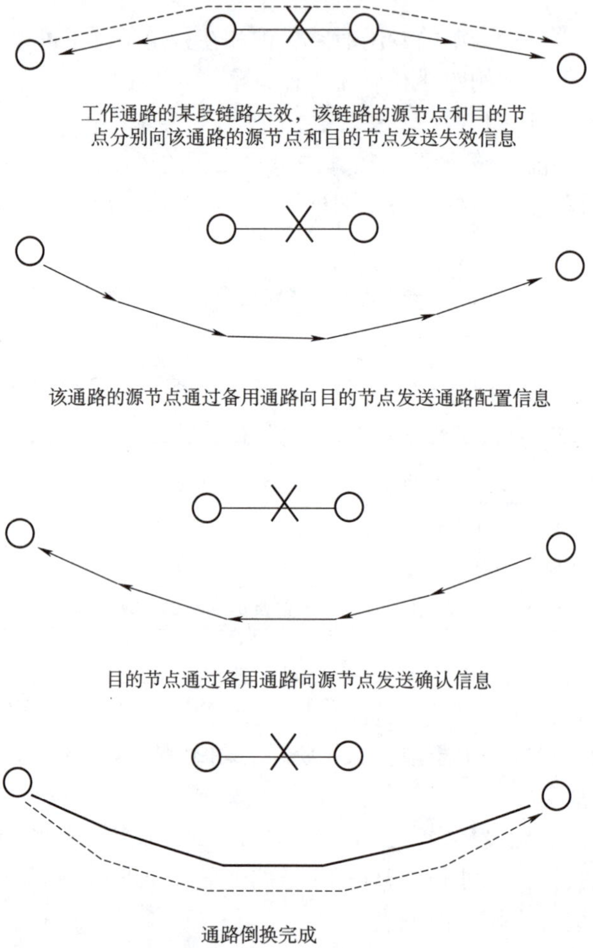

图 2-40　保护倒换流程

由上图，可以推出，专用通路保护倒换时间为：$F+n\times P+(n+1)\times D+2\times m\times P+2\times(m+1)\times D$；共享通路保护倒换时间为：$F+n\times P+(n+1)\times D+(m+1)\times C+2\times m\times P+2\times(m+1)\times D$。

其中：

F：发现链路失效所需要的时间；

P:信息在链路上的传播延迟(在这里假设每段链路的长度是相同的);

D:节点处理并转发信息所需要的时间;

C:配置、测试、设置光交叉设备所需要的时间;

n:从失效链路的源节点到该通路源节点之间的跳数;

m:从该需求的源节点经过保护通路到其目的节点所需跳数。

4. 针对一些实际情况做出的改进

(1)路由算法改进

采用带链路分离约束条件的前 K 条最短路径算法来计算工作路由和保护路由时,有可能会出现下述情况:①对于某些需求,无法找到与工作路由链路分离的保护路由;②保护路由经过的节点和链路数目过多,导致保护切换时间较长。

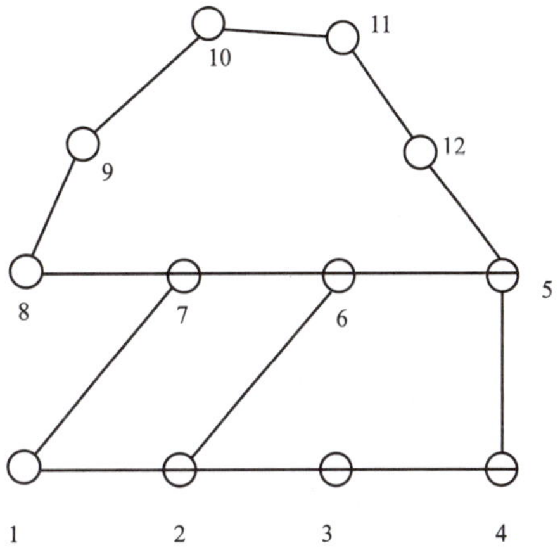

图 2-41 算法改进图例

在图 2-41 所示网络拓扑图中,假设所有链路权重均为 1,对于需求 1→5,采用上述路由算法,可以得到工作路由为 1→2→6→5,与工作路由链路分离的保护路由为 1→7→8→9→10→11→12→5;很明显可以看出的是,工作路由 1→7→6→5 和 1→2→6→5 总权重相等,都是最短路由,但是若 1→7→6→5 作为该需求的工作路由,那么其链路分离的保护路由为 1→2→3→4→5,无论是在资源占用情况还是保护倒换时间上,后者都更具优势。因此对上述路由算法再增加如下限制:保证工作路由和保护路由的总权重最小且大于工作路由权重;这样可以有效避免上述两种情况。

下面用改进后的路由算法,仍以 2 号环中 10 或 14 个需求为例,重新求解,结果见表 2-8。

表 2-8 采用改进后路由算法不同保护机制的资源占用情况

需求数	采用不同保护策略波长资源占用情况(单位:波长链路)		
	无保护	专用通路保护	共享通路保护
10	62	159	134
14	77	198	166

由表 2-8 可知,需求数为 10 的时候,资源占用情况不变,说明未出现上述两种情况,故结果不变;当需求数为 14 时,采用不同的策略所占用的资源都有所增加,说明这 14 个需求中出现了上述两种情况中的一种或两种。具体分析可知,第 14 个需求“西安→北京”采用改进前的路由算法,无法找到同工作路由链路分离的保护路由;采用改进后的路由算法,则可以得出切换时间最优的链路分离的工作路由和保护路由。

(2)重大自然灾害下的抗毁设计思路

当发生火山、地震、海啸等自然灾害时,某些区域的节点或链路会同时失效,若某个需求的工作通路和保护通路都经过此区域,则可能出现同时失效的情况,为在一定程度上避免这一情况,可以根据历史情况、经验等,将这些可能发生同时失效的节点、链路划分为不同编号的风险区,同时对路由算法做如下限制:若某需求的工作路由经过某一编号的风险区,那么要保证其保护路由不通过此风险区;下面仍以 2 号环为例,假设:宝鸡—西安—安康是具有相同编号的风险区,采用改进后的路由算法对 2 号环重新进行计算,结果见表 2-9。

表 2-9 改进后的路由算法采用不同保护策略波长资源占用情况

需求数	采用不同保护策略波长资源占用情况(单位:波长链路)		
	无保护	专用通路保护	共享通路保护
10	62	163	136
14	77	204	167

由上表可以看出,当采用改进后的路由算法,专用通路保护占用的资源有一定增长。这是因为某些需求的工作通路通过所划风险区,与其链路分离的保护通路则需要绕道以避开此风险区,在专用通路保护下,就需要占用额外的波长资源,但是这样增强了网络的生存性,即当风险区内节点同时失效,通过该风险区的业务可以倒换到风险区外的保护通路上,从而在一定程度上减轻了由自然灾害所造成的区域节点失效的影响。

(3)重要链路的改进思路

考虑到网络中的某些链路可能承载更多的业务,若这些链路出现中断,将会造成更大的损失,为避免这种情况,有以下两种方法:

①在通路保护的基础上,对这些链路额外采用专用链路保护。

②负载均衡:每完成一次路由计算后,对各条链路的权重进行调整,然后再进行下一次路由的计算,这样可以保证各条链路上的负载情况较为均衡。

方法 1 是直接以额外的资源来保证更好的网络生存性;方法 2 中由于动态调整链路权重,后计算的路由可能因此需要绕道,从而经过更多的链路,间接地占用了更多的波长资源,从而达到较好的生存性状况。考虑到负载均衡占用的额外资源会更多,这里采用方法 1,仍以 2 号环中业务为例进行计算,假设所有链路中负载最大的链路为重要链路,需要额外采用 1∶1链路保护,那么计算结果见表 2-10。

表 2-10 采用方法 1 后不同保护机制的资源占用情况

需求数	采用不同保护策略波长资源占用情况(单位:波长链路)		
	无保护	专用通路保护	共享通路保护
10	62	170	140
14	77	211	175

(4)关于双链路失效问题

在以上设计中,都是在单链路失效的假设前提下进行的,没有考虑多链路失效的情况,下面来分析一下这个假设的合理性。

①失效概率

现在对 2 号环中的 25 条链路编号 1,2,…,25,相应链路的失效概率为多少且相互独立,那么当采用通路保护时,长度为 N 的通路失效的概率为:1——两条长度分别为 M 和 N 的通路同时发生失效的概率。

双链路失效概率是远小于单链路失效概率的。

②网络拓扑

对于双链路失效的保护,需要为每一条工作通路计算出两条链路分离的保护通路。以 2 号环为例,采用上述路由算法,对每一个需求都尝试求解一条工作通路和两条链路分离的保护通路,可以发现,大部分需求只能得到一条与工作路由链路分离的保护路由。

综上所述,双链路失效的概率远远低于单链路失效概率,同时对于大部分需求来说,只存在一条与工作通路链路分离的保护通路,因此以单链路失效为假设前提所做的设计是合理的。

三、OTN 网络优化

铁路传送网网络结构优化,主要解决以下三个方面的问题:网络拓扑结构分析、拓扑上的光路映射和波长分配、生存性问题。

依据以上三个方面的问题,提出以下解决方案:

1. 网络拓扑结构部分

环网保护技术成熟,管理简单,是现阶段最常用的拓扑结构。OTN 设备灵活的组网方式和强大的 OAM 能力决定了今后的组网,不限于环网的组网方式。因为网形拓扑的可靠性最高,建议在网络结构优化中采用网状网网络结构。

2. 拓扑上的光路映射和波长分配部分

(1)依据网络生存性策略,设计出了网状网网络结构中光路映射和波长分配方案。依据前 K 条最短路径算法,计算出了合理的路由策略,仿真得出了专用通路保护和共享通路保护路由以及波长分配、资源占用情况,提出了不同倒换方式的保护倒换时间计算方法,并对不同的方案进行了比较。

(2)对路由算法进行优化。优化后的算法有效地解决了以下问题:无法找到和工作路由链路分离的保护路由;保护路由经过的节点和链路数目过多,导致保护切换时间较长。对原有算法计算出的模型和改进后的算法计算出的模型进行比较,证明了改进后算法的优越性。

(3)重大自然灾害下的抗毁设计方案。铁路网对网络的可靠性要求非常高,在实际的地理区域中,会存在某些地区易于受到自然灾害影响的情况,若某些区域内的节点或链路同时失效,将对通信网造成非常恶劣的影响。所以在网络结构优化的设计中创新地提出了针对重大自然灾害下的抗毁设计方案,可以在一定程度上抵御由于自然灾害造成的区域通信中断。

(4)重要链路的改进方案。针对重要的链路提出了两种优化方法,一是采用专用链路保护,二是采用负载均衡的方法,并对这两种方法进行了分析比较。

(5)证明了针对单链路失效设计方法的可行性及对双链路失效问题的探讨。

第五节　互联互通技术在铁路中的应用研究

OTN 设备互联互通测试技术是 OTN 网络组网的核心问题之一，也是目前关于 OTN 网络研究的热点之一。本节重点研究了互联互通测试技术。

当前铁路骨干层传输网分为光层和电层。光层主要由 DWDM 系统构成五大环网，即京沪穗环、西南环、西北环、东北环、东南环。如何保证环内部和环之间不同 OTN 设备的互联互通成为优化与完善光传送网网络结构的关键问题。

在系统测试前，已经对 OTN 设备单机、SDH 设备单机以及路由器单机进行了相应的参数测试。测试结果表明，各厂家的设备单机测试结果都符合相关标准。

在测试方案中，组建了包含五个节点的 OTN 测试平台，对同一厂家设备的系统测试以及不同厂家设备的互联互通测试，测试拓扑如图 2-42 所示。

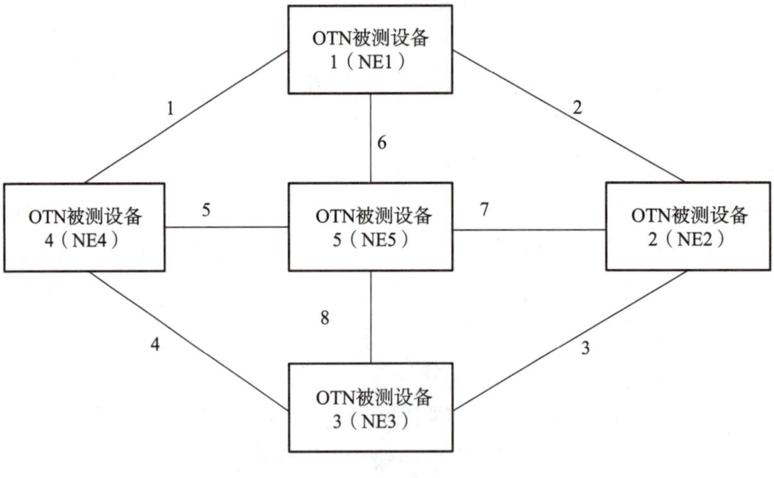

图 2-42　OTN 设备测试拓扑

一、超长距传输性能研究

(一)单跨段长距传输性能

1. MPI R/Rn 单通路 OSNR

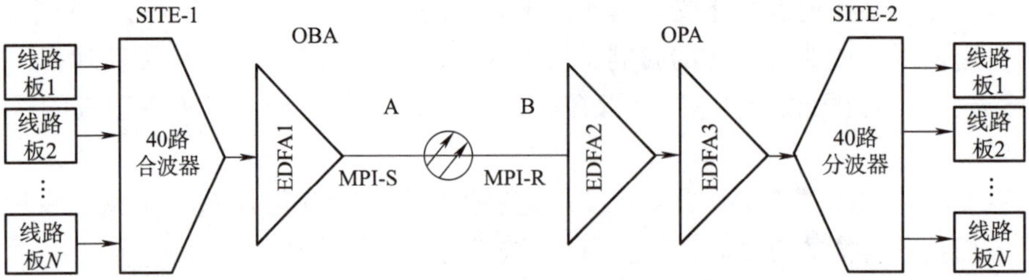

图 2-43　单跨段系统测试拓扑

如图 2-43 所示，在单跨段长距传输性能测试中，测试距离为 160 km，在节点一与节点五之间满配 40 波，在第一波承载业务，OSNR 测试点在两个前端放大器(OPA)之后。

OSNR：在光有效带宽为 0.1 nm 内光信号功率和噪声功率的比值。OSNR 能很准确地反应传输信号的质量，OSNR 的好坏直接影响到系统的运行情况。如图 2-44 所示为各厂家不同波长发光功率变化。

YD/T 1960—2009 标准规定：对于接收机 OSNR 容限为 12 dB 的系统，MPI-R 最小光信噪比为 17 dB。

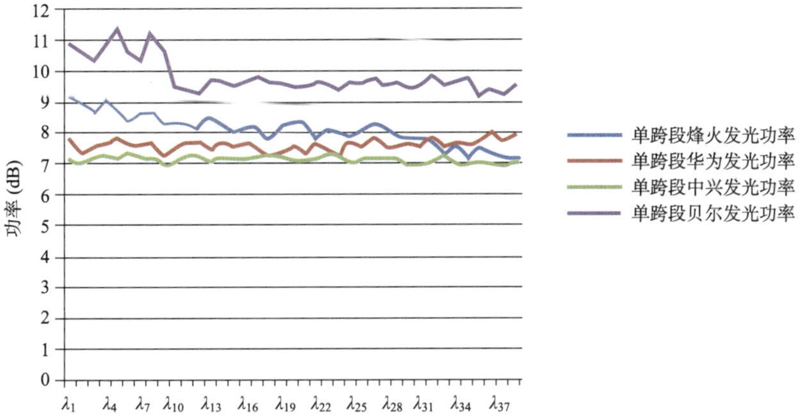

图 2-44　各厂家不同波长发光功率变化

分析结果：如图 2-45 所示，线路侧接收端的 OSNR 都大于 17 dB，各厂家都符合标准。

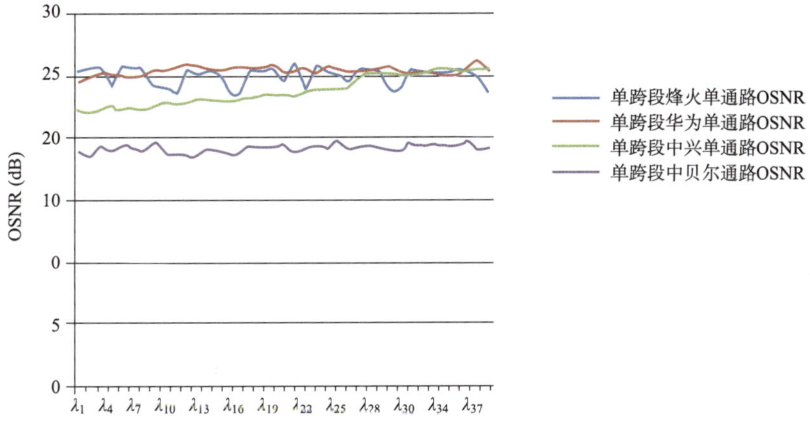

图 2-45　各厂家接收端 OSNR 变化

2. 功率控制和均衡控制

功率控制和均衡：EDFA 对不同波长的增益本来就是不平坦的，需要进行均衡控制。增减波时，当某些波长通道丢失时，由于增益竞争，其能量会转移到那些未丢失的通道上，使其他波长通道的功率变高，这将带来强烈的非线性或接收机接收功率过载，产生大量误码，需要功率控制和均衡控制。

测试在 λ_1 上业务，从 λ_{40} 开始逐渐减波数，直到最后只剩下 λ_1。检测 λ_1 的信噪比的变化。

分析结果：如图 2-46 所示，各厂家都符合标准。

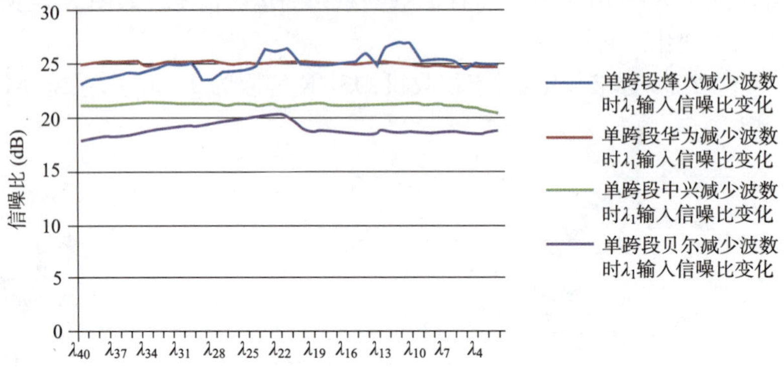

图 2-46　各厂家单跨段 160 km 减少波数时 λ_1 信噪比变化

（二）多跨段长距传输性能

1. MPI R/Rn 单通路 OSNR

如图 2-47 所示，多跨段传输测试在节点一与节点五之间满配 40 波，在第一波上承载业务。本次测试用的是 3 段 120 km 的光纤，OSNR 测试点在前置放大器之后。

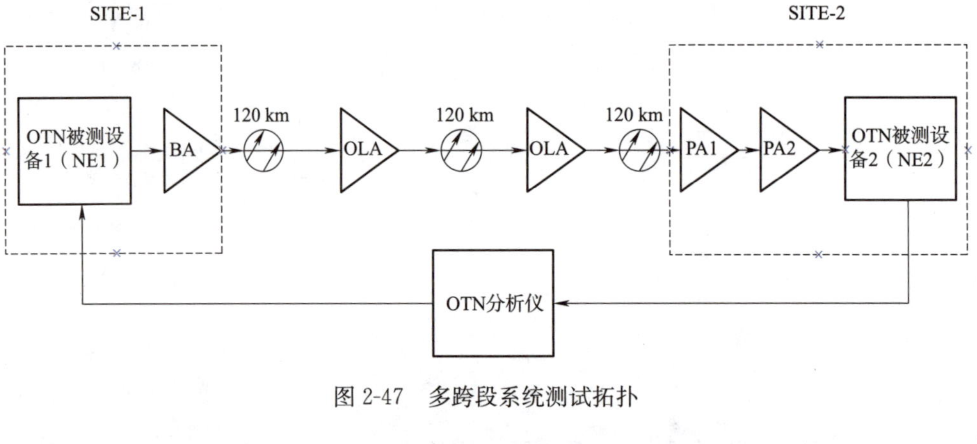

图 2-47　多跨段系统测试拓扑

OSNR：在光有效带宽为 0.1 nm 内光信号功率和噪声功率的比值。OSNR 能很准确地反应传输信号的质量，OSNR 的好坏直接影响到系统的运行情况。

分析结果：线路侧接收端的 OSNR 都大于 17 dB，各厂家都符合标准。

2. 功率控制和均衡控制

功率控制和均衡：EDFA 对不同波长的增益本来就是不平坦的，需要进行均衡控制。在增减波的情况下，当某些波长通道丢失时，由于增益竞争，其能量会转移到那些未丢失的通道上，使其他波长通道的功率变高，这将带来强烈的非线性或接收机接收功率过载，产生大量误码，需要功率控制和均衡控制。如图 2-48 所示为各厂家多跨段 3×120 km 发光功率。

测试中在λ_1上业务，从λ_{40}开始逐渐减波数，直到最后只剩下λ_1。检测λ_1的信噪比的变化，如图 2-49 所示。

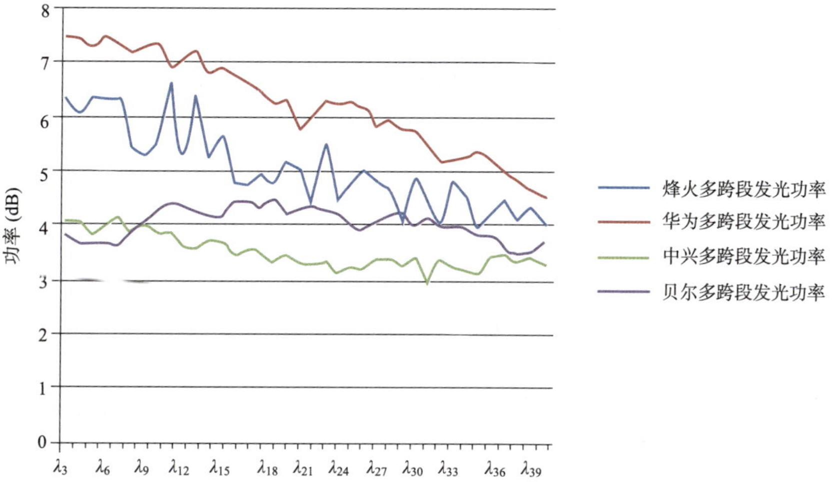

图 2-48　各厂家多跨段 3×120 km 发光功率

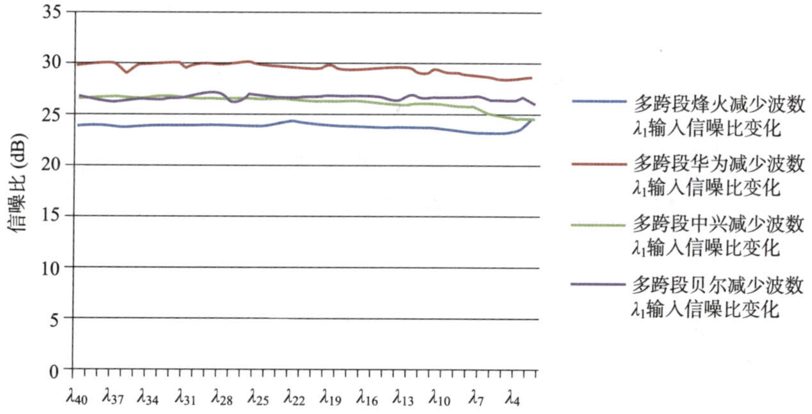

图 2-49　各厂家多跨段 3×120 km 减少波数时λ_1信噪比变化

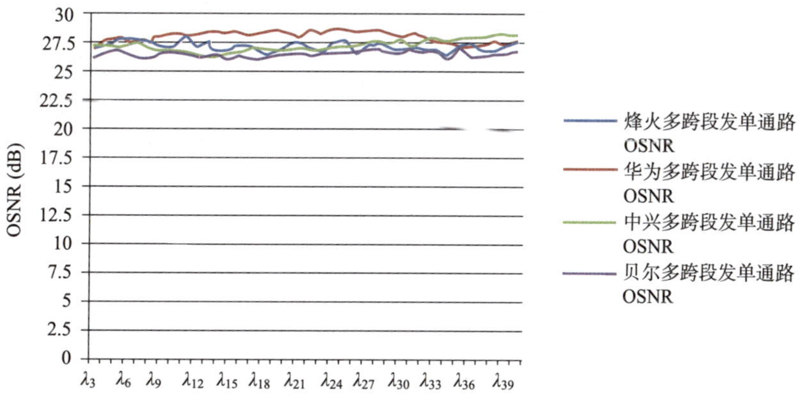

图 2-50　各厂家多跨段 3×120 km 接收端 OSNR

分析结果:如图 2-50 所示,线路侧接收端的 OSNR 都大于 17 dB,各厂家都符合标准。

二、不同厂家的 OTN 设备互联互通测试

互联互通测试主要包括 OTN 设备之间的互联互通测试,OTN 与 SDH 设备之间的互联互通测试以及 OTN 设备与路由器之间的互联互通测试。目前 OTN 设备互联互通都是基于客户侧 OTU*k* 接口白光口的互联互通。

(一)基于 OTU*k* 接口的不同厂家 OTU*k* 业务互联互通测试

OTU*k* 和 SDH 业务互联互通测试如图 2-51 所示。

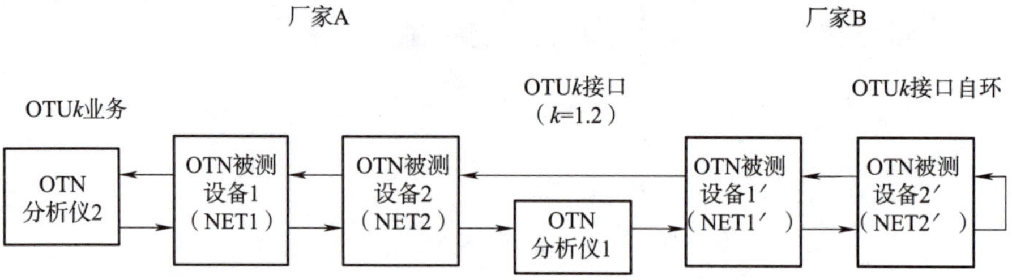

图 2-51　OTU*k* 和 SDH 业务互联互通测试框图

OTU*k* 开销包括 OTU*k* 层 SM 开销,ODU*k* 层包括 PM、TCM 开销。OTU*k* 层 SM 的处理,每经过一个节点,OTU*k* 层就终结再生一次。

分析结果:各厂家 OTN 设备对 OTU*k* 业务开销都可以正常处理。基于客户侧 OTU*k* 接口白光口的互联互通在实际应用中是完全可以实现的。

(二)基于 OTU*k* 接口的不同厂家 GE/10GE 业务互联互通测试

在采用 OTU*k* 接口传送 GE/10GE 的业务时,对于 10GE 的业务互通已经标准化,但是对于 GE 业务互通标准尚未最终确定。具体的互联互通测试如图 2-52 所示。

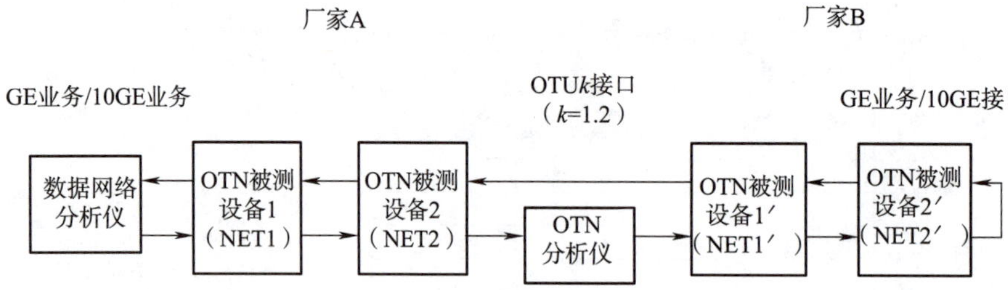

图 2-52　GE/10GE 业务互联互通测试

1. GE 的映射方式

(1) GE—8B/10B—TTT—GMP—OPU0—ODU0—AMP(PT = 20)—ODTU01—OTU1—OTU2;

(2) GE—8B/10B—TTT—GMP—OPU0—ODU0—ODTU2.1—(PT = 21)—ODTUG2.1—

GMP—OPU2—ODU2—OTU2。

PT=20 代表 ODU multiplex structure supporting ODTUjk only。PT=21 代表 ODU multiplex structure supporting ODTUjk. ts or ODTUjk. ts and ODTUjk。PT=20 用的是十六进制,换算成十进制就是 PT=32 和 PT=33。

第一种映射方式:华为采用 TTT-GMP 方式,中兴采用 TTT 方式,烽火采用 GFP-T 方式。其封装的基本原理是一样的,都是将 GE 业务的 8B/10B 转化为 64B/65B 编码,再用 GMP 映射到 OPU0 里面,逐级映射到 ODU2 中。

注意:对 ODU0 的 PT 类型和时隙要选对,否则会有 PT 适配告警和 OCI 告警。

第二种映射方式:GE 映射到 ODU0 中与第一种方式一样,然后将 ODU0 直接封装到 ODU2 中的一个时隙,最后用 PT=21 的方式,以 GMP 映射到 OPU2 中。

2. 10G LAN 映射方式

(1)10G LAN—BMP—OPU2e—ODU2e 是比特透传方式,对 10G LAN 业务完全透明传输。对于有些厂家的 10G LAN 的物理端口要设置为提速模式,因为标准的 OTU2 速率是 10. 709 Gbit/s,而 OTU2e 的速率是 11. 1 Gbit/s,所以必须在网管上设置为提速模式。

(2)10GLAN—GFP-F—AMP—OPU2—ODU2—OTU2 这种方式首先终结 10GLAN 的 64B/66B 编码,将 MAC 帧提取出来。然后通过 GFP-F 封装。再用 AMP 方式映射到 OPU2 中。这种方式只对 MAC 层透传,对 SFD、preamble 和 IPG 以及定时信息是不透传的。

分析结果:基于 OTU*k* 接口的 SDH 业务以及 GE 和 10GE 的互通是完全可以实现的。在选择映射方式时,各厂家必须一致,否则会导致业务不通。建议 SDH 用 BMP 映射方式,GE 用 TTT-GMP 映射方式,10GLAN 用比特透传方式。

(三) SNCP 1+1/*N* 保护的互联互通

SNCP 1+1/*N* 保护的互联互通测试框图如图 2-53 所示。

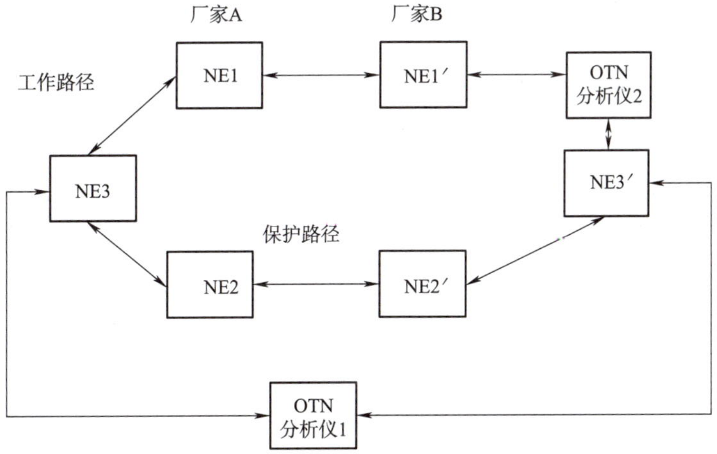

图 2-53 SNCP 1+1/*N* 保护互联互通测试

ODUk SNCP 保护：在发送端，将支路波长转换板接入的信号经 ODUk 交叉单元双发到两个线路波长转换板，经过不同的光纤送至接收端。在接收端，经过不同光纤送到接收端的两路信号送到两个线路波长转换板，经过 ODUk 交叉单元选收其中一路，送到支路波长转换板。

ODUk SNCP 保护有三种类型，分别为：SNCP/I、SNCP/S 以及 SNCP/N。其保护倒换触发条件各有不同：

(1)SNCP/I (Inherent monitoring)：固有监视，触发条件为 SM 段开销状态。

(2)SNCP/S (Sub-layer monitoring)：子层监视，触发条件为 SM、TCM 段开销状态。

(3)SNCP/N (Non-intrusive monitoring)：非介入监视，触发条件为 SM、TCM、PM 段开销。

本次测试中选择的是 SNCP/N 非介入监视方式，包括前两种情况。

SNCP/N 保护倒换的触发条件是 SM、PM 和 TCM 告警，如果仪表在两端客户侧之间向厂家 B 下插告警，则厂家 B 的 NET3′收到的都是 ODU-AIS 告警，并因同一种告警触发条件引发保护倒换，这就失去了下插不同告警的意义了。所以，在测试拓扑图中选择在同一厂家的 OTN 设备之间接入仪表 ONT-606，直接对 NET3′下插告警。此时线路侧的 FEC 类型用标准 FEC。

SNCP 两端倒换可分为单向倒换保护和双向倒换保护两种：由于 1+1 的单向倒换保护方式无须使用 APS 协议，简单易行，因而得到了广泛的应用。本次测试中采用的是 SNCP 1+1 单向保护倒换的方式。

分析结果：各厂家 OTN 设备之间在进行 ODUk SNCP 保护倒换测试时，倒换时间都小于 50 ms，都符合标准。在实际工程应用中，基于不同厂家 OTN 设备之间的 SNCP 保护是完全可以实现的。

(四) SNCP 保护与 OMSP 保护的协调

SNCP 保护与 OMSP 保护协调测试框图如图 2-54 所示。

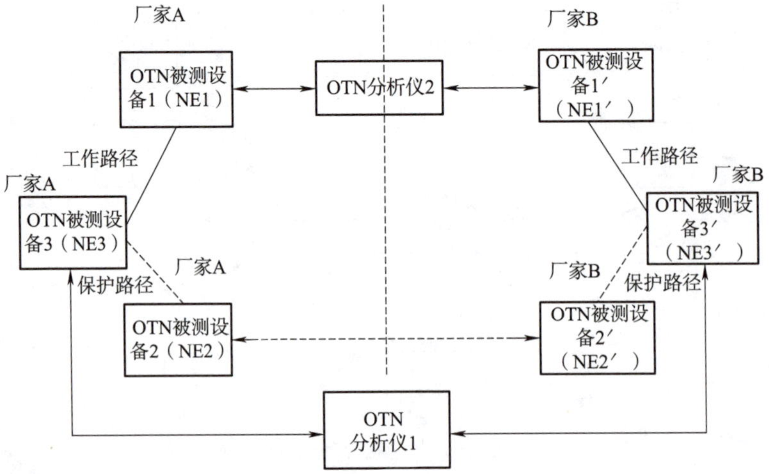

图 2-54　SNCP 保护与 OMSP 保护协调测试

在厂家 A 的 NE3 到厂家 B 的 NE3′之间配置单向业务，设置 SNCP 保护。在厂家 A 的 NE1 和 NE3 之间配置 OMSP 保护，在厂家 B 的 NE1′和 NE3′之间同样配置 OMSP 保护。在断开 NE3 和 NE1 之间光纤时，一般 SNCP 不会倒换，只有 OMSP 倒换。OMSP 保护的倒换时间较短，若倒换后线路恢复正常，则 SNCP 不会发生倒换。断开 NE3′和 NE1′之间光纤时，大部分情况 SNCP 会倒换，OMSP 也会倒换。

分析结果：各厂家 OTN 设备之间 SNCP 与 OMSP 保护协调，倒换时间都小于 50 ms，符合标准，基于不同厂家 OTN 设备之间的 SNCP 与 OMSP 保护协调是完全可以实现的。建议 SNCP 与 OMSP 保护协调设置为自由竞争方式，不设置拖延时间。

三、不同厂家 SDH 设备与 OTN 设备互联互通测试

(一) SDH 业务互通测试

本测试项配置的业务类型为：STM-16，配置图中 SDH 和 OTN 以及 OTN 之间采用的是 STM-64/OTU2 接口。对主要开销 B1、J0、LOF、LOS 进行了测试，如图 2-55 所示。

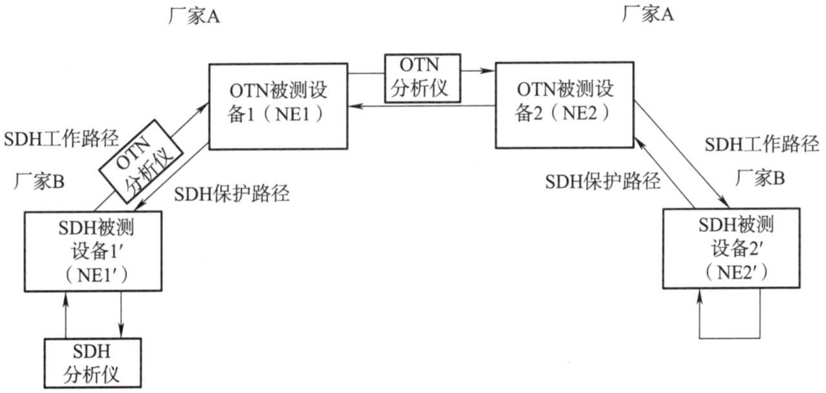

图 2-55 SDH 与 OTN 设备互联互通测试

分析结果：OTN 对于 SDH 业务所有开销完全透传。

(二) OTN 光层保护(OMSP)与 SDH 层复用段保护的协调

本测试项配置的业务类型为：STM-16。配置图中 SDH 和 OTN 以及 OTN 之间采用的是 STM-64/OTU2 接口。OTN 设备之间配置的是 OMSP 保护，而 SDH 层配置的是线性复用段 1+1 保护。OMSP 保护的触发条件是收端无光告警，SDH 线性复用段 1+1 的保护的触发条件是 LOF，LOM，MS-AIS，MS-EXC。本测试项进行了两种测试环境下的测试，测试内容分析如下：

测试环境一：两边的 SDH 设备通过中间的 OTN 设备连接起来，SDH 的主用和备用通道都由 OTN 提供。OTN 设备之间配置 OMSP 保护。如图 2-56 所示。

分析结果：

1. 测试数据表明，业务连通后，无误码或丢包出现。
2. 本测试项分为恢复模式和非恢复模式两种，贝尔 SDH 线性复用段保护无恢复模式。

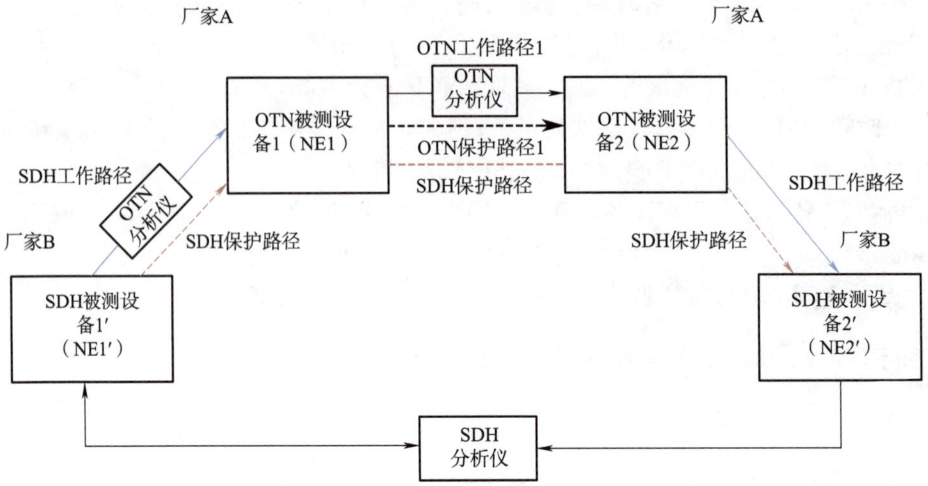

图 2-56 OTN 的 OMSP 保护和 SDH 复用段保护的协调测试(1)

从各厂家互通时的倒换时间来看，都小于 50 ms，满足要求。

3. 当断开 OTN 之间光纤时，OMSP 会倒换到备用通道，SDH 也会倒换到备用通道。

测试环境二：

SDH 的主用通道由 OTN 提供，备用通道是两个 SDH 设备之间直连。如图 2-57 所示。

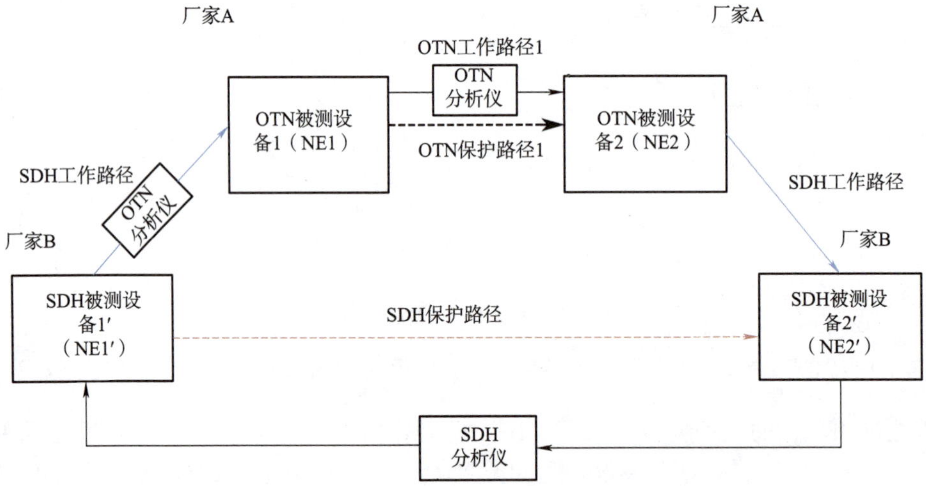

图 2-57 OTN 的 OMSP 保护和 SDH 复用段保护的协调测试(2)

分析结果：

1. 测试数据表明，业务连通后，无误码或丢包出现。

2. 本测试项分为恢复模式和非恢复模式两种，SDH 无恢复模式，从各厂家互通时的倒换时间来看，各厂家都小于 50 ms，满足要求。

3. 当断开 OTN 之间光纤时，OMSP 会倒换到备用通道，SDH 也会倒换到备用通道。

(三) OTN 电层保护(SNCP 1+1/N)与 SDH 层复用段保护的协调

本测试项在一个厂家的 OTN 设备之间配置电层保护(SNCP 1+1/*N*),在 SDH 之间配置线性复用段 1+1 保护,如图 2-58 所示。SNCP/N (Non-intrusive monitoring):非介入监视,触发条件为 SM、TCM、PM 段开销。SDH 线性复用段 1+1 的保护的触发条件是 LOF,LOM,MS-AIS,MS-EXC。

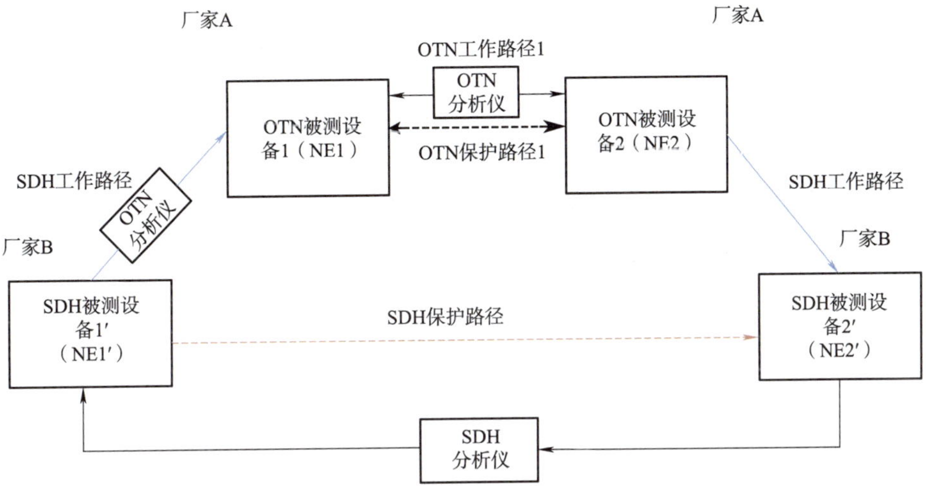

图 2-58 OTN 的 SNCP 1+1/N 保护和 SDH 复用段保护的协调测试

本测试项配置的业务类型为:STM-16,配置图中 SDH 和 OTN 以及 OTN 之间采用的是 STM-64/OTU2 接口。OTN 设备之间配置的是 SNCP 保护,而 SDH 层配置的是复用段保护。

分析结果:

1. 测试数据表明,业务连通后,无误码或丢包出现。

2. 本测试项分为恢复模式和非恢复模式两种,贝尔 SDH 线性复用段 1+1 保护无恢复模式,各厂家互通时的倒换时间均满足要求。

(四) OTN 电层保护(环网的保护)与 SDH 复用段保护的协调

在图 2-59 中,在三台 SDH 设备之间配置二纤双向复用段保护,OTN 为 SDH 提供通道,OTN 设备之间配置 ODU*k* Spring 环网保护。二纤双向复用段环保护的触发条件是 LOF,LOM,MS-AIS,MS-EXC。ODU*k* Spring 环网保护的触发条件是 OTU 的 SM、PM、TCM 层告警。

贝尔由于没有 ODU*k* Spring 环网保护,所以对 SDH 配置 SNCP1+1 保护。环网保护是双向倒换。

本测试项配置的业务类型为:STM-16 单向业务,STM-64 二纤双向复用段保护,32 个 VC-4 作为工作路径,32 个 VC-4 时隙作为保护路径。

分析结果:

测试数据表明,业务连通后,无误码或丢包出现。拔纤或插 OTN SM、PM 层告警时,ODU*k* SPR*ing* 倒换,SDH 设备检测到信号失效,也会倒换。各厂家互通时的倒换时间均小于 50 ms,满足要求。

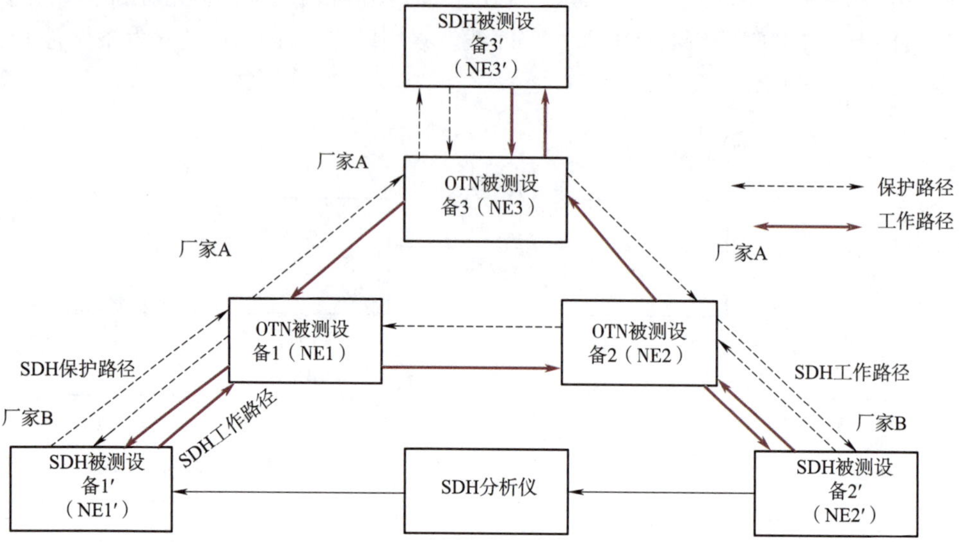

图 2-59　OTN 的环网保护和 SDH 复用段保护的协调测试

四、路由器与 OTN 互联互通数据分析

OTN 设备与路由器设备的测试数据由华为、烽火、中兴的路由器设备分别与贝尔、中兴、华为、烽火的 OTN 设备进行互联互通所得,整体测试数据分为 9 组:华为的 OTN 设备与烽火的路由器设备;华为的 OTN 设备与中兴的路由器设备;烽火的 OTN 设备与华为的路由器设备;烽火的 OTN 设备与中兴的路由器设备;中兴的 OTN 设备与烽火的路由器设备;中兴的 OTN 设备与华为的路由器设备;贝尔的 OTN 设备与烽火的路由器设备;贝尔的 OTN 设备与华为的路由器设备;贝尔的 OTN 设备与中兴的路由器设备。

设备配置见表 2-11。

表 2-11　设备配置表

厂　　家	路由器		OTN
	GE	10GE	
烽火	强制	默认	GE 自适应/强制;10GE 默认
华为	自适应/强制	默认	默认
中兴	自适应/强制	默认	默认
上海贝尔	—	—	默认

(一)互联接口对 GE/10GE 业务开销处理测试(自适应)

自适应的主要功能是使物理链路两端的设备通过交互信息自动选择同样的工作参数。

自适应的内容主要包括双工模式、运行速率以及流控等参数。一旦协商通过，链路两端的设备就锁定在同样的双工模式和运行速率。如图 2-60 所示。

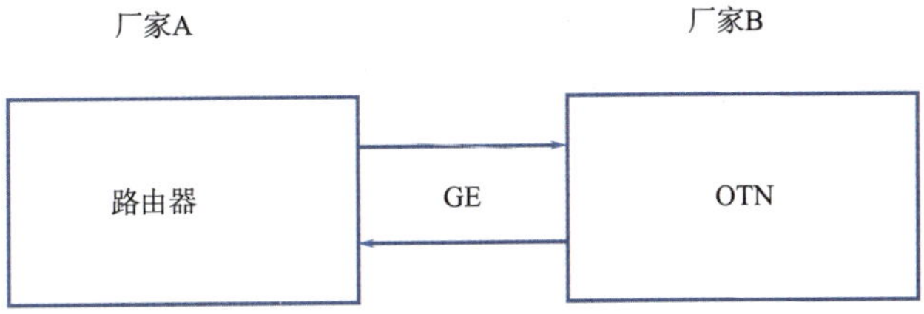

图 2-60　互联接口对 GE/10GE 业务开销处理测试(自适应)

烽火路由器与另外三家 OTN 互通时：路由器默认为强制全双工状态。

华为、中兴路由器与其他三家 OTN 互通时：路由器自适应协议为打开模式、端口状态为 UP、功率正常、端口速率正常；OTN 设备无告警、速率正常、功率正常。

分析结果：路由器与 OTN 设备互联接口在自适应状态下对 GE/10GE 业务开销处理正常。

(二)互联接口对 GE/10GE 业务开销处理测试(强制)

互联接口对 GE/10GE 业务开销处理测试(强制)如图 2-61 所示。

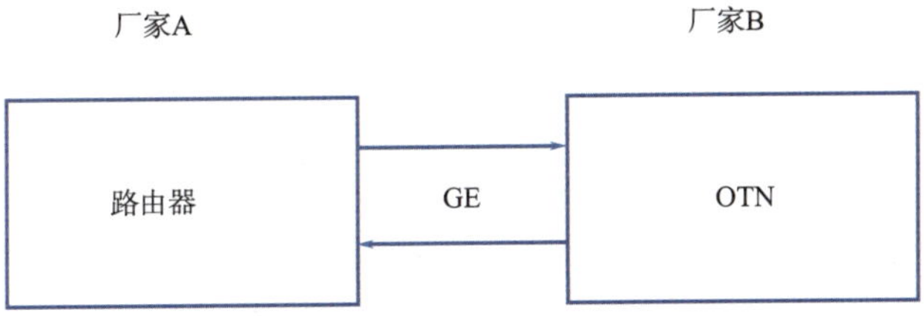

图 2-61　互联接口对 GE/10GE 业务开销处理测试(强制)

烽火、华为和中兴路由器与另外三家 OTN 互通时：GE/10GE 端口状态为 UP、功率正常、端口速率正常；OTN 设备无告警、速率正常、功率正常。

分析结果：路由器与 OTN 设备互联接口在强制状态下对 GE/10GE 业务开销处理正常。

(三)互联接口对 GE 业务开销处理测试(LOS)

互联接口对 GE 业务开销处理测试(LOS)如图 2-62 所示。

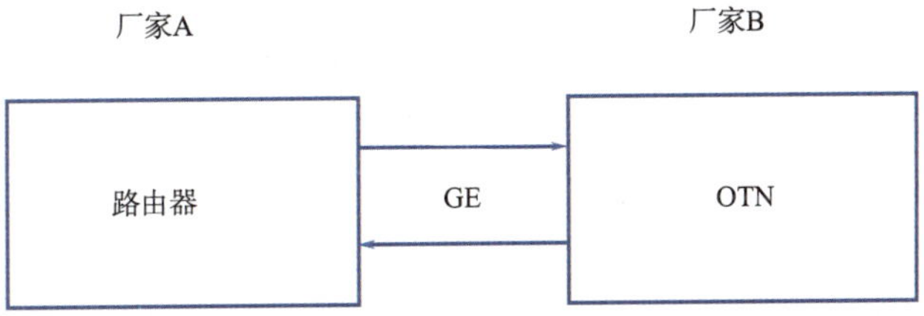

图 2-62　互联接口对 GE/10GE 业务开销处理测试(LOS)

三种厂家路由器与其他厂家 OTN 互联互通测试中的路由器状态、见表 2-12、表 2-13、表 2-14。

表 2-12　中兴路由器与其他厂家 OTN 互联互通测试中的路由器状态

OTN 厂家	GE(自适应)		10GE	
	拔路由器发端光纤	拔 OTN 发端光纤	拔路由器发端光纤	拔 OTN 发端光纤
烽火	down	down	up	down
华为	down	down	down	down
贝尔	down	down	down	down

表 2-13　烽火路由器与其他厂家 OTN 互联互通测试中的路由器状态

OTN 厂家	GE(默认状态)		10GE	
	拔路由器发端光纤	拔 OTN 发端光纤	拔路由器发端光纤	拔 OTN 发端光纤
贝尔	down	down	down	down
华为	down	down	down	down
中兴	down	down	down	down

表 2-14　华为路由器与其他厂家 OTN 互联互通测试中的路由器状态

OTN 厂家	GE(自适应)		10GE	
	拔路由器发端光纤	拔 OTN 发端光纤	拔路由器发端光纤	拔 OTN 发端光纤
烽火	down	down	up	down
贝尔	down	down	down	down
中兴	up	down	up	down

分析结果：OTN 设备互连接口在自适应状态下对 GE/10GE 业务开销处理正常。路由器设备互联接口的处理状态各个厂家都不同，还需要下一阶段研究。

(四)路由器端到端性能测试

路由器端到端性能测试如图 2-63 所示。

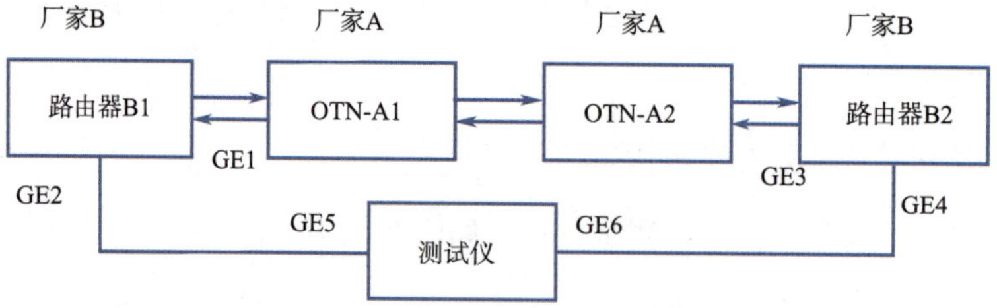

图 2-63　路由器端到端性能测试

吞吐量反映被测设备在不丢包的情况下，所能转发的最大数据流量。三个厂家的路由器吞吐能力都能达到线速。线速是指理论上线路通过最大帧数时的状态。在线速状态下，也就是路由器接收了单位时间里线路处理的最大帧数的状态下，可以毫无延迟地处理帧。

时延反映被测设备处理数据包的速度。对于存储/位转发设备，时延 $= T_2 - T_1$。T_2：输出帧的第一位到达输出端口的时间；T_1：输入帧的最后一位到达输入端口的时间。

丢包率是指测试中所丢失数据包数量占所发送数据包的比率。

分析结果：

业务颗粒为 GE 时，各厂家之间的互联互通吞吐量可以达到 100%，丢包率为 0%。

GE 业务下各厂家平均时延测试比较如图 2-64～图 2-67 所示。

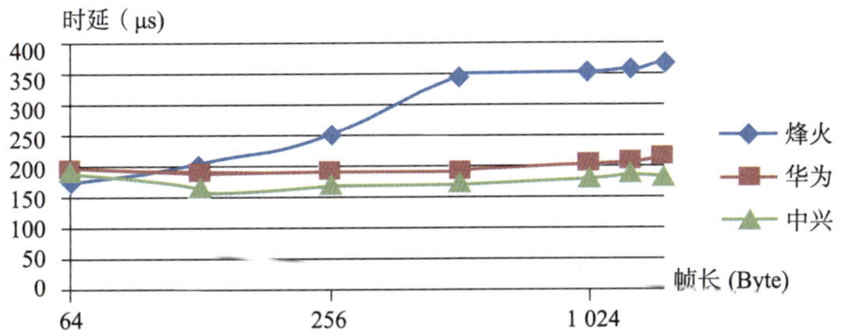

图 2-64　各厂家路由器与贝尔 OTN 互联互通平均时延值比较

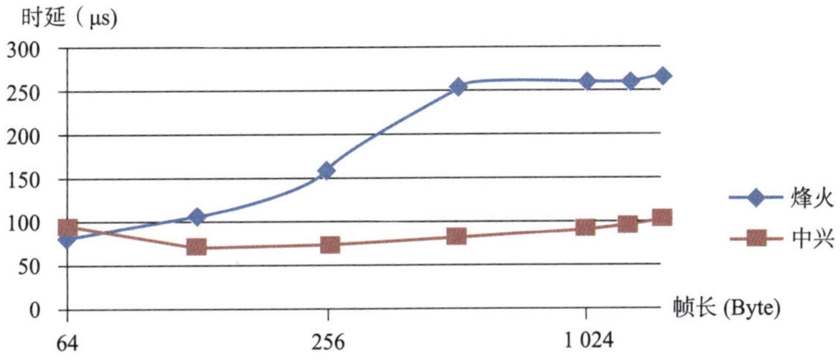

图 2-65　各厂家路由器与华为 OTN 互联互通平均时延值比较

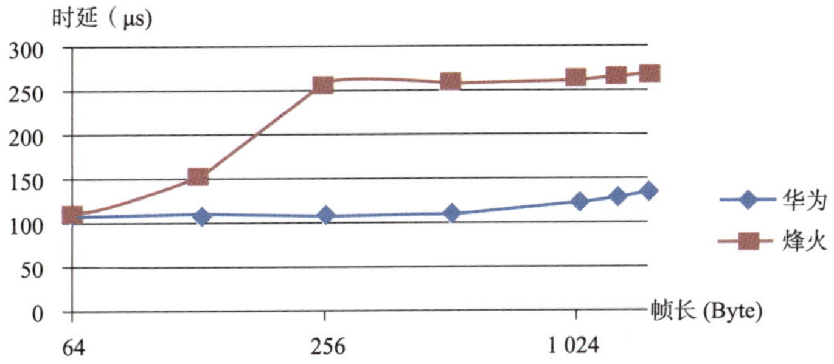

图 2-66　各厂家路由器与中兴 OTN 互联互通平均时延值比较

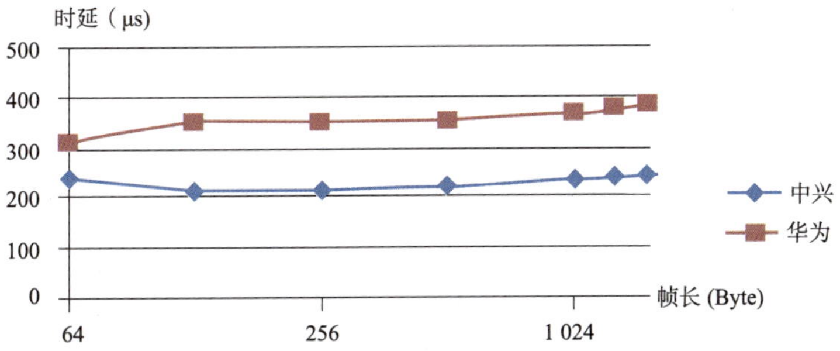

图 2-67　各厂家路由器与烽火 OTN 互联互通平均时延值比较

10GE 业务下各厂家平均时延测试比较如图 2-68～图 2-71 所示。

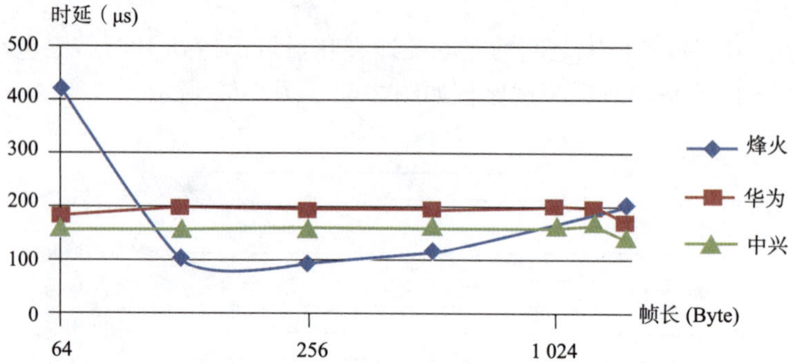

图 2-68　各厂家路由器与贝尔 OTN 互联互通平均时延值比较

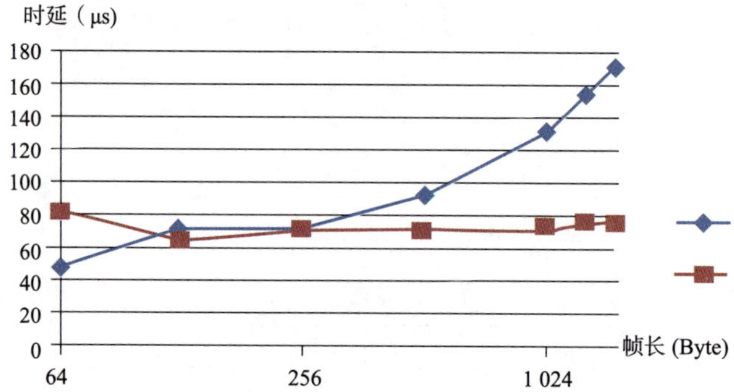

图 2-69　各厂家路由器与华为 OTN 互联互通平均时延值比较

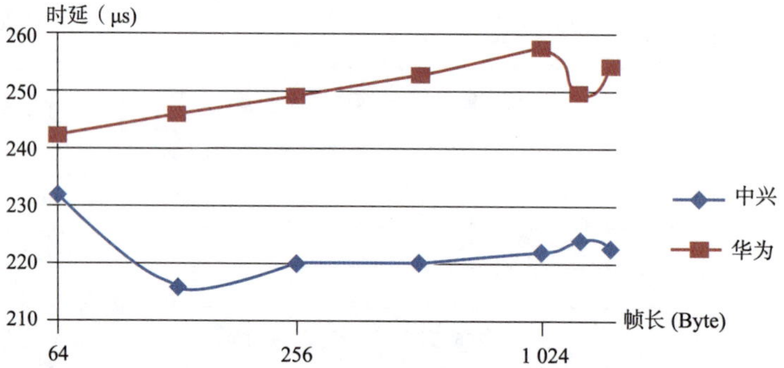

图 2-70　各厂家路由器与烽火 OTN 互联互通平均时延值比较

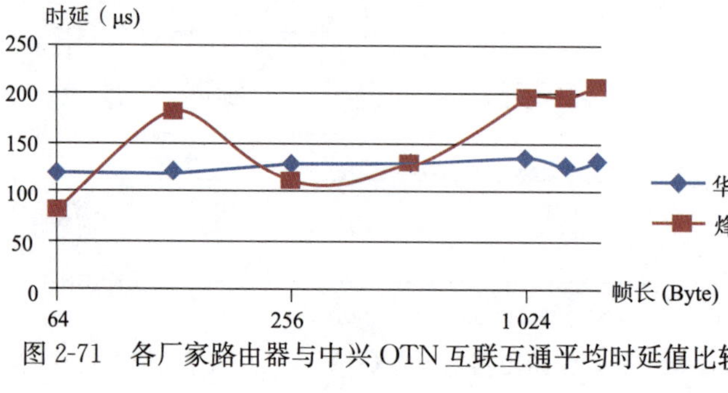

图 2-71　各厂家路由器与中兴 OTN 互联互通平均时延值比较

分析结果：三个厂家的路由器与 OTN 组网时，GE 业务的路由器端到端性能良好，三个厂家的平均时延在百毫秒级别。

(五)路由器保护和 OTN 设备保护的协调

OTN 设备配置为 ODU*k* SPRing 环网保护，贝尔 OTN 设备不支持环网保护，所以设置为 SNCP 保护。路由器设置为强制方式，主用路径是 R1—R2。备用路径是 R1—R3—R2。如图 2-72 所示。

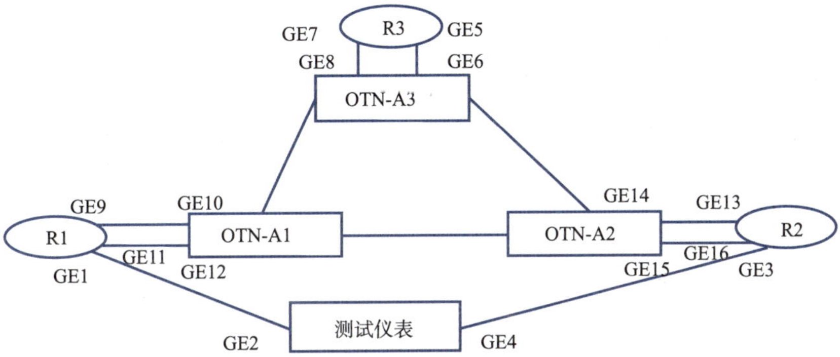

图 2-72 路由器保护和 OTN 设备保护的协调测试

分析结果：在断开 OTN-A1 网元与 R1 之间的光纤时，无论是哪一种动态路由协议，都是路由器进行收敛，收敛到备用路径。在断开 OTN-A1 网元与 OTN-A2 之间的光纤时，一般情况下 OTN 进行保护倒换，由于 OTN 的保护倒换时间非常短，所以路由器不启动收敛，还是在主用路径上。但中兴的路由器与华为的 OTN 互通时，每次在保护倒换配合时，无论路由器是否启动快速收敛，OTN 之间通道断开时，路由器路由协议都会先启动路由收敛，但 OTN 保护通道建立起来之后，路由器还会收敛到原来的状态。每次 OTN 之间通路断掉时，路由器的上游物理端口会 Down 掉，路由器会收敛到另外一条路径上去。

五、进一步探索方向

本书中关于互联互通的测试为铁路互联互通提供了强有力的数据支撑，但在测试工作中也发现了一些问题，需要进行更深入的研究。

1. SDH 复用段保护与 OTN 之间 OMSP/SNCP 保护的协调。建议再进一步研究协调两种保护时的最优方案，测试 OTN 设备及 SDH 设备恢复与非恢复状态下的倒换情况。同时建议承载 GE 业务，验证保护协调状况。

2. 在五个节点的组网系统中将其中一个 OTN 设备掉电重启，测试单机及系统掉电重启及业务恢复时间。

3. 进一步验证路由器与 OTN 之间的互联互通。

4. 路由器是否可以对 GE 业务在 2.5 G 的 SDH 口与 OTN 进行互联互通测试。

5. 对测试结论中的异常情况进行深入地分析，并提出符合工程建设的规范性建议。

6. 验证 ODU*k* SPRing 环网保护是不是能同时支持 ODU0/ODU1/ODU2 级别保护。

7. 不同厂家的电层框与光层框(合波板与分波板)能否实现互联互通。

第三章　OTN 保护技术

第一节　OTN 保护技术的意义

目前铁路通信采用的传输技术主要是 SDH、WDM、OTN 技术。传统的铁路传送网技术灵活性较差,难以实现不同设备之间的互通。当前铁路通信中,铁路 OTN 主要应用于骨干层和汇聚层,是长距离传输、大颗粒承载、高容量和可靠性强的传送网络。OTN 技术是在 SDH 和 WDM 两种传统技术基础上逐步发展完善起来的,它有两种技术的共同优点,简单地说就是对 SDH 和 WDM 进行全面整合优化。OTN 技术的相关国际、国内标准已趋于完善,主流传输设备厂家均能提供不同交叉容量的 OTN 设备,国内外主流电信运营商、大型专网单位都已开展了基于 OTN 技术构建的光传送网络建设和运用。OTN 技术固有的先进和成熟的优点能满足铁路骨干通信网的需要。

高速铁路光传送网络是高速铁路地面基础设施的神经中枢,为列车调度指挥、列车运行控制、列车状态监测与远程故障诊断、应急作业处理等方面提供及时、准确的信息传递,是保障高速铁路运行安全的基础和前提条件。高速铁路光传送网络一旦发生传输中断,会造成高速铁路列车控制系统降级运行,甚至中途停车,严重影响高速铁路的正常运行秩序。

在实际应用和可持续发展方面,高速铁路光传送网络与传统公网光传送网络有着本质的不同,提高高速铁路光传送网络的 RAMS 面临以下严峻挑战:

(1)高速铁路光传送网络应具备远高于公共传送网的可靠性。高速铁路光传送网络承载着列车控制、指挥调度等重要信息,这些信息涉及人民群众和国家财产安全,信息传输的可靠性和安全性远高于传统的公共传送网;另一方面,由于铁路建设和发展的特殊性,导致铁路光传送网络的拓扑特征(铁路光传送网络只能沿着铁路线敷设)不同于普通的公共传送网特征,从而使得传统的光传送网络的保护机制不适用于高速铁路光传送网络。

(2)高速铁路信息业务量迅速增大,业务传输需求复杂。在国际铁路联盟 UIC 关于高速移动列车未来信息业务需求分析报告中指出,为满足高速铁路的高安全性运营需求,未来有超过 200 种信息业务需要通过光传送网络进行传输。根据信息业务与列车行车安全的紧密程度,业务传输所需的服务质量要求也不尽相同。例如,列车控制数据传输需要极高的可靠性和安全性,为了保证行车安全,需要在车地间双向传输大容量安全监控视频流,因此,需要较高的可靠性和较大的传输带宽。为了满足不同类型业务数据的传输需求,需要设计针对性的业务保护策略,从设备、节点、链路,故障预警、故障定位、协调保护和故障恢复等多维度、多层次来保证高速铁路光传送网络的可靠运行。

(3)高速铁路光传送网络的建设和发展不均衡。一方面,随着铁路“十二五”规划的实施,加快了光传送网络的建设;然而由于历史的原因,铁路还存在着大量的老旧设备,不论是DWDM系统还是SDH系统的网络结构都不适应高速铁路光传送网络的升级改造,从而为实现与现有DWDM和SDH网络的高效协调提出了更高的要求。另一方面,传输光缆老化以及施工损伤导致部分区段光缆性能指标严重劣化,对光传送网络的可靠性造成了严重的负面影响。

(4)高速铁路光传送网络维护天窗时间短。为了保证行车安全,运营中的高速铁路一般只在夜间设置4 h左右的综合维护时间,即维护天窗,在该时间段内同时对线路、通信信号和供电设备进行综合维修。由于该维修时间是由电务、工务、机务、车务、车辆、水电等运维部门共同使用,因此可以用来进行光传送网络的维护时间是非常有限的,这就对高速铁路光传送网络的RAMS提出了更高的要求。

安全是铁路运输系统的永恒主题,铁路运输安全保障技术历经了一系列的发展。20世纪60～80年代,铁路运输安全保障主要依赖独立装备的车载设备;进入90年代,铁路运输开始依靠计算机辅助系统对灾害信息进行收集和处理,以保证铁路运输安全;进入新世纪,列车安全保障系统开始实施基于信息技术的维护与运行。

为保证日常铁路运输安全和准确、高效应对突发事件,需要全面、实时地获取和监测各类安全信息。根据人—机—环境系统工程理论,可以将铁路运输涉及的安全信息分为三类:人员信息、设备信息、环境信息。这些信息都有可能对列车正常运行造成影响。随着列车速度逐渐提高,发车密度逐渐增大,现有的基于人工、间歇性的信息收集方式难以满足对铁路运输安全信息日益严格的要求。

高速铁路光传送网络故障产生原因的多样性以及新旧网络的差异性使得从单一维度进行高速铁路光传送网络保护已无法满足高RAMS需求,因此需要应用多种保护策略,形成多维度多层次的综合保护体系,将可以极大提高高速铁路光传送网络保护的完备性,提升业务恢复能力。

第二节 网络基础设施的保护

目前铁路传输网主要是以光缆作为传输媒质,还有部分电缆线路。由于自然灾害的影响和光电缆的大规模敷设,光电缆线路遭遇灾害的现象经常发生。灾害主要包括雷电入侵、强电、火灾、外力损伤、绝缘受潮、金属护层腐蚀等。

雷电入侵可能会对光电缆信号传输带来严重的干扰,降低传输质量,严重时也可引起通信阻断或通信设备的损坏。虽然光纤具有不导电性,可以免受冲击电流的影响,但为了使高容量的光纤免受环境事件(如动物的啮咬、岩石以及其他自然和人为的破坏等)的影响,光缆必须有铠装元件,主要包括金属铠装层、加强芯和铜线等,它们都是金属导体。当光缆遭到雷击时,金属构件就会感应出交流电或浪涌电流,危及人身安全或破坏线路设备,同时,站区汇接处存在光电缆同沟敷设,强电电缆发生火灾会殃及通信光电缆。由于光电缆的绝缘材料、填充物和覆盖层一般都是可燃、易燃物质,如浸渍纸、浸渍绵沙、漆布、橡胶、塑料、黄麻、沥青等,很容易被引燃。一旦火灾发生,延燃非常迅速,而且扑救困难。目前对光电缆防火技术的研究主要是利用阻燃材料代替普通光电缆的聚乙烯护套材料,使光电缆具有阻燃性能,而结构尺寸、传输性能、机械性能与普通光缆相似。此外,外力作用也会导致光电缆受损。外力损伤是由外部机械损伤或维护检修时的误操作所导致的,可能引起传输中断,给信号传输带来影响。另外,鼠蚁啃噬也会使光电缆线路遭受一定的损伤。

为预防自然灾害等各种原因对铁路通信光缆的影响,保证铁路通信光缆的正常工作,加强对铁路光缆线路的养护和维修必不可少。

一、不同敷设方式光缆线路养护技术

光缆线路是铁路光网络的基础,针对不同的敷设方式,光缆线路需要不同的养护技术以保障其稳定地运行。

1. 直埋光缆线路和长途塑料管道维护

线路维护人员应准确掌握直埋光缆线路和长途塑料管道的路由情况,熟悉、掌握直埋光缆线路和长途塑料管道的埋伏位置和埋设深度。

直埋光缆线路和长途塑料管道的埋深应符合相应规范要求,达不到要求应采取措施保护。直埋光缆线路和长途塑料管道的标石位置应准确、埋设正直、齐全完整、编号正确、字迹清楚,并符合以下规定:

(1)标石尽量埋在不易变迁的位置上。直线标石埋在直埋线路的正上方,面向传输方向,当线路沿公路敷设且其间距较近时,可面向公路;接头处的标石埋在直线线路上,面向接头;转角处的标石埋在线路转角的交点上,面向内角;预留标石埋设在预留处的支线线路上,面向预留;地下障碍物标石面向始端。

(2)标石的一般埋深为60 cm,出土部分为35～45 cm,标石的周围应夯实,在农作物处,可采用高标石。

2. 长途塑料管道维护要求及主要维护工作

(1)保持好人手孔、托架、管道、子管、管塞等完整,更换损坏井盖。

(2)做好管道路由沿线的宣传工作,检查标石、标志牌和宣传牌有无丢失 、损坏或倾斜等情况,放置在人(手)孔附近放火,往人(手)孔中倾倒垃圾和其他废料。

(3)对损坏的人(手)孔进行维修。

(4)定期对过桥、涵洞等铁道、管道钢吊架、钢管驳接处进行防锈处理。

(5)管道修复后做好记录。

3. 架空线路的维护

(1)整理、添补或更换缺损的挂钩;清除线路上和吊线上的杂物。

(2)检查光缆的外护层及垂度有无异常情况,发现问题应及时处理;剪除影响线路的树

枝，砍伐妨碍线路安全的树木。

(3)检查吊线与电力线、广播线等其他线路交越处的防护装置是否齐全、有效及符合规定。逐杆杆上检修和加固杆路设施。

(4)检查架空线路的接线盒和预留出的固定是否可靠。

(5)凡在光缆线路附近进行有碍于线路安全的施工时，事先会同对方签订协议，制定安全措施，并配合随工进行监督。

4. 局站内和管道光缆线缆维护

局站内主要维护工作：进线室内、走线架上的各条光缆线路应有明显的标志，以便与其他线路相区别。每月应巡视或会同传输设备维护人员巡视站房一次，检查有无渗水、漏水情况以及有无老鼠进入站房的迹象。

管道光缆线路的主要维护工作：定期检查人孔的托架、托板是否完好，标志是否清晰醒目，光缆的外护层及其接头盒是否损坏或变形等异常。发现问题应及时处理。定期检查人孔内的走线排列是否整齐 、预留缆和接头盒的固定是否可靠。发现管道或人孔沉陷 、破损及井盖丢失等情况，应及时采取措施。

二、铁路光缆线路养护维修建议

通过对调研情况、调研所获取数据的分析研究，对于铁路光缆施工以及日常维护工作，相应建议如下：

(一)光缆施工建议

1. 基于运用10～20年的光缆线路，光缆缆膏、松套管、纤芯、渗水性能等性能指标加速老化，建议严格执行光缆大修周期15年的规定。

2. 针对1997年前敷设的铁路光缆衰减劣化严重，超出规定指标要求范围，达到1 310 nm波长衰减系数0.46 dB/km，1 550 nm波长衰减系数0.34 dB/km，整体高于其后敷设光缆衰减系数，应优先将1997年前敷设光缆列入更新改造计划中。

3. 应降低施工遗留隐患，避免违规施工，如高铁线路光缆敷设交叉施工等，加强新建光缆验收测试，交付维护单位前对光缆敷设过程中造成的缆伤进行整治，降低施工造成的隐患。

4. 直埋敷设方式，当光缆敷设地点临近水源，特别是河道、水塘附近时，水位随季节变化较大，应采取必要防护措施或采用其他敷设方式，避免土壤下沉产生应力变化，造成光缆拉伤。

5. 在光缆采购环节，要求厂商出具有国家认定资质的检测机构对光缆主要材料的检测报告，并加强厂验环节，对光缆护套的质量指标进行严格审查。

(二)光缆日常维护建议

1. 在所有调研测试样本中，40％以上光缆接头数量有明显增加，建议对因熔接点密集而性能不符合标准要求的光缆区段安排计划进行大修。

2. 在所有调研测试样本中,21%测试样本存在接头衰耗不合格问题,建议严格执行光缆接头施工工艺规范,对不合格的接头盒进行整治,提高接头盒密封、光纤熔接和盘留质量,熔接点平均衰耗应控制在每点 0.08 dB 以内。

3. 在所有调研测试样本中,24%测试样本终端处存在接头衰耗大或收容质量问题,建议通信机房配备专用光纤端面检查和清洁工具,如光纤显微镜、光纤清洁器、光纤清洁棒,并进行专项整治。使用沾有工业酒精的棉球清洁光纤端面时操作应规范,降低有酒精残留而污染光纤的端面。

4. 针对光缆接头盒、法兰盘、光跳线等故障高发的维护耗材,建议制定光缆维护主要耗材的通报机制,铁路局定期上报,对故障率高,使用效果差的厂商型号,发文禁止采购。

5. 努力提高维护人员业务水平,认真管理铁路通信光缆,并加强维护人员仪表测试数据及障碍图形的分析能力,能够精确定位障碍点,分析故障原因。

三、铁路光缆线路养护维修技术方案

光缆线路设备包括不同敷设方式的通信光缆、各种管道设备、由吊线和挂钩组成的杆路设备、光缆传输过程中的加固和保护装置以及光缆接头盒、线路两侧的标识牌等其他设施设备。当光缆线路设备出现故障时,负责养护维修的技术人员应迅速做出判断并及时排除障碍,极力缩短故障延时时间,使得工作运行的光缆及其他设备能够保持清洁和良好的工作环境,并且在保证铁路通信系统良好的工作质量的前提下,竭力减少维护费用。光缆线路养护维修的项目与周期要求见表 3-1,对四种不同项目的维护工作进行了详细说明,光缆线路维护测试项目与周期见表 3-2,对三种不同项目的测试提出了要求。

表 3-1　光缆线路养护维护项目与周期

<table>
<tr><th>项　　目</th><th colspan="2">养护维修内容</th><th>周期</th><th>备　　注</th></tr>
<tr><td rowspan="6">路面维护</td><td colspan="2">巡查</td><td>1～2 次/周</td><td>—</td></tr>
<tr><td rowspan="2">标识牌</td><td>培土、除草</td><td>按需</td><td>牌照周围 50 cm 内无杂草</td></tr>
<tr><td>重新描字或更换</td><td>年</td><td>可视具体情况缩短周期</td></tr>
<tr><td colspan="2">路面整修、路由维护</td><td>年</td><td>可结合徒步巡回进行</td></tr>
<tr><td colspan="2">抽除管道线路人孔内的积水</td><td>按需</td><td>—</td></tr>
<tr><td colspan="2">管道线路的人(手)孔检修</td><td>半年</td><td>—</td></tr>
<tr><td rowspan="3">杆路维护</td><td colspan="2">检查吊线,修理挂钩</td><td>年</td><td>—</td></tr>
<tr><td colspan="2">清理光缆线路及吊线上的杂物</td><td>按需</td><td>—</td></tr>
<tr><td colspan="2">修护杆路</td><td>年</td><td>可结合徒步巡回进行</td></tr>
</table>

续上表

<table>
<tr><th>项　　目</th><th colspan="2">养护维修内容</th><th>周期</th><th>备　　注</th></tr>
<tr><td rowspan="13">槽道及直埋光缆维护</td><td colspan="2">巡回</td><td>1～2次/周</td><td>—</td></tr>
<tr><td rowspan="3">标识牌等牌照</td><td>培土、除草</td><td rowspan="3">务必</td><td rowspan="3">周围不能有杂草遮挡标识牌视线，修理修复工作可结合巡回进行</td></tr>
<tr><td>扶正</td></tr>
<tr><td>重新描字或更换</td></tr>
<tr><td colspan="2">路由探测、砍草修路</td><td>务必</td><td>—</td></tr>
<tr><td colspan="2">更换井盖</td><td>务必</td><td>—</td></tr>
<tr><td colspan="2">重新描字或更换</td><td>务必</td><td>文字齐全，清晰可见</td></tr>
<tr><td colspan="2">培土、除草</td><td rowspan="3">按需</td><td>—</td></tr>
<tr><td colspan="2">清理垃圾</td><td>—</td></tr>
<tr><td colspan="2">填补缺损及堵塞的管道</td><td>—</td></tr>
<tr><td rowspan="2">管道内光缆</td><td>光缆接头处设备固定</td><td rowspan="2">务必</td><td rowspan="2">—</td></tr>
<tr><td>维护或更换缺损的光缆标志牌</td></tr>
<tr><td>过桥铁件</td><td>过桥钢管、接头、支架等装置防止生锈</td><td>务必</td><td>—</td></tr>
<tr><td></td><td>管孔试通</td><td>管道内产生堵塞及时进行管道试通工作</td><td>务必</td><td>管孔使用前能用</td></tr>
<tr><td rowspan="5">架空光缆维护</td><td colspan="2">巡回</td><td>1～2次/周</td><td>—</td></tr>
<tr><td colspan="2">修复或更换缺损的标识牌，检修挂钩，清除光缆及吊线上杂物</td><td>务必</td><td>—</td></tr>
<tr><td colspan="2">移除影响线路安全的树枝或违建物</td><td>务必</td><td>—</td></tr>
<tr><td colspan="2">检查光缆接头处是否安全牢固</td><td>务必</td><td>—</td></tr>
<tr><td colspan="2">检修杆路是否牢固，有无杆路损坏，附近土壤是否牢固</td><td>务必</td><td>—</td></tr>
</table>

表 3-2　铁路光缆线路维护测试项目与周期

<table>
<tr><th>类别</th><th>序号</th><th>测试项目</th><th>周　　期</th><th>备　　注</th></tr>
<tr><td rowspan="3">集中检修</td><td>1</td><td>光纤通道后向散射信号曲线</td><td rowspan="2">按各铁路局需求进行测试，一般1～2年一次</td><td rowspan="2">专用仪表测试，有光路检测系统的测试周期可延长</td></tr>
<tr><td>2</td><td>光缆线路光纤中心波长、光衰减</td></tr>
<tr><td>3</td><td>直埋光缆接头处电极间绝缘电阻</td><td>半年</td><td>—</td></tr>
</table>

铁路通信光缆是我国铁路建设的重要基础设施之一，是保证铁路系统正常工作的关键。近年来，我国高速铁路事业迅猛发展，已实现八横八纵，随着铁路建设规模的不断扩大，铁路通信光缆线路长度将不断加长，并且由于我国幅员辽阔，地形以及环境条件都极为复杂，铁路通信光缆可能受到各种灾害的影响。因此，对于铁路通信光缆线路的防护也越来越重要，研究适合我国铁路光缆线路的防护措施、适用于光缆线路维护的关键技术显得极为重要。

第三节　铁路 OTN 保护方式

铁路 OTN 网络的保护方式主要有光层保护、电层保护和设备层面的保护。三种保护同时运用在铁路通信网络中以保证骨干光传送网的可靠性。

一、OTN 光层保护

根据铁路 OTN 网络组网结构，主要采用环网或网状网组网，在 OTN 光线路侧保护可采用光线路保护(OLP)、光复用段保护(OMSP)、OCh 1+1 保护和 OCh SPRing 保护。主要是对 OTN 光线路侧的光纤、光接口、光放大器的保护。

1. 光线路保护(OLP)

光线路保护(OLP)主要是对 OTN 线路侧的光纤、光接口的保护，如图 3-1 所示。当采用光线路保护(OLP)时，要求选择组网使用的主备用光纤光缆径路长度相同、光纤性能指标尽可能一致，以及尽可能选择不同物理径路的光缆。它适用于链型网和环网。当主备用光纤性能指标不一致或差异较大时，只能选择光复用段保护(OMSP)。

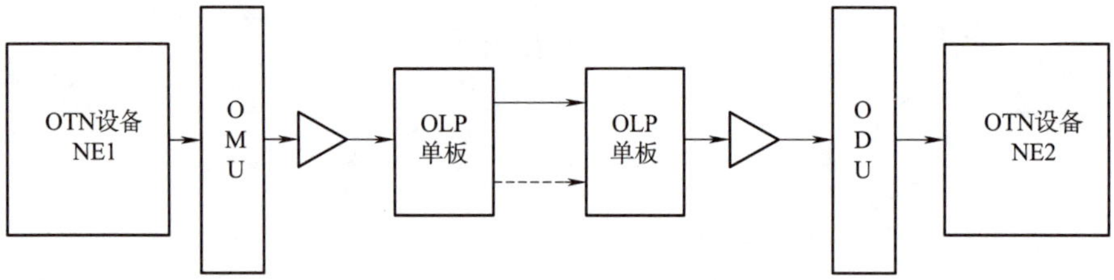

图 3-1　OLP 保护

2. 光复用段保护(OMSP)

光复用段保护(OMSP)主要是对 OTN 线路侧的光纤、光接口、光放大器的保护，如图 3-2 所示。当采用光复用段保护(OMSP)时，对组网使用的主备用光纤光缆径路长度、光纤性能指标等允许存在差异。它适用于链型网和环网，缺点是设备成本高。

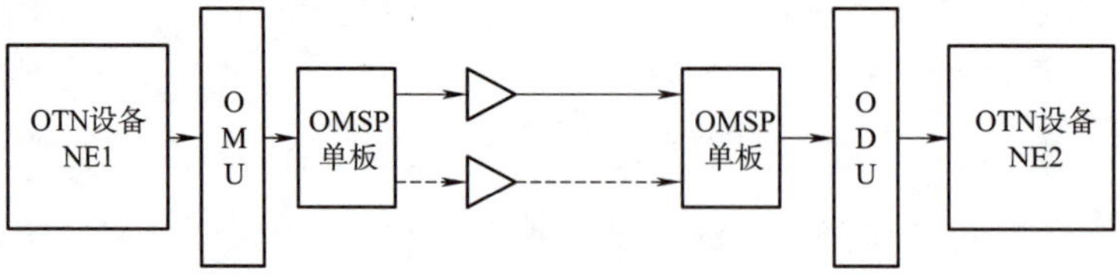

图 3-2　OMSP 保护

3. 光通道保护(OCh)

光通道保护(OCh)利用光交叉功能实现波长级的 1+1 保护，主要保护 OTU 单板后面的部分，采用双发选收，单端倒换。OCh 在 OTU 单板后面利用光交叉单元将波长分成两个方向，经过工作路径和保护路径到达接收端进行选收。如图 3-3 所示。

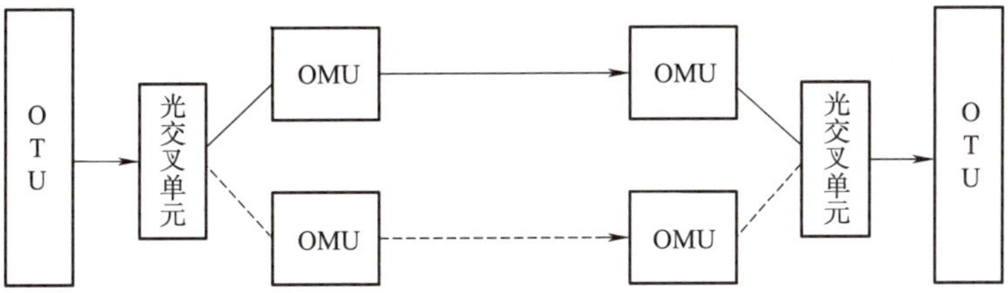

图 3-3　OCh 保护

二、OTN 电层保护

电层保护有子网连接保护 ODU*k* SNCP 和共享环网保护 ODU*k* SPRing。

1. ODU*k* SNCP

ODU*k* SNCP 保护是专用点对点保护，可用于各种网络拓扑结构中。其基本保护原理：经支路接口板和交叉板后的信号，并发到线路接口板 1 个主用 ODU*k* 时隙和 1 个备用 ODU*k* 时隙，在接收端进行选收，即双发选收，单端倒换。如图 3-4 所示。

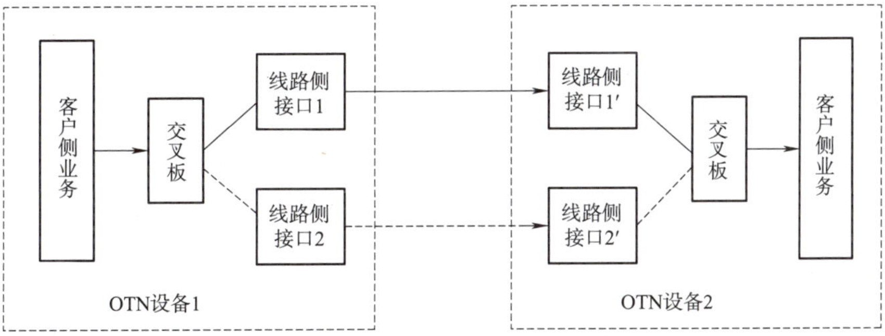

图 3-4　SNCP 保护

2. ODU*k* SPRing

ODU*k* SPRing 保护只能用于环型拓扑结构，通过占用两个不同的 ODU*k* 通道实现对整个环站点间多条分布式业务的保护，与普通的 SNCP 保护相比，多条业务可使用一个保护通道，有效节省了资源。ODU*k* 采用双端倒换方式，通过帧结构中的 APS 字节传递协议信息来实现。如图 3-5 所示。

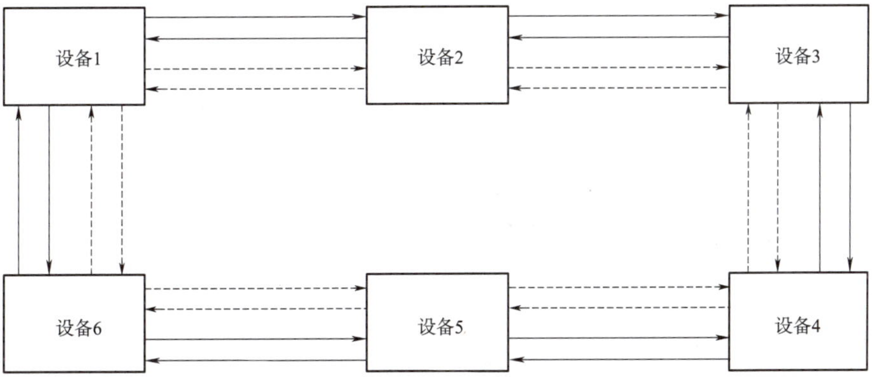

图 3-5　ODU*k* SPRing 保护

复用段保护需要在工作和保护路径上安置光纤放大器,建设和维护成本较高,因此铁路实际应用中不建议采用此种方案。铁路应用宜采用子网连接保护的 ODU*k* SNCP1+1 保护。具备双路由光缆资源的 OTN 网络,宜采用 OLP 保护方式,便于整个波道进行保护。

三、OTN 设备保护

OTN 系统的保护分为设备级保护和网络级保护,两种保护同时运用在铁路通信网络中以保证骨干光传送网的可靠性。

1. 网元级保护

网元级保护是指单台 OTN 网络元失效后,从该网元上下的业务可通过其他网元自愈,而业务不受影响。在通信机房内设置两个 OADM 设备,通过业务规划来实现网元级保护。

对于承载在 OTN 系统上的数据网业务,在组网时采用双归属方案,利用枢纽内光缆实现两条路由分别自铁路局两个不同的 OADM 节点接入。对于承载在 OTN 系统上的 SDH 业务,铁路总公司及各铁路局所在地的 MSTP 设备利用枢纽内光缆分别自铁路局两个不同的 OADM 节点接入。

2. 板件级保护

板件级保护指对 OTN 设备的重要板件采用热备用方式,当主用板件故障时可自动切换至备用板件,确保系统的稳定运行。板件级保护主要包括主控板 1+1 保护、交叉板 1+1 保护、时钟板 1+1 保护、电源保护、风扇保护。

四、OTN 保护要求

OTN 保护支持链路故障、节点故障和网管外部命令触发,并支持各种倒换请求的优先级处理,同时支持倒换条件可配置。具体故障类型和外部命令包括:

故障类型:支持信号失效(SF)、节点失效、信号劣化(SD)等故障类型。

外部命令:支持强制倒换、人工倒换、保护锁定/清除等网管外部操作命令。

OTN 保护倒换方式支持单向倒换或双向倒换,支持返回或不返回操作模式,返回操作模式下为防止抖动的缺陷引起频繁的保护倒换动作应支持等待恢复(WTR)功能,WTR 时间可设范围为 5~12 min。

OTN 保护倒换时间在不考虑拖延时间的情况下,OTN 线性保护倒换时间小于 50 ms;在链路总长度不大于 1 200 km、节点数目不大于 16,OTN 环网保护倒换时间小于 50 ms。

OTN 网络中配置了两层或多层保护时,为避免不同层保护倒换功能的冲突,保护应设置拖延时间配置,通常是内层保护在外层保护之前完成,需要设备的拖延计时器来实现先后顺序。拖延计时器的取值在 0~10 s 之间,可通过网管界面以 100 ms 为步长进行调整。目前,各设备生产厂商在 ODU*k* 信号嵌套保护时可进行拖延计时器来实现先后顺序。

五、OTN 保护技术比较

OTN 各种保护方式的比较见表 3-3。

表 3-3 OTN 保护方式比较

保护方式	说明	特点
光复用段 1+1 类型Ⅱ(OLP)	运用光复用段保护单元的双发选收功能对线路光纤进行保护。支持单向倒换和双向倒换，单向倒换无需全网协议	需要配置保护单板来实现保护倒换功能，会增加故障点。仅能保护相邻节点间的光缆，适用于相邻站点间具备双光缆的区段，提供对主用光缆线路的物理保护。一个光放段的主备光缆长度、衰耗等指标差异不能太大，两条光缆的类型应一致。增加线路衰耗，缩短传输距离
光复用段 1+1 类型Ⅰ(OMSP)	运用光复用段保护单元的双发选收功能实现复用段层信号的保护，支持单向倒换和双向倒换，单向倒换无需全网协议	需要配置保护单板来实现保护倒换功能，会增加故障点。对 2 个 OTN 站点之间的所有波长同时提供保护，实现对光缆、线路光放大器的保护
光复用段 1∶1、1∶*N*	运用光选择开关的选发选收功能实现复用段层信号的保护，支持双向倒换，需 APS 协议	需要配置光选择开关来实现保护倒换功能，会增加故障点。实现线路光放大器、光缆线路保护
光通道保护(OCh1+1)	运用光通路保护单元的双发选收功能，实现在通道层的 1+1 保护。基于单个光波长保护，支持单向倒换和双向倒换，单向倒换无需全网协议	需要配置保护单板来实现保护倒换功能，会增加故障点。实现对合分波器、线路光放大器、光缆线路保护，如果是客户侧光通道保护，则接口适配处理单元需要备份
光通道保护(OCh1∶1、OCh 1∶*N*)	运用光选择开关的选发选收功能，实现在通道层的 1∶1 或 1∶*N* 保护。基于单个光波长保护，支持双向倒换，需 APS 协议	需要配置光选择开关来实现保护倒换功能，会增加故障点。实现对合分波器、线路光放大器、光缆线路保护
光波长共享保护(OCh SPRing)	通过占用两个不同的波长实现对所有站点间同一路分布式业务的保护。采用双发选收，双向倒换方式，需 APS 协议	主要应用于配置分布式业务的环型组网，节约波长资源。因需启用 APS 协议，环中节点数有限制。未见成熟商用案例，尚需规模应用的验证
ODU*k* SNCP(ODU*k* 1+1)	利用电交叉的双发选收进行保护，保护基于单个 ODU*k*。支持单向倒换和双向倒换，单向倒换无需全网协议	是一种点到点的保护机制，与网络拓扑关系不大。通过电交叉盘实现，无需另配保护单板，减少故障点。主要对线路板及其以后的单元进行保护，保护配置方式简单，倒换速度快
ODU*k* SNCP(ODU*k*1∶1、ODU*k* 1∶*N*、ODU*k* *N*∶*M*)	利用电交叉的选发选收进行保护，保护基于单个 ODU*k*。支持双向倒换，需 APS 协议	是一种点到点的保护机制，与网络拓扑关系不大。通过电交叉盘实现，无需另配保护单板，保护 ODU*k* 可以额外承载低级别业务，在发生保护倒换时，额外业务被终结
ODU*k* SPRing 保护	通过占用两个不同的 ODU*k* 通道实现对所有站点间多条分布式业务的保护。双向倒换，需 APS 协议，其保护倒换颗粒为 ODU*k*	适用于网络结构为环型、业务流向为分布式的情况。需要启用 APS 协议，环中节点数有限制。保护通道在正常情况下可以传送低优先级的业务

六、OTN 保护倒换机制

1. 光功率检测

OTN 的光层保护基于线路的光功率检测，在铁路应用中，如果工作和保护路径的光功率差达到 5 dB 以上，就会产生保护倒换动作，所以应用光层保护的 OTN 网络必须保证主备用线路的光功率值相近。

2. 故障检测开销

OTN 帧结构中用于网络检测的开销有:SM、PM、TCM。

第四节 铁路光传送网保护机制

OTN 网络综合保护机制主要考虑 OTN 网络组网结构及与所承载的 SDH 网、IP 网、业务网的关系、定位、需求等情况,对 OTN 网络系统采取保护措施,提高网络的可靠性。根据上述 OTN 组网方案研究,本节对 OTN 网络组网给出相应保护机制。

一、环型/网状 OTN 保护机制分析

在铁路 OTN 网络组网结构中,骨干层和汇聚层 OTN 网络尽可能采用环型网或网状网结构组网。

为了提高 OTN 网络的可靠性,可以利用 OTN 保护技术对环型 OTN 网络进行保护。在本节中对 OTN 网络保护技术进行了研究,对于铁路 OTN 网络的系统保护可采用光层的 OLP、OMSP、OCh 1+1 保护、OCh SPRing 和电层的 ODU*k* SNCP、ODU*k* SPRing 保护及 ASON 保护恢复,以及设备的接入 OTN 方式、板件级保护。

环型/网状 OTN 网络光层面采用 OLP 或 OMSP 保护,同时在 OTN 网络电层面采用 ODU*k* SNCP 或 ODU*k* SPRing 保护,此种双重保护可称为 OTN 嵌套保护。采用嵌套保护时,由于 OTN 网络保护倒换时间基本可控制在 50 ms 内,与所承载的 SDH、IP 系统保护倒换有可能出现同时倒换现象,对故障的判断、解决和业务的倒接不利。因此,此种场景需对 OTN 网络电层保护进行保护拖延设置。

由于环型/网状 OTN 网络保护方式类型多样,选择面宽,根据网络所处位置的不同和所承载业务的不同选择单一保护方式或 OTN 嵌套保护。当所承载的网络自身保护方式不完善不成熟时,可尽量选用 OTN 网络保护,如业务要求高则可进一步选用 OTN 嵌套保护或系统嵌套保护;当所承载的网络自身保护方式很成熟、完善时,为适当减少保护代价,可尽量选用业务网自身保护方式,适当考虑系统嵌套保护。根据 OTN 网络承载业务的重要性,对于铁路 OTN 传送网枢纽节点还可采用设备冗余保护方式,提高 OTN 网络的可靠性。此种保护方式在网络各节点推荐采用同城异地设置双网或单网的 OTN 设备,对于 OTN 设备的电交叉板、主控板、时钟板、电源保护、风扇保护考虑冗余保护。

二、链型 OTN 保护机制分析

在铁路 OTN 网络组网结构中,受物理条件限制时 OTN 网络可采用链型结构组网。

为了提高 OTN 网络的可靠性,可以利用 OTN 保护技术对链型 OTN 网络进行保护。在本节中对 OTN 网络保护技术进行了研究,对于链型 OTN 网络的系统保护可采用光层的 OLP、OMSP、OCh 1+1 保护和电层不同波长/子波长 ODU*k* SNCP,以及设备的接入 OTN 网络方式、板件级保护。

链型 OTN 网络组网时尽量采用两条光缆,并尽可能选择不同物理径路光缆。当 OTN 节点设备一条光缆线路中断时,传送的信号可从另一条光缆传送,在 OTN 网络的单节点设

备故障时对传送的业务起到保护。

由于链型 OTN 网络保护方式类型较少，选择面稍窄，根据网络所处位置的不同和所承载业务的不同可选择单一保护方式或 OTN 嵌套保护，当所承载的网络自身保护方式不完善不成熟时，可尽量选用 OTN 嵌套保护；当所承载的网络自身保护方式很成熟、完善时，为适当减少保护代价，可尽量选用业务网自身保护方式，适当考虑系统嵌套保护。根据 OTN 网络承载业务的重要性，对于铁路 OTN 传送网枢纽节点还可采用设备冗余保护方式，提高 OTN 网络的可靠性。

三、OTN 网络保护

铁路 OTN 承载 SDH 网络、IP 网络和业务网时，各种网络自身的保护机制不一样，其上承载的业务对安全性和可靠性的要求也不一样，加上骨干层、汇聚层和接入层对网络安全要求不同，有必要对 OTN 各种保护方式在保护效果、投资、维护体制和维护要求上进行对比，确保不同的应用场景选择经济、安全、可靠的保护方式，见表 3-4。

表 3-4 衡量角度与比较结果

衡量角度	比较结果
OTN 保护效果	当光缆条件一致时，保护效果依次增强： OLP 保护、OMSP 保护、（OCh 1＋1 保护、OCh SPRing 保护）、ODU*k* SPRing 保护、ODU*k* SNCP；光层 ASON 保护恢复、电层 ASON 保护恢复、光电层 ASON 保护恢复（其中括号中的效果可能相同）
接入 OTN 方式	可靠性、灵活性依次增强：不经电交叉方式、地区光缆连接方式、双电交叉方式
OTN 保护投资	1. 当光缆条件一致时，投资依次增加： OLP 保护、OMSP 保护、OCh 1＋1 保护、OCh SPRing 保护、ODU*k* SPRing 保护、ODU*k* SNCP；光层 ASON 保护恢复、电层 ASON 保护恢复、光电层 ASON 保护恢复。 2. 当网络规模相同时，投资依次增加：OTN 网络保护、光层 ASON 保护恢复、电层 ASON 保护恢复、光电层 ASON 保护恢复。 3. 当承载的带宽相同时，随着网络规模逐步增大，OTN 网络保护投资会逐步高于光层 ASON 保护恢复、电层 ASON 保护恢复、光电层 ASON 保护恢复
维护体制和维护要求	系统层保护，骨干层网络：依次希望采用 ODU*k* SPRing 保护、ODU*k* SNCP、OCh SPRing 保护、OCh 1＋1 保护、OMSP 保护、OLP 保护，光层 ASON 保护恢复、电层 ASON 保护恢复、光电层 ASON 保护恢复；汇聚（局干枢纽、干线）层网络：OLP 保护、OMSP 保护、OCh 1＋1 保护、OCh SPRing 保护、ODU*k* SPRing 保护、ODU*k* SNCP；光层 ASON 保护恢复、电层 ASON 保护恢复、光电层 ASON 保护恢复

四、环型/网状 OTN 的综合策略

（一）承载 SDH 传输网保护机制

对于骨干层网络，大部分 SDH 传输系统为自愈环型。自愈环型 SDH 传输系统保护方式完善、成熟、效率较高，充分考虑维护对光缆故障保护的要求，建议此种情况采用 SDH 自愈环保护，OTN 网络光层采用 OLP 保护/OMSP 保护，并对 SDH 系统设置恢复时间；SDH 接入 OTN 方式建议对于重要节点采用双电交叉方式。对于汇聚（局干干线）层网络，自愈环型 SDH 传输系统较多，从系统保护的投资上嵌套保护增加投资，而 SDH 自愈环保护效

果较好。因此,建议此种情况仅 SDH 系统自愈保护;SDH 接入 OTN 方式建议对于重要节点采用双电交叉方式。对于汇聚(局干枢纽)层网络,基本为自愈环型 SDH 传输系统,可直接采用 SDH 自愈环保护,但汇聚(局干枢纽)层网络如果为网型,则从 SDH+OTN 的整体考虑,采用 ASON 保护恢复效果会更灵活智能,鉴于汇聚(局干枢纽)层属于铁路局网络的中心位置。综合考虑,建议此种情况仅采用 OTN 网络保护,OTN 网络可采用电层 ASON 保护恢复(OTN 为网状网络),也可仅采用 SDH 自愈环保护(OTN 为环形网络);SDH 接入 OTN 方式建议采用双电交叉方式。

(二)承载 IP 数据网保护机制

IP 数据通信网网络全部节点均承载在环型 OTN 网络上,具备采用 OTN 网络保护、数据网网络保护和嵌套保护的条件。数据网网络自身也是一种承载网络,其承载的业务以高带宽、安全性要求一般的业务为主。但是,也需要具备完善的保护机制。

环型/网状 OTN 网络可为 IP 数据网组网链路提供双方向信号传送,为承载 IP 数据网提供保护。

1. 单链路、单节点 IP 数据网

单链路、单节点 IP 数据网采用环型/网状 OTN 网的波通道组网时,网络自身链路和节点设备不具备保护机制。为了提高单链路、单节点 IP 数据网链路和接口的可靠性,可采用 OTN 网络保护。网络模型如图 3-6 所示。

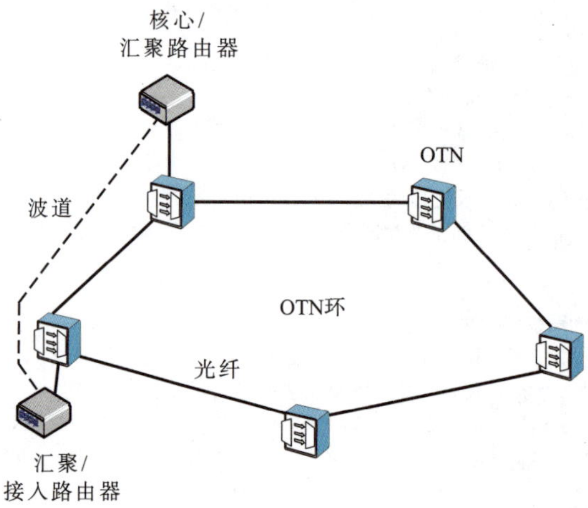

图 3-6　OTN 环网承载单链路 IP 数据网的网络模型

2. 双归、双节点 IP 数据网

双归、双节点 IP 数据网采用环型/网状 OTN 网的波道组网时,网络自身链路和节点设备具备保护机制。为了提高双归、双节点 IP 数据网可靠性,也可采用 OTN 网络光层保护和电层保护。网络模型如图 3-7 所示。

(1)仅采用 OTN 网络保护时,可采用光层的 OLP 保护、OMSP 保护、OCh 1+1 保护、OCh SPRing 保护和电层的 ODUk SNCP、ODUk SPRing 保护及 ASON 保护恢复,从设备层面保护分析可采用接入 OTN 网络方式和板件级保护方式。

根据表 3-4 保护比较分析得出：数据网承载的业务以安全性要求一般的业务为主，但所承载网络主要为数据网骨干层、汇聚层少量节点，关系数据网安全性、可靠性、稳定性，因此此种场景下建议采用较高等级保护方式，接入 OTN 网络方式采用重要节点双电交叉方式。

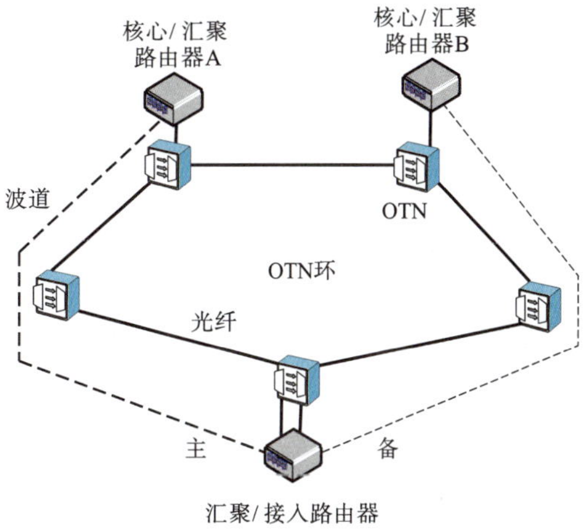

图 3-7　OTN 环网承载双归 IP 数据网的网络模型

（2）采用嵌套保护时，由于 OTN 网络保护倒换时间在 50 ms 内，而数据网网络保护倒换时间常在秒级或 50 ms 内（快速重路由），各自系统的保护判断和倒换有可能出现同时倒换现象，对故障的判断、解决和业务的到接不利，因此此种场景建议数据网不采用快速重路由，而由 OTN 网络先进行保护。

根据表 3-4 保护比较分析得出：当单链路、单节点 IP 数据网全部节点由 OTN 网络承载时，OTN 网络可仅采用电层保护，或是采用光层保护和电层采用 ODUk SNCP 的嵌套保护，并对 ODUk SNCP 设置保护拖延。因此，单链路、单节点 IP 数据网下建议采用 OTN 网络光层保护和 OTN 网络电层保护，并对 OTN 网络电层保护设置拖延时间；数据网接入 OTN 方式建议对于重要节点采用双电交叉方式。当双归、双节点 IP 数据网全部节点由 OTN 网络承载时，可启用数据网保护，同时 OTN 网络可仅采用光层保护，或是采用光层保护和电层 ODUk SNCP 的嵌套保护，并对 ODUk SNCP 设置保护拖延。如果数据网保护、OTN 光层保护、OTN 电层保护同时启用，保护投资高、保护机制复杂、保护倒换混乱，因此不建议双层嵌套保护。对于双归、双节点 IP 数据网建议采用数据网保护，同时启用 OTN 网络光层保护；接入 OTN 网络方式建议对于重要节点采用双电交叉方式。

对于骨干层网络，仅极少数为单链路、单节点 IP 数据网，但由于此类网络处于数据网骨干层，安全性、可靠性要求高，因此需选用保护效果较好的方式，建议此种情况采用 OTN 网络保护以及 OTN 嵌套保护方式，同时充分考虑维护要求，建议 OTN 网络光层采用 OLP/OMSP 的保护方式，电层采用 ODUk SNCP 并对 ODUk SNCP 设置保护拖延；数据网接入 OTN 方式建议对于重要节点采用双电交叉方式。对于汇聚（局干干线）层网络，单链路、单节点 IP 数据网较少，但为了提高此类网络的安全性，重点考虑保护效果要求，因此，建议此种情况采用 OTN 嵌套保护，OTN 网络光层采用 OLP/OMSP 的保护方式，电层采用 ODUk SNCP 并对 ODUk SNCP 设置保护拖延；数据网接入 OTN 方式建议对于重要节点采用双电交叉方式。对于汇聚（局干枢纽）层网络，仅极少数为单链路、单节点 IP 数据网，但此类网络处于铁路局中心/重点区域，建议此种情况采用 OTN 网络保护，从保护效果考虑，当汇聚（局干枢纽）层 OTN 网络为网状结构时，为了增加可靠性和灵活性，OTN 网络可采用电层 ASON 保护恢复（OTN 为网状网络），也可仅采用 ODUk SNCP（OTN 为环型网络）；数据网接入 OTN 方式建议采用双电交叉方式。

绝大部分数据网为双归、双节点 IP 数据网甚至于网状网，数据网保护方式较为完善，因骨干层数据网承担跨局流量，网络重要性高，但网络规模较大，启用快速重路由时对网络影响较大，因此，从提高安全性、可靠性考虑，建议此种情况可采用嵌套保护，而在OTN网络可充分考虑维护要求，建议此种情况OTN网络光层采用OLP保护/OMSP保护，同时启用数据网保护(数据网不采用快速重路由)；接入OTN网络方式建议对于重要节点采用双电交叉方式。对于汇聚(局干干线)层网络，双归、双节点IP数据网较多，数据网保护方式较为完善，虽然此部分网络位于铁路局各干线，网络位置不如骨干层重要，但汇聚(局干干线)层数据网承担着全局大部分的业务收敛，需充分考虑其安全性、可靠性，因而可重点从保护投资考虑兼顾考虑保护效果，建议此种情况采用系统嵌套保护，启用数据网保护，同时OTN网络采用光层OLP/OMSP保护；接入OTN网络方式建议对于重要节点采用双电交叉方式。对于汇聚(局干枢纽)层网络，基本为双归、双节点IP数据网，鉴于此部分网络位于铁路局中心，在条件具备时应尽量采用保护效果好的方式，因此当OTN网络为网状时，建议此种情况仅采用OTN网络保护，OTN网络可采用电层ASON保护恢复(OTN为网状网络)，当OTN网络为环型时，则建议采用嵌套保护，启用数据网保护，同时OTN网络采用光层OLP/OMSP；接入OTN网络方式建议采用双电交叉方式。

(三) 承载各大颗粒业务网保护机制

铁路各大颗粒业务网网络全部节点均承载在OTN网络上，具备采用OTN网络保护、业务网保护和嵌套保护条件。铁路各业务网组网时主要分为两种类型：有主备保护的业务网网络和无主备保护的业务网网络。各业务网网络自身也是一种承载网络，其承载的业务以安全性要求高的业务为主，需要提供完善的保护机制。

铁路各业务网组网结构主要采用两层结构：业务接入节点、业务汇聚/核心节点。其中，业务汇聚/核心节点设置在段/所或铁路局；业务接入节点主要采用环型或星型结构与业务汇聚/核心节点连接。

环型/网状OTN网络可为各业务网组网链路提供双方向信号传送，为承载各业务网提供保护。

1. 无保护类业务网

无保护类业务网采用环型/网状OTN网的波道组网时，网络自身链路和节点设备不具备保护机制。为了提高无保护类业务网组网链路和接口的可靠性，可采用OTN网络光层保护和电层保护。网络模型如图3-8所示。

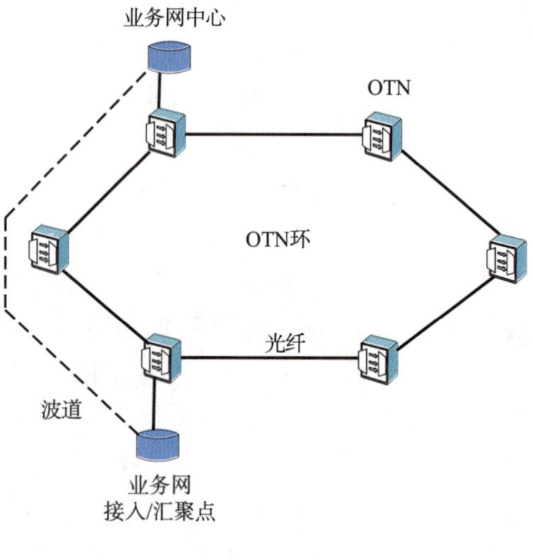

图3-8 OTN环网承载无保护类业务网的网络模型

仅采用OTN网络保护时，可采用光层的OLP保护、OMSP保护、OCh 1+1保护、OCh SPRing保护和电层的ODU*k* SNCP、ODU*k* SPRing保护及ASON保护恢复，从设备层面保护分析可采用接入OTN网络方式和板件级保护方式。

铁路业务应用的适用性分析：对于大颗粒业务保护适用，此时大颗粒业务网络直接由 OTN 网络承载。

根据表 3-4 保护比较分析得出：当无保护类业务网全部节点由 OTN 网络承载时，OTN 网络可仅采用电层保护，或是采用光层保护和电层采用 ODUk SNCP 的嵌套保护，并对 ODUk SNCP 设置保护拖延。由于此类业务对带宽要求较高、实时性要求较高、对安全性要求一般，虽然保护投资较大，但因此时承载的是大颗粒业务网的全部核心、汇聚节点，网络重要性高、网络影响面大。因此，此种场景下建议采用 OTN 网络电层保护或 OTN 网络光层保护和 OTN 网络电层嵌套保护，并对 OTN 网络电层保护设置拖延时间；业务网接入 OTN 网络方式建议对于重要节点采用双电交叉方式。

对于骨干层网络，主要是无保护类业务网的核心节点，除了考虑此类业务对带宽要求、实时性要求、安全性要求外，还要充分考虑维护要求，因此，建议此种情况可采用 OTN 嵌套保护，再从保护投资考虑，建议 OTN 网络光层采用 OLP/OMSP 保护，电层采用 ODUk SNCP 并对 ODUk SNCP 设置保护拖延；业务网接入 OTN 网络方式建议对于重要节点采用双电交叉方式。对于汇聚（局干干线）层网络，主要承载的是无保护类业务网的汇聚节点业务，由于其网络位置不如骨干层重要，但业务网本身无保护，因此从节约保护投资考虑兼顾一定的保护效果，建议此种情况 OTN 网络仅采用电层 ODUk SNCP；业务网接入 OTN 网络方式建议对于重要节点采用双电交叉方式。对于汇聚（局干枢纽）层网络，主要是无保护类业务网的部分核心节点，同时也是铁路局业务终结点、处理点，因此需重点考虑网络的安全性、可靠性，当 OTN 网络为网状时，建议此种情况采用电层 ASON 保护恢复（OTN 为网状网络）；当 OTN 网络为环型时，采用 ODUk SNCP（OTN 为环型网络）；业务网接入 OTN 网络方式建议采用双电交叉方式。

2. 主备保护类业务网

铁路各主备保护类业务网主要是业务组建双网，保护类业务网自身具备保护。在主、备业务网中同时传送信号，由业务网的应用系统实现主备切换；有的主备保护类业务网承载的信号以双发选收方式为主。此类业务要求承载网络和通道要求可靠性较高，当业务网络全部节点均承载在环型/网状 OTN 网络上，具备 OTN 保护、业务网保护、嵌套保护条件。

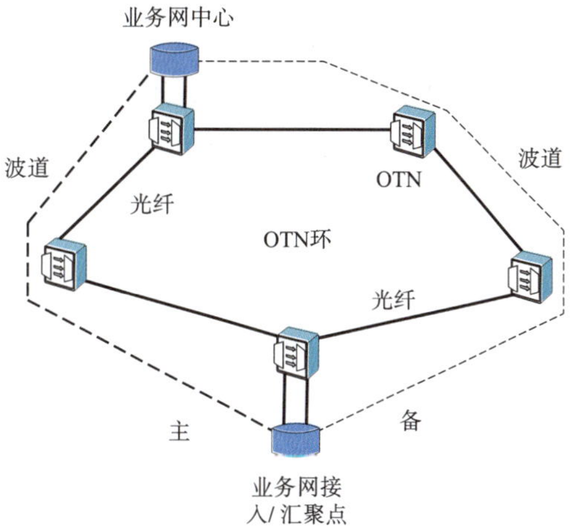

图 3-9 OTN 环网承载主备保护类业务网的网络模型

当主备保护类业务网是双网时，也可从设备层面保护，采用业务网接入 OTN 网络方式和板件级保护方式。主备业务网的双网分别与 OTN 不同设备或不同接口连接，进一步提高网络的可靠性。网络模型如图 3-9 所示。

(1)仅采用 OTN 网络保护时，可采用光层的 OLP 保护、OMSP 保护、OCh 1+1 保护、OCh SPRing 保护和电层的 ODUk SNCP、ODUk SPRing 保护及 ASON 保护恢复，从设备层面保护分析可采用业务网接入 OTN 网络方式和板件级保护方式。

铁路业务应用的适用性分析:适用于大颗粒业务保护,此时大颗粒业务网络主备用链路均可直接由 OTN 网络承载,同时 OTN 网络和业务网可提供嵌套保护。

根据表 3-4 保护比较分析得出:由于承载的为大颗粒保护类业务,此类业务对带宽要求较高、实时性要求较高、对安全性要求一般,且此时承载的是大颗粒业务网的全部核心、汇聚节点,网络重要性高、网络影响面大,因此此种场景下如仅采用 OTN 保护,可采用 OTN 光层保护;业务网接入 OTN 网络方式建议可采用双电交叉方式。

(2)采用系统嵌套保护时,由于 OTN 网络保护倒换时间在 50 ms 内,业务网络保护通常采用双发选收方式,各自系统的保护一般不冲突,因此此种场景系统嵌套保护可启用。

铁路业务应用的适用性分析:适用于大颗粒业务保护,OTN 网络和业务网络均提供业务的保护。

根据表 3-4 保护比较分析得出:此种场景如启用系统级别多重保护,当主备保护类业务网全部节点由 OTN 网络承载时,可启用业务网自身保护,同时 OTN 网络可仅采用光层保护,或是采用光层保护和电层采用 ODU*k* SNCP 的嵌套保护,并对 ODU*k* SNCP 设置保护拖延。如采用业务网自身保护、OTN 光层保护、OTN 电层保护同时启用,保护代价高、保护机制复杂、保护倒换混乱,不建议上述双层嵌套保护。因此,此种场景下建议采用业务网主备保护,同时启用 OTN 网络光层保护;业务网接入 OTN 网络方式建议对于重要节点采用双电交叉方式。

对于骨干层网络,主要是主备保护类业务网的核心节点。首先考虑此类业务对带宽要求、实时性要求、安全性要求,此种情况可仅采用系统嵌套保护;其次充分考虑维护要求,因此建议 OTN 网络光层采用 OLP 保护/OMSP 保护,同时启用业务网自身保护;业务网接入 OTN 网络方式建议对于重要节点采用双电交叉方式。对于汇聚(局干干线)层网络,主要是主备保护类业务网的汇聚节点,网络覆盖面较大,总体投资高。首先考虑节约保护投资,建议利用业务网自身保护,此种情况可采用单层保护,再考虑保护效果,此类业务在汇聚(局干干线)层网络主要用于接入及收敛,为提供此类业务的可靠性,而业务网自身保护基本满足业务网要求,保护效果较好,因此建议 OTN 网络不保护,仅利用业务网自身保护。业务网接入 OTN 网络方式建议对于重要节点采用双电交叉方式。对于汇聚(局干枢纽)层网络,要是主备保护类业务网的部分核心节点和备用核心节点,属于此类业务网中心处理、转发区域,首先考虑保护效果,应尽量选用灵活性较高的方式,且从节约总体带宽角度,建议此种情况可采用系统嵌套保护;当 OTN 网络为网状结构时,采用光层 ASON 保护恢复(OTN 为网状网络),同时启用业务网自身保护;当 OTN 网络为环型结构时,采用光层 OLP/OMSP 保护,同时启用业务网自身保护;业务网接入 OTN 网络方式建议采用双电交叉方式。

(四)同时承载 SDH、IP 数据网、大颗粒业务网保护机制

由于铁路通信网网络类型多样,OTN 业务种类多且同时存在可能性大,因此,下面将分析此类情况保护机制。

结合上述章节中对于环型/网状 OTN 网络承载 SDH、数据网、大颗粒业务网保护机制的分析及小结,同时承载 SDH、IP 数据网、大颗粒业务网时,对于所承载 SDH 业务(链型

网)、IP 数据网(单链路)、大颗粒业务网(无保护类)启用 OTN 网络电层保护，建议采用 ODUk SNCP，同时 OTN 网络启用光层保护，采用 OLP 保护/OMSP 保护；对于所承载 SDH 业务(自愈环型)、IP 数据网(双归)、大颗粒业务网(主备保护类)可启用业务网自身保护，OTN 网络对 IP 数据网(双归)、大颗粒业务网(主备保护类)同时启用电层保护，建议采用 ODUk SNCP，并设置保护拖延(当数据网采用快速重路由时)。

综上所述，此种情况建议对于网络中具备保护能力的业务采用系统嵌套保护，OTN 网络采用 OLP/OMSP 保护，同时启用业务保护；对于网络中无保护能力的业务采用 OTN 嵌套保护，OTN 光层采用 OLP/OMSP 保护，电层采用 ODUk SNCP 保护；对于枢纽节点和骨干层、汇聚层(局干干线)重要节点采用双电交叉方式。

五、链型 OTN 的综合策略

(一) 承载 SDH 传输网保护机制

SDH 传输网网络全部节点均承载在 OTN 网络上，具备采用 OTN 网络保护、SDH 网络保护和嵌套保护的条件。SDH 网络自身也是一种承载网络，其承载的业务以安全性要求高的业务为主，需要提供完善的保护机制。

对于骨干层网络，大部分 SDH 传输系统为自愈环型，首先自愈环型 SDH 传输系统保护方式完善、成熟、效率较高，而链型 OTN 网络不能完全承载自愈环型 SDH 网，可仅采用 SDH 自愈环保护，其次充分考虑维护要求，可采用嵌套保护，OTN 网络建议采用 OLP/OMSP 保护，并对 SDH 自愈环设置恢复时间；SDH 接入 OTN 网络方式建议对于重要节点采用双电交叉方式。对于汇聚(局干干线)层网络，自愈环型 SDH 传输系统较多，首先自愈环型 SDH 传输系统保护方式完善、成熟、效率较高，而链型 OTN 网络不能完全承载自愈环型 SDH 网，可仅采用 SDH 自愈环保护，其次同时考虑保护投资、保护效果要求，可选用保护投资较低而保护效果较好的方式，因此建议此种情况仅 SDH 系统自愈保护；SDH 接入 OTN 网络方式建议对于重要节点采用双电交叉方式。

(二) 承载 IP 数据网保护机制

IP 数据通信网网络全部节点均承载在链型 OTN 网络上，具备采用 OTN 网络保护、数据网网络保护和嵌套保护的条件。数据网网络自身也是一种承载网络，其承载的业务以高带宽、安全性要求一般的业务为主。但是，也需要具备完善的保护机制。

1. 单链路、单节点 IP 数据网

单链路、单节点 IP 数据网采用链型 OTN 网络的波道组网时，网络自身链路和节点设备不具备保护机制。为了提高单链路、单节点 IP 数据网链路和接口的可靠性，可采用 OTN 网络保护。网络模型如图 3-10 所示。

仅采用 OTN 网络保护时，可采用光层的 OLP 保护、OMSP 保护、OCh 1+1 保护和电层不同波长/子波 ODUk SNCP，从设备层面保护分析可采用接入 OTN 网络方式和板件级保护方式。

铁路业务应用的适用性分析：对于大颗粒业务保护适用，此时数据网相当于大颗粒业务的收敛、转发系统。

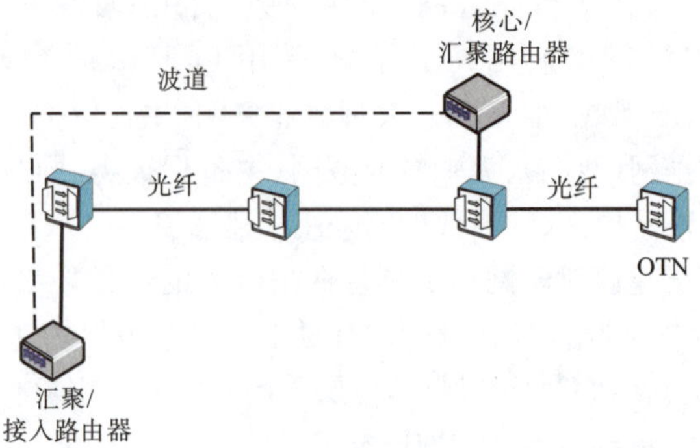

图 3-10　OTN 链承载单链路 IP 数据网的网络模型

根据表 3-4 保护比较分析得出:由于数据网承载的业务以安全性要求一般的业务为主,但所承载单链路、单节点 IP 数据网主要为数据网骨干层、汇聚层少量节点,关系数据网整体安全性、可靠性、稳定性,因此此种场景下 OTN 网络可仅采用电层保护,或是采用光层保护和电层采用不同波长/子波 ODUk SNCP 的嵌套保护,并对 ODUk SNCP 设置保护拖延。数据网接入 OTN 网络方式对于重要节点采用双电交叉方式。

对于骨干层网络,仅极少数为单链路、单节点 IP 数据网,首先从网络位置重要性考虑,应选用保护效果较好的方式,选用 OTN 嵌套保护方式,其次充分考虑维护要求,因此建议此种情况下 OTN 网络光层采用 OLP 保护/OMSP 保护,电层采用不同波长/子波 ODUk SNCP 并对 ODUk SNCP 设置保护拖延;数据网接入 OTN 网络方式对于重要节点采用双电交叉方式。对于汇聚(局干干线)层网络,单链路、单节点 IP 数据网较少,首先同时考虑保护投资、保护效果要求,可采用不同波长/子波 ODUk SNCP 保护方式,其次考虑网络业务的重要性,汇聚(局干干线)层网络承担着全局主要业务的收敛,应提供其可靠性,因此此种情况可采用 OTN 嵌套保护,OTN 网络光层采用 OLP 保护/OMSP 保护,电层采用不同波长/子波 ODUk SNCP 并对 ODUk SNCP 设置保护拖延;数据网接入 OTN 网络方式对于重要节点采用双电交叉方式。

2. 双归、双节点 IP 数据网

双归、双节点 IP 数据网采用环型/网状 OTN 网络的波道组网时,网络自身链路和节点设备具备保护机制。为了提高双归、双节点 IP 数据网可靠性,也可采用 OTN 网络光层保护和电层保护。网络模型如图 3-11 所示。

(1)仅采用 OTN 网络保护时,可采用光层的 OLP 保护、OMSP 保护、OCh 1+1 保护和电层不同波长/子波 ODUk SNCP,从设备层面保护分析可采用数据网接入 OTN 网络方式和板件级保护方式。

铁路业务应用的适用性分析:适用于大颗粒业务保护,此时数据网相当于大颗粒业务的收敛、转发系统,同时 OTN 网络和数据网网络均提供业务的保护。

根据表 3-4 保护比较分析得出:由于数据网承载的业务以安全性要求一般的业务为主,但所承载网络主要为数据网骨干层、汇聚层,关系数据网全网安全性、可靠性、稳定性,因此此种场景下采用高等级保护方式,数据网接入 OTN 方式对于重要节点采用双电交叉方式。

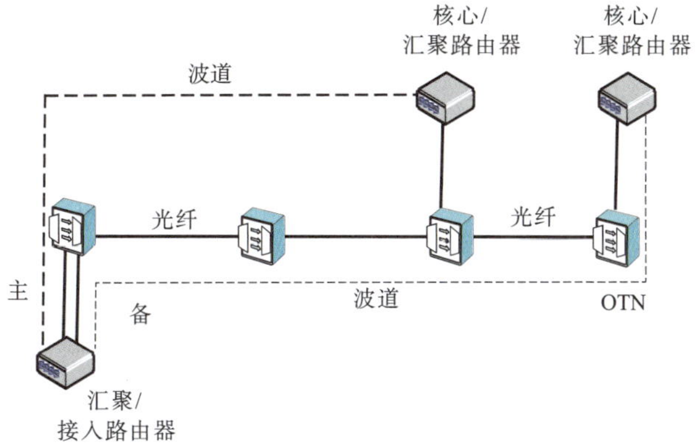

图 3-11　OTN 链承载双归 IP 数据网的网络模型

(2)采用嵌套保护时，由于 OTN 网络保护倒换时间在 50 ms 内，而数据网网络保护倒换时间常在秒级或 50 ms 内(快速重路由)，各自系统的保护判断和倒换有可能出现同时倒换现象，对故障的判断、解决和业务的倒接不利，因此此种场景建议数据网不采用快速重路由，而由 OTN 网络先进行保护。

铁路业务应用的适用性分析：对于大颗粒业务保护均适用，此时数据网相当于大颗粒业务的收敛、转发系统，同时 OTN 网络和数据网网络均提供业务的保护。

根据表 3-4 保护比较分析得出：此种场景如启用系统级别多重保护，当双归、双节点 IP 数据网全部/部分节点由 OTN 网络承载时，可启用数据网保护，同时 OTN 网络可仅采用电层保护，或是采用光层保护和电层采用不同波长/子波 ODUk SNCP 的嵌套保护，并对 ODUk SNCP 设置保护拖延。如采用数据网保护、OTN 光层保护、OTN 电层保护同时启用，保护代价高、保护机制复杂、保护倒换混乱，不建议上述双层嵌套保护。因此，此种场景下采用数据网保护，同时可启用 OTN 网络光层保护；数据网接入 OTN 方式对于重要节点采用双电交叉方式。

对于骨干层网络，绝大部分为双归、双节点 IP 数据网甚至于网状网，首先考虑网络位置的重要性，因骨干层承担全路数据业务的转发、收敛、接入，因此应选用保护效果高的方式，建议采用嵌套保护，其次考虑维护要求，建议启用 OTN 网络采用光层 OLP/OMSP 保护，同时启用数据网保护(数据网不采用快速重路由)；数据网接入 OTN 方式建议对于重要节点采用双电交叉方式。对于汇聚(局干干线)层网络，双归、双节点 IP 数据网较多，首先同时考虑保护投资、保护效果要求，应选用保护投资较低而保护效果较好的方式，其次，考虑到汇聚(局干干线)层网络承担着铁路局主要干线业务的收敛、转发，可适当提高保护效果，因此建议此种情况采用嵌套保护，启用数据网保护，同时 OTN 网络启用 OLP/OMSP 保护；数据网接入 OTN 方式建议对于重要节点采用双电交叉方式。

(三) 承载各大颗粒业务网保护机制

铁路各大颗粒业务网网络全部节点均承载在 OTN 网络上，具备采用 OTN 网络保护、业务网保护和嵌套保护条件。铁路各业务网组网时主要分为两种类型：有主备保护的业务网网络和无主备保护的业务网网络。各业务网网络自身也是一种承载网络,其承载的业务以安全性要求高的业务为主,需要提供完善的保护机制,主要采用主备保护的业务网。

铁路各业务网组网结构主要采用两层结构:业务接入节点、业务汇聚/核心节点。其中,业务汇聚/核心节点设置在段/所或铁路局;业务接入节点主要采用环型或星型结构与业务汇聚/核心节点连接。

1. 无保护类业务网

无保护类业务网采用链型 OTN 网络的波道组网时,网络自身链路和节点设备不具备保护机制。为了提高无保护类业务网组网链路和接口的可靠性,可采用 OTN 网络光层保护和电层保护。网络模型如图 3-12 所示。

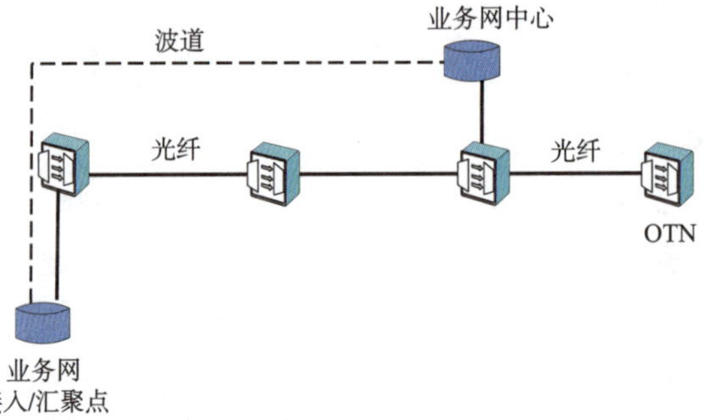

图 3-12 OTN 链承载无保护类业务网的网络模型

仅采用 OTN 网络保护时,可采用光层的 OLP 保护、OMSP 保护、OCh 1+1 保护和电层不同波长/子波 ODUk SNCP,从设备层面保护分析可采用接入 OTN 网络方式和板件级保护方式。

铁路业务应用的适用性分析:适用于大颗粒业务保护,此时大颗粒业务网络直接由 OTN 网络承载。

根据表 3-4 保护比较分析得出:综上所述,当无保护类业务网全部节点由 OTN 网络承载时,OTN 网络可仅采用电层保护,或是采用光层保护和电层不同波长/子波 ODUk SNCP 的嵌套保护,并对 ODUk SNCP 设置保护拖延。由于此类业务对带宽要求较高、实时性要求较高、安全性要求一般,虽然保护投资较大,但因此时承载的是大颗粒业务网的全部核心、汇聚节点,网络重要性高、网络影响面大,因此,此种场景下采用 OTN 网络光层保护和 OTN 网络电层保护,并对 OTN 网络电层保护设置拖延时间;业务网接入 OTN 方式建议对于重要节点采用双电交叉方式。

对于骨干层网络,主要是无保护类业务网的核心节点,首先考虑此类业务对带宽要求、实时性要求、安全性要求,建议选用保护效果高的方式,可选用 OTN 嵌套保护,其次充分考虑维护要求,此种情况 OTN 网络光层采用 OLP 保护/OMSP 保护,电层采用不同波长/子波 ODUk SNCP 并对 ODUk SNCP 设置保护拖延;业务网接入 OTN 方式对于重要节点采用双电交叉方式。对于汇聚(局干干线)层网络,主要是无保护类业务网的汇聚节点,首先从承载业务的重要性考虑,应选用保护效果高的方式,可选用 OTN 嵌套保护,其次从保护投资节约考虑。因此,此种情况 OTN 网络光层采用 OLP 保护/OMSP 保护,电层采用不同波长/子波 ODUk SNCP 并对 ODUk SNCP 设置保护拖延；业务网接入 OTN 方式对于重要节点采用双电交叉方式。

2. 主备保护类业务网

铁路各主备保护类业务网主要是业务组建双网，保护类业务网自身具备保护。在主、备业务网中同时传送信号，由业务网的应用系统实现主备切换；有的主备保护类业务网承载的信号以双发选收方式为主。此类业务要求承载网络和通道可靠性较高，当业务网络全部节点均承载在链型 OTN 网络上，具备 OTN 保护、业务网保护、嵌套保护条件。

当主备保护类业务网是双网时，也可从设备层面保护，采用网元级保护方式和板件级保护方式。主备业务网的双网分别与 OTN 不同设备或不同接口连接，进一步提高网络的可靠性。网络模型如图 3-13 所示。

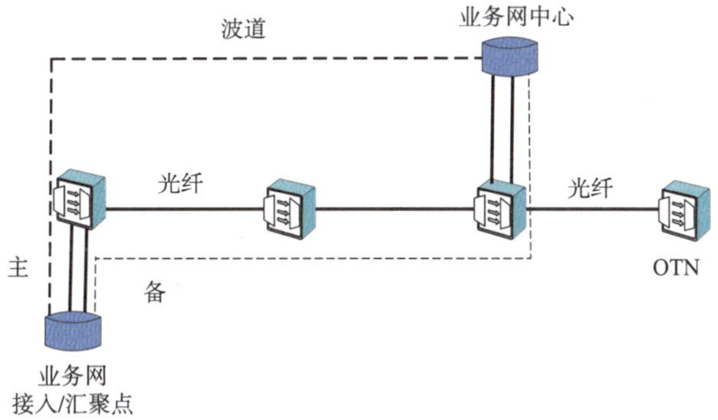

图 3-13　OTN 链承载主备保护类业务网的网络模型

(1)仅采用 OTN 网络保护时，可采用光层的 OLP 保护、OMSP 保护、OCh 1+1 保护和电层不同波长/子波 ODUk SNCP，从设备层面保护分析可采用接入 OTN 网络方式和板件级保护方式。

铁路业务应用的适用性分析：适用于大颗粒业务保护，此时大颗粒业务网络直接由 OTN 网络承载，同时 OTN 网络和业务网网络均提供业务的保护。

根据表 3-4 保护比较分析得出：由于承载的为大颗粒主备保护类业务，此类业务对带宽要求较高、实时性要求较高、对安全性要求一般，且此时承载的是大颗粒业务网的全部核心、汇聚节点，网络重要性高、网络影响面大，因此此种场景下如考虑仅采用 OTN 网络保护则可采用 OTN 光层保护和电层保护嵌套方式，业务网接入 OTN 方式建议可采用双电交叉方式。

(2)采用系统嵌套保护时，由于 OTN 网络保护倒换时间在 50 ms 内，业务网络保护通常采用双发选收方式，各自系统的保护不冲突，因此此种场景嵌套保护可同时启用。

铁路业务应用的适用性分析：适用于大颗粒业务保护，此时大颗粒业务网络直接由 OTN 网络承载，同时 OTN 网络和业务网网络均提供业务的保护。

根据表 3-4 保护比较分析得出：此种场景如启用系统级别多重保护，当主备保护类业务网全部节点由 OTN 网络承载时，可启用业务网自身保护，同时 OTN 网络可仅采用光层保护，或是采用光层保护和电层采用 ODUk SNCP 的嵌套保护，并对 ODUk SNCP 设置保护拖延。如采用业务网自身保护、OTN光层保护、OTN电层保护同时启用,保护投资高、保护机制复杂、保护倒换混乱,因此不建议上述双层嵌套保护。因业务网主备保护方式与不同波长/子波 ODUk SNCP效果类似,因此此种场景下采用业务网主备保护,同时启用OTN网络光层保护;业务网接入OTN方式对于重要节点采用双电交叉方式。

对于骨干层网络,主要是主备保护类业务网的核心节点。首先考虑此类业务对带宽要求、实时性要求、对安全性要求外,因此可选用较高的保护方式,采用嵌套保护,其次充分考虑维护要求,因此此种情况启用业务网主备保护,同时OTN网络光层采用OLP保护/OMSP保护;业务网接入OTN方式建议对于重要节点采用双电交叉方式。对于汇聚(局干干线)层网络,主要是主备保护类业务网的汇聚节点,首先同时考虑保护投资、保护效果要求,应选用保护投资较低而保护效果较好的方式,由于业务网自身具备主备保护,效果较好,因此此种情况仅启用业务网保护;业务网接入OTN方式对于重要节点采用双电交叉方式。

(四) 同时承载SDH、IP数据网、大颗粒业务网保护机制

由于铁路通信网网络类型多样,OTN业务种类多且同时存在可能性大,因此,下面分析此类情况保护机制。

结合本节对链型OTN网络承载SDH、数据网、大颗粒业务网保护机制分析,同时承载SDH、IP数据网、大颗粒业务网时,对于所承载SDH业务(链型网)、IP数据网(单链路)、大颗粒业务网(无保护类)启用OTN网络电层保护,采用不同波长/子波长 ODUk SNCP,同时OTN网络启用光层保护,采用OLP保护/OMSP保护;对于所承载SDH业务(自愈环型)、IP数据网(双归)、大颗粒业务网(主备保护类)可启用业务网自身保护,OTN网络对IP数据网(双归)、大颗粒业务网(主备保护类)同时启用光层保护,采用OCh 1+1保护。

综上所述,此种情况对于网络中具备保护能力的业务采用系统嵌套保护,OTN网络采用OLP/OMSP保护,同时启用业务保护;对于网络中无保护能力的业务采用OTN嵌套保护,OTN光层采用OLP/OMSP保护,电层采用不同波长/子波 ODUk SNCP保护。接入OTN方式建议:对于枢纽节点和骨干层、汇聚(局干干线)层重要节点采用双电交叉方式。

六、铁路OTN综合保护机制及建议

目前全路在建或拟建全路骨干/局干/局枢纽OTN,其保护方式基本按照表3-5的方式。

表3-5 OTN光传送网保护方式

保护方式			应用范围
设备级保护	网元级保护		总公司、铁路局
	板件级保护		各网元
网络级保护	光层	OLP	全网
	电层	ODUk SNCP	全网

其中，OTN光层OLP保护，应尽可能利用同一铁路的两条光缆，作光线路OLP保护，并要求光缆光纤特性一致。

通过本节的研究，对OTN网络保护按如下调整：

1. 板件级保护

所有OTN网络元均采用板件级保护，关键板件（如交叉板、主控板、电源板、时钟板等）采用1+1热备用。

支路板的配备应符合关键业务分布在不同支路板上的要求。

2. 接入OTN网络的方式

骨干OTN网络在总公司、各铁路局所在地以及大颗粒业务核心节点处设置双网元。其中总公司、各铁路局所在地、大颗粒业务核心节点设备配置双电交叉。

在局干OTN网络和局枢纽OTN网络主要业务接入节点、铁路局所在地配置双网元，大颗粒业务核心节点设备配置双电交叉。

3. 系统层保护

（1）骨干OTN网络光层利用同一铁路的两条光缆作光线路OLP保护，电层采用ODU*k* SNCP，且OTN所承载SDH业务不经电交叉（即不进行电层保护），在实际运用中，为了避免系统启动保护机制紊乱，考虑到光层保护倒换时间快，在系统网管设置时，电层保护需要设置一定的时延。

（2）局干/局枢纽OTN网络，初期光层利用枢纽不同径路的两条光缆作光线路OLP保护，电层采用ODU*k* SNCP，且OTN所承载SDH业务不经电交叉（即不进行电层保护），在实际运用中，为了避免系统启动保护机制紊乱，考虑到光层保护倒换时间快，在系统网管设置时，电层保护需要设置一定的时延。后续随业务发展，网络结构改造为网格型，并采用光层ASON方式。

其中，局干OTN网络在光缆条件具备的情况下，根据各铁路局承载业务和维护需要，可采用OLP保护。

第五节　高速铁路OTN协调保护

一、OTN与SDH组网及协调保护

（一）OTN光层保护与电层保护协调分析

OTN光层保护与电层保护协调分析采用了OLP保护与SNCP保护组合进行保护测试。

从测试的结果来看，在提前进行适当设置的情况下，两种保护能够进行良好的保护协调。首先，从光层保护来说，拔纤产生的信号失效导致的光层倒换时间都在20 ms以内，满足50 ms标准要求；其次，从电层保护来说，告警信号或拔纤导致的保护倒换时间都在20 ms以内，满足50 ms标准要求；最后，线路中的故障极有可能导致两种保护都发生保护倒换，对于可能出现的保护协调不当，可行方案及建议为：

第一种设置光层保护的恢复时间比电层快。

第二种设置两种保护为不恢复模式,并且在电层保护中设置 100 ms 的保护拖延时间。

在铁路实际应用中建议选择第二种,由于发生保护倒换后不确定线路的故障情况,所以应当及时对线路排查解决故障,再人工进行恢复。此外,在实际网络中,网络结构远比测试环境复杂,电层保护相比光层保护涉及的范围大很多,其发生保护倒换所造成的影响也更大,所以应当在电层保护中设置一定的拖延时间,避免保护竞争现象。

(二) OTN 光层保护与 SDH 复用段保护协调分析

在 OTN 光层保护与 SDH 复用段保护协调方案中,采用了 OTN 光层保护中较为常见的 OLP 保护与 SDH 的复用段环网保护和 1+1 保护分别组合进行保护测试。

从测试的结果来看,OTN 光层保护是可以与 SDH 复用段保护进行良好的保护协调的。首先,单从 SDH 的保护倒换来说,利用 SDH 业务分析仪插入 LOS、LOF、MS-AIS、MS. EXC 等告警信号后,都能正常倒换到工作路径,倒换的时间都在 20 ms 以内;其次,从 OTN 的保护倒换来说,通过拔纤模拟信号失效能够引起 OLP 的保护倒换,倒换的时间平均都 20 ms 以内,满足标准规定的 50 ms;最后,在 OTN 网络出现故障时,由于其承载着 SDH 业务,所以两种保护都将倒换到保护路径,在保护返回的时候若协调不当可能出现 SDH 保护的二次倒换问题,解决保护协调的可行方案及建议为:

1. 在 OLP 与 SDH 的复用段环网保护协调情况下,第一种可设置 OLP 保护的恢复时间较 SDH 保护的时间短,以避免 SDH 保护的二次倒换。第二种将 OLP 保护设为不可恢复模式,待发现故障问题并解决后人工进行返回操作。第三种将 SDH 保护设为不恢复模式,在 OLP 保护恢复正常后人工进行返回操作。在铁路实际应用中建议使用第二种,即设置 OLP 保护不返回模式,确保发现线路问题并解决后返回,协调的问题也能得到很好解决。第一种由于不能确保 OTN 工作路径问题是否得到解决,所以设置自动返回模式不可取。由于 SDH 环网保护是共享环,其保护路径是环上所有 SDH 设备共享的,所以 SDH 环网一般要设置为自动恢复,避免一直占用宝贵的保护路径资源。

2. 在 OLP 与 SDH 的复用段 1+1 保护协调情况下,第一种可设置 OLP 保护的恢复时间较 SDH 保护的时间短,以避免 SDH 保护的二次倒换。第二种将 OLP 保护设为不可恢复模式,待发现故障问题并解决后人工进行返回操作。第三种将 SDH 保护设为不恢复模式,在 OLP 保护恢复正常后人工进行返回操作。这里建议结合第二种和第三种进行设置,即 OLP 和 SDH 都设置为不可恢复模式,因为这两种保护都是 1+1 方式,工作和保护路径都是专门为其服务,不需考虑其他用途,发生保护倒换后,分别进行故障发现排除,再人工返回是最为稳妥的方式。

(三) OTN 电层保护与 SDH 复用段保护协调

在 OTN 电层保护与 SDH 复用段保护协调方案中,采用了 OTN 电层保护中较为常见的 SNCP 保护及 ODU*k* SPRing 环网与 SDH 的复用段环网保护和 1+1 保护分别组合进行保护测试。

从测试的结果来看,OTN 电层保护是可以与 SDH 复用段保护进行良好的保护协调的。首先,单从 SDH 的保护倒换来说,利用 SDH 业务分析仪插入 LOS、LOF、MS-AIS、

MS. EXC 等告警信号后，都能正常倒换到工作路径，倒换的时间都在 20 ms 以内，满足 50 ms 的标准规定；其次，从 OTN 的保护倒换来说，用 OTN 业务分析仪插入 SM、TCM、PM 层的告警信号能够引起电层的保护倒换，通过拔纤模拟信号失效也能够引起电层的保护倒换，倒换的平均时间都在 20 ms 以内，满足标准规定的 50 ms；最后，当 OTN 网络出现故障时，由于其承载着 SDH 业务，所以两种保护都将倒换到保护路径，在保护返回的时候若协调不当可能出现 SDH 保护的二次倒换问题，解决保护协调的可行方案及建议为：

1. 在 SNCP 与 SDH 的复用段环网保护协调情况下，第一种可设置 SNCP 保护的恢复时间较 SDH 保护的时间短，以避免 SDH 保护的二次倒换。第二种将 SNCP 保护设为不可恢复模式，待发现故障问题并解决后人工进行返回操作。第三种将 SDH 保护设为不恢复模式，在 SNCP 保护恢复正常后人工进行返回操作。在铁路实际应用中建议使用第二种，即设置 SNCP 保护为不返回模式，确保发现线路问题并解决后返回，协调的问题也能得到很好解决。第一种由于不能确保 OTN 工作路径的问题是否得到解决，所以设置自动返回模式不可取。由于 SDH 环网保护是共享环，其保护路径是环上所有 SDH 设备共享的，所以 SDH 环网一般要设置为自动恢复，避免一直占用宝贵的保护路径资源。

2. 在 SNCP 与 SDH 的复用段 1+1 保护协调情况下，第一种可设置 SNCP 保护的恢复时间较 SDH 保护的时间短，以避免 SDH 保护的二次倒换。第二种将 SNCP 保护设为不可恢复模式，待发现故障问题并解决后人工进行返回操作。第三种将 SDH 保护设为不恢复模式，在 SNCP 保护恢复正常后人工进行返回操作。这里建议结合第二种和第三种进行设置，即 SNCP 和 SDH 都设置为不可恢复模式，因为这两种保护都是 1+1 方式，工作和保护路径都是专门为其服务，不需考虑其他用途，发生保护倒换后，分别进行故障发现排除，再人工返回是最为稳妥的方式。

3. 在 ODU*k* SPRing 环网保护与 SDH 复用段环网保护协调情况下，由于 OTN 和 SDH 保护都采用了环网保护，两种保护方式都不适于采用不恢复模式，因此处于保护协调的考虑，建议设置 ODU*k* SPRing 环网保护恢复时间短与 SDH 复用段环网保护。

4. 在 ODU*k* SPRing 环网保护与 SDH 复用段 1+1 保护协调情况下，第一种设置 OTN 保护的自动恢复等待时间较 SDH 保护的时间短，避免 SDH 的二次倒换；第二种设置 SDH 保护为不恢复模式，待发现故障所在并解决后再人工进行返回操作。建议采用第二种方式，在实际应用中更能保证安全性。

通过对铁路骨干环网引入 OTN 技术后与现有 SDH 组网及保护协调问题的分析归纳出三种保护协调测试方案，分别为 OTN 光层与电层保护协调、0TN 光层保护与 SDH 复用段保护协调、OTN 电层保护与 SDH 复用段保护协调。

对三种保护协调方案分别在实验室环境下进行测试，从测试结果来看，不论是 OTN 保护还是 SDH 保护都能良好完成各自的保护倒换，符合标准要求的倒换时间，在某些情况下，存在两种保护协调不当导致保护竞争、二次倒换的问题，针对此类问题，给出了相应解决方案；对三种方案对比分析，提出各个方案的优缺点，针对各自特点并结合铁路实际情况提出在铁路的应用建议。

二、OTN与IP组网及协调保护

铁路网络是一个复杂系统,新建高速铁路线路的同时,也在对大量既有线路改造,因此一些线路两侧光缆使用情况不同,线路衰耗差别较大,在铁路网络中实施OTN与SDH组网及保护时需要考虑线路实际情况,因地制宜选择组网方案。

第一种OTN光层与电层适用于骨干网络中各类业务的保护,电层为远端、子波长级的业务提供保护,途中重要节点间适当加OLP保护,光层保护应注意主备线路的衰耗必须相近,否则不宜加OLP保护。

第二种OTN光层与SDH复用段保护适用于骨干OTN承载骨干/汇聚层SDH业务的情况,此种方案保护倒换快速,施工难度小,但调度不灵活,资源利用率较低;此外,由于基于光功率检测的OLP保护要求主备路径的光功率相近,因此对一些主备光缆线路衰耗差别大的线路不适宜采用此种方案。

第三种OTN电层与SDH复用段保护适用于骨干OTN承载骨干/汇聚层SDH业务的情况,此种方案对大颗粒业务调度灵活,能充分利用设备资源,但对既有SDH改造大,施工复杂;此种方案适宜应用于新建线路。

(一) OTN光层保护与路由器保护的协调

在OTN光层保护与路由器协调方案中,选取了铁路实际较为常用的OLP保护与路由器,分别采用OSPF、IS-IS、BGP协议进行组网测试。

从测试的结果来看,OTN光层保护可以与路由器常用的动态路由协议进行良好的保护协调。首先,若仅IP层网络出现故障,路由器启动路由收敛,重新发现路由,下层的OTN传送网正常运行;其次,从OTN的保护倒换来讲,通过拔纤模拟信号失效能够引起OLP的保护倒换,倒换的时间平均都20 ms以内,满足标准规定的50 ms;最后,下层传送网出现故障时,OTN网络的保护倒换动作极快,没有引起路由器的路由收敛,上下两层的网络能够很好地协调工作。

需要指出的是,在实验室的理想测试环境下,测试的数据并不一定完全能代替现网的实际水平,所以在此方案中还是建议在路由器的端口设置一定的拖延时间,以50 ms为佳,保证在铁路传送网络下层的OTN进行保护倒换,IP网络则可以避免路由收敛。

(二) OTN电层保护与路由器保护的协调

在OTN电层保护与路由器协调方案中,选取了电层保护较为常用的SNCP和ODU*k* SPRing环网保护与路由器分别采用OSPF、IS-IS、BGP协议进行组网测试。

从测试的结果来看,OTN电层保护可以与路由器常用的动态路由协议进行良好的保护协调。首先,若仅IP层网络出现故障,路由器启动路由收敛,重新发现路由,下层的OTN传送网正常运行;其次,从OTN的保护倒换来讲,通过拔纤模拟信号失效能够引起电层SNCP以及环网保护的保护倒换,倒换的时间平均都在20 ms以内,满足标准规定的50 ms;最后,下层传送网出现故障时,OTN网络会产生相应的保护倒换动作,但在某些情况下,上层的 IP 网络路由器也会进行路由收敛，这就需要上下两层进行保护协调，具体保护建议为：

1. 电层的 SNCP 保护与路由器协调情况下，下层传送网出现故障时，OTN 网络的保护倒换动作较快，没有引起路由器的路由收敛，上下两层的网络能够很好地协调工作。需要指出的是，在实验室的理想测试环境下，测试的数据并不一定完全能展现现有网的实际水平，所以在此方案中还是建议在路由器的端口设置一定的拖延时间，以 50 ms 为佳，保证在铁路传送网络下层的 OTN 进行保护倒换，IP 网络则可以避免路由收敛。

2. 电层的 ODU*k* 环网保护与路由器协调情况下，由于上下层保护出现保护竞争现象，尤其不希望上层网络进行路由收敛，所以建议在路由器的端口设置一定的拖延时间，以 50 ms 为佳，保证在铁路传送网络下层的 OTN 进行保护倒换，IP 网络则可以避免路由收敛。

对两种保护协调方案比较如下：

第一种 OTN 光层与路由器保护适用于骨干 OTN 承载骨干/区域网 IP 业务的情况，此种方案保护倒换快速，施工难度小，但调度不灵活，资源利用率较低；此外，由于基于光功率检测的 OLP 保护要求主备路径的光功率相近，因此对一些主备光缆线路衰耗差别大的线路不适宜采用此种方案。

第二种 OTN 电层与路由器保护适用于骨干 OTN 承载骨干/区域网 IP 业务的情况，此种方案对大颗粒业务调度灵活，能充分利用设备资源，但对既有 SDH 改造大，施工复杂；此种方案适宜应用于新建线路。

OTN 在铁路骨干网的应用，为铁路中实现 IP over OTN 提供了条件。在 OTN 网络与 IP 网联合组网时，应当自上而下考虑网络联合生存性，降低路由器设备的压力。通过分析较为常用的 OTN 技术的保护方式和路由器路由协议，得出两种 OTN 与路由器保护协调的测试方案，分别为：OTN 光层 OLP 保护与路由器收敛（IS-IS、OSPF、BGP）协调、OTN 电层保护（SNCP、ODU*k* SPRing）与路由器收敛（IS-IS、0SPF、BGP）协调。

对两种保护协调方案分别在实验室环境下进行测试，从测试结果来看，不论是 OTN 保护还是路由器收敛都能良好完成各自的保护功能，符合标准要求的倒换时间，在某些情况下，存在两种保护协调不当导致保护竞争、二次倒换的问题，针对此类问题，给出了相应解决方案。对两种方案对比分析，提出各个方案的优缺点，针对各自特点并结合铁路实际情况提出在铁路的应用建议。

第四章　OTN 保护策略研究

第一节　层次分析法组网

一、层次分析法的原理

在日常生活中经常要从一大堆同样大小的物品中挑出重量最大的物品。这时，一般是利用两两比较的方法来达到目的。两两比较建立判断矩阵，通过矩阵的排序理论，可以得出各个物体重量的百分比。常用排序方法有：和积法（ANC）、行归一化方法（NRA）、方根法（NGM）、梯度特征向量法（GEM）、特征向量法（EM）、最小二乘法（LSM）、最小平方法（WLSM）、对数最小二乘方法（LLSM）、广义最小偏差方法（GLDM）、最小偏差方法（LDM）、线性规划方法（LPNI）、二次规划方法（QPM）等。但是最传统的特征向量法简单，因此得到了广泛的应用。所以，以下都是用特征向量法求解。

假设有 n 个物品，分别用 w_1、w_2……w_n 表示它们的重量。如果想知道 w_1、w_2……w_n 的值，最简单的方法就是用秤称出它们的重量，然而在没有秤的条件下，可以两两比较每个物品的重量，得到其重量比较矩阵即判断矩阵 $\boldsymbol{A}$，如式 4-1 所示。

$$\boldsymbol{A}=\begin{bmatrix} w_1/w_1 & w_1/w_2 & \cdots & w_1/w_n \\ w_2/w_1 & w_2/w_2 & \cdots & w_2/w_n \\ \cdots & \cdots & \cdots & \cdots \\ w_n/w_1 & w_n/w_2 & \cdots & w_n/w_n \end{bmatrix} \tag{4-1}$$

将物品重量向量 $\mathrm{w}=[\mathrm{w}_1,\mathrm{w}_2\cdots\mathrm{w}_n]$右乘判断矩阵 $\boldsymbol{A}$，有：

$$\boldsymbol{AW}=\begin{bmatrix} w_1/w_1 & w_1/w_2 & \cdots & w_1/w_n \\ w_2/w_1 & w_2/w_2 & \cdots & w_2/w_n \\ \cdots & \cdots & \cdots & \cdots \\ w_n/w_1 & w_n/w_2 & \cdots & w_n/w_n \end{bmatrix}=\begin{bmatrix} w_1 \\ w_2 \\ \vdots \\ w_n \end{bmatrix}\begin{bmatrix} nw_1 \\ nw_2 \\ \vdots \\ nw_n \end{bmatrix}=nw \tag{4-2}$$

根据式(4-2)，可以看出，$\boldsymbol{W}$ 是 $\boldsymbol{A}$ 的特征向量，$\boldsymbol{n}$ 是 $\boldsymbol{A}$ 的特征值。由矩阵理论可知，当 A 是一致矩阵时，n 是其唯一的非零解，也是最大的特征值，就可以利用物品的重量判断矩阵的特征向量来求物品真实的权值向量 $\boldsymbol{W}$，即物品的重量。再将向量归一化就得出了物品真实的权重向量 $\boldsymbol{W}$，即物体重量占总重量的百分比。当 $\boldsymbol{A}$ 不是一致矩阵只是个正互反矩阵时，求出矩阵 $\boldsymbol{A}$ 对应的最大特征值和特征向量即可。

上述 n 个物品代表 n 个指标（要素或方案），物品的重量向量就代表各指标（要素或方案）的相对重要性向量，即权重向量；通过两两因素的比较，建立判断矩阵，求出的特征向量就可以确定某个因素（要素或方案）的重要程度。所以，求出每个因素重要程度的重点是求判断矩阵对应最大特征值的特征向量，其中求最大特征值的过程只是个中间步骤。

二、层次分析法的分析步骤

1. 建立层次结构模型

把决策的目标、考虑的因素(决策准则)和决策对象按照它们之间的关系分为最高层、中间层和最低层,绘制出结构层次图。

(1)最高层:只包含一个元素,用来表示决策分析的总目标,称为总目标层。

(2)中间层:包含若干层元素,用来表示实现总目标所涉及的各子目标,包含各种约束、准则、策略等,称为准则层。

(3)最低层:用来表示实现目标的可选方案和措施等,称为方案层。

典型的层次结构模型如图 4-1 所示。

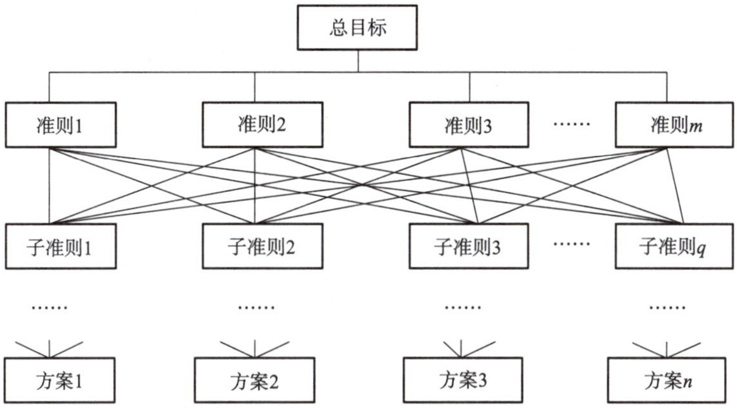

图 4-1 典型的层次结构模型

2. 构造判断矩阵

设有 n 个方案或元素,根据某一准则,将这 n 个方案两两进行比较,把第 $i(i=1,2,\cdots,n)$ 个方案对第 $j(j=1,2,\cdots,n)$ 个方案的相对重要程度记为 a_{ij},按照该方法构造的 n 阶矩阵用来求解各个方案关于某准则的优先权重,称为权重解析判断矩阵,简称判断矩阵,记作 $A=(a_{ij})_{n\times n}$。

Satty 于 1980 年按照一般人的判断能力和认知习惯发明了属性间相对重要性等级表。利用该表取 a_{ij} 的值,称为"1～9 尺度"。根据实验证明"1～9 尺度"是符合实际情况的,同时其效果在较简单的尺度中最好,而且结果并不差于较复杂的尺度,其尺度的构造方法见表 4-1。

表 4-1 1～9 尺度构造方法

尺度 a_{ij}	含 义
1	B_i 和 B_j 的影响程度相同
3	B_i 比 B_j 影响稍强
5	B_i 比 B_j 影响强
7	B_i 比 B_j 影响明显强
9	B_i 比 B_j 影响绝对强
2,4,6,8	B_i 和 B_j 影响之比在上述两个相邻等级之间
1,1/2,1/3,…,1/9	B_i 和 B_j 影响之比为上面 a_{ij} 的互反数

定义1:判断矩阵是矩阵$A=(a_{ij})_{n\times n}$的构造形式,该矩阵一般满足下列条件。

(1)$a_{ij}>0(i,j=1,2,\cdots,n)$;

(2)$a_{ii}=1(i,j=1,2,\cdots,n)$;

(3)$a_{ij}=\frac{1}{a_{ji}}(i,j=1,2,\cdots,n)$;

这样的矩阵称为正互反矩阵。

定义2:如果正互反矩阵A满足$a_{ik}a_{kj}=a_{ij}(i,j,k=1,2,\cdots,n)$,则矩阵$A$具有一致性,称该矩阵为一致性正互反矩阵,简称一致阵。

定理1:对于任何一个n阶正互反矩阵A,均有$\lambda_{max}\geqslant n$,其中λ_{max}是矩阵A的最大特征值。

定理2:n阶正互反矩阵A为一致性矩阵的充分必要条件是A的最大特征根为n。

3. 层次单排序及一致性检验

所谓层次单排序,就是对上一层某因素而言,本层次各因素重要性的排序,有以下3种方法。

(1)特征向量法

利用$\boldsymbol{AW}=\lambda\boldsymbol{W}$,求出所有$\lambda$的值,其中$\lambda_{max}$为$V$的最大值,求出$\lambda_{max}$对应的特征向量$\boldsymbol{W}^*$,然后把特征向量$\boldsymbol{W}^*$归一化为向量$\boldsymbol{W}$,则$\boldsymbol{W}=[w_1,w_2\cdots w_m]^{\mathrm{T}}$为各个目标的权重。求$\lambda$需要解$n$次方程,当$n\geqslant 3$时,计算比较麻烦,可以利用Matlab来求解。但是采用Matlab精确的算法求出的判断矩阵的特征值和特征向量大部分会是复数,带有实部和虚部,不能比较它们之间的大小,而且求解的问题也并不需要较高的精度,所以衍生出了采用近似的“和法”或“根法”求最大的近似特征根和其对应的近似特征向量的方法。

(2)根法

①A中每行元素连乘并开n次方,得到向量$\boldsymbol{W}^*=[w_1{}^*,w_2{}^*,\cdots,w_n{}^*]^{\mathrm{T}}$,其中$w_i{}^*=\sqrt[n]{\prod_{j=1}^{n}a_{ij}}$;

② 对$\boldsymbol{W}^*$作归一化处理,得到权重向量$\boldsymbol{W}=[w_1,w_2,\cdots,w_m]^{\mathrm{T}}$,其中$w_i=w_i^*/\sum_{i=1}^{n}w_i^*$;

③ 对A中每列元素求和,得到向量$\boldsymbol{S}=[S_1,S_2,\cdots,S_n]$,其中$\boldsymbol{S}_i=\sum_{i=1}^{n}a_{ij}$;

④ 计算λ_{max}的值,$\lambda_{max}=\sum_{i=1}^{n}s_iw_i=\boldsymbol{SW}=\frac{1}{n}\sum_{i=1}^{n}\frac{(\boldsymbol{AW})_i}{w_i}$。

(3)和法

①将A的元素按列作归一化处理,得矩阵$\boldsymbol{Q}=(q_{ij})_{n\times n}$,其中$q_{ij}=a_{ij}/\sum_{i=1}^{n}a_{ij}$;

②将$\boldsymbol{Q}$的元素按行相加,得向量$\boldsymbol{\alpha}=[\alpha_1,\alpha_2,\cdots,\alpha_n]^{\mathrm{T}}$,其中,$\alpha_i=\sum_{j=1}^{n}q_{ij}$;

③对向量α作归一化处理,得权重向量$\boldsymbol{W}=[w_1,w_2,\cdots,w_n]^{\mathrm{T}}$,其中$w_i=\alpha_i/\sum_{i=1}^{n}a_i$;

④求出最大特征值$\lambda_{max}=\frac{1}{n}\sum_{i=1}^{n}\frac{(\boldsymbol{AW})_i}{w_i}$。

一致性检验就是判断逻辑思维的一致性。假如 A 比 B 重要，B 比 C 重要，显然 A 一定比 C 重要，这就是判断思维的一致性。如果得到 C 比 A 重要，就违背了常识，导致决策的失误，这时一般有两种处理方法：①更改判断矩阵，即重新定义某一元素相对于另一元素的重要程度，使其满足一致性检验；②不更改判断矩阵，在原有判断矩阵的基础上，将判断矩阵按照一定的算法进行修正使其满足一致性检验。

上面讲的是次序一致性的含义。绝对一致性的含义是：假如 A 比 B 重要 2 倍，B 比 C 重要 3 倍，则 A 比 C 要重要 6 倍。但在实际构造判断矩阵时并不要求具有绝对的一致性，这是由客观事物的复杂性以及人认识的多样性决定的。但需要判断具有大体的一致性，即要求次序一致性。

次序一致性的检验步骤如下（除非特别说明外，以下阐述均为次序一致性）：

计算一致性指标 CI，如式(4-3)：

$$CI=\frac{n-\lambda_{\max}}{n-1} \tag{4-3}$$

其中 n 为判断矩阵 $\boldsymbol{A}$ 的阶数，$\lambda_{\max}$ 为判断矩阵 $\boldsymbol{A}$ 最大特征根。当 $CI=0$ 时，A 为一致矩阵；CI 越大，其不一致程度就越严重。由于判断矩阵的对角元素都是 1，因为在上层某一指标下，某一因素相对于自己的重要程度是一样的，所以 $\boldsymbol{A}$ 的 n 个特征值之和恰好等于阶数 n，即 CI 相当于除 $\lambda_{\max}$ 之外其余 $n-1$ 个特征根的平均值。为了确定 A 的不一致程度的容许范围，需要一个衡量判断矩阵 $\boldsymbol{A}$ 的一致性 CI 的标准，定义一个随机一致性指标 RI，它是采用随机构造正反阵的方法，计算平均值得到的，通过 100～500 个样本的计算，得到表 4-2。

表 4-2 随机一致性指标 *RI*

n	1	2	3	4	5	6	7	8	9
RI	0	0	0.58	0.90	1.12	1.24	1.32	1.41	1.45

判断矩阵的元素不宜超过 9 个，即每层不要超过 9 个因素。

当 $n\geqslant 3$ 时，定义将一致性指标 CI 与同阶数的随机一致性指标 RI 之比称为一致性比率 CR，如式(4-4)：

$$CR=\frac{CI}{RI} \tag{4-4}$$

当 $CR<0.1$ 时，即认为判断矩阵 $\boldsymbol{A}$ 的不一致程度在容许范围之内，能够把其特征向量作为对上层指标评价的权重值，完成一致性检验。

4. 层次总排序及一致性检验

确定所有因素对总目标重要程度的权值排序过程，称为层次总排序。

(1)计算同一层次所有因素对最高层相对重要性的权重向量，这个过程是从最高层到最低层逐次进行的；

(2)设已计算出第 $k-1$ 层上的 n_{k-1} 个元素相对总目标的权重向量为 $\boldsymbol{w}^{(k-1)}=(\boldsymbol{w}_1{}^{(k-1)}, w_2{}^{(k-1)}, \cdots, \boldsymbol{w}_{n_{(k-1)}}{}^{(k-1)})^{\mathrm{T}}$；

(3)若第 k 层有 n_k 个元素，他们对于上一层次(第 $k-1$ 层)的某个元素 j 的层次单排序权重向量为 $\boldsymbol{p}_j{}^{(k)}=(w_{1j}{}^{(k)}, w_{2j}{}^{(k)}, \cdots, w_{n_kj}{}^{(k)})^{\mathrm{T}}$(对于与 $k-1$ 层第 j 个元素无关系的对应 w_{ij} 取值为 0)；

(4)第 k 层相对总目标的权重向量为 $w^{(k)}=(p_1{}^{(k)}, p_2{}^{(k)}, \cdots, p_{n(k-1)}^{(k)})w^{(k-1)}$，展开如式(4-5)：

$$(p_1^{(k)},p_2^{(k)},\cdots,p_{n_{(k-1)}}^{(k)})w^{(k-1)}=\begin{bmatrix} p_{11}^{(k)} & p_{12}^{(k)} & \cdots & p_{1n_{(k-1)}}^{(k)} \\ p_{21}^{(k)} & p_{22}^{(k)} & \cdots & p_{2n_{(k-1)}}^{(k)} \\ \vdots & \vdots & \vdots & \vdots \\ p_{n_k1}^{(k)} & p_{n_k2}^{(k)} & \cdots & p_{n_kn_{(k-1)}}^{(k)} \end{bmatrix}\begin{bmatrix} w_1^{(k-1)} \\ w_2^{(k-1)} \\ \vdots \\ w_{n_{(k-1)}}^{(k-1)} \end{bmatrix}=\begin{bmatrix} \sum_{j=1}^{n_{(k-1)}} p_{1j}^{(k)} w_j^{(k-1)} \\ \sum_{j=1}^{n_{(k-1)}} p_{2j}^{(k)} w_j^{(k-1)} \\ \vdots \\ \sum_{j=1}^{n_{(k-1)}} p_{n_kj}^{(k)} w_j^{(k-1)} \end{bmatrix} \tag{4-5}$$

即

$$w_i^{(k)}=\sum_{j=1}^{n_{(k-1)}} p_{ij}^{(k)} w_j^{(k-1)},i=1,2,\cdots,n_k \tag{4-6}$$

在总排序一致性检验过程中,由高层向下,逐层进行检验。设第 k 层中的某些元素对第 $k-1$ 层第 j 个元素单排序的一致性指标为 $CI_j^{(k)}$,随机一致性指标为 $RI_j^{(k)}$,那么第 k 层总排序的一致性比率为:

$$CR^{(k)}=\frac{\sum_{j=1}^{n_k} w_j^{(k-1)} CI_j^{(k)}}{\sum_{j=1}^{n_k} w_j^{(k-1)} RI_j^{(k)}} \tag{4-7}$$

同样,当 $CR^{(k)}<0.1$,这样才认为整个层次的判断矩阵通过一致性检验。

三、组网方案研究

铁路光传输网的组网研究包括两个方面,分别是网络结构和传输技术。本节提出适用于铁路业务的骨干层、汇聚层和接入层三层网络架构的方案和建议。

网络结构和传输技术的选择是根据骨干层、汇聚层和接入层对承载业务的重要性和安全性及带宽需求等因素综合考虑的。

(一)网络结构选择

1. 骨干层

结合铁路骨干层传输网业务等级高,业务量大的特点,其网络结构可以选环型、部分网型、全网型结构三种方案。评价骨干层传输网网络结构的优劣主要有三个因素:网络生存性、可扩展性、成本,以下用层次分析法对骨干层网络结构进行分析。

(1)构造层次结构模型。

骨干层网络结构的层次结构模型如图 4-2 所示。

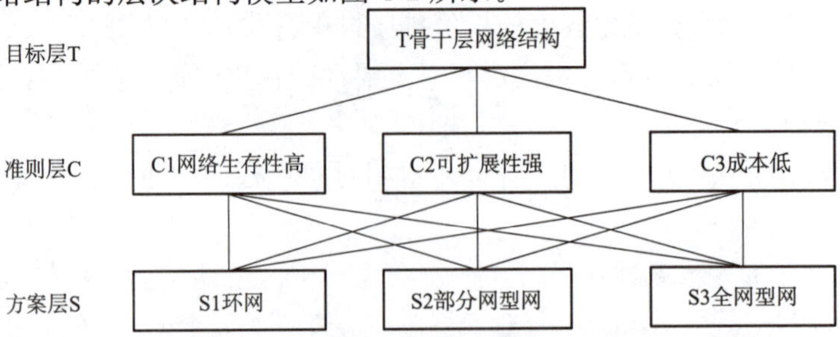

图 4-2　骨干层网络结构的层次结构模型

(2)构造判断矩阵

先判断准则层各因素对目标层的重要程度，进行准则层元素的两两比较。得到的 T-C 判断矩阵如式(4-8)。

$$\boldsymbol{A}_{\text{T-C}}=\begin{bmatrix}1 & 5 & 7\\ 1/5 & 1 & 3\\ 1/7 & 1/3 & 1\end{bmatrix} \tag{4-8}$$

(3)层次单排序及一致性检验

选择“和法”求判断矩阵的特征值和特征向量。

①将 $\boldsymbol{A}_{\text{T-C}}$ 矩阵中元素按列归一化得：$\boldsymbol{Q}=\begin{bmatrix}0.744\,7 & 0.789\,5 & 0.636\,4\\ 0.148\,9 & 0.157\,9 & 0.272\,7\\ 0.106\,4 & 0.052\,6 & 0.090\,9\end{bmatrix}$；

②将 $\boldsymbol{Q}$ 矩阵中元素按行相加得：$\boldsymbol{\alpha}=[2.170\,5 \quad 0.579\,6 \quad 0.249\,9]^{\text{T}}$；

③对向量 $\boldsymbol{\alpha}$ 作归一化处理得权重向量 $\boldsymbol{W}=[0.723\,5 \quad 0.193\,2 \quad 0.083\,3]^{\text{T}}$；

④求最大特征值 $\lambda_{\max}=3.065\,8$；

⑤计算一致性指标：$CI=\dfrac{\lambda_{\max}-n}{n-1}=\dfrac{3.065\,8-3}{3-1}=0.032\,9$；

⑥计算一致性比率：$CR=\dfrac{CI}{RI}=\dfrac{0.032\,9}{0.58}=0.000\,6<0.1$。

由上述的计算可知，$CR<0.1$，判断矩阵 $\boldsymbol{A}_{\text{T-C}}$ 的不一致程度在容许范围之内，其特征向量 $\boldsymbol{W}=[0.723\,5 \quad 0.193\,2 \quad 0.083\,3]^{\text{T}}$ 可以作为第二层准则层对第一层目标层的权重向量，完成一致性检验。

(4)层次总排序及一致性检验

完成了第二层因素层对第一层目标层影响权重的比较，用同样的方法完成第三层方案层对第二层准则层影响权重的比较。分别构造方案层对准则层 C_1 的判断矩阵 $\boldsymbol{A}_{\text{C1-S}}$、方案层对准则层 C_2 的判断矩阵 $\boldsymbol{A}_{\text{C2-S}}$、方案层对准则层 C_3 的判断矩阵 $\boldsymbol{A}_{\text{C3-S}}$，结果如下：

①构造方案层对准则层 C_1 的判断矩阵 $\boldsymbol{A}_{\text{C1-S}}=\begin{bmatrix}1 & 1/3 & 1/5\\ 3 & 1 & 1/2\\ 5 & 2 & 1\end{bmatrix}$，其权重向量为：

$\boldsymbol{W}_{\text{C1-S}}=[0.109\,6 \quad 0.309\,2 \quad 0.581\,3]^{\text{T}}$，最大特征值 $\lambda_{\max}=3.003\,7$，一致性指标 $CI=0.001\,9$，一致性比率 $CR=0.003\,3<0.1$，满足一致性检验；

②构造方案层对准则层 $C2$ 的判断矩阵 $\boldsymbol{A}_{\text{C2-S}}=\begin{bmatrix}1 & 1/5 & 1/6\\ 5 & 1 & 1/3\\ 6 & 3 & 1\end{bmatrix}$，其权重向量为：

$\boldsymbol{W}_{\text{C2-S}}=[0.080\,7 \quad 0.292\,3 \quad 0.627\,0]^{\text{T}}$，最大特征值 $\lambda_{\max}=3.095\,2$，一致性指标 $CI=0.047\,6$，一致性比率 $CR=0.082\,1<0.1$，满足一致性检验；

③构造方案层对准则层 $C3$ 的判断矩阵 $\boldsymbol{A}_{\text{C3-S}}=\begin{bmatrix}1 & 7 & 9\\ 1/7 & 1 & 3\\ 1/9 & 1/3 & 1\end{bmatrix}$，其权重向量为：

$W_{C3\text{-}S}=[0.776\,6\quad 0.154\,9\quad 0.068\,5]^T$，最大特征值$\lambda_{max}=3.082\,1$，一致性指标 $CI=0.041\,1$，一致性比率 $CR=0.070\,9<0.1$，满足一致性检验；

④所以，方案层 S 对目标层 T 的总排序为：$W_i=\sum_{j=1}^{3}W_j^{(1)}W_{ij}^{(2)}$，其中 $W^{(1)}$ 是第二层对第一层的权重向量，$W^{(2)}$ 为第三层对第二层的权重向量。得总排序权重向量为：

$W_{总}=[0.159\,6\quad 0.293\,0\quad 0.547\,4]^T$，总排序一致性指标为 $CI_{总}=0.014\,0$，总排序一致性比率为 $CR_{总}=0.0241$，满足一致性检验。

综上所述，全网型网的权重最大，所以骨干层传输网的网络结构建议建设成全网型网。

2. 汇聚层

结合铁路汇聚层传输网业务等级高，业务量较大的特点，其网络结构可以选环型、部分网型、全网型结构三种方案。评价汇聚层传输网网络结构的优劣主要有四个因素：网络生存性、可扩展性、成本、资源利用率。以下用层次分析法对汇聚层网络结构进行分析。

(1)构造层次结构模型

汇聚层网络结构的层次结构模型如图 4-3 所示。

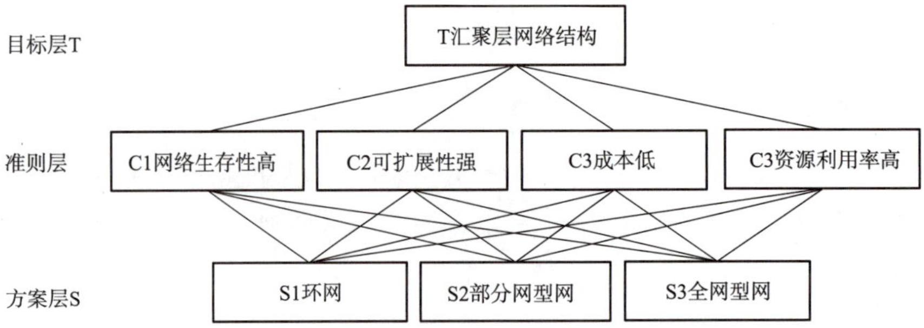

图 4-3　汇聚层网络结构的层次结构模型

(2)依照层次分析法的步骤，求得各项结果如下：

①准则层 C 对目标层 T 的判断矩阵为 $A_{T\text{-}C}=\begin{bmatrix}1&5&7&6\\1/5&1&5&2\\1/7&1/5&1&1/3\\1/6&1/2&3&1\end{bmatrix}$，其权重向量为：

$W_{T\text{-}C}=[0.622\,3\quad 0.202\,1\quad 0.055\,7\quad 0.119\,9]^T$，最大特征值为：$\lambda_{max}=4.181\,8$，一致性指标 $CI=0.060\,6$，一致性比率 $CR=0.067\,3$，满足一致性检验；

②方案层对准则层 C1 的判断矩阵为 $A_{C1\text{-}S}=\begin{bmatrix}1&1/3&1/5\\3&1&1/2\\5&2&1\end{bmatrix}$，其权重向量为：：

$W_{C1\text{-}S}=[0.109\,6\quad 0.309\,2\quad 0.581\,3]^T$，最大特征值$\lambda_{max}=3.003\,7$，一致性指标 $CI=0.001\,9$，一致性比率 $CR=0.003\,3<0.1$，满足一致性检验；

③方案层对准则层 C2 的判断矩阵为 $A_{C2\text{-}S}=\begin{bmatrix}1&1/5&1/6\\5&1&1/3\\6&3&1\end{bmatrix}$，其权重向量为：

$\boldsymbol{W}_{C2\text{-}S}=[0.080\ 7\quad 0.292\ 3\quad 0.627\ 0]^{T}$，最大特征值$\lambda_{max}=3.095\ 2$，一致性指标 $CI=0.047\ 6$，一致性比率 $CR=0.082\ 1<0.1$，满足一致性检验；

④方案层对准侧层 C3 的判断矩阵为 $\boldsymbol{A}_{C3\text{-}S}=\begin{bmatrix}1 & 7 & 9\\ 1/7 & 1 & 3\\ 1/9 & 1/3 & 1\end{bmatrix}$，其权重向量为：

$\boldsymbol{W}_{C3\text{-}S}=[0.776\ 6\quad 0.154\ 9\quad 0.068\ 5]^{T}$，最大特征值$\lambda_{max}=3.082\ 1$，一致性指标 $CI=0.041\ 1$，一致性比率 $CR=0.070\ 9<0.1$，满足一致性检验；

⑤方案层对准侧层 C4 的判断矩阵为 $\boldsymbol{A}_{C4\text{-}S}=\begin{bmatrix}1 & 4 & 6\\ 1/4 & 1 & 3\\ 1/6 & 1/3 & 1\end{bmatrix}$，其权重向量为：

$\boldsymbol{W}_{C3\text{-}3}=[0.658\ 3\quad 0.221\ 3\quad 0.093\ 4]^{T}$，最大特征值$\lambda_{max}=3.054\ 1$，一致性指标 $CI=0.027\ 0$，一致性比率 $CR=0.046\ 6<0.1$，满足一致性检验；

⑥所以，方案层 S 对目标层 T 的权重总排序为：$\boldsymbol{W}_{总}=[0.206\ 7\quad 0.286\ 6\quad 0.506\ 7]^{T}$，得总排序一致性指标为：$CI_{总}=0.016\ 3$，总排序一致性比率为：$CR_{总}=0.028\ 1$，满足一致性检验。

综上所述，全网型网的权重最大，所以汇聚层传输网的网络结构建议建设成全网型网。

3. 接入层

结合铁路接入层传输网业务等级较高，业务量小的特点，其网络结构可以选线型、环型、星型三种方案。评价接入层传输网网络结构的优劣主要有三个因素：网络生存性高、可扩展性强、成本低。以下用层次分析法对接入层网络结构进行分析。

(1)构造层次结构模型

接入层网络结构的层次结构模型如图 4-4 所示。

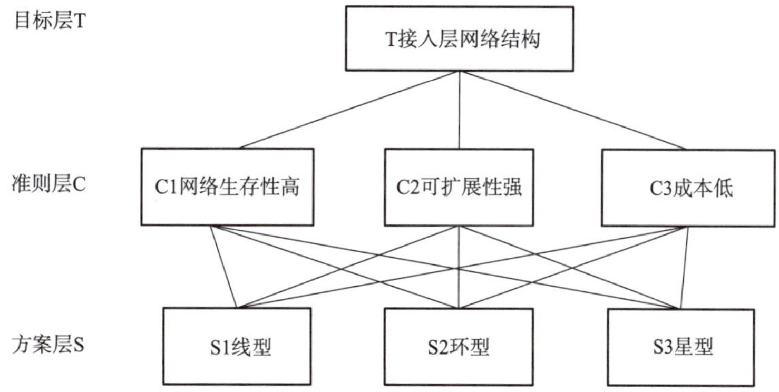

图 4-4　接入层网络结构的层次结构模型

(2)依照层次分析法的步骤，求得各项结果如下。

①准则层 C 对目标层 T 的判断矩阵为 $\boldsymbol{A}_{T\text{-}C}=\begin{bmatrix}1 & 2 & 3\\ 1/2 & 1 & 2\\ 1/3 & 1/2 & 1\end{bmatrix}$，其权重向量为：

$\boldsymbol{W}_{T\text{-}C}=[0.539\ 0\quad 0.297\ 3\quad 0.163\ 8]^{T}$，最大特征值为：$\lambda_{max}=3.009\ 2$，一致性指标 CI

$=0.0046$,一致性比率 $CR=0.0079$,满足一致性检验;

②方案层对准则层 C1 的判断矩阵为 $\boldsymbol{A}_{C1\text{-}S}=\begin{bmatrix}1 & 1/5 & 1/2\\ 5 & 1 & 4\\ 2 & 1/4 & 1\end{bmatrix}$,其权重向量为:

$\boldsymbol{W}_{C1\text{-}S}=[0.1179\quad 0.6806\quad 0.2014]^T$,最大特征值为:$\lambda_{max}=3.0247$,一致性指标 $CI=0.0123$,一致性比率 $CR=0.0213$,满足一致性检验;

③方案层对准则层 C2 的判断矩阵为 $\boldsymbol{A}_{C2\text{-}S}=\begin{bmatrix}1 & 2 & 1/5\\ 1/2 & 1 & 1/7\\ 5 & 7 & 1\end{bmatrix}$,其权重向量为:

$\boldsymbol{W}_{C2\text{-}S}=[0.1676\quad 0.0944\quad 0.7380]^T$,最大特征值 $\lambda_{max}=3.0142$,一致性指标 $CI=0.0071$,一致性比率 $CR=0.0122$,满足一致性检验;

④方案层对准则层 C3 的判断矩阵为 $\boldsymbol{A}_{C3\text{-}S}=\begin{bmatrix}1 & 1/2 & 1/4\\ 2 & 1 & 1/3\\ 4 & 3 & 1\end{bmatrix}$,其权重向量为:

$\boldsymbol{W}_{C3\text{-}S}=[0.1373\quad 0.2395\quad 0.6232]^T$,最大特征值 $\lambda_{max}=3.0183$,一致性指标 $CI=0.0092$,一致性比率 $CR=0.0158$,满足一致性检验;

⑤所以,方案层 S 对目标层 T 的权重总排序为 $\boldsymbol{W}_{总}=[0.1359\quad 0.4341\quad 0.4300]^T$,得总排序一致性指标为:$CI_{总}=0.0102$,总排序一致性比率为 $CR_{总}=0.0176$,满足一致性检验。

综上所述,环型和星型的权重相差无几,环型的权重稍微比星型大一点点,所以接入层传输网的网络结构建议建设成环型或星型。

(二)传输技术选择

1. 骨干层

结合铁路骨干层传输网带宽颗粒度大、保护要求高、可靠性高、要求同步以及需要多业务支持等特点,可以选择 OTN 或者 OTN+MSTP 两种传输方案,两者的可靠性都很高,支持同步。所以,评价骨干层传输网传输技术的优劣主要有三个因素:保护效果强、带宽颗粒度多样、多业务支持。以下用层次分析法对骨干层传输技术进行分析。

(1)构造层次结构模型,如图 4-5 所示。

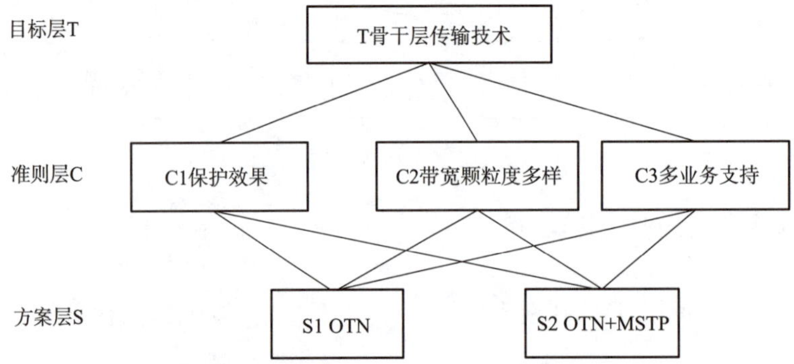

图 4-5　骨干层传输技术的层次结构模型

(2)依照层次分析法的步骤，求得各项结果如下。

①准则层C对目标层T的判断矩阵为 $\boldsymbol{A}_{T\text{-}C}=\begin{bmatrix}1 & 5 & 3\\ 1/5 & 1 & 1/3\\ 1/3 & 3 & 1\end{bmatrix}$，其权重向量为：

$\boldsymbol{W}_{T\text{-}C}=[0.6333\quad 0.1062\quad 0.2605]^T$，最大特征值为：$\lambda_{max}=3.0387$，一致性指标 $CI=0.0193$，一致性比率 $CR=0.0334$，满足一致性检验；

②方案层对准则层C1的判断矩阵为 $\boldsymbol{A}_{C1\text{-}S}=\begin{bmatrix}1 & 1/2\\ 2 & 1\end{bmatrix}$，其权重向量为：

$\boldsymbol{W}_{C1\text{-}S}=[0.3333\quad 0.6667]^T$，最大特征值为：$\lambda_{max}=2$，因为二阶判断矩阵本身就具备完全一致性，其 $RI=0$，所以不需要进行上述的一致性检验过程；

③方案层对准则层C2的判断矩阵为 $\boldsymbol{A}_{C2\text{-}S}=\begin{bmatrix}1 & 1/5\\ 5 & 1\end{bmatrix}$，其权重向量为：

$\boldsymbol{W}_{C2\text{-}S}=[0.1667\quad 0.8333]^T$，最大特征值 $\lambda_{max}=2$；

④方案层对准则层C3的判断矩阵为 $\boldsymbol{A}_{C3\text{-}S}=\begin{bmatrix}1 & 1\\ 1 & 1\end{bmatrix}$，其权重向量为：

$\boldsymbol{W}_{C3\text{-}S}=[0.5000\quad 0.5000]^T$，最大特征值 $\lambda_{max}=2$；

⑤所以，方案层S对目标层T的权重总排序为 $\boldsymbol{W}_{总}=[0.3590\quad 0.6410]^T$。

综上所述，OTN+MSTP的权重比OTN权重大，所以骨干层传输网的传输技术建议选择OTN+MSTP。

2. 汇聚层

结合铁路汇聚层传输网带宽颗粒度大、保护要求高、可靠性高、要求同步等特点，其传输技术可以采用OTN、OTN+增强型MSTP和OTN+PTN三种传输方案。评价汇聚层传输网传输技术的优劣主要有四个因素：保护效果、传输时延、多业务支持成本。以下用层次分析法对汇聚层传输技术进行分析。

(1)构造层次结构模型，如图4-6所示。

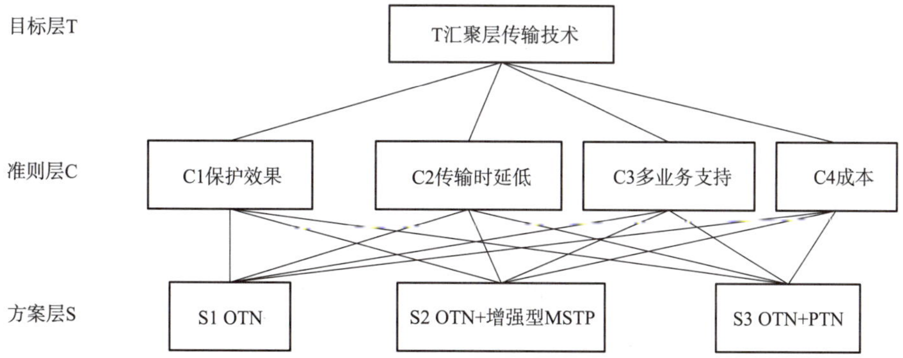

图4-6 汇聚层传输技术的层次结构模型

(2)依照层次分析法的步骤，求得各项结果如下：

①准则层 C 对目标层 T 的判断矩阵为 $\boldsymbol{A}_{\text{T-C}}=\begin{bmatrix}1 & 2 & 3 & 4\\1/2 & 1 & 2 & 3\\1/3 & 1/2 & 1 & 2\\1/4 & 1/3 & 1/2 & 1\end{bmatrix}$,其权重向量为:

$\boldsymbol{W}_{\text{T-C}}=[0.4658\quad 0.2771\quad 0.1611\quad 0.0960]^{\text{T}}$,最大特征值为$\lambda_{\max}=4.0310$,一致性指标 $CI=0.0103$,一致性比率 $CR=0.0114$,满足一致性检验;

②方案层对准则层 C1 的判断矩阵为 $\boldsymbol{A}_{\text{C1-S}}=\begin{bmatrix}1 & 1/3 & 1/3\\3 & 1 & 2\\3 & 1/2 & 1\end{bmatrix}$,其权重向量为:

$\boldsymbol{W}_{\text{C1-S}}=[0.1416\quad 0.5247\quad 0.3338]^{\text{T}}$,最大特征值为$\lambda_{\max}=3.0538$,一致性指标 $CI=0.0269$,一致性比率 $CR=0.0463$,满足一致性检验;

③方案层对准则层 C2 的判断矩阵为 $\boldsymbol{A}_{\text{C2-S}}=\begin{bmatrix}1 & 2 & 3\\1/2 & 1 & 2\\1/3 & 1/2 & 1\end{bmatrix}$,其权重向量为:

$\boldsymbol{W}_{\text{C2-S}}=[0.5390\quad 0.2973\quad 0.1638]^{\text{T}}$,最大特征值$\lambda_{\max}=3.0092$,一致性指标 $CI=0.0046$,一致性比率 $CR=0.0463$,满足一致性检验;

④方案层对准则层 C3 的判断矩阵为 $\boldsymbol{A}_{\text{C3-S}}=\begin{bmatrix}1 & 1/3 & 1/5\\3 & 1 & 1/4\\5 & 4 & 1\end{bmatrix}$,其权重向量为:

$\boldsymbol{W}_{\text{C3-S}}=[0.1038\quad 0.2311\quad 0.6651]^{\text{T}}$,最大特征值$\lambda_{\max}=3.0869$,一致性指标 $CI=0.0434$,一致性比率 $CR=0.0749$,满足一致性检验;

⑤方案层对准则层 C4 的判断矩阵为 $\boldsymbol{A}_{\text{C4-S}}=\begin{bmatrix}1 & 4 & 5\\1/4 & 1 & 3\\1/5 & 1/3 & 1\end{bmatrix}$,其权重向量为:

$\boldsymbol{W}_{\text{C4-S}}=[0.6651\quad 0.2311\quad 0.1038]^{\text{T}}$,最大特征值$\lambda_{\max}=3.0869$,一致性指标 $CI=0.0434$,一致性比率 $CR=0.0749$,满足一致性检验;

⑥所以,方案层 S 对目标层 T 的权重总排序为 $\boldsymbol{W}_{总}=[0.2958\quad 0.3862\quad 0.3180]^{\text{T}}$,得总排序一致性指标为 $CI_{总}=0.0249$,总排序一致性比率为 $CR_{总}=0.0430$,满足一致性检验。

综上所述,OTN+增强型 MSTP 的权重最大,所以汇聚层传输网的传输技术建议选择 OTN+增强型 MSTP。

3. 接入层

结合铁路接入层传输网带宽颗粒度较小、保护要求一般、可靠性高、要求同步等特点,其传输技术可以为 SDH、MSTP、增强型 MSTP、PTN 或 IP RAN。评价接入层传输网传输技术的优劣主要有五个因素:保护效果、多业务支持、同步、网络可靠性、低延时。以下用层次分析法对接入层传输技术进行分析。

(1)构造层次结构模型,如图 4-7 所示。

(2)依照层次分析法的步骤,求得各项结果如下:

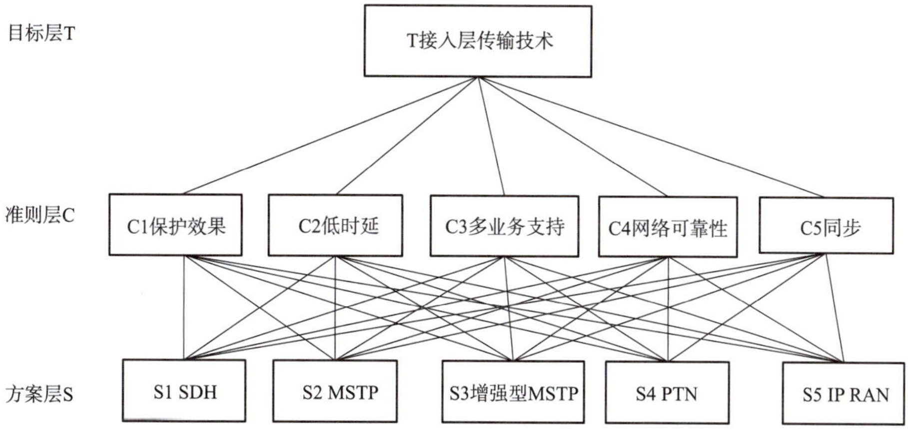

图 4-7 接入层传输技术的层次结构模型

①准则层 C 对目标层 T 的判断矩阵为 $\boldsymbol{A}_{T\text{-}C}=\begin{bmatrix}1 & 3 & 2 & 5 & 1\\ 1/3 & 1 & 1/2 & 4 & 1/4\\ 1/2 & 2 & 1 & 3 & 1/3\\ 1/5 & 1/4 & 1/3 & 1 & 1/5\\ 1 & 4 & 3 & 5 & 1\end{bmatrix}$，其权重向量为：

$\boldsymbol{W}_{T\text{-}C}=[0.310\,4\quad 0.118\,5\quad 0.158\,5\quad 0.053\,3\quad 0.359\,2]^T$，最大特征值为：$\lambda_{max}=5.165\,8$，一致性指标 $CI=0.041\,4$，一致性比率 $CR=0.037\,0$，满足一致性检验；

②方案层对准则层 C1 的判断矩阵为 $\boldsymbol{A}_{C1\text{-}S}=\begin{bmatrix}1 & 2 & 2 & 3 & 4\\ 1/2 & 1 & 1/2 & 2 & 3\\ 1/2 & 2 & 1 & 2 & 3\\ 1/3 & 1/2 & 1/2 & 1 & 2\\ 1/4 & 1/3 & 1/3 & 1/2 & 1\end{bmatrix}$，其权重向量为：

$\boldsymbol{W}_{C1\text{-}S}=[0.370\,4\quad 0.189\,3\quad 0.246\,6\quad 0.120\,3\quad 0.073\,3]^T$，最大特征值为：$\lambda_{max}=5.091\,7$，一致性指标 $CI=0.022\,9$，一致性比率 $CR=0.020\,4$，满足一致性检验；

③方案层对准则层 C2 的判断矩阵为 $\boldsymbol{A}_{C2\text{-}S}=\begin{bmatrix}1 & 2 & 4 & 5 & 7\\ 1/2 & 1 & 3 & 4 & 6\\ 1/4 & 1/3 & 1 & 3 & 4\\ 1/5 & 1/4 & 1/3 & 1 & 2\\ 1/7 & 1/6 & 1/4 & 1/2 & 1\end{bmatrix}$，其权重向量为：

$\boldsymbol{W}_{C2\text{-}S}=[0.439\,5\quad 0.290\,3\quad 0.149\,4\quad 0.075\,0\quad 0.045\,8]^T$，最大特征值 $\lambda_{max}=5.149\,3$，一致性指标 $CI=0.037\,3$，一致性比率 $CR=0.033\,3$，满足一致性检验；

④方案层对准则层 C3 的判断矩阵为 $\boldsymbol{A}_{C3\text{-}S}=\begin{bmatrix}1 & 1/3 & 1/5 & 1/4 & 1/3\\ 3 & 1 & 1/3 & 1/2 & 1\\ 5 & 3 & 1 & 3 & 4\\ 4 & 2 & 1/3 & 1 & 2\\ 3 & 1 & 1/4 & 1/2 & 1\end{bmatrix}$，其权重向量为：

$\boldsymbol{W}_{C3\text{-}S}=[0.058\,0\quad 0.139\,3\quad 0.449\,1\quad 0.222\,1\quad 0.131\,4]^{T}$，最大特征值$\lambda_{max}=5.119\,3$，一致性指标 $CI=0.029\,8$，一致性比率 $CR=0.026\,6$，满足一致性检验；

⑤方案层对准则层 C4 的判断矩阵为 $\boldsymbol{A}_{C4\text{-}S}=\begin{bmatrix}1 & 1/3 & 1/4 & 1/5 & 1/7\\ 3 & 1 & 1/2 & 1/5 & 1/6\\ 4 & 2 & 1 & 1/3 & 1/5\\ 5 & 5 & 3 & 1 & 1/4\\ 7 & 6 & 5 & 4 & 1\end{bmatrix}$，其权重向量为：

$\boldsymbol{W}_{C4\text{-}S}=[0.043\,0\quad 0.080\,1\quad 0.122\,8\quad 0.244\,6\quad 0.509\,5]^{T}$，最大特征值$\lambda_{max}=5.323\,0$，一致性指标 $CI=0.080\,7$，一致性比率 $CR=0.072\,1$，满足一致性检验；

⑥方案层对准则层 C5 的判断矩阵为 $\boldsymbol{A}_{C5\text{-}S}=\begin{bmatrix}1 & 7 & 1 & 1 & 1\\ 1/7 & 1 & 1/7 & 1/7 & 1/7\\ 1 & 7 & 1 & 1 & 1\\ 1 & 7 & 1 & 1 & 1\\ 1 & 7 & 1 & 1 & 1\end{bmatrix}$，其权重向量为：

$\boldsymbol{W}_{C5\text{-}S}=[0.241\,4\quad 0.034\,5\quad 0.241\,4\quad 0.241\,4\quad 0.241\,4]^{T}$，最大特征值$\lambda_{max}=5$，其最大特征值等于阶数，所以该判断矩阵为完全一致矩阵，不需要进行一致性检验过程；

⑦所以，方案层 S 对目标层 T 的权重总排序为

$\boldsymbol{W}_{总}=[0.265\,2\quad 0.131\,9\quad 0.258\,6\quad 0.181\,1\quad 0.163\,2]^{T}$，得总排序一致性指标为：

$CI_{总}=0.020\,5$，总排序一致性比率为 $CR_{总}=0.018\,3$，满足一致性检验。

综上所述，SDH 的权重最大，所以接入层传输网的传输技术建议选择 SDH。

四、小结

通过层次分析法，各层次网络综合各因素求出了适合铁路传输网的组网方案，结果如下：

在铁路传输网网络结构研究中，骨干层综合考虑了网络生存性、可扩展性和成本三个因素，得出了网型网最合适；汇聚层综合考虑了网络生存性、可扩展性、成本和资源利用率四个因素，得出了网型网最合适；接入层综合考虑了网络生存性、可扩展性和成本三个因素，得出了环型网或星型网最合适。

在铁路传输网传输技术研究中，骨干层综合考虑了保护效果、带宽颗粒度和多业务支持三个因素，得出了 OTN+MSTP 传输技术最合适；汇聚层综合考虑了保护效果、传输时延、多业务支持和成本四个因素，得出了 OTN+增强型 MSTP 传输技术最合适；接入层综合考虑了保护效果、传输时延、多业务支持、网络可靠性和同步五个因素，得出了 SDH 传输技术最合适。

第二节　铁路光传送网通路保护机制研究

网络生存性是指网络发生故障后仍能保证业务正常传输的能力，即指在网络的节点或链路等发生故障后，网络利用其空闲资源尽快为业务重新选路并倒换，以减少故障对其带来的影响。本节介绍了保护机制、恢复机制以及专用通路保护与共享通路保护的概念，并改进

已有的MTW算法，提出以通路所经链路总权重与总节点数之和最小为指标的路由算法BTWH，不仅可以让业务请求的保护通路与其工作通路做到链路分离，还能让它们做到节点分离，并在占用较少波长资源的同时做到负载均衡，降低业务请求的保护倒换时间；同时在算法中加入了可调系数，在寻路过程中能通过调整链路权重系数与节点总数系数以满足不同的业务传输需求。

一、保护机制的分类

网络的生存性具体可以分为保护技术和恢复技术两大部分。保护技术是指在故障发生之前就已经为要传输的业务分配好了它所需要的保护资源，而在网络发生故障时，业务就可以直接切换到之前预留好的保护资源上进行传输，有效减少了因为故障而产生的传输中断时间，提高通信质量。

恢复技术是指保护资源不被提前预留，而当网络发生故障后，在剩余的空闲资源内进行动态寻路，利用网络的冗余资源来实现快速地恢复故障业务的传输。

根据保护资源是否可以共享可以分为共享保护机制与专用保护机制，根据保护的对象是链路还是整个通路又可以分为链路保护（节点故障可以看为是多个链路发生故障）和通路保护，所以往下又细分为专用通路保护/专用链路保护，以及共享通路保护/共享链路保护；恢复可以分为通路恢复与链路恢复。光传送网生存性机制如图 4-8 所示，其中通路保护是本节研究重点。

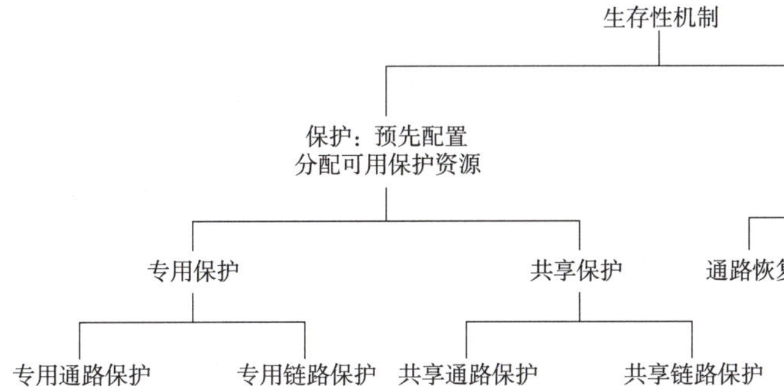

图 4-8　光传送网生存性机制

（一）通路保护与链路保护

首先介绍通路保护和链路保护的概念与区别：通路保护是指在为每个业务请求建立传输光路的同时也预设好了一条与该传输光路源节点与目的节点相同的端到端的备用光路，并在备用光路上提前预留相应的波长资源用来保障业务在传输光路故障时以切换到备用光路上进行传输。链路保护是指为工作通路所经过的链路在其附近提前设置好备用路由并且同时预留相应的备用波长。

通路保护与链路保护倒换过程如图 4-9 所示，图中以路径 0-1-2-3 来表示业务传输的原有工作路径，当故障发生在节点 1 和节点 2 之间的链路上时，切换业务到图中点划虚线所示的备用光路上进行传输；图(a)所示的通路保护会将业务切换到备用的 0-5-4-3 路径上进行传输，而图(b)所示的链路保护会将业务切换到备用的 0-1-5-4-2-3 路径上进行传输，由此也可以看出通路保护与链路保护的区别。

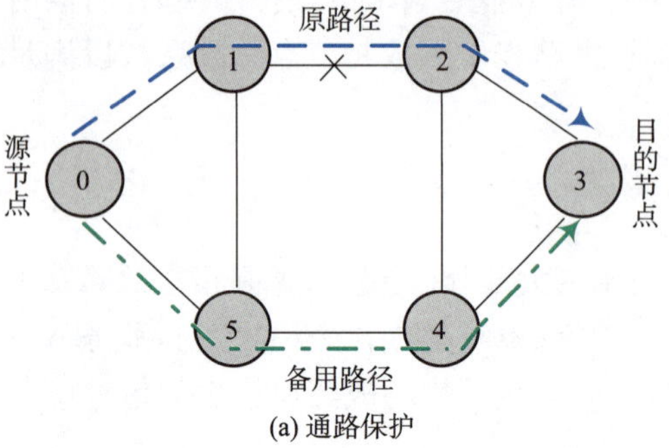

图 4-9　通路保护与链路保护

（二）专用通路保护与共享通路保护

通路保护机制中，每个业务的光路请求在建立的同时也为该业务请求建立了一条链路分离的备用通路，并预留了相应的波长资源。根据上文介绍的分类，可将通路保护细分为：共享通路保护(即 $N+1$ 保护)与专用通路保护(即 1+1 保护)。两种保护策略在故障发生时的保护倒换过程示意图如图 4-10 所示。

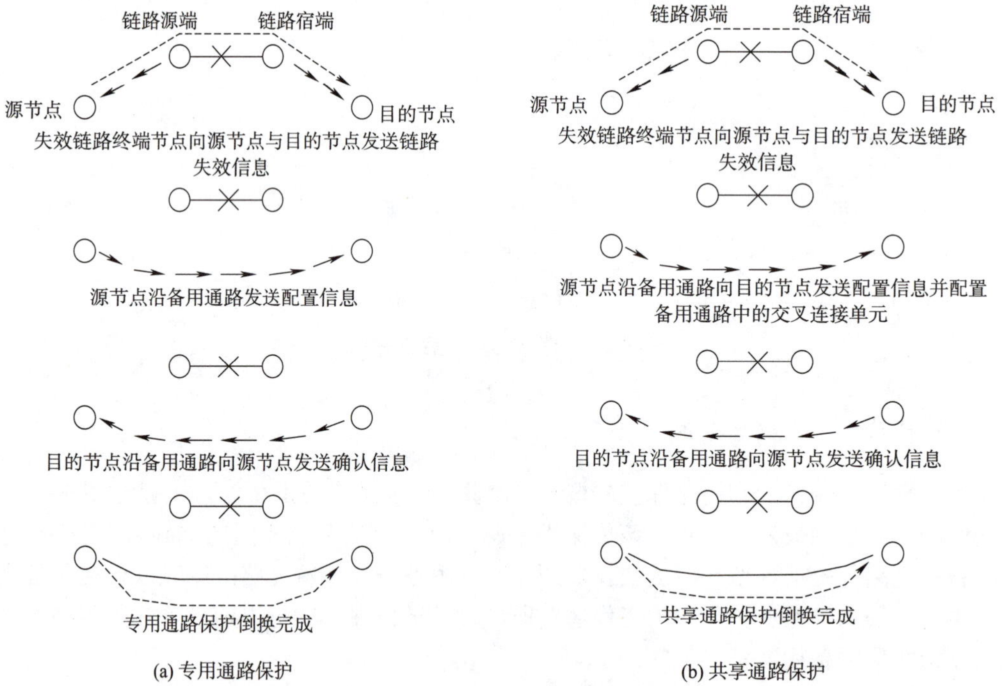

图 4-10　专用通路保护与共享通路保护

专用通路保护(DPP,Dedicated Path Protection)是指该备用通路被保护通路专用,并且其预留的波长资源由该工作通路专享。

共享通路保护(SPP,Shared Path Protection)是指该备用通路的各条链路及其预留的波长资源被多个业务请求的工作通路共享,但前提是这些保护通路是不会同时被启用的。

由保护倒换过程可以发现,专用通路保护和共享通路保护最大的区别在于,当发生链路失效时,失效链路的终端节点在向业务请求的源节点与目的节点发送链路失效信息后,专用通路保护的源节点直接沿备用通路向目的节点发送配置信息而不用再配置交叉连接单元,但共享通路保护的源节点需沿备用通路向目的节点发送配置信息并配置备用通路保护中的交叉连接单元。本节着重对专用通路保护与共享通路保护机制下的光传送网路由保护算法进行研究。

二、BTWH算法

已有的光传送网通道路由保护算法在寻路时单纯考虑保护通路与工作通路的链路权重最小,而不考虑保护通路与工作通路所经过的节点个数。这样在寻路时会出现所寻通路的链路权重虽然最小,但其所经过的节点数偏多的情况,或者在寻路时会漏掉通路的链路权重虽然偏大,但其所经过的节点非常少的通路,而节点对于业务的传输会有一定的影响,比如可能会发生故障或者存在较长传输延时等。所以本节提出 BTWH 算法,它在寻路时以通路所经链路总权重与总节点数之和最小为指标,将链路权重与节点数进行折中,仿真显示算法性能优于已有通道路由保护算法,算法具体内容及性能描述如下文所述。

(一)BTWH 算法基本思想

光链路负载分配不均衡是指有些光链路上的波长资源没有被有效使用而闲置,但与此同时有些链路上的波长却被工作光路使用较多的情况;物理光链路负载分配不均衡不仅会对网络的健壮性及网络升级不利,而且也会浪费网络的资源;全网业务请求工作通路的平均路由跳数越大,则说明全网业务工作通路所经链路与节点数越多,这样既增加了对光功率的预算,也增大了网络的非线性,对信号传输不利。为了减少业务传输所经过的节点数与链路数,降低全网平均路由跳数,降低在故障产生后将受损的业务完全倒换到保护通路上进行传输所需用时,减少保护通路以及工作通路对资源的占用,使网络负载均衡化,本节在 MTW 算法的基础上,对静态业务路由算法进行研究,通过引入通路总代价的概念,利用权重加权系数 a 与节点加权系数 b 来权衡通路总权重(链路权重由节点间实际物理距离决定)与所经节点总个数(跳数)的关系,对算法进行改进,提出 BTWH 算法,选路时优先选择通路权重与所经节点数总和最小的路径,可实现网络负载均衡,并在有效降低业务占用的网络资源数与保护倒换所需时间的同时,降低全网业务平均路由跳数。

以图 4-11 为例对 BTWH 算法与 MTW 算法的寻路原则进行说明,该拓扑包含 6 个节点,7 条链路,链路附近的数值是其权重值,业务请求从节点 1 到节点 3,可得 BTWH 算法与 MTW 算法寻找的工作通路相同,均为 1-3,但其计算过程不同,BTWH 算法计算 1-3 的代价为 5(2+3=5,即两个节点数与链路权重 3 相加),而 MTW 算法计算 1-3 的权重为 3;在保护通路的选路过程中,BTWH 算法选择传输路径 1-2-3 为保护通路,总代价为 9(3+6=9,即 3

个节点数与链路权重 4 与链路权重 2 的求和)，而 MTW 选择传输路径 1-6-5-4-3 为保护通路，该通路权重为 5(1+2+1+1=5)，但其总代价计算为 10(5+5=10，即 5 个节点数与通路总权重的和)。由此可得，BTWH 算法寻路所得保护通路的总代价小于 MTW 算法寻路所得保护通路的总代价，资源占用更少，所经节点数更少，从而减少保护倒换所需时间，均衡网络资源。

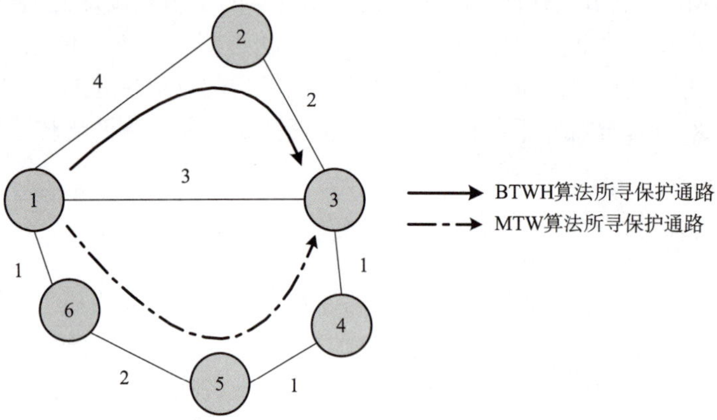

图 4-11　BTWH 算法与 MTW 算法

(二)BTWH 算法参数

为了提高网络生存性，降低通路保护的倒换时间，提高资源利用率，BTWH 路由算法利用改进的 k-shortest-paths 算法来寻找某业务请求的前 K 条代价最小通路，其改进的代价计算公式为：

$$S=a\times w+b\times h \tag{4-9}$$

其中 S 表示通路的总代价，w 为通路所经链路总权重，h 为通路所经过的节点总数(总跳数)，a 为权重加权系数，b 为节点加权系数，在寻路时两者用来权衡权重 w 与节点数 h 在通路总代价 S 中所占比重，a、b=0、1、2，但 a、b 不同时取 0。值得注意的是，标准 k-shortest-paths 算法在为某业务请求寻路时只考虑通路所经链路的总权重，而不考虑通路经过的节点数，所以寻路结果会出现权重最少但通路所经节点数偏多的情况，进而增加了资源占用以及链路失效时受损业务的保护倒换时间。文中，利用 BTWH 路由算法，通过 a 与 b 的不同取值，针对同一个业务请求，会有不同的寻路结果：

若 $a=1$、$b=0$，此时 BTWH 算法与 MTW 算法一样，在寻路时只考虑链路的权重，两种算法的寻路结果相同，均为通路所经链路总权重最小的路径；

若 $a=1$、$b=1$，此时在寻路时同时考虑链路的权重与通路所经过的节点个数，通路代价 S 即为通路所经链路的总权重与所经节点总数的求和；

若 $a=0$、$b=1$，此时在寻路时只考虑通路所经节点个数，寻路结果为通路所经节点个数最少的路径；

若 $a=2$、$b=1$ 或 $a=1$、$b=2$，此时链路权重加权系数分别为 2、1，节点加权系数分别为 1、2，两者寻路结果接近 $a=1$、$b=1$，但保护倒换时间整体均略高于 $a=1$、$b=1$ 时，平均路由

也整体均略高于 $a=1$、$b=1$ 时的寻路结果。

下文中 a 与 b 的取值均为 1。

(三)BTWH 算法性能指标

为了合理比较算法性能，评估其生存性设计的优劣，本文采取下列指标对算法进行评价，并通过通路保护机制的保护倒换时间计算公式来计算当单链路失效时，该受损业务进行完整保护倒换所需要的时间。

(1)资源占用率：指在满足业务请求并保证 100% 单通路失效时光网络生存性的前提下，全网业务请求的工作通路与保护通路所经过的每条链路需要占用的总的波长资源数。在其他评价指标的结果相同时，全网占用的总波长越少，表示网络的生存性设计的越好；否则，表示该网络生存性设计的越差。文中用波长链路来计量网络中波长资源的占用情况，也就是说 1 单位波长链路就表示任意一个链路上的一个波长。

(2)保护倒换时间：表示在某个业务请求的工作通路发生失效时，该受损业务从失效发生起到切换到其保护通路上进行传输所用的时间。在占用相同的资源时，受损业务所需的保护倒换时间越短，表示网络的生存性设计的越好；否则，表示网络的生存性设计的越差。

(3)寻路失败概率：在为某业务请求寻路时，可能会有无法为该业务请求找到满足要求的保护通路与工作通路的情况发生，寻路失败概率是指寻路失败的业务请求数占总的业务请求数的比例。寻路失败的概率越低，表示该路由算法具有较好的性能；否则，表示该路由算法具有较差的性能。

(4)平均路由跳数：平均路由跳数 h_{avg} 等于全网业务使用的路由跳数的平均值。有学者对网络均衡程度的量化公式进行研究，公式指出影响网络负载均衡度变化的因素有所选路由的剩余波长数与路由跳数，从该公式可以看出，路由跳数越小，网络负载就越均衡。

由于专用通路保护是被其工作通路所独享的，所以它比共享通路保护机制少了在保护通路上用于配置、测试、设置光交叉连接设备所需要的时间。文中两种机制具体保护倒换时间计算公式如下：

专用通路的保护倒换时间：

$$t=F+PW\times P+v\times D+2\times BW\times P+2\times m\times D \tag{4-10}$$

共享通路的保护倒换时间：

$$t=F+PW\times P+v\times D+2\times BW\times P+2\times m\times D+m\times C \tag{4-11}$$

其中参数说明如下，部分参数取经验值：

F——表示从故障发生到检测到链路失效的用时，取经验值 10 μs；

PW——表示从失效链路源节点到该业务请求源节点所经链路的总权重；

P——表示链路上所传输信息的传播延迟时间，取经验值 400 μs/80 km；

v——表示该业务从其业务请求的源节点到该失效链路的源节点所经过的节点总数；

D——表示节点转发并处理信息所需要的时间，取经验值 10 μs；

BW——表示该业务请求保护通路的总权重；

m——表示从该业务请求的源节点经过保护通路到其目的节点所经过的节点总数；

C——表示用于配置、测试以及设置光交叉连接设备的时间，取经验值 500 μs。

(四)BTWH 算法流程

BTWH 算法的主要思想是:使用改进的 *k*-shortest-paths 算法,为每一个业务请求寻找其前 K 组能够满足从该业务请求的源节点到目的节点的链路分离的工作通路与保护通路集,并使用改进的代价计算公式来计算它们各自的代价,最后将其中代价最小的通路对选作该业务请求的保护通路与工作通路。

在介绍 BTWH 算法具体步骤之前先对步骤中用到的参数进行如下定义:

A_0 表示邻接矩阵的初始值,N 表示网络的节点总数,矩阵元素 a_{ij} 的取值表示两个节点 i、j 之间是否直接相连;若 a_{ij} 取值是非零的正数,则说明节点 i、j 直接相连,且 a_{ij} 的值代表链路 i-j 的权重;若 $a_{ij}=\text{inf}$,则说明两个节点 i、j 之间是没有直接相连的。

inf——表示无穷大;

K——表示改进的 k-shortest-paths 算法定义的所求最短通路数目,文中 $K=3$;

n——表示将求该业务请求的第 n 条最短路径,$1\leqslant n\leqslant K$,下述循环中 n 初始化为 1;

WP_n——表示该业务请求的第 n $(1\leqslant n\leqslant K)$条工作通路,将其代价记为 PWH_n;

BP_n——表示该业务请求的第 n $(1\leqslant n\leqslant K)$条工作通路的保护通路,将其代价记为 BWH_n;

PWH_n——表示工作通路代价,其计算公式为:

$$PWH_n=a\times w_{1n}+b\times h_{1n} \tag{4-12}$$

BWH_n——表示保护通路代价,其计算公式为:

$$BWH_n=a\times w_{2n}+b\times h_{2n} \tag{4-13}$$

TWH_n——表示 WP_n 和 BP_n 的总代价,其计算公式为:

$$TWH_n=PWH_n+BWH_n \tag{4-14}$$

BTWH 算法流程如图 4-12 所示。

相应 BTWH 算法具体步骤如下:

Step1:使用改进的 *k*-shortest-paths 算法,为每一个业务请求计算其前 K 条链路代价最小的传输路径;若存在上述所求路径,则转至 Step2;否则说明满足该业务请求的传输路径是不存在的,转至 Step5;

Step2:进行循环,若 $n=1$,求得 WP_1 及其代价 PWH_1,并在邻接矩阵中将所有 WP_1 经过的链路权重都重置为 inf,然后转至 Step3;若 $2\leqslant n\leqslant K$ 且 $PWH_n<BWH_1$,则求得 WP_n 及其代价 PWH_n,并在邻接矩阵中将所有 WP_n 经过的链路权重都重置为 inf,以方便寻找与其链路相分离的保护通路,然后转至 Step3;否则就转至 Step4;

Step3:在状态被更新之后的邻接矩阵中,采用改进代价函数的 Dijkstra 算法计算与工作通路链路分离且节点分离的 BP_n 及其代价 BWH_n,然后将该邻接矩阵还原为初始状态的邻接矩阵 A_0;若 BP_n 存在,则计算并记录 TWH_n;若 BP_n 不存在,则记录 $TWH_n=\text{inf}$;$n=n+1$,返回 Step2;

Step4:找出 Step3 中记录的 TWH_n 的最小值,并将其所对应的通路对分别设置为该业务请求最终的工作通路与保护通路;

Step5:将工作通路 WP_n 与保护通路 BP_n 经过的每一条链路的权重都加 1,更新邻接矩阵 A_0,以实现负载均衡;

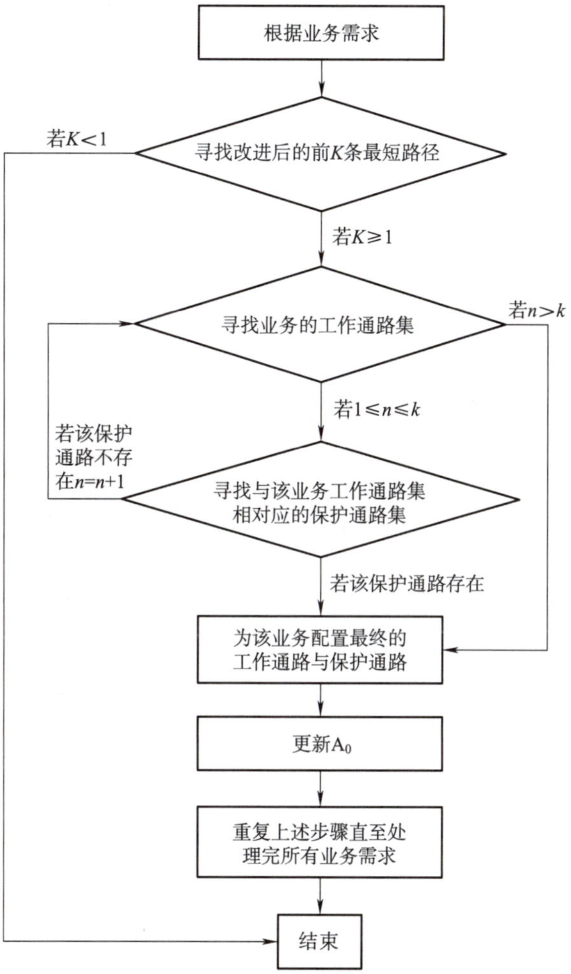

图 4-12　BTWH 算法流程

Step6：重复上述 Step1～Step5 步骤直到处理完每一个业务请求。

由此可见，将 BTWH 算法与传统的路由算法相比较，BTWH 算法利用改进后的 k-shortest-paths 算法进行寻路，首先计算了前 K 条可选的工作通路集，然后计算与其相应的保护通路集，可有效避免传统迪杰斯特拉（Dijkstra）路由算法寻路失败情况的发生；而且 BTWH 算法以总代价最小为指标来为业务请求选择最终的保护通路与工作通路，可有效降低全网业务对波长资源的占用，并减少在链路失效时受损业务切换到保护通路需要的时间，降低全网业务平均路由跳数，均衡网络负载，本节用 MATLAB 编程仿真来进一步对比和验证 BTWH 与 MTW 两种算法的性能。

三、基于业务的通路保护仿真分析

本节在如图 4-13 所示的铁路实际网络拓扑上进行算法仿真，该拓扑共由 20 个节点与 25 条链路构成。

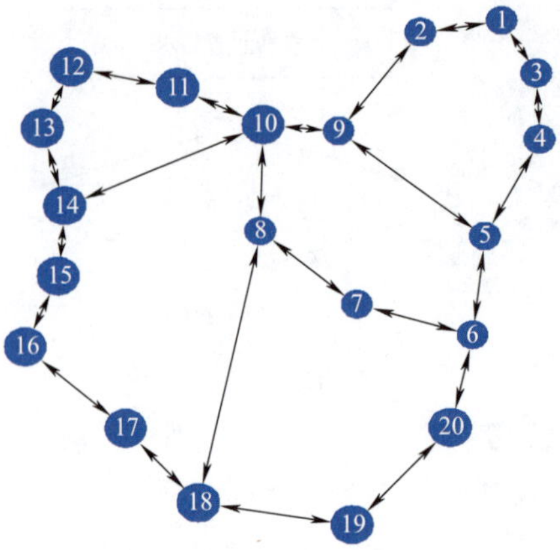

图 4-13　仿真网络拓扑图

两节点之间的链路权重是指该铁路传输网络中两个实际节点之间的物理距离,并且已知全网业务请求,而且每个业务请求的带宽用一个波长粒度来表示。

本节将 BTWH 算法与 MTW 算法同时应用于光传送网专用通路保护机制与共享通路保护机制中,并通过仿真来验证两种算法的保护性能。在 20 个业务请求时两种算法的寻路结果对比见表 4-3,由表可见其在处理相同业务请求时寻路结果的差异。

表 4-3　MTW 算法与 BTWH 算法寻路结果

序号	业务请求	MTW		BTWH	
		工作通路	保护通路	工作通路	保护通路
1	6-10	[6,5,4,3,1,2,9,10]	[6,20,19,18,17,16,15,14,10]	[6,5,9,10]	[6,7,8,10]
2	7-13	[7,6,20,19,18,17,16,15,14,13]	[7,8,10,11,12,13]	[7,8,10,11,12,13]	[7,6,20,19,18,17,16,15,14,13]
3	14-20	[14,15,16,17,18,19,20]	[14,10,9,2,1,3,4,5,6,20]	[14,15,16,17,18,19,20]	[14,10,9,5,6,20]
4	13-5	[13,14,10,9,2,1,3,4,5]	[13,12,11,10,8,7,6,5]	[13,14,10,9,5]	[13,12,11,10,8,7,6,5]
5	12-1	[12,11,10,9,2,1]	[12,13,14,10,8,7,6,5,4,3,1]	[12,11,10,9,2,1]	[12,13,14,10,8,7,6,5,4,3,1]
6	16-3	[16,17,18,19,20,6,5,4,3]	[16,15,14,10,9,2,1,3]	[16,17,18,19,20,6,5,4,3]	[16,15,14,10,9,2,1,3]
7	7-2	[7,6,5,4,3,1,2]	[7,8,10,9,2]	[7,6,5,4,3,1,2]	[7,8,10,9,2]
8	14-3	[14,10,9,2,1,3]	[14,15,16,17,18,19,20,6,5,4,3]	[14,10,9,2,1,3]	[14,15,16,17,18,19,20,6,5,4,3]
9	1-18	[1,2,9,10,8,18]	[1,3,4,5,6,20,19,18]	[1,2,9,10,8,18]	[1,3,4,5,6,20,19,18]
10	20-12	[20,19,18,17,16,15,14,13,12]	[20,6,7,8,10,11,12]	[20,6,7,8,10,11,12]	[20,19,18,17,16,15,14,13,12]

续上表

序号	业务请求	MTW		BTWH	
		工作通路	保护通路	工作通路	保护通路
11	11-15	[11,12,13,14,15]	[11,10,8,18,17,16,15]	[11,12,13,14,15]	[11,10,8,18,17,16,15]
12	18-9	[18,8,10,9]	[18,19,20,6,5,9]	[18,8,10,9]	[18,19,20,6,5,9]
13	11-17	[11,12,13,14,15,16,17]	[11,10,8,18,17]	[11,10,8,18,17]	[11,12,13,14,15,16,17]
14	8-12	[8,10,11,12]	[8,18,17,16,15,14,13,12]	[8,10,11,12]	[8,18,17,16,15,14,13,12]
15	11-16	[11,12,13,14,15,16]	[11,10,8,18,17,16]	[11,12,13,14,15,16]	[11,10,8,18,17,16]
16	19-7	[19,20,6,7]	[19,18,8,7]	[19,20,6,7]	[19,18,8,7]
17	14-6	[14,10,9,5,6]	[14,15,16,17,18,19,20,6]	[14,10,9,5,6]	[14,15,16,17,18,19,20,6]
18	16-1	[16,15,14,10,9,2,1]	[16,17,18,19,20,6,5,4,3,1]	[16,15,14,10,9,2,1]	[16,17,18,19,20,6,5,4,3,1]
19	14-3	[14,10,9,2,1,3]	[14,15,16,17,18,19,20,6,5,4,3]	[14,10,9,2,1,3]	[14,15,16,17,18,19,20,6,5,4,3]
20	11-18	[11,10,8,18]	[11,12,13,14,15,16,17,18]	[11,10,8,18]	[11,12,13,14,15,16,17,18]

通过两种算法寻路结果的比较可得，在同一个网络中处理相同的业务请求时，BTWH算法寻找的工作通路与保护通路的总长度整体小于MTW算法寻找的工作通路与保护通路的总长度，这是因为在寻路算法中加入节点限制因素的结果，达到了BTWH算法的寻路目的。

（一）两种算法资源占用情况分析

在相同业务请求时，两种算法在专用通路保护机制与共享通路保护机制下的资源占用情况如图4-14和图4-15所示。

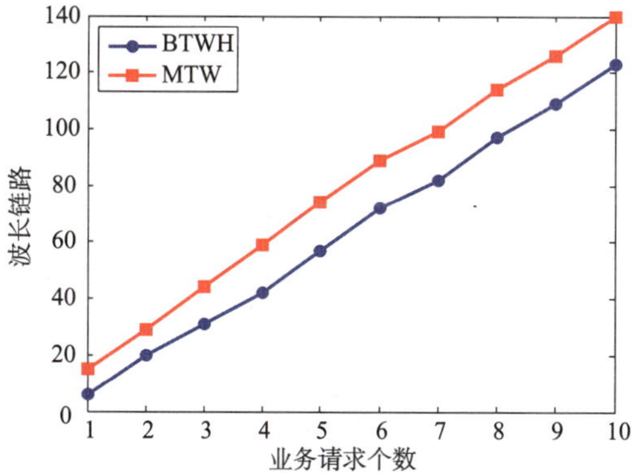

(a) 专用通路保护机制下的资源占用情况

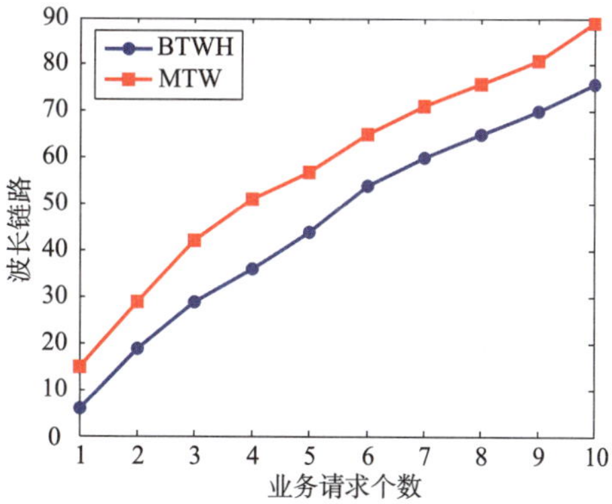

(b) 共享通路保护机制下的资源占用情况

图4-14 两种保护机制下资源占用情况（10个业务请求）

图 4-14 是业务请求总数为 10 时的资源占用情况，由仿真结果可知在业务请求数为 10 时，专用通路保护机制下，MTW 算法占用 140 个波长链路，BTWH 算法占用 123 个波长链路(降低 12.143%)；共享通路保护机制下，MTW 算法占用 89 个波长链路，BTWH 算法占用 76 个波长链路(降低 14.61%)；网络中业务请求相同时，纵向对比可得，共享通路保护机制占用的资源要少于专用通路保护机制。

为了提高仿真结果的可靠性，需增加业务的请求个数以进一步体现算法性能，业务请求数增加到 20 时的仿真结果如图 4-15 所示。

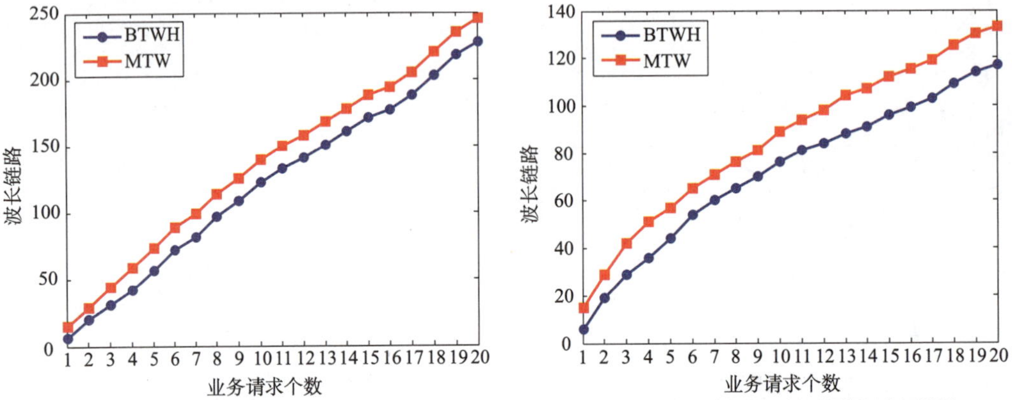

(a) 专用通路保护机制下的资源占用情况　(b) 共享通路保护机制下的资源占用情况

图 4-15　两种保护机制下资源占用情况(20 个业务请求)

由仿真图可得在业务请求数为 20 时，专用通路保护机制下，MTW 算法占用 245 个波长链路，BTWH 算法占用 228 个波长链路(降低 6.94%)；共享通路保护机制下，MTW 算法占用 133 个波长链路，BTWH 算法占用 117 个波长链路(降低 12.03%)。通过对比分析可得，在相同的网络拓扑与相同的业务请求情况下，BTWH 算法比 MTW 算法的寻路结果占用更少资源。

由此可得，在相同业务请求的情况下，BTWH 算法可有效降低全网资源占用，提高资源利用率，但随着网络中业务请求数的增多，两种算法的增长情况基本相同。

(二)两种算法保护倒换时间分析

BTWH 算法与 MTW 算法处理相同的业务请求，分别配置 5 组业务请求数为 10 与 20 的业务请求(失效链路相同)，当 10 个链路依次失效时，所有受影响业务倒换到保护通路上所需平均最长保护倒换时间的仿真结果如图 4-16 和图 4-17 所示，图中横坐标表示失效链路个数。

业务请求总数为 10 时的保护倒换所需时间的平均值情况如图 4-16 所示，由仿真图可得，在两种通路保护机制下，BTWH 算法的倒换时间整体少于 MTW 算法。专用通路保护机制中，根据公式计算可得平均值情况，MTW 算法保护倒换时间总和是 151 726 μs，BTWH 算法保护倒换时间总和是 134 790 μs(降低 11.16%)；共享通路保护机制中，根据公式计算可得平均值情况，MTW 算法保护倒换时间总和是 190 670 μs，BTWH 算法保护倒换时间总和是 173 400 μs(降低 9.06%)。网络中业务请求相同时,纵向对比可得,相同链路失效时,专用通路所需保护倒换时间要小于共享通路所需保护倒换时间。

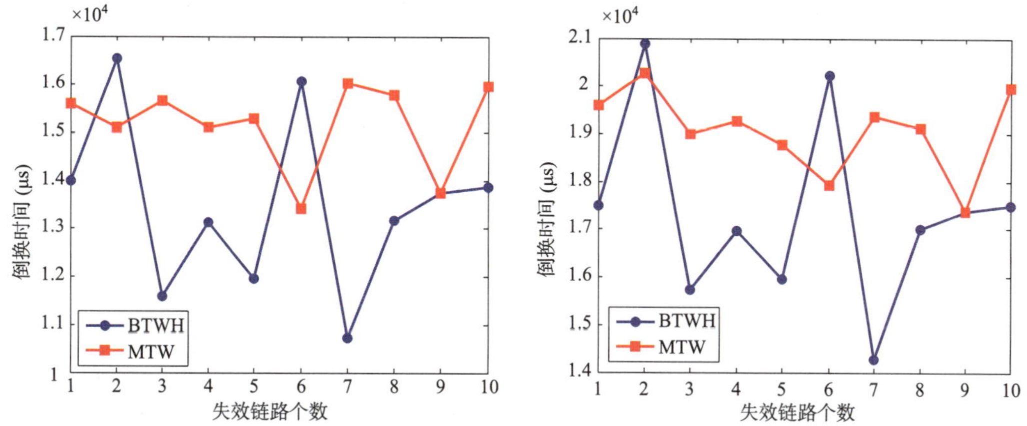

(a) 专用通路保护机制下的平均保护倒换时间

(b) 共享通路保护机制下的平均保护倒换时间

图 4-16　两种保护机制下平均保护倒换时间(10 个业务请求)

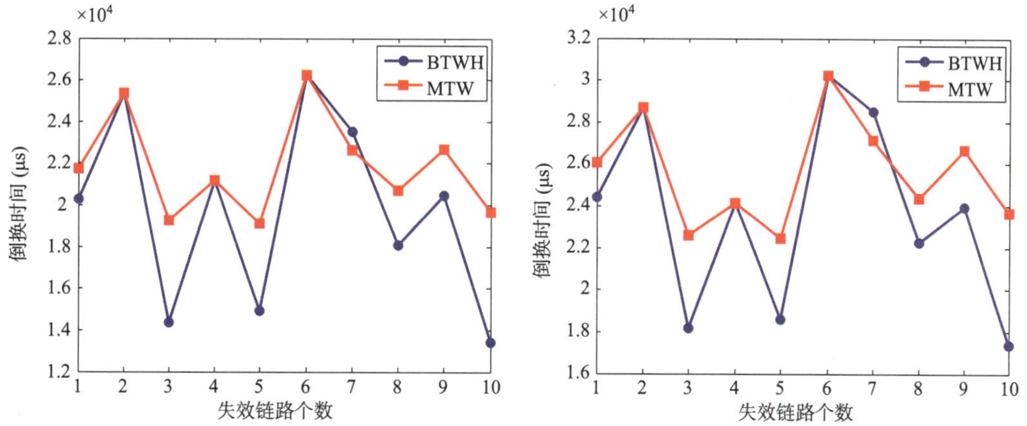

(a) 专用通路保护机制下的平均保护倒换时间

(b) 共享通路保护机制下的平均保护倒换时间

图 4-17　两种保护机制下平均保护倒换时间(20 个业务请求)

业务请求总数为 20 时的保护倒换所需时间的平均值情况如图 4-17 所示,由仿真图可得,在两种通路保护机制下,BTWH 算法的倒换时间小于 MTW 算法。专用通路保护机制中,根据公式计算可得平均值情况,MTW 算法保护倒换时间总和是 218 560 μs,BTWH 算法保护倒换时间总和是 197 810 μs(降低 9.49%);共享通路保护机制中,根据公式计算可得平均值情况,MTW 算法保护倒换时间总和是 256 060 μs,BTWH 算法保护倒换时间总和是 236 430 μs(降低 7.67%)。

由仿真结果可得,两种算法的保护倒换时间相关性较明显,因为随着网络中业务请求数的增多,两种算法计算的某些业务请求数的工作通路与保护通路相同的可能性增大,当这些通路上的链路发生失效时,MTW 算法或者 BTWH 算法对于所有受影响的业务完全倒换到保护通路上的最长用时的平均值可能会是相同的，但 BTWH 算法整体性能仍然优于 MTW 算法，算法稳定性比较高。

由上述在相同业务请求与相同链路失效情况下的资源占用情况与所需保护倒换时间平均值可得，将节点作为参数之一以限制通路所经节点数进行寻路的必要性与优越性。

(三)BTWH 算法资源占用情况分析

为了对比 BTWH 算法在专用通路保护与共享通路保护两种保护机制下的性能，将其在同一网络的两种保护机制下，相同业务请求(业务请求个数分别为 10 和 20)与相同链路失效时资源占用与保护倒换时间的仿真结果展示如图 4-18 和图 4-19 所示。

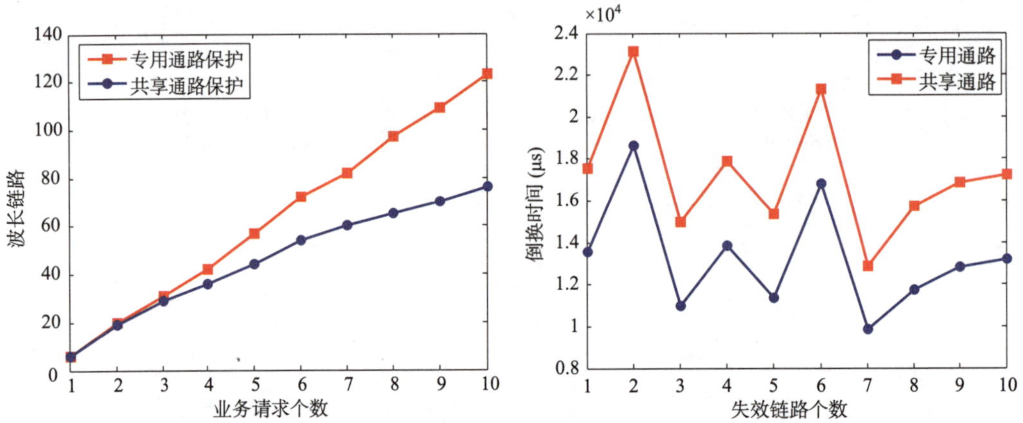

(a) BTWH在两种保护机制下的资源占用情况　　(b) BTWH在两种保护机制下的保护倒换时间

图 4-18　BTWH 算法两种保护机制的性能(10 个业务请求)

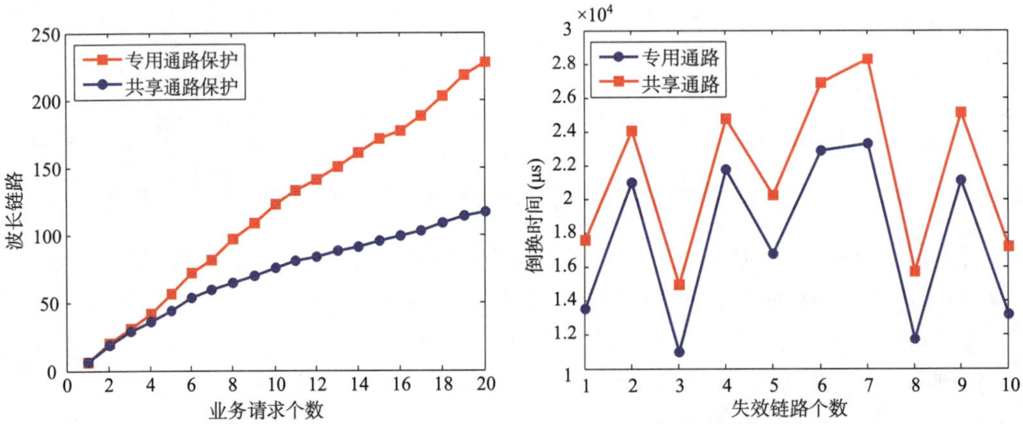

(a) BTWH在两种保护机制下的资源占用情况　　(b) BTWH在两种保护机制下的保护倒换时间

图 4-19　BTWH 算法两种保护机制下的性能对比(20 个业务请求)

由图 4-18(a)和图 4-19(a)可得，随着业务请求数的增多，BTWH 算法可有效减少共享通路保护机制为满足业务请求所占用的资源。当业务请求数为 20 时，在第 20 个业务请求到达时，BTWH 算法在专用通路保护机制中占用 228 个波长链路，在共享保护通路保护机制中占用 117 个波长链路，可见共享通路保护机制资源利用率更高；由图 4-18(b)和图 4-19(b)可得在 10 个链路依次失效情况下，共享通路保护机制保护倒换时间严格高于专用通路保护机制下所需保护倒换时间，由此可得需要根据具体业务要求来为网络配置不同的保护机制。

为了更清晰地说明网络资源占用总数与网络中每条链路上波长数的对应关系，以业务请求数为 20 时为例，图 4-20(b)与图 4-20(b)分别表示在专用通路保护与共享通路保护机制下，网络中每条链路上承载的波长数量。

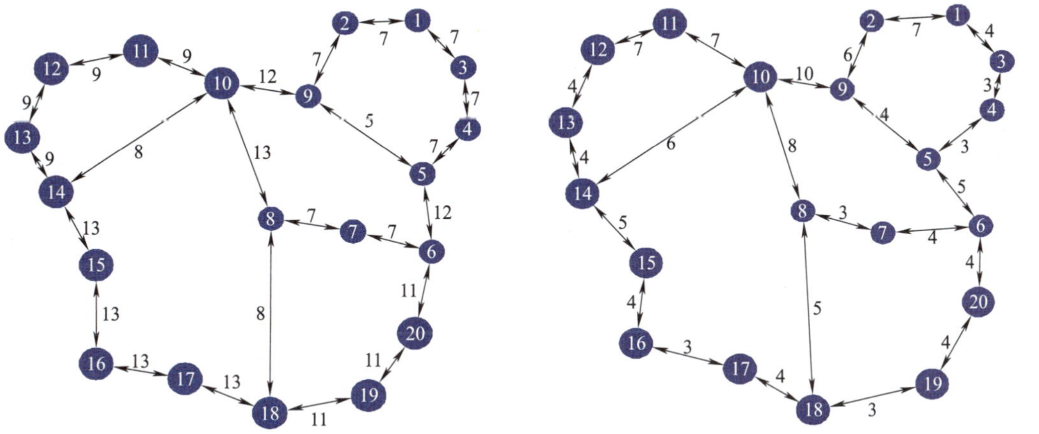

(a) BTWH在专用通路保护机制下每条链路的波长占用情况

(b) BTWH在共享通路保护机制下每条链路的波长占用情况

图 4-20　20 个业务请求时 BTWH 资源占用情况

通过图 4-20 可得 BTWH 算法分别在专用通路保护机制与共享通路保护机制下，在相同的网络与业务请求时，可清晰地得到每条链路的资源占用情况。比较可得，专用保护机制下每条链路占用的波长资源数要多于共享通路保护机制下每条链路占用的波长资源数，这与仿真及理论分析的结果一致。

(四)两种算法占用平均路由情况分析

单个业务请求时，若其保护通路与工作通路经过的路由跳数越多，说明该业务请求占用的链路、波长资源越多；同理，在多业务请求的情况下，全网的平均路由跳数越多，则说明为满足全网业务需求而占用的资源越多。

在网络负载较轻时资源相对比较宽裕，此时长路由对于网络的性能影响不太明显；但在网络负载较重时波长资源会十分紧张，此时网络对短路由的需求会很强烈。为了说明在相同网络拓扑中，业务请求数较少与业务请求数较多时全网的平均路由情况，本文选用了在业务请求数分别为 10 和 20 时的仿真寻路结果进行分析，在业务请求数分别为 10 和 20 时全网的平均路由情况如图 4-21 所示。

由图 4-21 可得，在业务请求数为 10 和 20 时，BTWH 算法寻路所得平均路由跳数均少于 MTW 算法寻路所得平均路由跳数，对于网络整体性能而言，寻路结果较好。

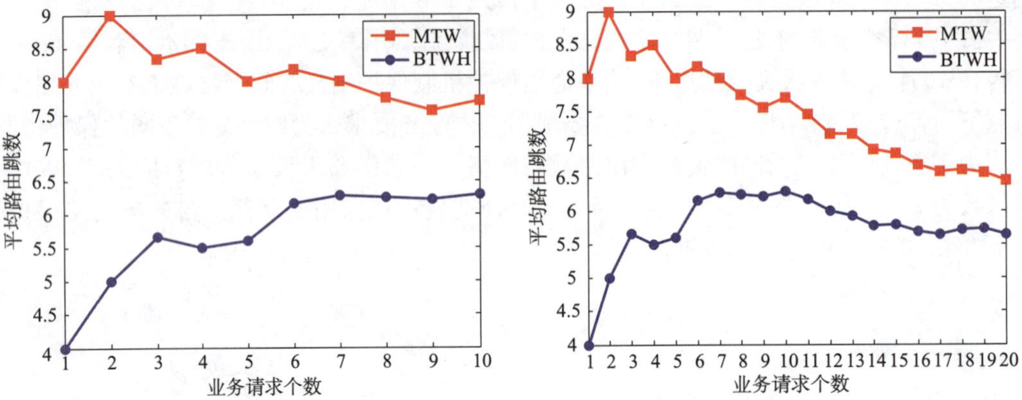

(a) 10个业务请求时的平均路由情况　　(b) 20个业务请求时的平均路由情况

图 4-21　不同业务请求数下的全网平均路由

(五)三种算法寻路情况分析

为验证在寻路时加入节点考虑后算法的寻路成功与失败的情况，将 BTWH 算法与 MTW 算法、传统 Dijkstra 路由算法在处理 20 个相同业务请求时的寻路结果进行对比，仿真与对比结果如图 4-22 所示。

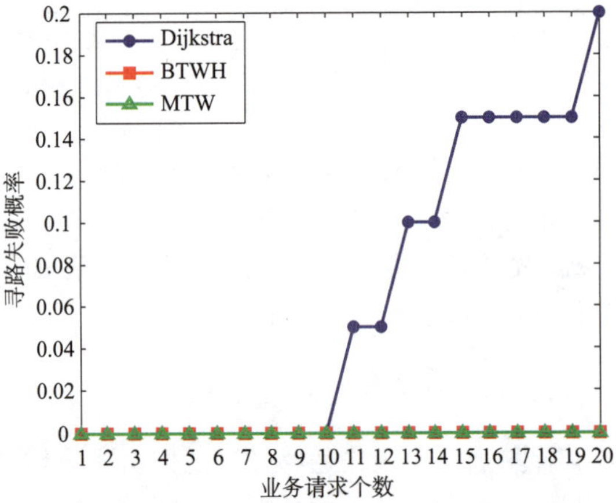

图 4-22　三种算法的寻路情况

前面已经介绍，传统 Dijkstra 路由算法在寻路时可能会出现不能为业务请求寻找到与工作通路链路分离的保护通路，导致寻路失败的情况发生；但 MTW 算法通过引入以工作通路与保护通路权重和最小为寻路指标，有效避免了上述寻路失败情况的发生，但其未能考虑节点对于寻路结果与仿真性能的影响；故本节提出的 BTWH 算法在寻路时又加入节点考虑，不仅避免了寻路失败情况的发生，而且还能有效减少网络对于资源的占用，同时也降低了链路失效时受损业务倒换到保护通路上所需的保护倒换时间。

由图 4-22 可得，假设每条链路上的容量足够大，寻路时加入节点考虑的 BTWH 算法也可与 MTW 算法一样 100%寻路成功，解决了传统路由算法处理某些业务请求时因无法找到与工作通路链路分离的保护通路而寻路失败的问题。而且，BTWH 算法可有效降低资源占用，降低平均路由与保护倒换所需时间，性能优于 MTW 算法。但需要注意的是，在全网资源占用率较高或者某些链路上有限的可用波长数均被全部占用时，此时 MTW 与 BTWH 两种算法也有可能出现寻路失败的情况，需要进行全网业务负载转移以降低网络负载与寻路失败概率。

将上述仿真结果汇总见表 4-4。

表 4-4 资源占用与保护倒换情况汇总

业务请求数	资源占用情况(波长链路)				保护倒换时间和(ms)			
	10 个业务		20 个业务		10 个业务		20 个业务	
	专用	共享	专用	共享	专用	共享	专用	共享
MTW	140	89	245	133	152	191	219	256
BTWH	123	76	228	117	135	173	198	236
下降率	12.14%	14.61%	6.94%	12.03%	11.16%	9.07%	9.49%	7.67%

由表 4-4 可得，在专用通路保护机制与共享通路保护机制下，在相同的网络结构并处理相同的业务请求时，BTWH 算法占用的资源少于 MTW 算法占用的资源，BTWH 算法保护倒换时间总和也少于 MTW 算法保护倒换时间总和，BTWH 算法性能整体优于 MTW 算法性能。

四、小结

本节提出的 BTWH 路由算法在寻路时将通路所经节点数作为约束条件之一，引入通路总代价 S 的概念，通过调整权重加权系数 a、节点加权系数 b 的值可以权衡权重与节点数在寻路时所占比重，根据业务的需求来选择不同的工作通路与保护通路。当 $a=b=1$ 时，在铁路网络拓扑上进行算法应用，仿真结果表明，BTWH 算法可有效降低业务占用的资源总数，相比 MTW 算法降低 14.61%；可有效降低保护倒换所需时间，相比 MTW 算法的平均值降低 11.16%；可有效降低全网业务平均路由跳数，实现网络业务负载均衡，且能保证 100%寻路成功，对高速铁路光传送网通路保护机制性能的提高有一定的参考和借鉴作用。

第三节 铁路光传送网 P-Cycle 保护机制研究

快速的恢复速度和较高的资源利用率一直以来都是网络生存性方案追求的目标。在 P-Cycle 保护的概念被提出以前，发生故障后要想在 50 ms 内完成业务切换的保护或者恢复技术，都需要以至少 100%的冗余度来对网络配置保护资源。而 1998 年提出的 P-Cycle 保护技术，它占用网状网保护 30%～50%的资源冗余度但却具有环网保护快速倒换的特点，资源利用率比较高，并且业务保护倒换时间在 50 ms 以内。P-Cycle 保护机制使网络不只是像自愈环那样单纯地使用固定的环状路由进行保护，而且其最短路径是由网络内的节点利用全网内所有的资源来路由选择的;P-Cycle 与环覆盖最大的区别在于 P-Cycle 保护机制能够为跨接链路提供两条保护机制的同时而本身不需要在预置额外的空闲容量,而且跨接链路接口上的波道可以直接全部作为工作链路。

本节介绍了 P-Cycle 保护机制的概念、分类以及圈构造原理,并提出了以冗余度与方差为比较标准进行圈扩展的 P-Cycle 圈构造算法 RVPA,对扩展候选圈上的未保护工作容量进行方差运算,在方差与冗余度同时取最小的时候选该扩展圈为本次扩展的最终圈,这种方法有效限制了保护全网工作容量所需的 P-Cycle 圈个数;每配置一个圈后就计算全网的未保护链路比率 UPL,通过将 UPL 分别与冗余度和设置的参数 M 进行比较来限制扩展圈上的节点总数;如果满足条件则进行容量配置;如果不满足条件,则在新圈的基础上继续进行圈扩展直到满足容量配置条件为止。对比分析不同 M 取值下的性能,选择性能最优的 M 值。

一、P-Cycle 保护机制的分类

链路与节点组成了一个完整的网络结构,因此根据网络中发生的故障类型,可将 P-Cycle 保护分为节点型 P-Cycle 保护与链路型 P-Cycle 保护。首先来说链路型 P-Cycle 的概念,链路型 P-Cycle 保护是指在单个链路发生失效时,为 P-Cycle 的圈上链路和其跨接链路提供保护。P-Cycle 保护工作原理如图 4-23 (a)所示,图中粗线条为网络中一个已配置的基本 P-Cycle,所有的网络节点都被这个 P-Cycle 所覆盖,P-Cycle 能保护所有的链路;与自愈环的保护倒换方式大体相同,如图 4-23(b)所示是指在 P-Cycle 的圈上链路出现故障时的保护倒换情况;如图 4-23(c)所示是指在 P-Cycle 的跨接链路出现故障时的保护倒换情况,由图可以看出,此时受损业务有两条保护路径可以选择,提高了空闲资源的利用率,这也正是 P-Cycle 保护的优势所在。

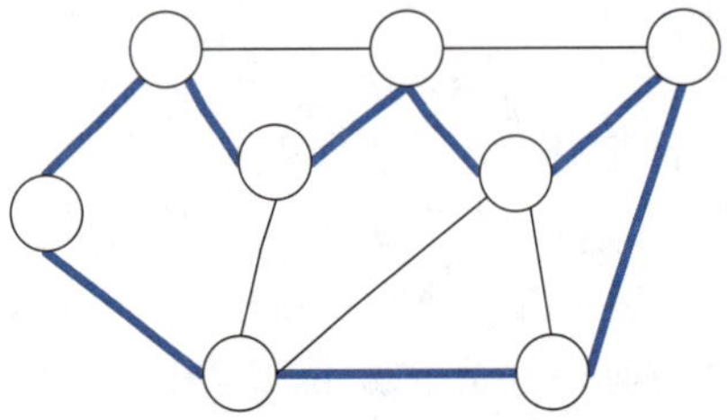

(a) 已配置的P圈

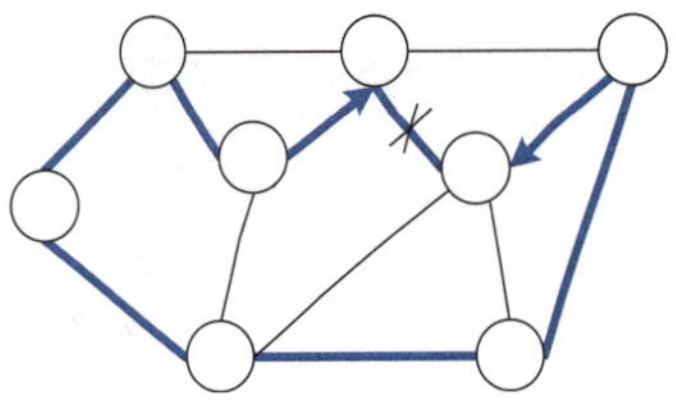

(b) 保护P-Cycle圈上链路

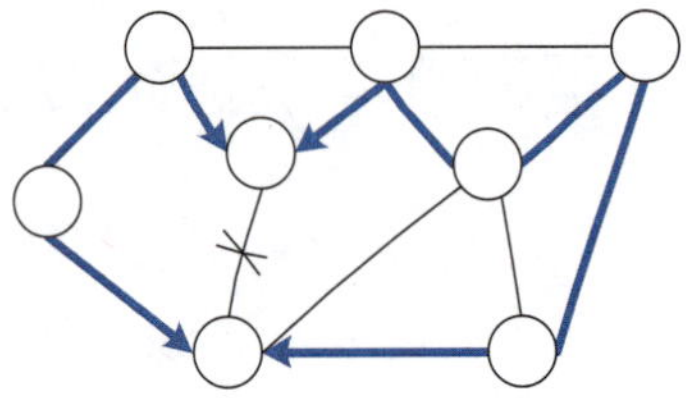

(c) 保护P-Cycle跨接链路

图 4-23　P-Cycle 保护机制

为了对节点设备出现的故障进行保护，提出了节点型 P-Cycle 保护方案。节点环绕型 P-Cycle 保护方案是指用该 P-Cycle 覆盖被保护节点附近的所有节点但却不经过该被保护节点，即通过该节点临近的保护路径来为其提供保护。节点型 P-Cycle 一般用在路由器故障的恢复上，因为对于路由器等节点设备的故障适合采用 IP 层的保护恢复。针对节点型 P-Cycle 保护的配置方案主要有两种算法：第一种是基于 ILP 整数线性规划模型提出的节点环绕型 P-Cycle 和流 P-Cycle，这类算法在针对大型网络的生存性设计时存在弊端，即算法的耗时较长和结构复杂，故其应用也因此而受到限制；第二种是启发式算法，包括混合保护模型与链路优先模型。可依据 P-Cycle 和其延伸技术——节点环绕型 P-Cycle 分别对光传送网的单链路与节点进行保护。

链路与节点型 P-Cycle 保护示意图如图 4-24 所示，图 4-24(a)中粗线是指为保护该拓扑中的所有链路而构造的链路型 P-Cycle 圈，图 4-24(b)中粗线是指为保护网络中的节点 2 而构造的节点型 P-Cycle 圈。

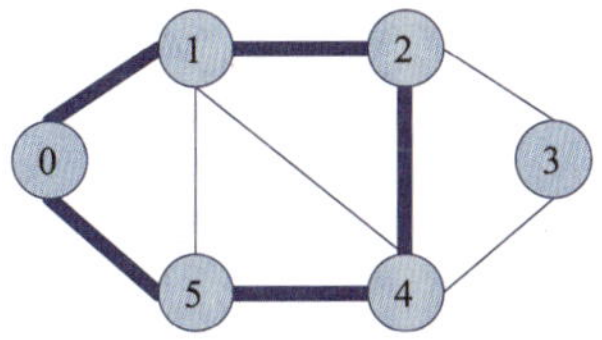

(a) 单链路P-Cycle保护示意图

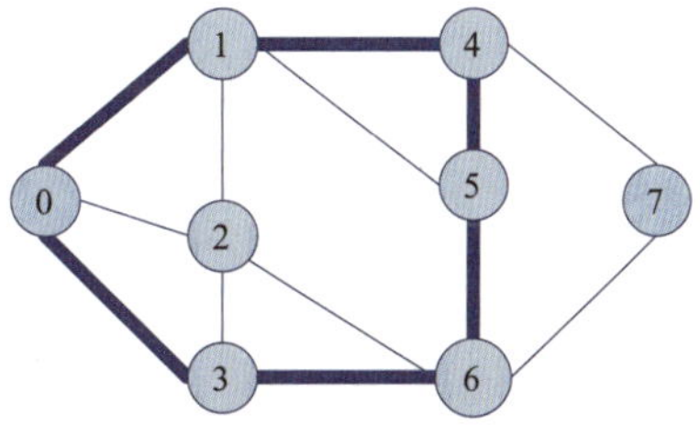

(b) 节点P-Cycle保护示意图

图 4-24　不同类型 P-Cycle 保护

根据网络业务的特点进行分类，可将 P-Cycle 保护分为静态业务 P-Cycle 保护与动态业务 P-Cycle 保护两大类。静态业务 P-Cycle 保护是指在假设网络的拓扑结构与网络各个节点之间的业务分布长时间内不发生改变的前提下，根据网络中各节点之间的业务分布情况与网络资源的使用情况，利用预置的资源计算出一组最优化的 P-Cycle 进行配置，而且因为网络的业务情况会在该期间内保持不变，所以在之后很长的一段时间内将不用再进行另外的配置；动态 P-Cycle 保护是指在假设网络各个节点之间的业务请求是随机发生的情况下，根据网络中业务的动态变化情况来采用与之相应的动态 P-Cycle 保护方案来配置 P-Cycle，以给全网业务提供保护。

动态 P-Cycle 保护方案有以下两种情况：第一种情况是 P-Cycle 的动态计算是基于网络业务的实时动态变化过程而定的，一旦当前的业务与网络不能再被之前已经配置好的 P-Cycle 有效保护时，就需要重新开始配置 P-Cycle 以给网络提供保护。因此，在这种理想情况下，全网业务是可以被这种动态 P-Cycle 保护方案保护的，而且它还拥有较高的资源利用效率，但是这需要频繁地调整 P-Cycle 以适应业务的不断变化，会复杂化全网的配置与管理；第二种情况是将整个网络的拓扑结构分为两类：即保护容量拓扑与工作容量拓扑，这种分类是建立在已知整个网络业务强度分布的基础上的，分别用于计算各个链路上可用于 P-Cycle 保护的空闲容量与能够被保护的工作容量，这样被分开的两个拓扑图在叠加到一起时即为原有的总拓扑图。并且，它只需要在用于保护的空闲容量拓扑图中配置 P-Cycle，这样当再有新的业务动态到达时,保护容量拓扑中的 P-Cycle 就不会因为为了保护新的业务而被调整,而只需在工作容量拓扑中进行路由即可。第二种方案与静态 P-Cycle 保护方案最大的共同点是,动态的业务都是用固定配置的 P-Cycle 来保护的。但是这类方案有很大的缺点,即因为它是建立在特定的业务强度分布基础上的,所以一旦网络中的业务强度出现了很大的变化时,这种方案将不再实用;与第一种保护方案相比,这种保护方案有相对较低的资源利用率,故本节重点基于静态 P-Cycle 进行研究。静态业务 P-Cycle 的设计步骤通常可以划分为以下四个阶段:

(1)确定网络中静态业务的分布情况——通常在设计 P-Cycle 前全网的业务矩阵已经确定。

(2)计算基本(elementary)圈——按条件找出给定网络拓扑的基本圈,并且确定每条链路上受到保护的工作容量的分布情况。

(3)扩张基本圈——按要求进行圈扩张,以获得更多性能较优的扩张圈作为候选的 P-Cycle。

常用的 P-Cycle 扩张策略有:基于相交环的扩张策略与基于环上链路的扩张策略。

(4)选择最优 P-Cycle——按要求筛选最优的 P-Cycle 并进行配置。

构造 P-Cycle 的具体方法分类如图 4-25 所示。

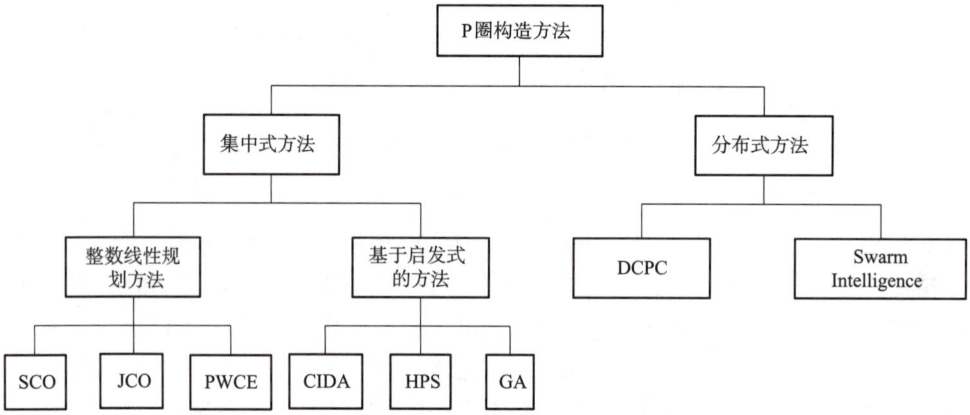

图 4-25 P-Cycle 构造方法

本节基于 P-Cycle 重点研究静态业务链路保护技术,并且基于启发式算法,重点对 P-Cycle 如何扩张进行算法设计。

二、RVPA 算法

已有的 P-Cycle 圈构造算法在进行圈扩展时未考虑扩展候选圈上的未报护工作容量的分布情况,这样在最初圈扩展时可能会出现圈覆盖的链路上未保护工作容量大小分布差距比较大的情况;这会使后期在进行圈扩展时,出现圈覆盖的链路上有些链路还有数目较多的未保护工作容量时,而有些链路上却已没有未保护工作容量的情况,进而使为保护全网工作容量所需的 P-Cycle 圈个数增多,所需用于保护的空闲容量增多,浪费保护资源。为改进上述缺点,改进 P-Cycle 保护效果,本节提出了以冗余度与方差为比较标准进行圈扩展的

P-Cycle圈构造算法 RVPA,对扩展候选圈上的未保护工作容量进行求方差运算,在方差与冗余度同时取最小的时候选该扩展圈为本次扩展的最终圈,这种方法有效限制了保护全网工作容量所需的 P-Cycle 圈个数;而且通过未保护链路比率 UPL、冗余度以及参数 M 来限制扩展圈的节点总数,降低 P-Cycle 圈长度;对比分析不同 M 取值下 RVPA 算法与已有 POCA 算法的性能,选择性能最优的 M 值,算法具体内容及性能描述如下文所述。

(一)RVPA 算法基本思想

POCA 算法在圈扩展时单纯通过冗余度来选取候选圈,但这样可能会出现所需 P-Cycle 圈个数较多,保护资源利用率不高的情况;POCA 算法通过参数 K 来限制圈的长度,但它只交代了 K 值的取值范围,在该取值范围内,仿真单独分析了不同 K 值下 POCA 算法所构造 P-Cycle 圈在两个网络拓扑中的冗余度,而并没有根据仿真效果为算法选择性能最优的 K 值。为了减少保护全网工作容量时所需要的 P-Cycle 圈个数,均衡 P-Cycle 保护资源的分布,提高 P-Cycle 的保护效率,RVPA 算法在圈扩展时不仅计算了其冗余度,而且还计算了候选圈上的未保护工作容量的方差,并通过对比分析不同 M 取值下 RVPA 算法与 POCA 算法各项性能指标的仿真结果,为算法选择最优的 M 值。

以图 4-26 为例对 RVPA 算法与 POCA 算法圈扩展的过程进行说明,该拓扑包含 7 个节点,11 条链路,链路附近的数值表示该条链路上的工作容量。在进行 P-Cycle 圈构造时,首先进行最小圈的构造,即先寻找网络中工作容量最大的链路 3-6,其工作容量值为 7,在网络中暂时删除链路 3-6,并分别以 3、6 为起始节点与目标节点寻找最短路径,寻路结果为 3-4-6(或者 3-5-6),与链路 3-6 构成圈 C_1;此时进一步删除 3 到 6 的最短路径 3-4-6(或者 3-5-6),并再次以 3、6 为起始节点与目标节点寻找最短路径,寻路结果为 3-5-6(或者 3-4-6),它与链路 3-6 构成圈 C_2;链路 3-4-6 与 3-5-6 构成圈 C_3,该圈拥有 1 条跨接链路;计算三个圈的冗余度分别为 $R_1=1$,$R_2=1$,$R_3=0.67$,经比较可得冗余度最小的圈是 C_3,记 $R_{min}=R_3=0.67$;然后进行圈扩展,圈 C_3 可扩展的边为链路 3-4、3-5、5-6,分别进行扩展时其扩展候选圈分别为 3-4-1-3、3-2-5-3、5-6-7-5,三个候选圈的未保护工作容量的方差分别是 0.67、2.89、1,而且三个候选圈与最小圈构造的 P-Cycle 圈的冗余度与未保护链路比率是相等的,分别为 0.56、0.77,所以 RVPA 算法按照未保护工作容量方差最小的原则,选候选圈 3-4-1-3 作为最终的扩展圈,扩展后的新 P-Cycle 圈是 5-6-4-1-3,但 POCA 算法则会选择 3 个扩展候选圈中的任意 1 个作为最终的圈进行圈扩展;因为新圈的未保护链路比率大于其冗余度,不满足更新网络工作容量矩阵的条件,所以需在新圈 5-6-4-1-3-5 的基础上继续进行圈扩展,直到新圈的未保护链路比率同时小于参数 M 与其冗余度时,则把该圈的圈上链路未保护工作容量值减 1,跨接链路上未保护工作容量值减 2,进行新一轮的最小圈构造、圈扩展、圈配置。

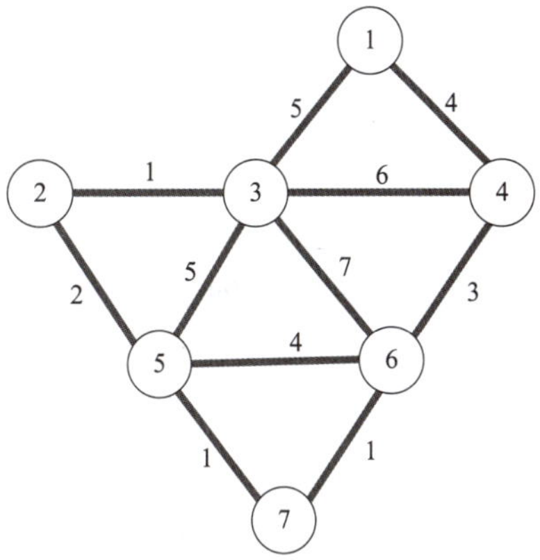

图 4-26 RVPA 算法与 POCA 算法

(二)RVPA 算法参数

为了能更清晰、深入地理解 RVPA 算法，本节对算法中出现的参数及其概念做出如下说明：

inf——表示无穷大；

G——表示仿真所用网络拓扑；

N——表示网络的节点集；

L——表示网络中双向链路的集合；

W_i——表示圈上第 i 条链路上的工作容量；

u_i——表示圈上第 i 条链路上未被保护的工作容量；

l——表示网络拓扑 G 中工作容量最大的那条链路 L 的两个端点集合；

$R_{(c+i)}$——表示在圈 c 扩展时，通过圈上第 i 条链路扩展得到的候选圈的冗余度；

$V_{(c+i)}$——表示在圈 c 扩展时，通过圈上第 i 条链路扩展得到的候选圈的圈上未保护工作容量的方差值；

M——表示输入参数，其取值范围是：$0<M<1$；

R——表示扩展圈的冗余度集合，其初始值用 R_1 表示，且 $R_1=\text{inf}$；

V——表示扩展候选圈上的未保护工作容量的方差集合，其初始值用 V_1 表示，且 $V_1=\text{inf}$；

UPL——表示未保护链路比率，即未报护工作容量与总工作容量的比值；

C——表示最小圈集合。

(三)RVPA 算法性能指标

为了合理评价不同算法构造的 P-Cycle 圈质量，评估其算法设计的优劣，本文采取下列指标对算法进行评价。

(1)算法的计算时间：网络发生故障后的恢复速度由算法的计算时间来直接决定，可靠且稳定的业务质量是网络用户所追求的，算法计算时间越短，代表网络发生故障后受损业务的恢复速度将会越快，进而给网络的正常运营所带来的影响就会越小。

(2)P-Cycle 的个数：减少 P-Cycle 的个数有助于减轻圈烦琐的配置与维护工作，降低算法运行时间，同时也减小了圈的错误配置所带来的风险。在保护相同的工作容量时，P-Cycle个数越小越好。

(3)PC(Protect and Consume)值：表示全网中所有被保护的工作容量与配置 P-Cycle 所消耗的空闲容量的比值，此值越大越好，它与冗余度互为倒数。

(4)冗余度 $R(\mathrm{p})$：指配置一个 P-Cycle 所消耗的空闲容量与它所保护的工作容量的比值，可以用来评价 P-Cycle 的资源利用效率。计算公式为：

$$R(p)=\frac{\sum\limits_{i\in L}X_{P,i}=1}{\sum\limits_{i\in L}X_{P,i}} \tag{4-15}$$

即配置 P-Cycle 所使用的波长总数与圈上以及跨接链路上被保护的波长数和的比值，该值越小越好。其中，$X_{p,i}$ 表示这个 P-Cycle 能够保护的工作容量，当链路 i 是圈上的边时，$X_{p,i}=1$；当链

路 i 是圈的跨接边时，$X_{p,i}=2$；当链路 i 既不是圈上的边也不是圈的跨接边时，$X_{p,i}=0$。

(5)总冗余度：总冗余度低代表网络的资源利用率较高，意味着可以用较少的空闲容量来实现100%的网络保护。

(6)P-Cycle平均保护效能：即全网P-Cycle所保护的工作容量与P-Cycle个数的比值，该值越高代表单个P-Cycle保护能力越强，资源利用率越高。

(四)RVPA算法流程

算法输入：网络物理拓扑 $G=(N,L)$、第 i 条链路上的工作容量 W_i、第 i 条链路上未被保护的工作容量 u_i、输入参数 $M(0<M<1)$。

算法输出：算法最终配置的P-Cycle结果、100%配置网络所需的圈数、P-Cycle的平均长度、算法的PC值、P-Cycle的总冗余度、算法的耗时、P-Cycle的平均保护效能。

算法流程如图4-27所示。

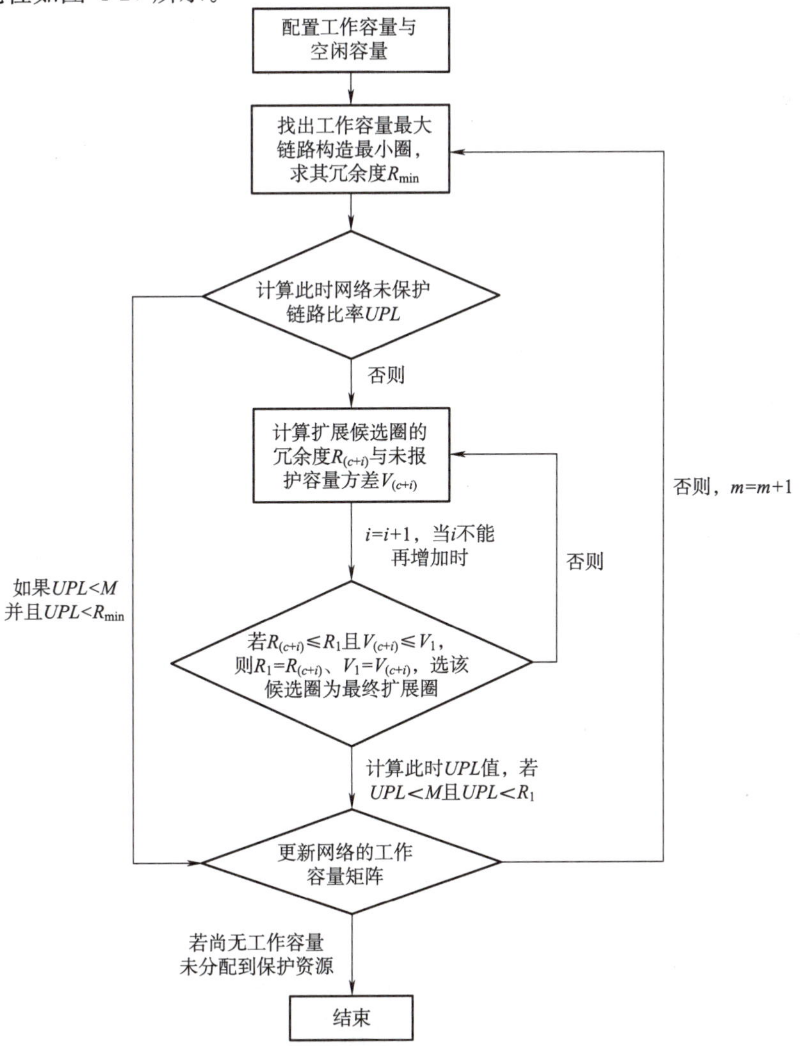

图4-27 RVPA算法流程

算法具体步骤如下：

Step 1：为网络拓扑 G 配置工作容量，令 $i \in L, u_i = W_i$，迭代次数 $m=1$。

Step 2：找到网络拓扑 G 中工作容量最大的那条链路 L_1，以其两个端点 l_1、l_2 作为构造最小圈的起始目标节点。将链路 L_1 从 G 中删除，运行 Dijkstra 最短路径算法找到以端点 l_1、l_2 为起始节点和目标节点的最短路径 L_2，可知 L_1 与 L_2 链路分离，将 L_1 和 L_2 首尾相连构成的最小圈记为 C_1。进一步将 L_2 从 G 中删除，再次运行 Dijkstra 最短路径算法，若能再次找到以端点 l_1、l_2 为起始节点和目标节点的最短路径 L_3，则将 L_1 和 L_3 首尾相连构成的最小圈记为 C_2，L_2 和 L_3 构成的最小圈记为 C_3，并且 L_1 为 C_3 的跨接链路；若不能找到 L_3，则记为 $L_3 = L_1$；分别计算出这 3 个圈的冗余度，找出冗余度最小的圈 C_{min} 并记录其最小冗余度值为 R_{min}。

Step 3：计算此时网络未保护链路比率 UPL，如果 $UPL < M$ 并且 $UPL < R_{min}$，则转 Step 6；否则，转 Step 4 进行圈扩展。

Step 4：依次删除圈上的边 $i(i \geqslant 1)$，运行 Dijkstra 算法找到与第 i 条边链路分离的最短路径 D_i，并将 D_i 作为新圈的圈上边，将第 i 条链路作为新圈的跨接边，计算并保存其冗余度 $R_{(c+i)}$ 以及新圈上未保护工作容量的方差 $V_{(c+i)}$，$i=i+1$ 进行循环，当 i 不能够在增加时转至 Step 5。

Step 5：依次比较 Step 4 中产生的各个新圈的冗余度 $R_{(c+i)}$ 以及圈上边未保护工作容量的方差 $V_{(c+i)}$ 与 R_1、V_1 的大小，若 $R_{(c+i)} \leqslant R_1$ 且 $V_{(c+i)} \leqslant V_1$，则 $R_1 = R_{(c+i)}$、$V_1 = V_{(c+i)}$，找出满足条件的最优圈 C_{new}，储存这个圈，并释放其余圈。计算此时网络的未保护链路比率 UPL，如果 $UPL < M$ 并且 $UPL < R_1$，则转 Step 6；否则转 Step 4。

Step 6：更新网络的工作容量矩阵，并对于圈上链路减去 1 倍的工作容量；对于跨接链路，则减去 2 倍的工作容量。若尚无工作容量未分配到保护资源，则算法结束；否则，$m=m+1$，转至 Step 2。

RVPA 算法通过依次删除工作容量最大的链路来依次寻找其最短路径并构造最小圈，计算最小圈的冗余度与网络未保护链路比率，通过将冗余度与未保护链路比率做比较来限制 P-Cycle 在未报护工作容量少时继续扩展，降低 P-Cycle 长度即减少 P-Cycle 节点数量；通过参数 M 来调节算法的约束力度，仿真结果表明，当 M 越大时算法约束力度越弱，通过各个性能指标联合比较分析，发现 M 取 0.5 时仿真效果可达最优。将方差的概念首次运用到圈扩展过程中，计算候选圈的冗余度与圈上各个边的未保护工作容量的方差并保存，选取方差和冗余度值均为最小值的候选圈为扩展后的新圈，通过方差限制来选取各边上未报护容量相对均衡的圈，有效减少保护全网工作容量所需的 P-Cycle 圈数量，均衡保护资源。

三、RVPA 算法仿真结果

仿真所用的网络拓扑为 COST239，如图 4-28 所示，图中所示数字表示链路上承载的工作容量大小。COST239 节点平均度数为 4.73，包含 11 个节点和 26 条边。假设 COST239 网络拓扑的工作容量矩阵是已经确定的，每条链路上的工作容量大小在链路附近标明，其单位是波长的个数，而且业务流向也是双向对称的，节点具有全波变换能力。为保证网络利用预留的空闲资源来为工作容量提供 100%保护的同时，尽量占用较少的保护资源，且分配均匀,本节利用方差的概念提出了 RVPA 算法,并与 P-Cycle 优化配置启发式 POCA 算法进行对比分析。

（一）不同 M 取值下的 P-Cycle 圈个数

当 M 从 0.1 以步长 0.1 增长到 0.9,M 取不同值时两种算法保护整个网络所需的 P-Cycle 圈个数如图 4-29 所示,P-Cycle 个数越少越好。由图观察可得,随着 M 值的增大,两种算法所需要的 P-Cycle 个数均呈增长趋势,其中 POCA 算法增长较快,变化较大。

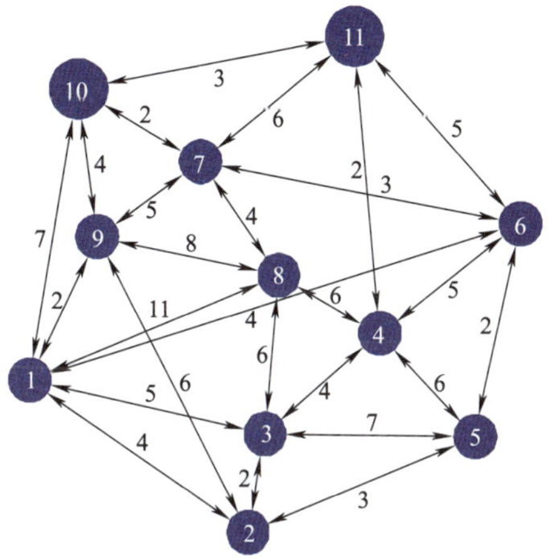

图 4-28　COST239 仿真网络拓扑模型

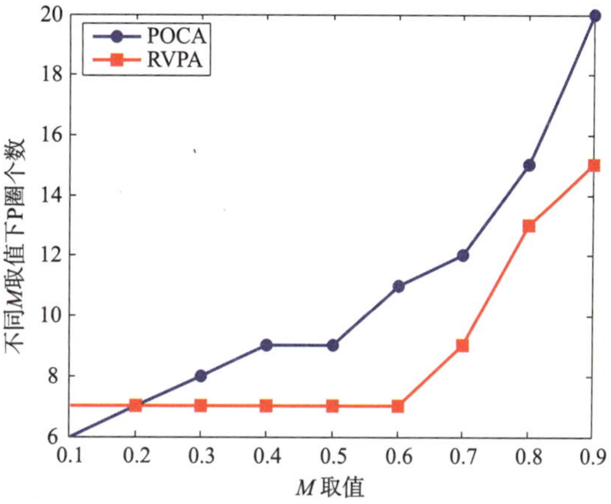

图 4-29　不同 M 取值下 P-Cycle 个数

由图 4-29 分析可得,当 M 取 0.1 时 POCA 算法的 P-Cycle 个数为 6,RVPA 算法的 P-Cycle 个数为 7,这应该是因为加入方差限制所造成的,当 M=0.2 时两种算法所需要的 P-Cycle 个数相同;观察发现,当 M 取 0.1～0.6 时,RVPA 算法所需 P-Cycle 个数均为 7,M 取 0.7～0.8 时才逐渐上涨,最大值为 15,而 POCA 算法所需 P-Cycle 个数最大为 20,比 RVPA 算法大 33.33%。当 M 取 0.5 时,RVPA 算法所需 P-Cycle 个数为 7,POCA 算法所需 P-Cycle 个数为 9,比 RVPA 算法大 28.57%,整体分析可得,RVPA 算法稳定性更好,算法性能更优。

（二）不同 M 取值下 P-Cycle 圈的平均长度

当 M 从 0.1 以步长 0.1 增长到 0.9,M 取不同值时两种算法保护整个网络所需 P-Cycle 圈的平均长度如图 4-30 所示。由定性分析可得,在网络业务请求相同的情况下,对网络中所有业务均实现保护时,所需 P-Cycle 圈个数少时则相应每个圈的平均长度会相对增大;反之所需 P-Cycle 圈个数较多时,则相应每个圈的平均长度会相对减小。就网络整体性能而言,P-Cycle 平均长度适中即可,当 M=0.5 时,P-Cycle 的平均长度满足要求。

由图 4-30 分析可得,不同 M 取值下 P-Cycle 的平均长度与 P-Cycle 个数大体成反比,当所需 P-Cycle 个数少时,相应 P-Cycle 的平均长度较大;当所需 P-Cycle 个数较多时,相应 P-Cycle 的平均长度较小。

(三)不同 M 取值下的 PC 值

当 M 从 0.1 以步长 0.1 增长到 0.9，M 取不同值时两种算法的 PC 值如图 4-31 所示，PC 是指全网中所有被保护的工作容量与配置 P-Cycle 所消耗容量的比值，它与冗余度互为倒数，PC 值越大越好。

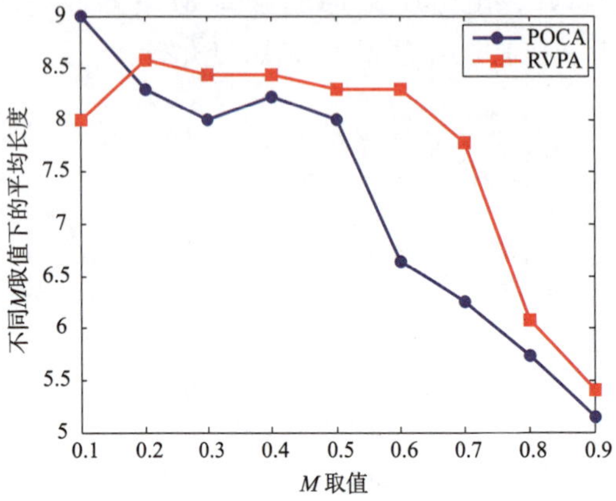

图 4-30　不同 M 取值下 P-Cycle 平均长度

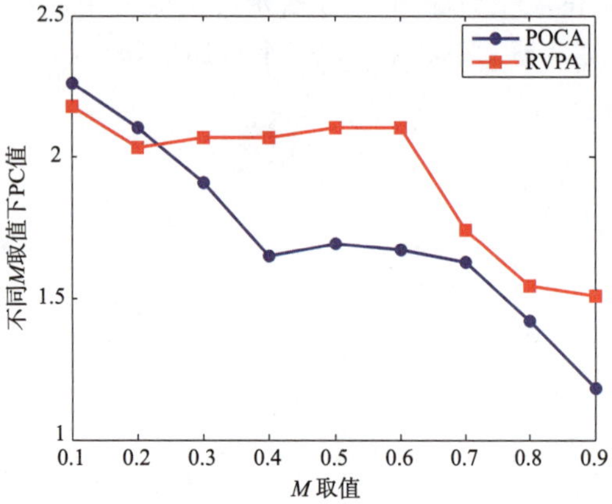

图 4-31　不同 M 取值下 PC 值

由图 4-31 分析可得，两种算法的 PC 值随着 M 的增长而整体呈下降趋势，但在小范围内取值上下有所波动。其中，当 M 取 0.1 与 0.2 时，POCA 算法的 PC 值要大于 RVPA 算法的 PC 值，但 M 取 0.3～0.9 时，RVPA 算法的 PC 值均大于 POCA 算法的 PC 值，在这个区间内，当 M 取 0.2～0.6 时，RVPA 算法 PC 取值呈增长趋势，当 M 取 0.6～0.9 时，RVPA 算法 PC 值呈下降趋势；且 M 取 0.5 时 POCA 算法的 PC 取值 1.69，而 RVPA 算法的 PC 取最大值 2.10，提高 19.52%。由此分析可得，RVPA 算法性能整体优于 POCA 算法性能。

(四)不同 M 取值下的总冗余度

当 M 从 0.1 以步长 0.1 增长到 0.9，M 取不同值时两种算法的总冗余度情况如图 4-32 所示，冗余度可用来评价 P-Cycle 的资源利用效率，总冗余度越低越好。

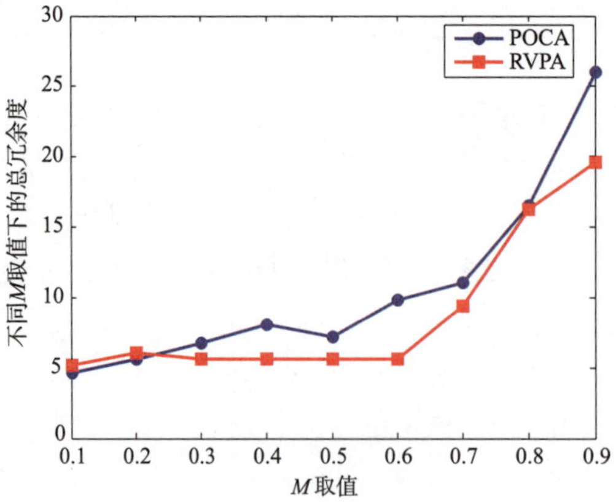

图 4-32　不同 M 取值下的总冗余度

冗余度是指配置一个 P-Cycle 所消耗的空闲容量与它所保护的工作容量的比值，它与 PC 值成反比。总冗余度低则代表网络的资源利用率较高，意味着可以用较少的空闲容量来实现 100%的网络保护。

由图 4-32 分析可得，两种算法的总冗余度随着 M 的增大均从整体上呈增长趋势，而且当 M 取 0.1、0.2、0.8 时，RVPA 算法的 P-Cycle 的总冗余度大于或者等于 POCA 算法的 P-Cycle 的总冗余度，但当 M 取 0.3～0.7 以及 0.9 时，RVPA 算法的 P-Cycle 的总冗余度小于 POCA 算法的 P-Cycle 的总冗余度；当 M 取 0.5 时，POCA 算法的总冗余度为 7.20；而当 M 取 0.3～0.5 时 RVPA 的总冗余度取最小值 5.60，降低 28.57%。由此可得，RVPA 算法性能整体优于 POCA 算法性能。

(五)不同 M 取值下的算法耗时

当 M 从 0.1 以步长 0.1 增长到 0.9，M 取不同值时两种算法的耗时情况如图 4-33 所示，耗时越短越好。可靠且稳定的业务质量是网络用户所追求的，算法的计算时间直接决定着网络发生故障后业务的恢复速度，该时间越短，代表网络发生故障后的恢复速度越快，给网络运营所带来的影响也就越小。

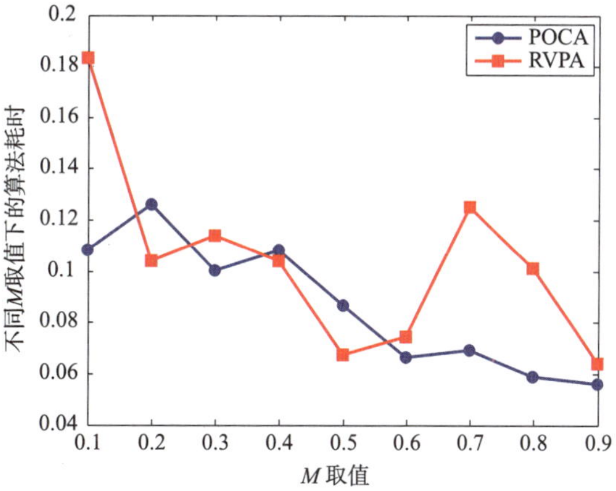

图 4-33　不同 M 取值下的算法耗时

因为运行环境不同算法耗时也会有所差异，在本台电脑运行过程中算法耗时如图 4-33 所示，呈随机分布。由上图分析可得，当 M 取 0.2、0.4、0.5 时，RVPA 算法耗时比 POCA 算法耗时少；当 M 取 0.5 时，POCA 算法耗时 89 097 μs，RVPA 算法耗时 70 931 μs，降低 20.39%。

虽然在增加方差运算之后算法的复杂度会增加，进而会增加算法耗时，但是因为 RVPA 算法与 POCA 算法相比，在保护全网相同工作容量时所需 P-Cycle 圈个数较少，而且单个 P-Cycle 圈长度较短，所以 RVPA 算法整体耗时会比 POCA 算法耗时短。

(六)不同 M 取值下的平均保护效能

当 M 从 0.1 以步长 0.1 增长到 0.9，M 取不同值时两种算法的平均保护效能情况如图

4-34 所示,平均保护效能是指全网 P-Cycle 所保护的工作容量与 P-Cycle 个数的比值,该值越高代表整体 P-Cycle 的保护能力越强,资源利用率越高,平均保护效能越大越好。

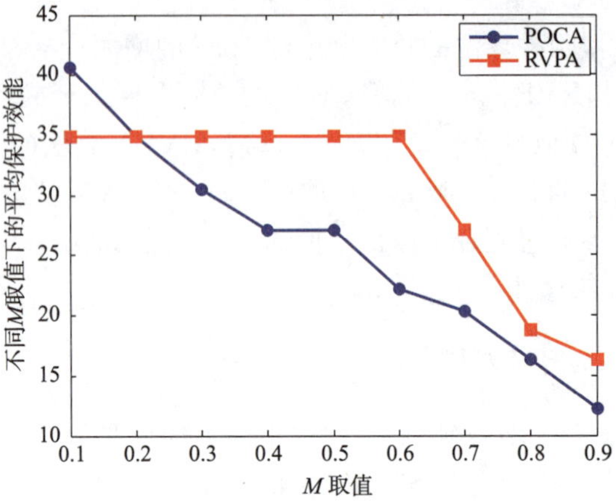

图 4-34　不同 M 取值下的平均保护效能

由图 4-34 分析可得,M 取 0.1～0.9 时,POCA 算法的平均保护效能整体呈下降趋势,而 RVPA 算法的平均保护效能在 M 取 0.1～0.6 取值范围内保持不变,取其最大值 35,而当 M 取 0.6～0.9 时呈下降趋势,但其最小值也比 POCA 算法的平均保护效能最小值要大。并且,由图可得,虽然当 M 取 0.1 与 0.2 时,RVPA 算法平均保护效能小于或等于 POCA 算法平均保护效能,但是当 M 取 0.3～0.9 时,RVPA 算法的平均保护效能取值要大于 POCA 算法的平均保护效能取值,尤其在 M 取 0.5 时 POCA 算法取值 27,而 RVPA 算法平均保护效能取最大值 35,提高 29.62%,RVPA 算法性能整体优于 POCA 算法性能。

四、仿真结果分析

当 M 从 0.1 取到 0.9,依次增加 0.1,将不同的 M 取值下所对应的各项性能指标的取值记录下来并求其平均值,同时将 $M=0.5$ 时各项指标的取值一同记录下来,将两种情况下的性能指标值进行对比分析,比较相同种类性能指标值的大小,探究 $M=0.5$ 时 RVPA 算法的性能优劣,性能指标值汇总见表 4-5。

表 4-5　RVPA 算法性能汇总表

指　　标	不同 M 取值的平均值	$M=0.5$ 时各指标取值
P-Cycle 个数	8.78	7
PC 效率	1.93	2.10
总冗余度	8.76	5.60
可保护工作容量	184.44	176
算法仿真用时	0.102	0.08
平均保护效能	30.14	34.86
P-Cycle 圈平均长度	7.69	8.29

通过表 4-5 可得，当 $M=0.5$ 时，P-Cycle 圈个数、PC 效率、总冗余度、可保护工作容量、算法仿真用时、平均保护效能的指标值均优于不同 M 取值下的平均值，但 M 取 0.5 时的 P-Cycle平均长度略高于 M 取不同值时的平均值，这也是可以理解的，因为当 M 取较小的值时构造出来的圈长度普遍较小，拉低了平均值。

由上述分析可得，$M=0.5$ 时仿真效果较优，两种算法的 P-Cycle 构造结果见表 4-6。

表 4-6 $M=0.5$ 时两种算法圈构造结果

序号	RVPA 算法 P 圈构造结果	POCA 算法 P 圈构造结果
1	[8,4,11,10,9,7,6,5,2,1,3,8]	[1,10,7,6,5,2,3,8,9,1]
2	[4,11,7,8,9,1,6,5,2,3,4]	[1,10,7,6,5,2,3,8,9,1]
3	[4,5,6,7,9,1,2,3,8,4]	[3,5,4,8,9,1,2,3]
4	[3,5,4,8,7,9,1,3]	[4,5,3,1,10,7,6,11,4]
5	[10,11,4,8,9,1,6,7,10]	[4,5,6,7,8,9,1,3,4]
6	[10,11,4,8,9,1,6,7,10]	[9,8,4,11,10,7,6,1,9]
7	[1,9,10,7,6,1]	[6,1,8,7,11,4,3,5,6]
8		[10,11,7,8,1,9,10]
9		[5,2,9,7,6,4,8,1,3,5]

通过表 4-6 可得，当 $M=0.5$ 时，在相同的网络结构并处理相同的业务请求时，为保护全网的工作容量 POCA 算法需要的 P-Cycle 圈个数是 9 个，而 RVPA 算法需要的 P-Cycle 圈个数是 7 个，比 POCA 算法的少；而且与 POCA 算法相比，RVPA 算法 P-Cycle 圈构造结果的平均长度较小，RVPA 算法性能整体优于 POCA 算法性能。

五、小结

本节提出了一种以冗余度及方差为比较标准进行圈扩展的 P-Cycle 圈构造算法 RVPA，首次将扩展圈上的未保护工作容量进行求方差运算，当其方差与冗余度同时满足最小时即选该扩展圈为本次扩展的最终圈，有效限制了保护全网工作容量所需的 P-Cycle 圈个数；并且每配置一个圈后计算全网的未保护链路比率 UPL，通过将 UPL 分别与冗余度和设置的参数 M 进行比较来限制扩展圈的节点总数，如果满足条件则进行容量配置，若不满足则在新圈的基础上继续进行圈扩展直到满足容量配置条件；将不同 M 取值下的仿真效果进行对比分析，最终选取保护效果最优时对应的 M 值进行设置。仿真结果表明，在相同网络拓扑 COST239 模型下，当配置相同的工作容量时，RVPA 算法可有效降低全网保护所需圈的个数，提高 P-Cycle 的平均保护效能与 PC，降低全网总的冗余度；而且加入参数 M，有效限制了单个 P-Cycle 的长度，避免经过太多节点，最终经过不同 M 取值下仿真结果的对比分析，得出选取 $M=0.5$ 可达到最优效果。为进一步体现与 POCA 算法相比 RVPA 算法的优越性，将 $M=0.5$ 时两种算法的性能指标进行总结见表 4-7。

表 4-7　$M=0.5$ 时两种算法性能指标

算法	P-Cycle 圈个数	PC 取值	总冗余度	算法耗时	平均保护效能
POCA	9	1.69	7.20	89097 μs	27
RVPA	7	2.10	5.60	70931 μs	35
提高率	−28.57%	19.52%	−28.57%	−20.39%	29.62%

通过表 4-7 可得，在相同的网络结构中处理相同的业务请求时，RVPA 算法保护全网工作容量时所需 P-Cycle 圈个数、PC 效率、总冗余度、算法耗时、平均保护效能的指标值均优于 POCA 算法相应指标值。由此可得，RVPA 算法性能整体优于 POCA 算法性能。

第四节　基于业务等级的共享通道保护算法

一、保护算法思路

在保护技术中必然涉及工作路径和保护路径中路由和波长的分配问题。路由一般采用最短 k 路径，将这些路径按代价排序，优先选择代价最小的路径，当代价最小的路径不符合要求时，再选择代价次小的路径，依此类推。而波长分配即是给业务请求分配带宽资源，一个波长由一个 ODU4 或多个 ODU2 或多个 ODU1 组成。1 个 ODU4 是 100G，1 个 ODU2 是 10G，1 个 ODU1 是 2.5G，其中业务阻塞率是本节研究的重点。

在波长分配中引入优先级的概念，即上层不同业务流对应的光路连接请求具有不同的优先级。假设到达每个节点的光路连接请求有 m 个优先级，用 $G_i(i=1,2,3,\cdots,m)$ 表示。优先级从 G_1 到 G_m 依次降低，并且不同优先级的光路连接请求概率不同。将波长集分为首选波长集 W_G 和共享波长集 W_S：首选波长集是为每个优先级业务的光路连接请求分配一定数量的波长，共享波长集是为所有等级业务的光路连接请求分配一定数量共享的波长，这些波长可以被所有等级的业务请求所共享。$G_1,G_2,\cdots,G_{m-1},G_m$ 等级业务的首选波长集为 $W_{G1},W_{G2},\cdots,W_{G(m-1)},W_{Gm}$，其波长数为 $|G_1|,|G_2|,\cdots,|G_{m-1}|,|G_m|$，即 $W_{G1}=\{\lambda_1,\lambda_2,\cdots,\lambda_{|G1|}\}$，$W_{G2}=\{\lambda_{|G1|+1},\lambda_{|G1|+2},\cdots,\lambda_{|G1|+|G2|}\}$，$\cdots$，$W_{Gm}=\{\lambda_{|G1|+|G2|+\cdots+|G_{m-1}|+1},\lambda_{|G1|+|G2|+\cdots+|G_{m-1}|+2},\cdots,\lambda_{|G1|+|G2|+\cdots+|G_{m-1}|+|G_m|}\}$；共享波长集里面共有 S 个波长，即 $W_S=\{\lambda_{|G1|+|G2|+\cdots+|G_{m-1}|+|G_m|+1},\lambda_{|G1|+|G2|+\cdots+|G_{m-1}|+|G_m|+2},\cdots,\lambda_{|G1|+|G2|+\cdots+|G_{m-1}|+|G_m|+S}\}$；满足 $|G_1|+|G_2|+\cdots+|G_{m-1}|+|G_m|+S=W$，其中 W 为总的波长数，如图 4-35 所示。

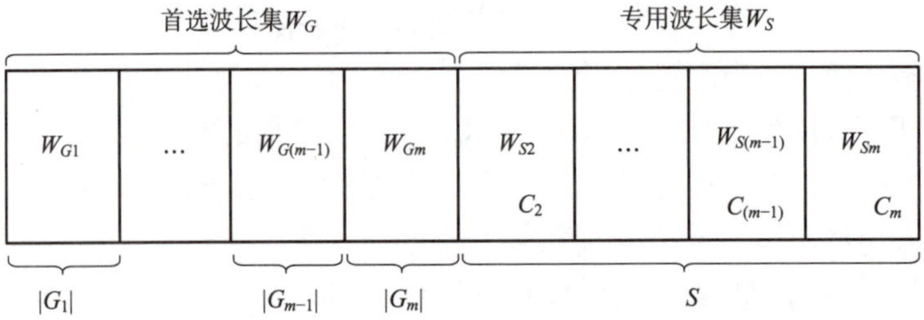

图 4-35　不同优先级业务波长分配情况

算法的流程如下：

(1)当有光路连接请求到达时，先判断业务优先级，在所属的首选波长集中寻找可用波长；如果未能找到可用波长，那么在共享波长集中寻找可用波长；如果在共享波长集中也未能找到可波用长，那么就在较低优先级的首选波长集中寻找可用波长。如果还没有找到可用波长，则该链路被拒绝。

思路(1)保证了较高优先级的光路请求具有较低的阻塞率。

(2)在上述思路中会出现这样一种情况：对于一个优先级为 G_i 的光路连接请求来说，如果它依次在首选波长集 W_{Gi}、共享波长集 W_S 和较低等级的首选波长集 $W_{G(i+1)} \rightarrow W_{Gm}$ 都没有成功分配波长，此时却在优先级比它高的首选波长集 $W_{G1} \rightarrow W_{G(m-1)}$ 中有大量未被占用的波长，该光路请求仍然被拒绝。在实际的铁路通信网中，优先级低的业务占大多数，这必然会导致全网业务阻塞率增加。为了避免这种情况发生，将上述规定改为：一个 G_i 等级的业务到达时，首先在首选波长集 W_{Gi} 中寻找波长，如果未找到，则依次在共享波长集 W_S 和优先级比自己低的首选波长集 $W_{G(i+1)} \rightarrow W_{Gm}$ 中寻找，直到成功为止。如果都未能成功分配波长，此时通过一个门限值动态判定它能否在优先级比自己高的首选波长集 $W_{G1} \rightarrow W_{G(m-1)}$ 中寻找可用波长。该门限值是根据网络每个首选波长集的波长使用情况动态地自动调整。

思路(2)有效地降低了较低优先级光路请求的阻塞率。

上述算法的附加条件如下：

(1)考虑到成本因素，网络中不设波长转换器，即满足波长一致性限制。

(2)首选波长集满足以下条件：

① $W_{Gi} \cap W_{Gj} = \phi(\forall i,j,1 \leqslant i,j \leqslant m, i \neq j)$，$\sum_{i=1}^{m} W_{Gi} + S = W$，该条件确保了首选波长集中波长没有重复，而且一个波长要么属于首选波长集，要么属于共享波长集。

② $0 \leqslant BW_{Gm} \leqslant BW_{G(m-1)} \leqslant \cdots \leqslant BW_{G2} \leqslant BW_{G1} < W$，$BW_{Gi}$ 表示 W_{Gi} 波长集的总带宽。该条件保证了高优先级的光路请求首选波长集的总带宽不能低于较低优先级的首选波长集总带宽。

(3)共享波长集满足以下条件：

$C_i(i=2,\cdots,m)$ 是等级为 G_i 业务在共享波长集中可用带宽的门限值，其中 G_1 业务为最高等级业务，在共享波长集中不设门限值。且 $C_i < C_j < S$(其中 $i > j$)，即等级越高，门限的数值越大，该条件保证了较低等级业务的门限值小于较高等级业务的门限值，确保了较高等级业务有更多可用的波长，从而减小高等级业务的阻塞率。为了根据波长中带宽使用情况自动调整 C_i 的值，本节还设置了相应的阈值 T_i，以提高波长利用率，减少资源浪费。

$U_{l_m}^i$：对于任意链路 $l_m \in L(m=1,2,\cdots,|L|)$，$l_m$ 上波长集 $W_{C_i} = \{\lambda_{|G_1|+|G_2|+\cdots+|G_{m-1}|+|G_m|+1}, \cdots, \lambda_{|G_1|+|G_2|+\cdots+|G_{m-1}|+|G_m|+2}, \cdots, \lambda_{|G1|+|G2|+\cdots+|G_{m-1}|+|G_m|+C_i}\}$ 的带宽利用率，即链路 l_m 上波长集 W_{C_i} 中已占用的带宽与 W_{C_i} 中总带宽 C_i 的比值。

$\overline{U_i}$：波长集 W_{C_i} 的平均带宽利用率，即全网各链路的带宽利用率 $U_{l_m}^i$ 的平均值，如式(4-16)。

$$\overline{U}_i = \frac{\sum_{m=1}^{|L|} U_{l_m}^i}{|L|} \tag{4-16}$$

当 $\overline{U}_i$ 大于 T_i 时，C_i 的值加 1；当 $\overline{U}_i$ 小于 T_i 时，C_i 的值减 1。

(4)低等级业务占用高等级业务时门限值问题

U_i：首选波长集 W_{Gi} 在链路上 l_m 的带宽利用率，即链路 l_m 上 W_{Gi} 中已经分配的带宽与 BW_{Gi} 的比值。

$\min U_i$ 和 $\max U_i$：首选波长集 W_{Gi} 中最小带宽利用率和最大带宽利用率。它们分别是全网中所有链路 U_i 中的最小值和最大值。

D_i：首选波长集 W_{Gi} 对应的门限值，根据 W_{Gi} 的波长使用情况动态计算，如式(4-17)。

$$D_i = \max U_i - \frac{(\max U_i - \overline{U}_i)}{u_i} \tag{4-17}$$

其中，u_i 是一个和优先级有关的常量，当优先级越高时 u_i 值越小，相对应的 D_i 值越小。调整 u_i 的值能够体现各个优先级光路请求的优先程度。

各等级业务对全网阻塞性能影响程度的不同，因此提出了衡量全网阻塞性能的指标，阻塞率(BP，Blocking Performance)见式(4-18)。

$$BP = \sum_{i=1}^{m} a_i P_i \tag{4-18}$$

根据优先级越高，对全网阻塞性能影响越大，设 $a_i \geqslant a_j$(其中 $i<j$)。BP 值越低，代表全网阻塞性能越好。所以，使 BP 达到最小值的波长分组策略为最优策略。

二、算法步骤

Step1：等待光路连接请求或光路拆除请求：

如果到达的是光路连接请求，转至 Step2；

如果到达的是光路拆除请求，转至 Step5；

Step2：首先由最短 K 路径算法求出 K 条最短路由，选择代价最小的路由。

Step3：判断光路连接请求的业务等级 G_i。首先在其首选波长集 W_{Gi} 中寻找可用波长和带宽资源。如果未能寻找成功，依次在共享波长集 W_S、较低优先级首选波长集 $W_{G(i+1)} \rightarrow W_{Gm}$、较高优先级的首选波长集 $W_{G1} \rightarrow W_{G(m-1)}$ 中寻找，直到找到可用波长为止。其中共享波长集 W_S 的门限值由 T_i 决定，较高优先级中首选波长集的门限值由 D_i 决定，将找到的可用波长和带宽分配给此光路建立连接，更新链路波长和带宽占用情况，并转至 Step4。如果都未能找到可用波长和带宽，则转至 Step5。

Step4：链路连接请求成功，输出寻找到的路由和波长，并更新全网络各链路波长和带宽资源使用信息，然后转至 Step2。

Step5：链路连接请求失败，更新全网络各链路波长和带宽信息。

该算法的流程如图 4-36 所示。

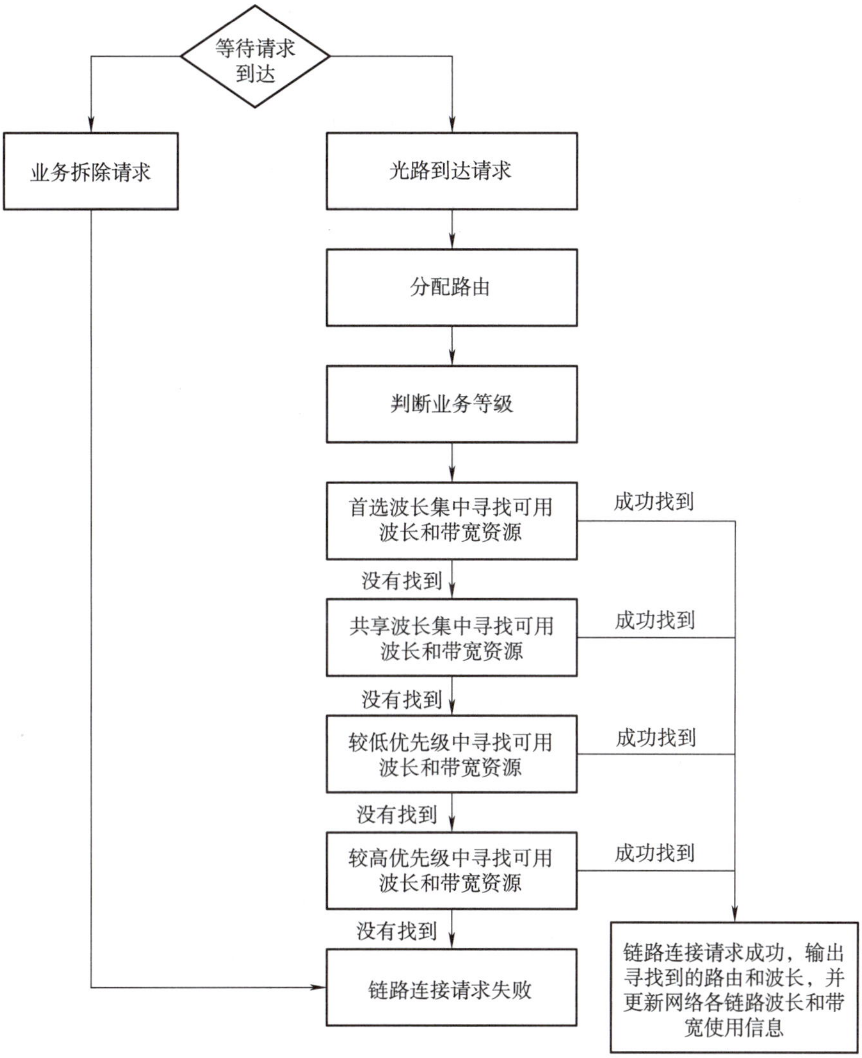

图 4-36　基于业务等级的共享通道保护算法流程

三、仿真及结果分析

采用图 4-37 所示的骨干层传输网 2 号环为网络模型进行仿真研究。2 号环共有 21 个节点，25 条链路，每条链路的实际距离已知。该网络的邻接矩阵如图 4-38 所示，其中不为 0 代表有相互连接关系且表示相邻节点的距离，为 0 代表相邻节点没有相互连接关系。

由上述章节对铁路通信网业务分析可知，铁路上业务一共分为 6 个等级，即G_1、G_2、G_3、G_4、G_5 和 G_6，假设每条链路最大可用波长数为 40，首选波长集中有 33 个波长，共享波长集有 4 个波长，起间隔作用的有 7 个波长。波长和带宽分配情况见表 4-8。

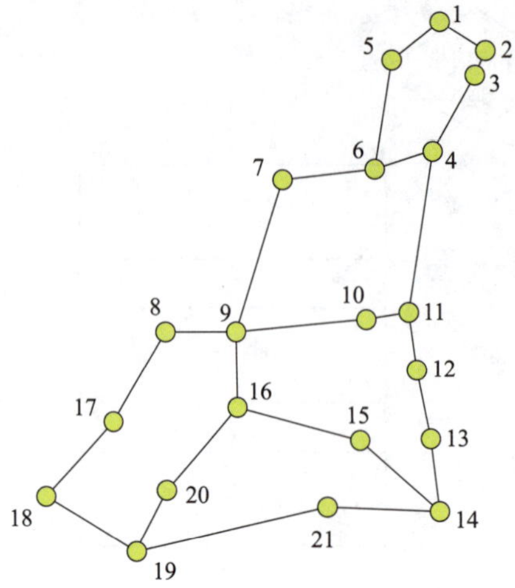

图 4-37　骨干层传输网 2 号环

$$
\boldsymbol{A}=\begin{bmatrix}
0&200&0&0&200&0&0&0&0&0&0&0&0&0&0&0&0&0&0&0&0\\
200&0&10&0&0&0&0&0&0&0&0&0&0&0&0&0&0&0&0&0&0\\
0&10&0&300&0&0&0&0&0&0&0&0&0&0&0&0&0&0&0&0&0\\
0&0&300&0&0&200&0&0&0&0&400&0&0&0&0&0&0&0&0&0&0\\
200&0&0&0&0&280&0&0&0&0&0&0&0&0&0&0&0&0&0&0&0\\
0&0&0&400&280&0&290&0&0&0&0&0&0&0&0&0&0&0&0&0&0\\
0&0&0&0&0&290&0&0&500&0&0&0&0&0&0&0&0&0&0&0&0\\
0&0&0&0&0&0&0&0&170&0&0&0&0&0&0&0&450&0&0&0&0\\
0&0&0&0&0&0&500&170&0&370&0&0&0&0&0&0&0&0&0&0&0\\
0&0&0&0&0&0&0&0&370&0&140&0&0&0&0&0&0&0&0&0&0\\
0&0&0&400&0&0&0&0&0&140&0&150&0&0&0&0&0&0&0&0&0\\
0&0&0&0&0&0&0&0&0&0&150&0&200&0&0&0&0&0&0&0&0\\
0&0&0&0&0&0&0&0&0&0&0&200&0&200&0&0&0&0&0&0&0\\
0&0&0&0&0&0&0&0&0&0&0&0&200&0&320&0&0&0&0&0&300\\
0&0&0&0&0&0&0&0&0&0&0&0&0&320&0&350&0&0&0&0&0\\
0&0&0&0&0&0&0&0&220&0&0&0&0&0&350&0&0&0&0&300&0\\
0&0&0&0&0&0&0&450&0&0&0&0&0&0&0&0&0&280&0&0&0\\
0&0&0&0&0&0&0&0&0&0&0&0&0&0&0&0&280&0&300&0&0\\
0&0&0&0&0&0&0&0&0&0&0&0&0&0&0&0&0&300&0&220&600\\
0&0&0&0&0&0&0&0&0&0&0&0&0&0&0&300&0&0&220&0&0\\
0&0&0&0&0&0&0&0&0&0&0&0&0&300&0&0&0&0&600&0&0
\end{bmatrix}
$$

图 4-38　网络的邻接矩阵

表 4-8　波长和带宽分配情况

波道号	带宽颗粒度	波长集	波道号	带宽颗粒度	波长集
λ_{40}	ODU4	W_S	λ_{16}	ODU2	W_{G3}
λ_{39}	ODU4	W_S	λ_{15}	ODU2	W_{G3}
λ_{38}	ODU4	W_S	λ_{14}	ODU2	W_{G3}
λ_{37}	ODU4	W_S	λ_{13}	ODU2	W_{G3}
λ_{36}	ODU2	间隔波道	λ_{12}	ODU2	W_{G2}

续上表

波道号	带宽颗粒度	波长集	波道号	带宽颗粒度	波长集
λ_{35}	ODU2	间隔波道	λ_{11}	ODU2	W_{G2}
λ_{34}	ODU2	间隔波道	λ_{10}	ODU2	W_{G2}
λ_{33}	ODU2	间隔波道	λ_{9}	ODU2	W_{G2}
λ_{32}	ODU2	W_{G6}	λ_{8}	ODU2	W_{G2}
λ_{31}	ODU2	W_{G6}	λ_{7}	ODU2	W_{G2}
λ_{30}	ODU2	W_{G6}	λ_{6}	ODU2	W_{G2}
λ_{29}	ODU2	W_{G6}	λ_{5}	ODU2	间隔波道
λ_{28}	ODU2	W_{G5}	λ_{4}	ODU2	间隔波道
λ_{27}	ODU2	W_{G5}	λ_{3}	ODU2	间隔波道
λ_{26}	ODU2	W_{G5}		ODU2	W_{G1}
λ_{25}	ODU2	W_{G5}		ODU2	W_{G1}
λ_{24}	ODU2	W_{G4}	λ_{2}	…	W_{G1}
λ_{23}	ODU2	W_{G4}		ODU1	W_{G1}
λ_{22}	ODU2	W_{G4}		…	W_{G1}
λ_{21}	ODU2	W_{G4}		ODU2	W_{G1}
λ_{20}	ODU2	W_{G4}		ODU2	W_{G1}
λ_{19}	ODU2	W_{G4}	λ_{1}	…	W_{G1}
λ_{18}	ODU2	W_{G3}		ODU1	W_{G1}
λ_{17}	ODU2	W_{G3}		…	W_{G1}

由上表可以看出，各等级可用波长和带宽分配的情况为：$W_{G1}=\{\lambda_1、\lambda_2\}$，可用带宽为200G；$W_{G2}=\{\lambda_6、\lambda_7、\lambda_8、\lambda_9、\lambda_{10}、\lambda_{11}、\lambda_{12}\}$，可用带宽为70G；$W_{G3}=\{\lambda_{13}、\lambda_{14}、\lambda_{15}、\lambda_{16}、\lambda_{17}、\lambda_{18}\}$，可用带宽为60G；$W_{G4}=\{\lambda_{19}、\lambda_{20}、\lambda_{21}、\lambda_{22}、\lambda_{23}、\lambda_{24}\}$，可用带宽为60G；$W_{G5}=\{\lambda_{25}、\lambda_{26}、\lambda_{27}、\lambda_{28}\}$，可用带宽为40G；$W_{G6}=\{\lambda_{29}、\lambda_{30}、\lambda_{31}、\lambda_{32}\}$，可用带宽为40G；$W_S=\{\lambda_{37}、\lambda_{38}、\lambda_{39}、\lambda_{40}\}$，可用带宽为400G。其中$\lambda_1$、$\lambda_2$、$\lambda_{37}$、$\lambda_{38}$、$\lambda_{39}$、$\lambda_{40}$是100G的传输容量，其余都为10G的传输容量，$\lambda_3$、$\lambda_4$、$\lambda_5$、$\lambda_{33}$、$\lambda_{34}$、$\lambda_{35}$、$\lambda_{36}$为100G和10G之间的间隔波道，不使用。

由业务带宽需求，假设各等级业务请求的带宽值都是100M，不同优先级光路请求到达网络的平均速率服从参数为β_i的泊松分布，即$\beta_1:\beta_2:\beta_3:\beta_4:\beta_5:\beta_6=1:1:1:2:2:3$。光路建立以后各等级业务服务持续时间服从均值为$1/u$的指数分布，取$u=6$，网络业务负载量定义为$p=\beta/u$（*Erlang*）。一旦连接被拒绝，就立即被丢弃，即无等待队列。

本节中的基于业务等级的共享通道算法可以根据门限值来确定各等级业务占用带宽的大小，其中门限值是根据全网链路带宽利用率动态变化的，因此把该算法叫作动态法，与静态算法对比，其中静态法将波长集全部分为专用波长集，没有共享波长集，而且高优先级的业务可以占用低优先级业务的可用波长，但是低优先级的业务不能占用高优先级的波长。比较的指标为全网阻塞率和各等级业务在不同负载下的光路连接请求的阻塞率，所得的结

果是在仿真 10^6 次光路连接请求后统计所得。其中 $BP=\sum_{i=1}^{m}a_iP_i$，令 $a_1=0.3, a_2=a_3=0.2, a_4=a_5=a_6=0.1$。初始的 T_i 和 u_i 取值如下：$T_2=120$ G、$T_3=100$ G、$T_4=80$ G、$T_5=60$ G、$T_6=40$ G；$u_1=4$ G、$u_2=5$ G、$u_3=6$ G、$u_4=8$ G、$u_5=10$ G。利用 Matlab 进行仿真，得到的结果如下：

(1)随着网络业务负载量的增加，全网平均阻塞率的变化如图 4-39 所示。

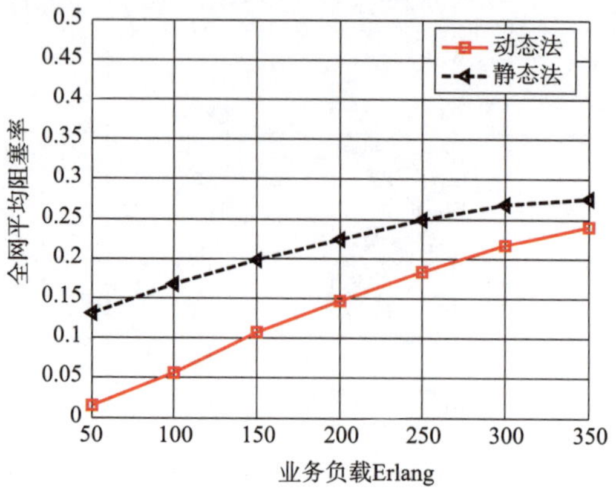

图 4-39　全网的平均阻塞率

从图 4-39 可以看出，动态法和静态法的光路连接请求阻塞率都随着网络负载的增加而增加，而且动态法的阻塞率比静态法始终要小。在负载量为 50 Erlang、100 Erlang、150 Erlang、200 Erlang、250 Erlang、300 Erlang 和 350 Erlang 时，动态法分别比静态法的阻塞率降低 0.115 0、0.103 0、0.090 0、0.078 0、0.065 0、0.052 0 和 0.034 0。可以看出负载越小阻塞率降低越大，负载越大阻塞率降低越小，因为当负载快要达到一定程度，全网阻塞率趋于瓶颈。因此，上图表明，该动态算法大大减小了业务请求阻塞率，优化了全网的带宽分配。

(2)网络负载在 100 Erlang、200 Erlang 和 300 Erlang 时，G_1、G_2、G_3、G_4、G_5、G_6 等级业务的阻塞率如图 4-40、图 4-41 和图 4-42 所示。

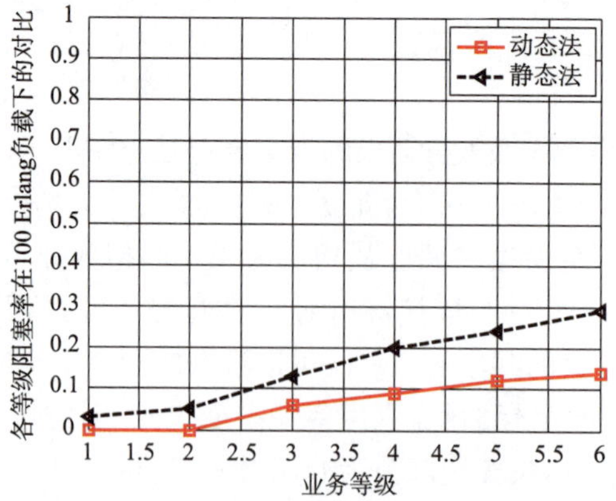

图 4-40　100 Erlang 负载量下的阻塞率对比

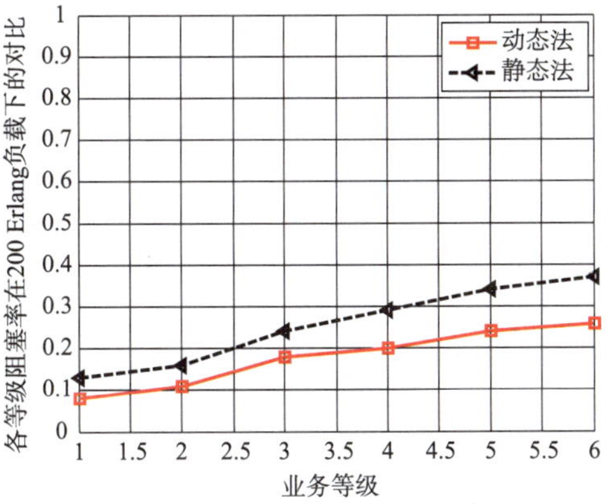

图 4-41 200 Erlang负载量下的阻塞率对比

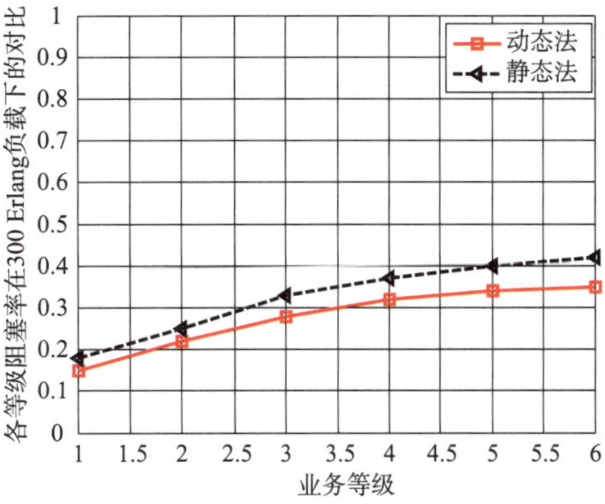

图 4-42 300 Erlang负载量下的阻塞率对比

从图4-40至图4-42可以看出：

(1)动态法和静态法相比，高等级业务请求阻塞率得到了有效地降低，低等级业务请求阻塞率降低更明显。因为动态法和静态法中的高优先级业务都可以占用低优先级业务的带宽资源，差别在于动态法设置有共享保护通道保证了高等级业务的带宽需求，而且合理的门限值有利于全网的负载均衡和阻塞率的降低。同时，等级越高相应的波长和带宽资源分配的更多。所以，高等级业务阻塞率有降低，但降低的不显著。但动态法的低等级业务还可以占用高等级业务的带宽资源，所以低等级业务阻塞率降低的更明显。

(2)负载越低，低等级业务阻塞率降低得更多。以G_6等级业务为例，在100 Erlang、200 Erlang和300 Erlang时，阻塞率分别降低0.15、0.11和0.07。这是因为负载越小，对网络造成的压力越小，网络的可分配资源越多，阻塞率降低明显。

综上所述，与静态法比较，动态法能有效地较低业务请求阻塞率，降低高等级业务的阻塞率的同时又大大降低了低等级业务的阻塞率。

四、小　　结

本节先介绍了基于业务等级的共享通道保护算法的思路和算法步骤，然后利用Matlab进行了仿真，并和静态算法的阻塞率进行对比。

算法的思路是：各种业务所占带宽根据实际需求配置，高优先级业务可占用低优先级业务的在用带宽，低优先级业务可占用高优先级业务的空闲带宽，其中由业务等级的不同设置了相应的门限值。同时，本节根据铁路业务带宽实际需求情况，为各等级业务分配了一定的波长和带宽。

算法步骤是：当光路请求到达时，先判断业务等级，然后利用最短K路径算法分配路由，再依次在所属的首选波长集、共享波长集、低等级业务波长集和高等级业务波长集中寻找可用波长和带宽，如果寻找成功，更新网络各链路波长和带宽使用情况；如果寻找失败，则业务被阻塞。

仿真结果表明：各个等级的业务阻塞率都随着网络负载量的增加而增加，与静态算法比较，该算法降低了高等级业务阻塞率的同时大大降低了低等级业务的阻塞率，并且由于对不同等级的业务设置有相应的带宽占用门限值，均衡了网路负载，增加了带宽利用率。

第五节　光传送网络单链路故障定位

高速铁路骨干层网络主要采用 OTN 技术进行环形组网，随着光传送网络技术的发展，单波传输速率可以达到 40 Gbit/s，并且逐步向 100 Gbit/s、400 Gbit/s 过渡。而一根光纤可以承载数以百计的波长，即使是单根光纤的中断也会带来大量的信息的丢失，将会严重影响网络中的业务的传输。而光传送网络中传输着保证列车安全运行的大量的业务，为了保证光传送网络中的业务的安全传输，必须在网络故障发生后能够快速、准确地定位出故障发生的位置，并采取相应的故障恢复措施，以避免网络故障所带来的损失。因此，对于光传送网络链路故障定位的研究具有非常重要的意义。

实现光传送网络的快速故障定位需要一个有效的故障监测机制。其中监测迹(m-trail)是实现光传送网络故障定位的一种物理层监测结构，其基本思想是把网络中的故障定位问题转化为对网络中的链路进行二进制编码的问题。依据二进制编码机制可知少量的二进制比特可以产生大量不同的编码，因此少量的 m-trail 即可实现网络的快速、精确故障定位。

一、监测迹研究现状

目前的 m-trail 的设计方法都是为了降低监测代价的同时能够快速、准确地实现故障的定位为目标。在 m-trail 的设计方法中，采用如下方式来估算该方案所消耗的监测代价：

监测代价＝监测器的成本＋监测带宽的成本

$=\gamma\times$监测器的个数 ＋ 监测带宽的成本

可以通过调整 γ 的数值来控制监测器的个数与监测波长总数之间的比重，从而实现在 m-trail 分配算法在监测器成本与监测带宽成本之间的折中。对于一个网络，如何分配 m-trail在保证准确、快速定位出故障的同时需要更少的监测代价是目前的研究的方向。

目前对于 m-trail 的故障定位主要是针对单链路的故障定位，其中 m-trail 的设计方法主要有：整数线性规划方法(Integer Linear Programming，ILP)、RCA(Random Code Assignment)＋ RCS(Random Code Swapping)、启发式监测迹分配算法(Monitoring Trail Allocation，MTA)。

(一)ILP(整数线性规划)设计方法

加拿大滑铁卢大学的 Bin Wu 等人提出了在光传送网络中基于 m-trail 的故障定位方法，并设计了分配 m-trail 的 ILP 的模型以实现对网络中的监测资源的优化配置。该设计方法的优势在于其能够给出 m-trail 分配的最优解，但是 ILP 是以最小化监测代价为目标，通过设置多个约束条件以及参数，然后改变各个参数的值，进而找到最优的解。

由于基于 ILP 的 m-trail 设计问题在理论上是属于 NP-hard 的问题，所以 m-trail 的设计过程非常复杂，尤其是在大型的网络中，由于使用 ILP 的方法来求得最优解所需要的时间特别长，往往找不到最优解甚至有可能求不出解。因此，利用 ILP 的方法来设计 m-trail 在实际的应用中很难实施。

(二)RCA+RCS设计方法

为了能够实现快速的分配m-trail,J. Tapolcai等人提出了一种启发式的RCA+RCS算法,启发式算法RCA+RCS相对于ILP(整数线性规划)模型,可以在较短的时间内找到m-trail的分配方案。

RCA+RCS算法的基本思想是首先为网络中的每一条链路随机的分配一个唯一的二进制识别码,然后在分配识别码的基础上对每一条m-trail进行调整,从而得到正确的m-trail结构。

在RCA+RCS算法设计m-trail的过程中,把$|E|$个不同的告警码随机地分配给网络中的每一条链路,然后把这些链路的告警码放入一个故障告警码表中,见表4-9,其中表的Link代表网络中的链路,D代表故障告警码的十进制表示形式。

表4-9 故障告警码表

Link	t_3	t_2	t_1	t_0	D
(0,1)	0	0	1	0	2
(1,2)	0	1	1	0	6
(2,3)	1	0	0	0	8
(3,4)	0	1	0	1	5
(4,5)	0	1	0	0	4
(0,5)	0	1	1	1	7
(1,5)	0	0	0	1	1
(2,4)	0	0	1	1	3

以RCA + RCS算法为例,图4-43中(a)为一个含有6个节点8条链路的网络。首先,为网络中的每条链路随机分配一个唯一的二进制码,然后再对链路进行交换。以其中的一条监测迹t_0为例,如图中(b)所示,若链路(1,2)与链路(0,5)交换则可以形成一条完整的监测迹,如图中(c)所示,若链路(0,1)与链路(2,4)进行交换则会生成不相连的两条监测迹,这样就会增加监测迹的数目。所以RCA+RCS存在随机性,在交换过程中会增加监测迹的数目,从而会增加监测代价,尤其是在大型的网络中这种问题更加突出。

虽然RCA+RCS算法可以得到有效的监测结构,但是由于RCA+RCS算法具有随机性,在RCS的过程中可能产生多个分离的m-trail,因此在分配m-trail的时候有可能会使m-trail的数目增多,从而增加m-trail以及监测器的数量。因此,RCA+RCS算法的性能难以得到保证,为了得到一个相对较好的方案,有时需要重复运行该算法以碰巧可以得到一个性能比较好的起点,然后可以从多个最终得到的运行结果中挑选出一个最好的。这样不但会使得运行的时间变长,而且很难保证会获得一个好的结果。

(三)MTA设计方法

MTA算法与RCA+RCS算法的思想相反,RCA+RCS首先为每一条链路分配一个唯一的编码,然后对m-trail的结构进行调整。而MTA算法的基本思想是先将所有的链路放入一个集合中,然后添加一条m-trail把集合分为两个集合,然后再添加一条m-trail把集合分为四个集合，以此类推不断增加 m-trail 一直到集合数等于所有链路数并且所有的链路都被该 m-trail 经过为止，MTA 算法流程如图 4-44 所示。

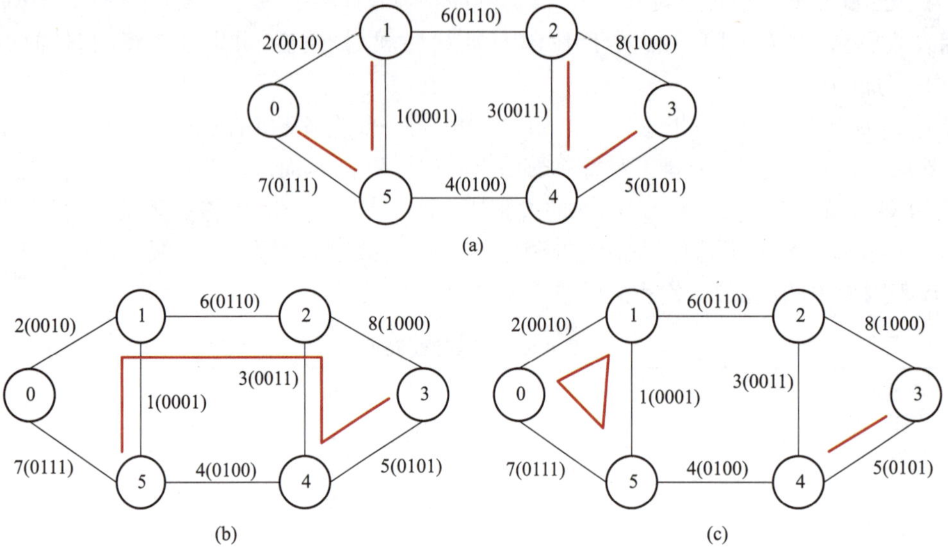

图 4-43　RCA+RCS 过程

(1)MTA 算法步骤：

Step 1：把所有的链路放入一个集合 AS_0 中(这是一个没有被任何一个 m-trail 经过的链路集合)。

Step 2：增加一条新的 m-trail，t_j(j 为每一条 trail 的索引)。

Step 2.1：找出第 j 个 m-trail 的链路片段集 F_j。

Step 2.1.1：初始化链路片段集合 F_j。

定义 $F_j=\{f_k^j\}$ 为一系列要产生一条监测迹 t_j 的链路片段 f_k^j 的集合，其中 f_k^j 为第 j 个 m-trail 的第 k 个片段。假设 $k=0$，F_j 为 ϕ。

Step 2.1.2：找出片段 f_k^j 的扩展节点 r_k，节点 r_k 为度数最大的点。

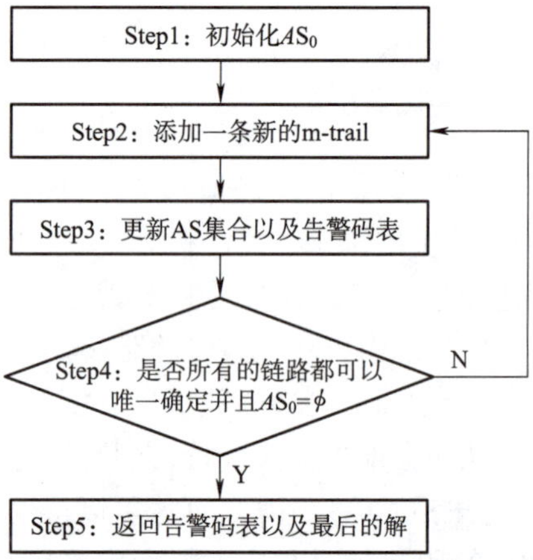

图 4-44　MTA 算法流程

对于生成的每一个集合 AS_c(包括集合 AS_0)，集合 AS_c 为拓扑$G(V,E)$的一个子网，其中 V 代表网络中节点的集合，E 代表网络中链路的集合。在所得到的所有子网中，找出 f_k^j 的扩展节点 r_k，其中节点 r_k 为度数最大的点。

Step 2.1.3：确定节点 r_k 相邻的链路的权重。

确定与节点 r_k 相连的链路的权重 w_1，为了尽可能地使用成本较小的链路来扩展 f_k^j，使用链路带宽成本的倒数乘以节点的度数作为链路的权重 w_1。假设有两个固定的常数 C_1 与 C_2；如果这条链路没有被 m-trail 经过，设 $w_1=w_1\times C_1$；如果当前这条链路已经被 m-trail 经过了，设 $w_1=w_1/C_2$。如果链路能够被唯一地确定，设 $w_1=0$。

Step 2.1.4:扩展链路片段 f_k^j。

设 l_{max}为与节点 r_k 相连的具有最大权重的链路,r_k'为该链路另一端的节点。重复 step 2.1.3 与 step 2.1.4 直到没有权重大于 0 的链路可以添加 f_k^j,或者$|f_k^j|=|E|/2$为止。

Step 2.1.5:循环操作,判断是否需要找出片段集 F_j 中的下一个片段 f_k^j。

对于所有的集合 AS_c,如果 $AS_c \cap F_j \neq \phi$,进入 Step 2.2,否则设置 $k+1 \rightarrow k$,并返回 Step 2.1.1 来创建另外一个片段。

Step 2.2:连接 F_j 中互不相连的片段 f_k^j 形成一条完整的 m-trail。

设 SP_{uv} 为拓扑$G(V,E)$-F_j 中两个节点 u 和 v 之间的最短通路,并运用 Floyd-Warshall 算法来计算 $G(V,E)$-F_j 中节点之间的最短路径。并按照从小到大来排列这些路径,按照顺序依次检验能否连接 F_j 中的两个片段 f_a^j 与 f_b^j,转至 Step 3。

Stcp 3:更新集合以及报警码表 ACT。

根据目前形成的 m-trail 重新计算分配到每条链路上的告警码。把含有相同告警码的链路放入集合 AS_c 中,以及没有被任何 m-trail 经过的链路放入集合 AS_0 中,如果链路可以被唯一地确定,则更新相应的告警码表。

Step 4:循环控制直到所有的链路都能被唯一地确定。

如果所有的链路 E 都能够被唯一地确定,并且 $AS_0=\phi$。停止本算法,并返回 ACT(告警码表)。否则,设 $j+1 \rightarrow j$ 返回 Step 2 添加一条新的 m-trail。

(2)MTA 算法举例

图 4-45 为一个含有 6 个节点 8 条链路的网络,表 4-10 为其对应的故障告警码表。其中表中的 Link 代表网络中的链路,D 代表故障告警码的十进制表示形式。

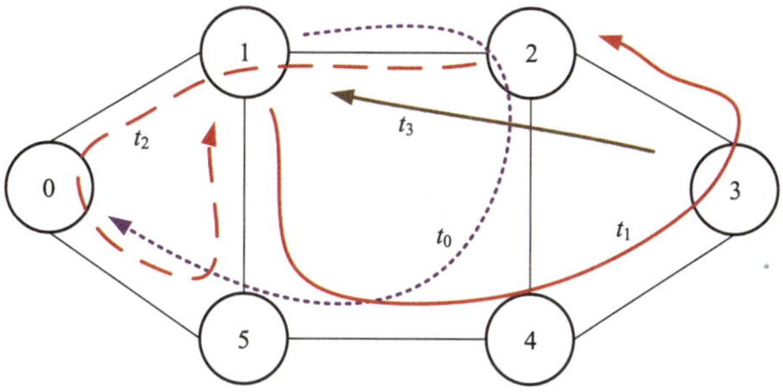

图 4-45 监测迹分布

表 4-10 故障告警码表

Link	t_3	t_2	t_1	t_0	D
(0,1)	0	1	0	0	4
(0,5)	0	1	0	1	5
(1,2)	1	1	0	1	13
(1,5)	0	1	1	0	6
(2,3)	1	0	1	0	10
(2,4)	0	0	0	1	1
(3,4)	0	0	1	0	2
(4,5)	0	0	1	1	3

(3)MTA 设计 m-trail 过程

首先初始化集合 $AS_0=\{(0,1),(1,2),(2,3),(3,4),(4,5),(5,0),(1,5),(2,4)\}$，如图 4-46 所示，其中 AS_0 为网络中所有的链路的集合。

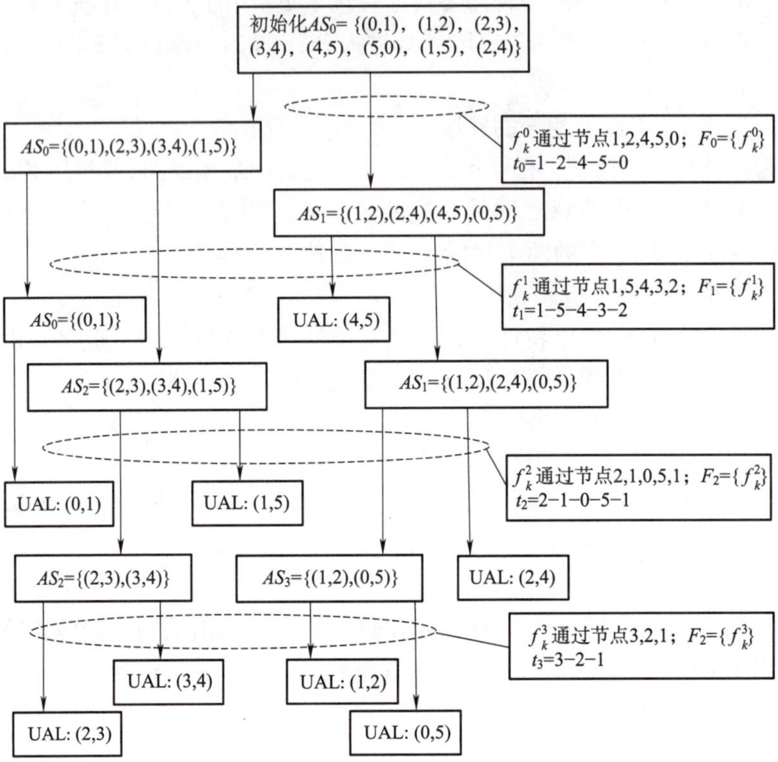

图 4-46 MTA 算法举例

添加一条监测迹 $t_0=1\text{-}2\text{-}4\text{-}5\text{-}0$ 后集合 AS_0 分为了两个集合，其中 AS_0 表示没有被监测迹经过的链路的集合，AS_1 为监测迹 t_0 经过的链路集合。只添加一条监测迹 t_0，由于链路集合 $\{(0,1),(2,3),(3,4),(1,5)\}$ 中含有相同的告警码“0”，以及链路集合 $\{(1,2),(2,4),(4,5),(0,5)\}$ 中含有相同的告警码“1”，因此不能唯一地确定网络中的链路是否出现了故障，因此需要再添加一条监测迹 $t_1=1\text{-}5\text{-}4\text{-}3\text{-}2$。

添加监测迹 t_1 后，链路 $\{(4,5)\}$ 相对于其他链路有唯一的告警码“11”，链路 $\{(4,5)\}$ 可以唯一确定。此时的集合 $AS_0=\{(0,1)\}$ 为没有任何一条监测迹经过的链路集合，集合 $AS_1=\{(1,2),(2,4),(0,5)\}$ 中的链路含有相同的告警码“01”，集合 $AS_2=\{(2,3),(3,4),(1,5)\}$ 中的链路含有相同的告警码“10”，网络中的链路仍然不能唯一确定。因此需要再添加一条监测迹 t_2，$t_2=2\text{-}1\text{-}0\text{-}5\text{-}1$。

添加监测迹 t_2 后，链路 $\{(0,1)\}$ 含有唯一的告警码“100”，链路 $\{(1,5)\}$ 含有唯一的告警码“111”，链路 $\{(2,4)\}$ 含有唯一的告警码“001”，因此，可以唯一确定此类链路是否出现故障。其中链路集合 $AS_2=\{(2,3),(3,4)\}$ 中的链路含有相同的告警码“010”，链路集合 $AS_3=\{(1,2),(0,5)\}$ 中的链路含有相同的告警码“101”，因此这两个集合中的链路仍然不能唯一确定，需要添加一条监测迹 $t_3=3\text{-}2\text{-}1$。

添加监测迹 t_3 后，链路{(2,3)}的告警码为“1010”，链路{(3,4)}的告警码为“0010”，链路{(1,2)}的告警码为“1101”，链路{(0,5)}的告警码为“0101”，见表 4-10，此时网络中的链路都含有一个唯一的故障告警码，m-trail 分配过程结束，因此 MTA 算法需要设计 4 条监测迹。

在增加单个 m-trail 时，有可能会出现多个片段，在 MTA 算法中采用最短路径算法将多个片段都连接起来以形成一条完整的 m-trail，这样就会很大程度上减少 m-trail 的数目，因此可以减少监测器的数量，从而降低故障监测的成本。与 ILP 以及 RCA＋RCS 算法相比在运行时间上有了很大的提高。

二、RWS ＋ MTA 方法

虽然 MTA 算法在设计 m-trail 时可以有效地减少监测器的数量，从而降低监测代价。但是由于 MTA 算法在选择下一条链路时会固定选择最大权重的链路，这样会存在局部最优的问题。为了避免 MTA 算法中出现局部最优的状况，引入一种轮盘赌选择 RWS(Roulette Wheel Selection)算法。

假设集合 $S=\{s_1,s_2,\cdots,s_n\}$ 为 n 个待选择的对象的集合，$w(s)$ 为每一个对象的权重函数，可以根据该权重函数来计算出每一个对象的权重。则每一个对象被选中的概率为：

$$P(s_i)=\frac{w(s_i)}{\sum_{j=1}^{n}w(s_j)} \tag{4-19}$$

为了实现 RWS 算法的随机选择过程，一种比较高效的方法是采用二分查找。在每一次选择前，需要生成一个 $(0,\sum_{j=1}^{n}w(s_j))$ 的随机值。记函数 $rand(a,b)$ 为生成一个位于区间 $[a,b)$ 内的随机值。表 4-11 为二分查找算法，具体步骤如下：

Step1：遍历每一个对象，然后依次累计已遍历对象的权重，记为 $q_t=\sum_{j=1}^{t}w(s_j)$，并且令 $q_0=0$。

Step2：对于每次查询，生成一个随机值 $r=rand(0,q_n)$。若 $r\leqslant q_1$，则 s_1 被选中；若 $r\in[q_{t-1},q_t)$，则 s_t 被选中。

表 4-11 二分查找算法

二分查找算法	
1	令左指针 $left=1$，使 $q_{left\text{-}1}\leqslant r$，右指针 $right=n$，使 $q_{right}\geqslant r$
2	$middle=\left[\frac{left+right}{2}\right]$
3	if $q_{middle}\leqslant r$
4	then
5	$left=middle+1$
6	else
7	$right=middle$
8	返回被选中的对象 s_{left}

由于 RWS 算法使用一个概率模型在选择下一条链路时扩大了搜索的空间，可以避免局部最优情况的出现。因此采用 RWS+MTA 算法来设计 m-trail，通过有限次的迭代可以从中选择出较优的 m-trail 分配方案。RWS+MTA 算法流程如图 4-47 所示。

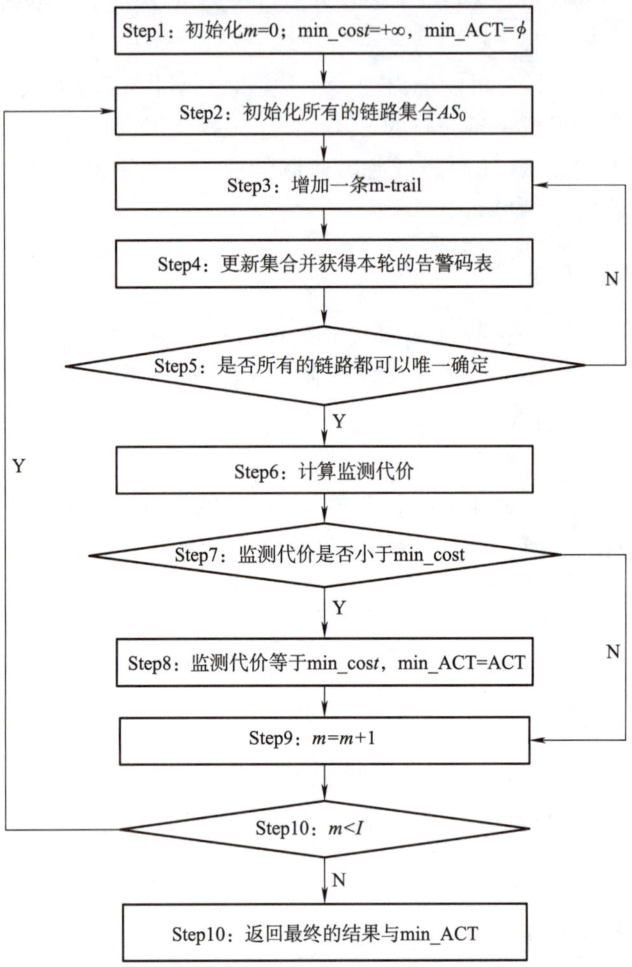

图 4-47　RWS+MTA 算法流程

(一)RWS+MTA 算法步骤

Step 1：初始化 $m=0$，min_cost$=+\infty$，min_ACT$=\phi$。

Step 2：初始化集合 AS_0，AS_0 为没有被监测迹经过的链路集合；当一次迭代完成后，AS_0 必须为空集，因为 AS_0 中的每一条链路都唯一确定。

Step 3：增加一条 m-trail。

Step 3.1：寻找监测迹 t_j 的集合 p_j。

Step 3.1.1：初始化 p_j 为 ϕ，其中 j 为 m-trail 的编号，$p_j=\{p_k^j\}$为G(V,E)中生成的 *m-trail* 的各个路径 p_k^j 的集合。V 代表网络中的节点，E 代表网络中的链路，$k\rightarrow 0$。

Step 3.1.2：找出 p_k^i 的下一个扩展节点 n_k。

对于每一个集合 AS_c，AS_c 为 G(V,E)中的一个子网，在所有的子网中找出一个节点度数最大的节点 n_k 来扩展 p_k^i。

Step 3.1.3：为 n_k 周围的每一个相连的链路赋予权重。

在拓扑 G(V,E)-p_j 中以节点的度数与链路带宽成本倒数的乘积作为节点 n_k 的每个邻接链路 l 的权重，设置为 w_l，设 Q_1、Q_2 为常数，如果 $l \in AS_0$，则 $w_l \times Q_1 \rightarrow w_l$ 也就是说该链路没有被 m-trail 经过，如果有其他的链路 l 在 p_j 中，则 $w_l/Q_2 \rightarrow w_l$，也就是说该链路被另外的 m-$trail$ 经过了；如果链路可以被唯一地确定，或者 $|P_k^i|=|E|/2$ 则 $w_l \rightarrow 0$。

Step 3.1.4：扩展 p_k^i。

采取多次选取相邻链路的机制来扩展 p_k^i，在 n_k 的每条相邻的链路都有可能会被选择为扩展 p_k^i 的下一条链路，假设 M_l 为剩余拓扑中的 n_k 的所有相邻的链路的集合，其中的每条链路 $n \in M_l$ 被赋值为 w_n 后，n 作为扩展 p_k^i 的下一条链路的概率为：

$$p_n = \frac{w_n}{\sum_{n \in M_l} w_n} \tag{4-20}$$

这样在每一次的迭代中都会产生不同的解。进而可以通过多次迭代来得到比较优的解。

Step 3.1.5：判断是否继续构建下一个 p_k^i，还是进入下一步。

如果所有的 $AS_c \cap p_j \neq \phi$，或者是所有的节点的度数都为 0，则进入 Step 3.2，否则 $k+1 \rightarrow k$，进入 Step 3.1.2 来构建下一个 p_k^i。

Step 3.2：连接 p_j 中的 p_k^i。

在剩余的 G(V,E)-p_j 中，采用 Floyd-Washall 算法来计算出所有的 G(V,E)-p_j 中的节点 a、b 之间的最短路径。假设 a、b 之间的最短路径为 d_{ab}，按照从小到大的顺序对这些最短路径进行排序，并依次检验 d_{ab} 能否连接 p_j 中的 p_{k1}^i 与 p_{k2}^i，直到所有的 p_k^i 都被连接。设 F 为一常数，若满足如下约束条件：

(1) $|d_{ab}| \leqslant$ F；

(2) $|d_{ab}|$ 的两个端点在 p_{k1}^i 与 p_{k2}^i 中。

所有的 p_k^i 都被连接。

Step 4：更新集合，并获取本轮的告警码表。

Step 5：是否所有的链路都可以被唯一地确定，并且 $AS_0=\phi$；如果为假转至 Step 3，如果为真则转至 Step 6。

Step 6：计算监测代价，监测代价＝监测器代价＋监测带宽代价＝$\gamma \times$ 监测器的数目＋监测带宽代价，其中 γ 为监测器数目与监测波长的比重。

Step 7：判断监测代价是否小于 min_cost，如果为真转至 Step 8，如果为假转至 Step 9。

Step 8：令 min_cost 等于 Step 7 得出的最小监测代价。

Step 9：$m=m+1$。

Step 10：如果 $m<I$（I 为设置的迭代次数），转至 Step 2，否则返回最终的告警码表以及最后的解。

(二)m-trail 设计

通过运用 RWS+MTA 算法，设计了铁路骨干层二号环与三号环的 m-trail 的分配方案。二号环中含有 21 个节点 25 条链路，三号环中含有 16 个节点 20 条链路。二号环与三号环拓扑中的节点度数(其中节点的度数表示与该节点相连的链路的数目)为 2、3、4。

表 4-12 为铁路骨干层二号环故障告警码表，若要对网络中的每一条链路都能唯一地确定该链路是否出现了故障需要共$\{t_7,t_6,t_5,t_4,t_3,t_2,t_1,t_0\}$8 条监测迹如图 4-48 所示。表中最左边一列 Link 代表网络拓扑中的链路，D 表示每一行二进制码的十进制表示形式。由表中可以看出每一条链路都对应着一个唯一的故障告警码，假如链路(2,3)出现了故障，则$\{t_6,t_5\}$两条监测迹中的监测信号就会受到影响，与之相连的监测器产生相应的告警码，见表 4-12，相应的告警码为[0,1,1,0,0,0,0,0]，进而把该告警信息传递给故障管理器，管理器收到告警信息后会根据相应的告警信息定位出故障所发生的位置，与此同时，管理器会对路径进行重路由，以避开发生故障的链路，从而保证网络的正常运行。

表 4-12　骨干层二号环故障告警码

Link	t_7	t_6	t_5	t_4	t_3	t_2	t_1	t_0	D
(0,1)	0	0	0	0	1	0	0	0	8
(0,2)	0	0	1	0	0	0	0	0	32
(1,4)	0	0	0	0	1	0	0	1	9
(2,3)	0	1	1	0	0	0	0	0	96
(3,5)	0	1	1	0	0	0	1	0	98
(4,5)	0	0	1	1	1	0	0	1	57
(4,10)	0	0	1	1	0	0	0	0	48
(5,6)	0	1	0	1	1	0	1	1	91
(6,8)	0	1	0	0	1	0	1	1	75
(7,8)	0	1	0	0	0	1	0	0	68
(7,20)	0	1	0	0	0	0	0	0	64
(8,9)	0	0	0	0	0	0	0	1	1
(8,16)	0	0	0	0	1	1	1	0	14
(9,10)	0	0	0	0	0	1	0	1	5
(10,11)	0	0	1	1	0	1	0	1	53
(11,12)	0	0	0	1	0	1	0	1	21
(12,13)	1	0	0	1	0	1	0	1	149
(13,14)	1	0	0	1	0	0	1	1	147
(13,15)	0	0	0	0	0	1	1	0	6
(14,16)	1	0	0	1	0	0	1	0	146
(15,18)	0	0	0	1	0	1	1	0	22
(16,17)	0	0	0	1	1	1	0	0	28
(17,18)	0	0	0	0	1	1	0	0	12
(18,19)	0	0	0	0	1	0	1	0	10
(19,20)	0	0	0	0	0	0	1	0	2

二号环对应的监测迹(m-trail)的分布如下：

通过运行 RWS+MTA 算法得到了以下 8 条监测迹，监测迹的分配如图 4-48 中(a)-(h)所示。

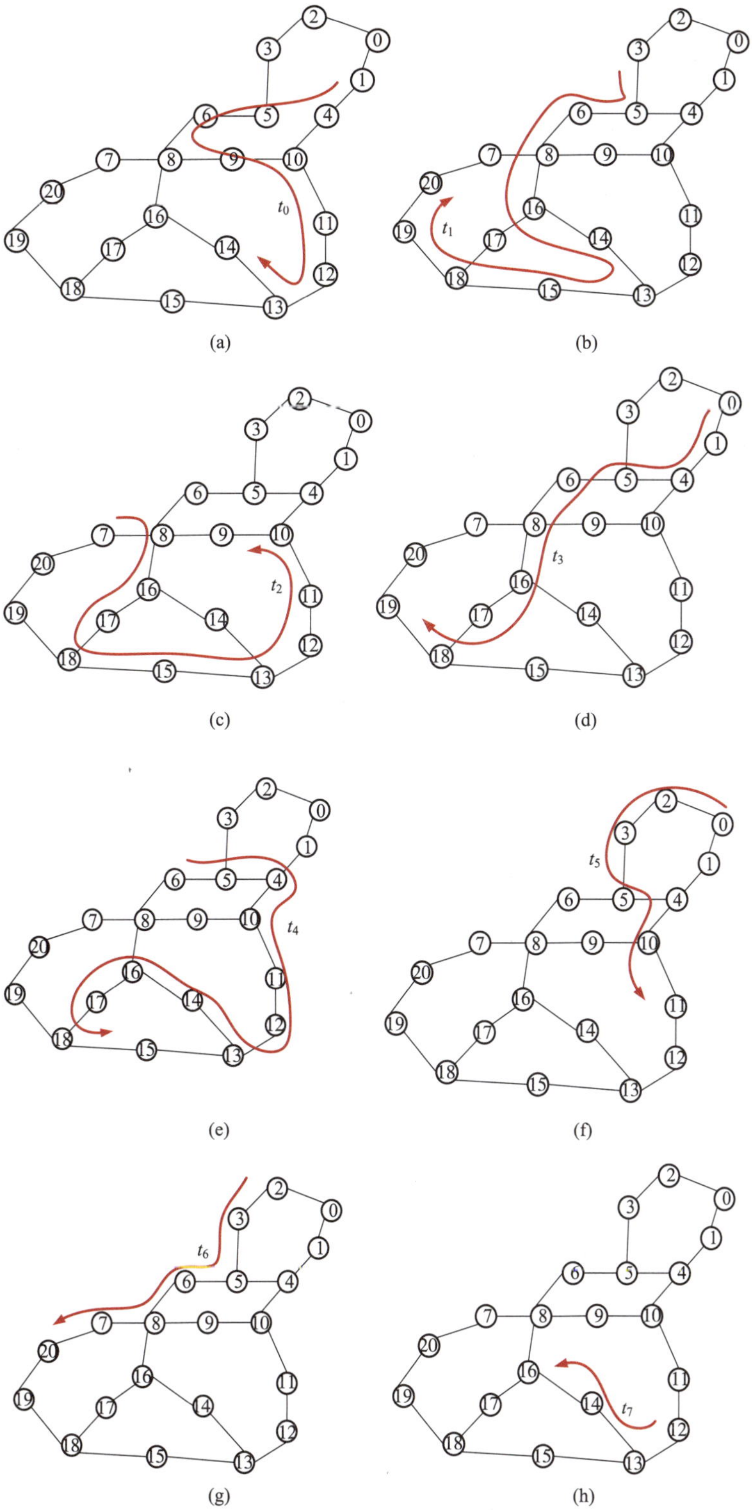

图 4-48　骨干层二号环监测迹分布

表 4-13 为铁路骨干层三号环故障告警码表,如表中所示若要对网络中的每一条链路都能唯一地确定该链路是否出现了故障,共需要$\{t_6, t_5, t_4, t_3, t_2, t_1, t_0\}$7 条监测迹。表中最左边一列 Link 代表网络拓扑中的链路,D 是每一行二进制码的十进制表示形式。

表 4-13 骨干层三号环故障告警码表

Link	t_6	t_5	t_4	t_3	t_2	t_1	t_0	D
(0,1)	0	1	0	0	0	0	0	32
(0,9)	0	1	0	0	1	0	0	36
(1,2)	0	1	0	1	0	0	0	40
(2,3)	1	1	0	0	0	0	0	96
(2,7)	0	0	0	1	0	0	0	8
(3,4)	1	0	0	0	0	0	0	64
(4,5)	0	0	1	0	1	0	0	20
(5,6)	0	0	0	0	0	1	1	3
(5,15)	0	0	1	0	1	1	1	23
(6,7)	0	0	0	0	0	0	1	1
(7,8)	0	0	0	0	1	0	1	5
(7,14)	0	0	0	1	1	0	0	12
(8,9)	0	0	0	0	1	0	0	4
(8,10)	0	0	1	0	0	0	1	17
(10,12)	0	0	1	0	0	0	0	16
(11,12)	0	0	0	1	0	1	1	11
(11,14)	0	0	0	1	0	1	0	10
(12,13)	0	0	1	1	0	1	1	27
(13,15)	0	0	1	0	0	1	1	19
(14,15)	0	0	0	0	1	1	0	6

利用 RWS+MTA 算法设计了铁路骨干层三号环监测迹(m-trail)的分布,得到了以下 7 条监测迹,监测迹的分配如图 4-49(a)~(g)所示。

三、算法仿真与结果分析

为了验证本算法,对随机生成的 100 个网络拓扑进行仿真。由于 RCA+RCS 算法具有随机性,因此,选取随机生成的 100 个网络拓扑中的每一个拓扑运行 RCA+RCS 算法 100 次,然后分别选择这 100 次中效果最好的,同时运用 RWS+MTA 算法进行 10 次迭代。MTA 算法每一次选择的下一条链路都是固定的,因此 MTA 算法只需要运行一次。

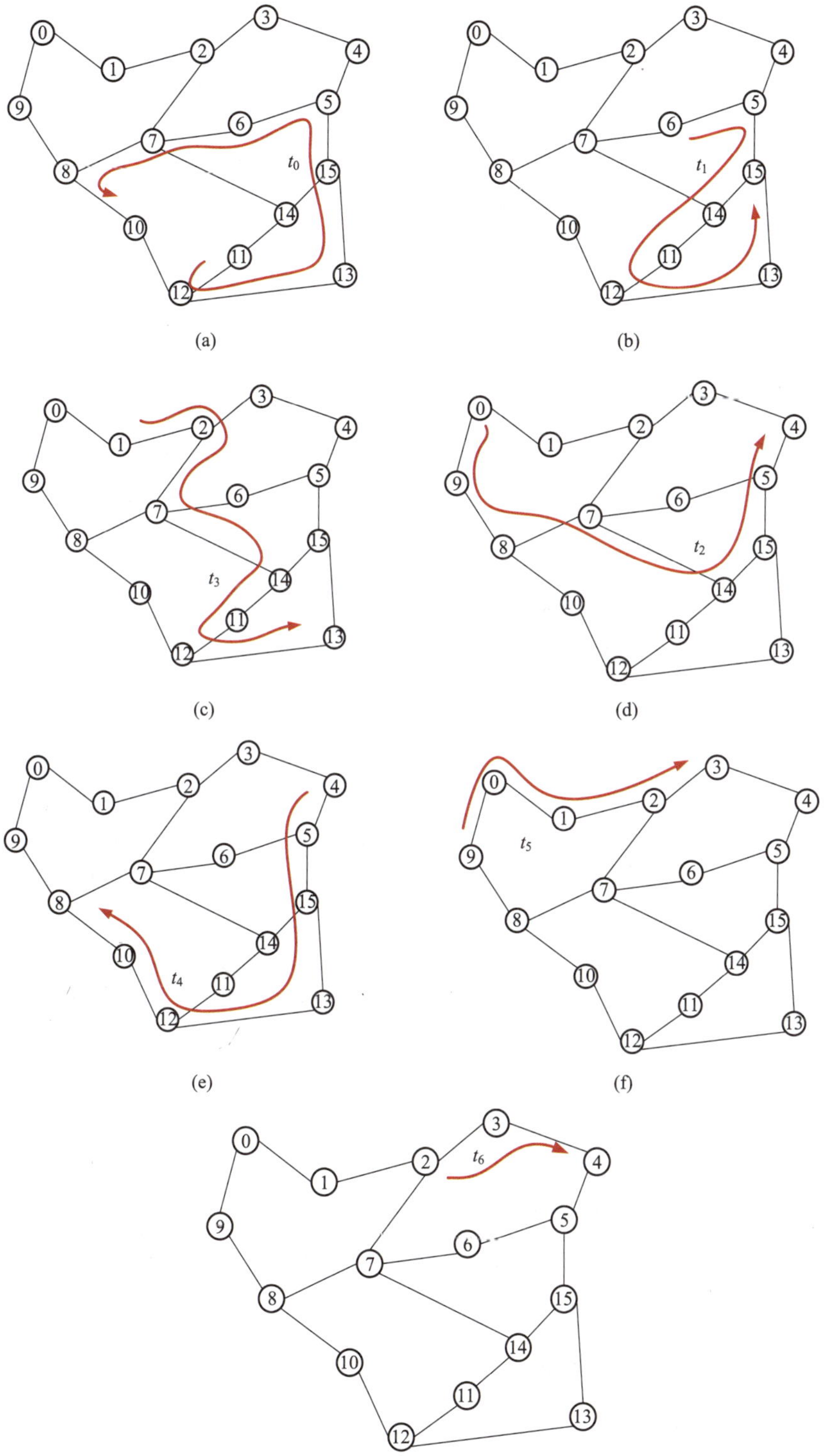

图 4-49　骨干层三号环监测迹分布

图 4-50 显示不同链路数目所对应的监测代价。可以看出采用 RWS+MTA 算法设计 m-trail 所需要监测代价最小。随着链路数目的增多,RCA+RCS 算法对应的监测代价显著增加,这是由于 RCA+RCS 算法的随机性引起的。RWS+MTA 算法可以进行一定次数的迭代,从而在生成 m-trail 选择下一条链路时扩大了搜索空间,进而得到较优的 m-trail 分配方式。

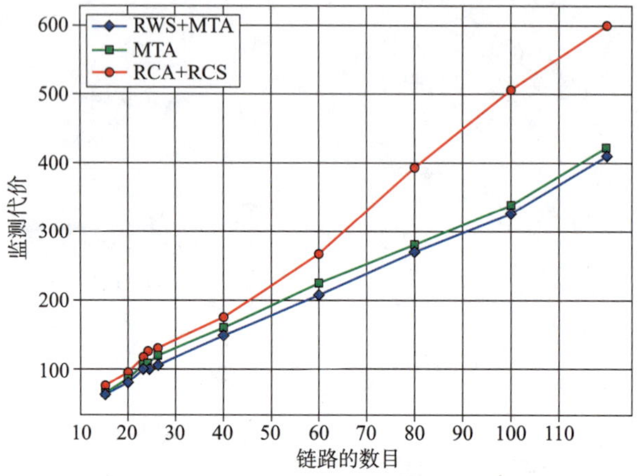

图 4-50　不同链路数目对应的监测代价

图 4-51 表示不同链路数目所需要的监测器的数目,由图中可以看出随着链路数目的增多,RCA+RCS 算法在链路数目大于 40 之后所需要的监测器的数目出现了很大的增长,这是因为 RCA+RCS 算法在生成 m-trail 时存在随机性,可能会产生互不相连的 trail,这样就会增加 m-trail 的数目,进而需要更多的监测器。所以 RCA+RCS 算法不适应于比较大的网络。对于一个含有 $|E|$ 条链路的网络,理论上所需要最少的监测器的数目为 $[\log_2(|E|)]+1$ 个监测器。MTA 算法与 RWS+MTA 算法随着链路数目的增多所需要监测器的数目变化不大,但是 RWS+MTA 算法需要监测器数目最少,不过要高于理论的最小值。

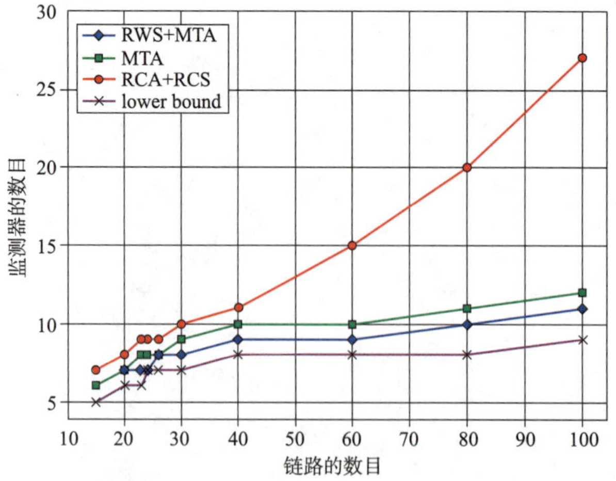

图 4-51　不同链路数目所需监测器的数目

图 4-52 表示不同节点数目所需要的监测器的数量。随着节点数目的增加，在节点数目大于 40 后，RCA+RCS 算法所需要的监测器的数量显著增多，这是由 RCA+RCS 算法的随机性引起的。MTA 与 RWS+MTA 算法随着节点数目的增加变化不大，但是 RWS+MTA 可以通过不断的迭代进而可以找到较优的 m-trail 分配方法，因此需要的监测器的数目较 MTA 要少。

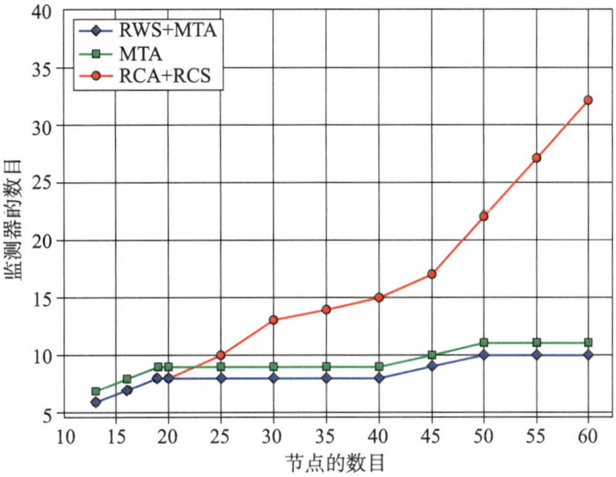

图 4-52　不同节点数目需要的监测器的数目

由于网络拓扑的随机性，选取平均节点度数为 2 与节点度数为 4 的网络进行仿真。由图 4-53 中可以看出随着节点数目的增多，RWS+MTA 算法相对于其他两种算法所需要的监测代价最低，并且可以看出随着节点度数的减少，监测代价也随之降低。这是因为随着网络连通性降低，需要监测的链路数目变少，因此监测代价也随之减少。

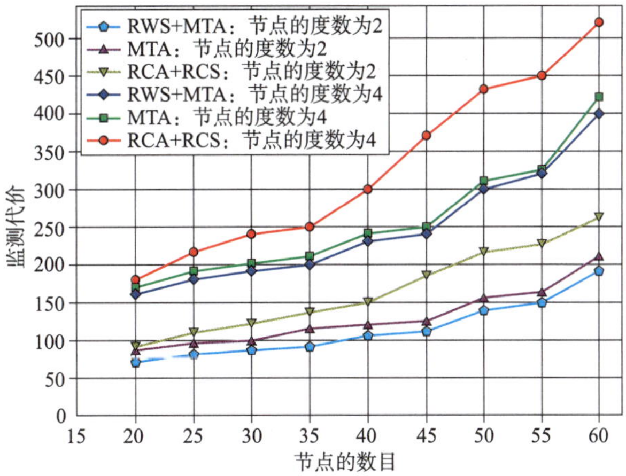

图 4-53　不同度数的节点对应的监测代价

图 4-54 中显示不同节点数目所需要监测器的数量。可以看出随着节点数目的增多，RWS+MTA 算法所需要监测器的数目最少，另外随着节点度数的降低，所需要监测器的数

目反而增多，这是因为随着网络连通度的降低会对 m-trail 设置的灵活性有一定的限制，这样就会增加 m-trail 的数量进而需要更多的监测器。

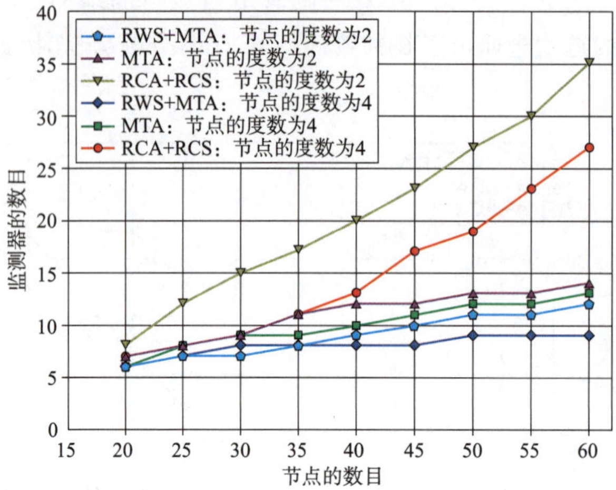

图 4-54　不同度数的节点对应的监测器的数目

图 4-55 显示 RWS+MTA 算法对不同网络设计 m-trail 时的运行时间，单位为 s。通过对铁路骨干层中的五个大环进行仿真，五大环分别是含有 20 个节点、26 条链路；20 个节点、24 条链路；16 个节点、20 条链路；19 个节点、23 条链路，13 个节点、15 条链路的网络。随着节点数目的增多，算法运行时间增长，其中一号环设计 m-trail 时需要的时间最长为 31 s，因此可以在较短的时间内得到较优的 m-trail 分配。

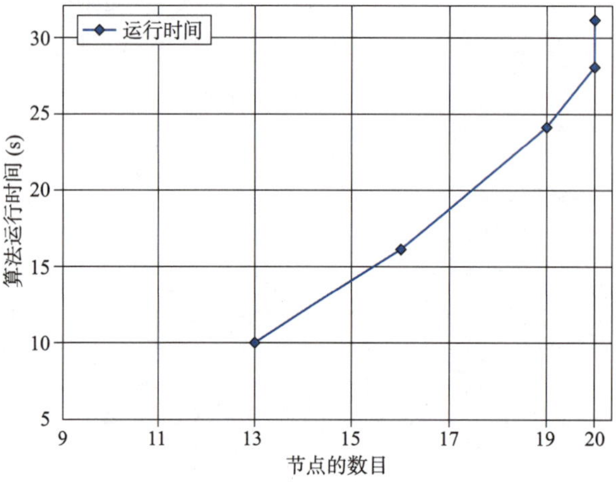

图 4-55　RWS+MTA 算法运行时间

图 4-56 表示运用 RWS+MTA 算法对铁路骨干层五大环设计 m-trail 时不同的迭代次数所对应的监测代价，由图中可以看出在经过一定次数的迭代后，监测代价趋于平稳。因此，采用 RWS+MTA 算法可以利用较少的迭代次数以获得比较优的 m-trail 分配。

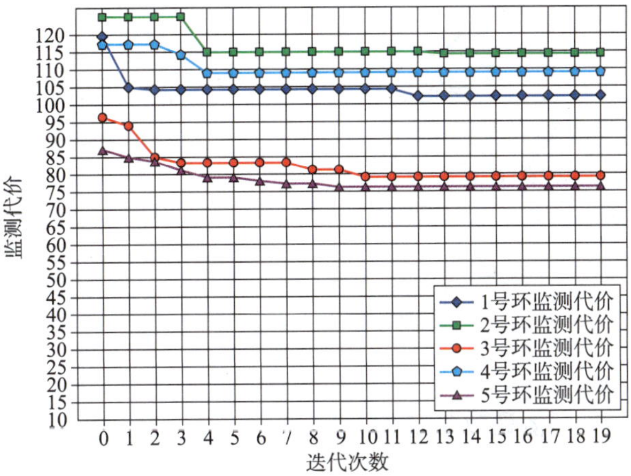

图 4-56　迭代次数对应的监测代价

四、小结

本节介绍了几种 m-trail 分配方法。由于基于 ILP 的 m-trail 设计问题在理论上是属于 NP-hard 的问题，所以 m-trail 的设计过程非常复杂，尤其是在大型的网络中，由于使用 ILP 的方法来求得最优解所需要的时间特别长，往往找不到最优解甚至有可能求不出解，因此，利用 ILP 的方法来设计 m-trail 在实际的应用中很难实施。

由于 RCA+RCS 方法具有随机性，在分配 m-trail 的时候有可能会使 m-trail 的数目增多。因此，RCA+RCS 方法的性能难以得到保证，为了得到一个相对较好的方案，有时需要重复运行该方法以碰巧可以得到一个性能比较好的起点，然后可以从多个最终得到的运行结果中挑选出一个最好的。这样不但会使得运行的时间变长，而且很难保证会获得一个好的结果。

MTA 算法的基本思想是先将所有的链路放入一个集合中，然后添加一条 m-trail 把集合分为两个集合，然后再添加一条 m-trail 把集合分为四个集合，以此类推不断增加 m-trail 一直到所有的链路都可以唯一确定为止，因此，可以避免 RCA+RCS 算法的随机性的出现。但是由于 MTA 算法在选择下一条链路时会固定选择最大权重的链路，这样会存在局部最优的问题。为了避免 MTA 算法中出现局部最优的状况，引入一种轮盘赌选择算法 RWS (Roulette Wheel Selection)采用一个概率模型在选择下一条链路时可以扩大搜索的空间。经过有限次的迭代，从中选出最优的 m-trail 分配。运用 RWS+MTA 算法设计了铁路骨干层中的二号环、三号环的 m-trail 的分配方案，通过仿真验证，结果表明 RWS+MTA 算法相对于上述其他算法有很大的优越性。

第六节　光传送网络多链路故障定位

未来高速铁路光传送网络以提供更多种速率及类型的通信通道，传送多种不同安全等级的业务为目标，既有的高速铁路光传送网络的网络结构和保护方式已经完全可以抵御小范围内单节点单链路故障，但是大规模的网络失效，如危险品爆炸、大规模自然灾害等对高速铁路的运行会产生更加严重的危害。高速铁路特殊场景、高可靠性网络结构、实效性极强的维护作业等特殊性对光传送网络故障检测与定位机制提出了新的挑战。因此，对高速铁路光传送网络的多链路故障检测与定位机制的研究具有非常重要的意义。

目前的光传送网络故障定位技术(如 m-cycle、m-trail、m-tree 等)只能定位出单个链路的故障，不适用于多链路故障定位。本文依据有限边界矢量匹配(Limited Perimeter Vector Matching，LVM)协议单链路故障定位机制提出了基于平行基于快速有限边界矢量匹配(Parallel Fast-Limited Perimeter Vector Matching，PF-LVM)协议的多链路故障定位方法。该故障定位机制既可以定位同时发生故障的链路，又可以定位不在同一时间发生故障的链路。

一、有限边界矢量匹配协议故障定位

A. V. Sichani 等人提出了有限边界矢量匹配故障定位协议(LVM)。LVM 的思想是把故障限制在一个区域内，从而可以降低故障定位所需要的时间与空间复杂度。限制区域(Limited Perimeter，LP)内的节点通过探测并交换业务通路的通断状态来完成故障的定位。

有限边界矢量匹配协议故障定位包含五个阶段：暂停、泛洪、多播、匹配、比较。定位的过程如下：

Step 1：光传送网络中的链路一旦出现故障，所有通过该链路的光路就会中断，从而受影响的光路的末端节点就会检测出信号的丢失。

Step 2：一旦在末端节点的监测器检测到故障，会向其所在区域的所有节点广播故障告警信息。告警信息包括该节点的 ID，以及经过该节点受影响的光路的光通道长度。

Step 3：这个末端节点作为潜在管理节点(Potential Executive Sink，PES)，每一个 PES 会等待一定的时间使得 PES 节点都可以接收到其他 PES 节点所发出的告警信息。每一个到达 PES 的光路与来自其他 PES 的光路所发出的告警信息进行比较。其中含有最短光通路长度的 PES 被选做管理节点(Executive Sink，ES)。如果有多个 PES 含有相同长度的最短光通路，则把编号最小的 PES 作为 ES。

Step 4：ES 将会产生一个受影响的链路向量(Affected-Link Vector，ALV)，并确定一个限制区域 LP，该 LP 中包括所有的 ALV 中的链路以及其相邻的节点与链路。进而把该 ALV 广播至该 LP 内的所有节点。

Step 5：在 LP 内每一个末端节点接收到 ES 发出的 ALV 后，该末端节点自己的链路向量(Link Vector，LV)将会与 ALV 进行匹配。匹配完毕后末端节点会发送二进制向量(Binary Vector，BV)到 ES。这个二进制向量包含其 LV 与 ES 发出的 ALV 的匹配结果以及相应的光路的状态。如果光路是正常的，则把链路的状态设置为 1，否则将链路的状态设置为 0。对于发生故障的光通道，如果 ALV 与LV_i 含有相同的链路，则将二进制向量中相应的二进制位设置为 1，反之设置为 0。并且将光路状态设置为 0；对于正常的光通路，若 ALV 与LV_i 含有相同的链路则将其对应的二进制位设置为 0，反之设置为 1，并且将光路的状态设置为 1。

Step 6：ES 收集来自 LP 内的节点所产生的 BV，并把所有的 BV 进行逻辑与操作。若在计算过程中，值为 1 的链路不唯一，则 ES 会扩大 LP，即把以前的 LP 节点的邻接节点也加入到 LP 中从而组成新的 LP,并进行新一轮的故障定位。若值为 1 的链路唯一,则 ES 将广播一条 FAULT_LOCATION 的信息,告知全网络中的节点已经定位出了故障。

二、有限边界矢量匹配协议故障定位分析

如图 4-57 所示,选取了一个含有 25 个节点 53 条链路的网络来介绍有限边界矢量匹配协议(LVM)单链路故障定位过程,为了简单起见,假设网络中仅仅建立了几条光路,并通过光路的首、末端节点来表示这个光路。假设链路{12-15}出现了故障,网络中建立的光路如下: p_1 = {5-12-15-19-20}, p_2 = {10-11-12-15-16-25}, p_3 = {3-6-9-13-16}, p_4 = {11-12-15-16}, p_5 = {14-11-12-13-7}, p_6 = {14-11-12-15-16-17}, p_7 = {4-5-12-15-20-22}, p_8 = {5-12-15-20-24-23}, p_9 = {17-25-24-23}, p_{10} = {12-15-19-18}。故障链路{12-15}会对 p_1,p_2,p_4,p_6,p_7,p_8,p_{10} 的传输带来影响。依据 LVM 协议,因为光路 p_4 的长度最短并且有最小的 ID,因此在所有的备选管理节点(Potential Executive Sink,PES)中,节点 16 被选为管理(Executive Sink,ES)。相应的在 ES 周围的节点所在的区域为限制区域(Limited-Perimeter,LP)。在确定了 ES 以及 LP 后,只需要对该 LP 内的光路进行故障定位。

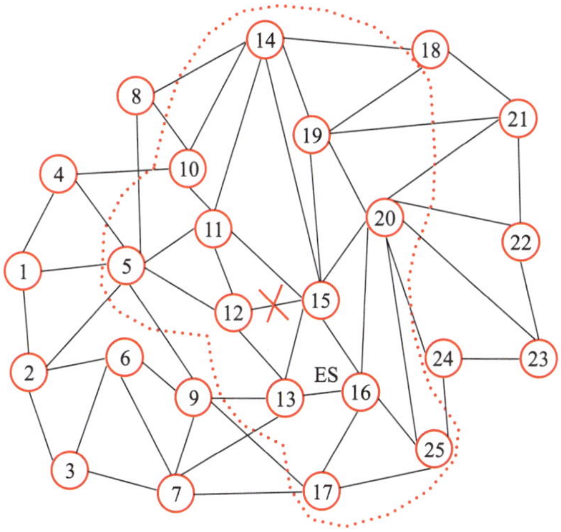

图 4-57 25 个节点 53 条链路的网络

首先,在匹配过程中 ALV 由节点 16 产生并把该 ALV 传送给 LP 中的每一个节点。该 ALV 见表 4-14。

表 4-14 受影响的链路向量

11-12	12-15	15-16	ALV

假设 LP 中的节点接收 ALV 是根据该节点到 ES 的距离而定,因此节点 17 最先接收到管理节点 16 发出的 ALV。节点 17 所在光路的 LV 见表 4-15。

表 4-15 链路向量

14-11	11-12	12-15	15-16	16-17

节点 17 在接收到 ES 发出的 ALV 后，其 LV 中的元素将会与 ALV 中的元素进行匹配。根据 LVM 协议的匹配过程，对于受到故障影响而中断的光通路，如果发现 ALV 与该节点的 LV 有相同的链路则将二进制向量中对应的二进制位设置为 1，反之将其设置为 0，并且将状态为设置为 0。同时，光路的状态以及生成的 BV 将被传送给 ES，匹配后所产生的 BV 及光路状态见表 4-16。

表 4-16　二进制向量及光路状态

11-12	12-15	15-16	Status
1	1	1	0

然后，节点 13 产生的 LV 与 ES 的 ALV 进行匹配。尽管光路 p_5 没有受到链路{12-15}中断的影响，因为光路 p_5 在 LP 中，所以节点 13 应该对 ES 做出相应的反应。节点 13 的 LV 见表 4-17。

表 4-17　链路向量

14-11	11-12	12-13

根据 LVM 的匹配过程，对于正常工作的光通道，如果 ALV 与该光通道的 LV 有相同的链路则就将其对应的二进制位设置为 0，反之则将其对应的二进制位设置为 1，并且将该光路的状态设置为 1。因此，相应的 BV 及光路状态见表 4-18。

表 4-18　二进制向量及光路状态

11-12	12-15	15-16	Status
0	1	1	1

当节点 13 接收到 ALV 并与其进行匹配完成之后，ES 就会判断出链路{11-12}没有出现故障。随后节点 25 将自己的 LV 与 ALV 进行匹配，节点 25 的 LV 见表 4-19。

表 4-19　链路向量

10-11	11-12	12-15	15-16	16-25

根据 LVM 协议的匹配过程，对于受到故障影响而中断的光通路，如果发现 ALV 与该节点的 LV 有相同的链路则将二进制向量中对应的二进制位设置为 1，反之将其设置为 0，并且将状态为设置为 0。因此，匹配之后的 BV 及光路状态见表 4-20。

表 4-20　二进制向量及光路状态

11-12	12-15	15-16	Status
1	1	1	0

然后，节点 20 产生的 LV 与 ES 的 ALV 进行匹配，节点 20 的 LV 见表 4-21。

表 4-21　链路向量

5-12	12-15	15-19	19-20

根据LVM协议的匹配过程，对于受到故障影响而中断的光通路，如果发现ALV与该节点的LV有相同的链路则将二进制向量中对应的二进制位设置为1，反之将其设置为0，并且将状态设置为0。因此，相应的BV及光路状态见表4-22。

表4-22 二进制向量及光路状态

11-12	12-15	15-16	Status
0	1	0	0

尽管ES仍然会接收来自节点(p_7，p_8，p_{10})传送的BV，但是根据上述节点传到ES的BV已经可以确定故障的链路，见表4-23。

表4-23 故障链路

11-12	12-15	15-16
0	1	0

因此，通过以上的过程，可以定位出链路{12-15}出现了故障。

三、分布式多链路故障定位

为了实现多链路故障定位，本节提出的平行快速有限边界矢量匹配(PF-LVM)协议是有限边界矢量匹配(LVM)协议的扩展。为了能够更好地理解PF-LVM协议，列举了以下几种多链路故障的情况，本节以两条链路故障为例，该方法也同样适应于多于两条链路的故障定位情况。

1. 故障同时发生，但是不在同一个区域内，如图4-58所示。

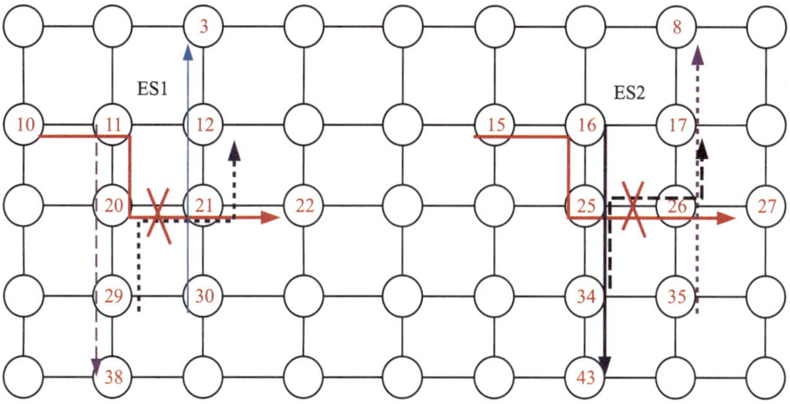

图4-58 不在同一区域的两个故障

在这种情况下，两种故障同时产生，但是这两种故障互不影响，分别在不同的区域中。如图4-58所示，图左边网络中共有四条光路为 $p_1=\{10\text{-}11\text{-}20\text{-}21\text{-}22\}$，$p_2=\{11\text{-}20\text{-}29\text{-}38\}$，$p_3=\{29\text{-}20\text{-}21\text{-}12\}$，$p_4=\{30\text{-}21\text{-}12\text{-}3\}$。其中链路{20-21}出现了故障，光路 p_1、p_3 均受到影响。根据有限边界矢量匹配(LVM)协议，由于光路 p_3 相对于光路 p_1 的长度较短，而且ID最小，因此节点12被选为管理节点ES。由节点12发向网络中节点的ALV见表4-24。

表 4-24　受影响的链路向量

29-20	20-21	21-12	ALV

图 4-58 右边网络中共有四条光路为 $p_1=\{15\text{-}16\text{-}25\text{-}26\text{-}27\}$，$p_2=\{16\text{-}25\text{-}34\text{-}43\}$，$p_3=\{34\text{-}25\text{-}26\text{-}17\}$，$p_4=\{35\text{-}26\text{-}17\text{-}8\}$。其中链路{25-26}出现了故障，因此受故障链路影响的光路为 p_1、p_3。根据有限边界矢量匹配(LVM)协议，由于光路 p_3 相对于光路 p_1 的长度较短，而且 ID 最小，因此节点 17 被选为 ES。由节点 17 向网络中的节点发送的 ALV 见表 4-25。

表 4-25　受影响的链路向量

34-25	25-26	26-17	ALV

2. 一条光路经过多条故障链路，如图 4-59 所示。

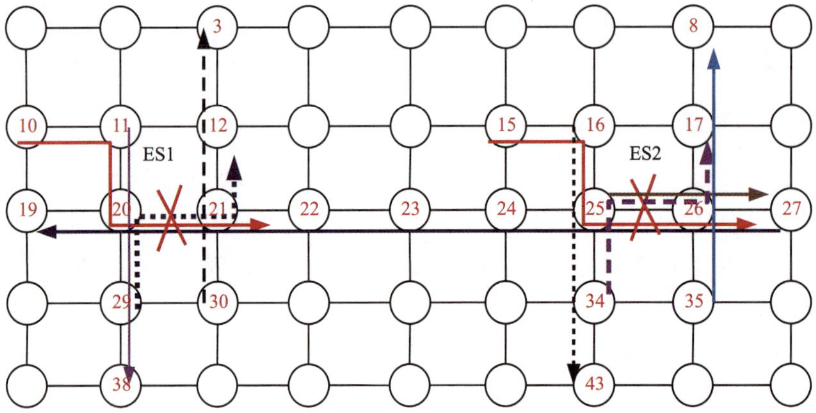

图 4-59　光路经过多条故障链路

与前一情形相同，网络中同时产生两个故障。并且这两个故障分别在不同的没有重合的区域内，但是与情形一不同的是存在一条光路同时通过两条故障的链路，如图 4-59 所示，图中左边含有四条光路为：$p_1=\{10\text{-}11\text{-}20\text{-}21\text{-}22\}$，$p_2=\{11\text{-}20\text{-}29\text{-}38\}$，$p_3=\{29\text{-}20\text{-}21\text{-}12\}$，$p_4=\{30\text{-}21\text{-}12\text{-}3\}$，其中链路{20-21}出现了故障，因此由于链路{20-21}的故障而受到影响的光路为：p_1、p_3，p_5。根据有限边界矢量匹配(LVM)协议，由于光路 p_3 相对于光路 p_1、p_5 的长度较短，而且 ID 最小，因此节点 12 被选为管理节点 ES。由节点 12 向网络中的节点发送的 ALV 见表 4-26。

表 4-26　受影响的链路向量

29-20	20-21	21-12	ALV

图 4-59 中右边的光路为：$p_1=\{15\text{-}16\text{-}25\text{-}26\text{-}27\}$，$p_2=\{16\text{-}25\text{-}34\text{-}43\}$，$p_3=\{34\text{-}25\text{-}26\text{-}17\}$，$p_4=\{35\text{-}26\text{-}17\text{-}8\}$。其中链路{25-26}出现了故障，因此由于链路{25-26}的故障而受到影响的光路为：p_1，p_3，p_5。另外还有一个公共的光路为 $p_5=\{27\text{-}26\text{-}25\text{-}24\text{-}23\text{-}22\text{-}21\text{-}20\text{-}19\}$，根据有限边界矢量匹配(LVM)协议，由于光路 p_3 相对于光

路 p_1、p_5 的长度较短，因此节点 17 被选为管理节点 ES。由节点 17 向网络中的节点发送的 ALV 见表 4-27。

表 4-27 受影响的链路向量

34-25	25-26	26-17	ALV

3. 光路经过两个重叠的区域，如图 4-60 所示。

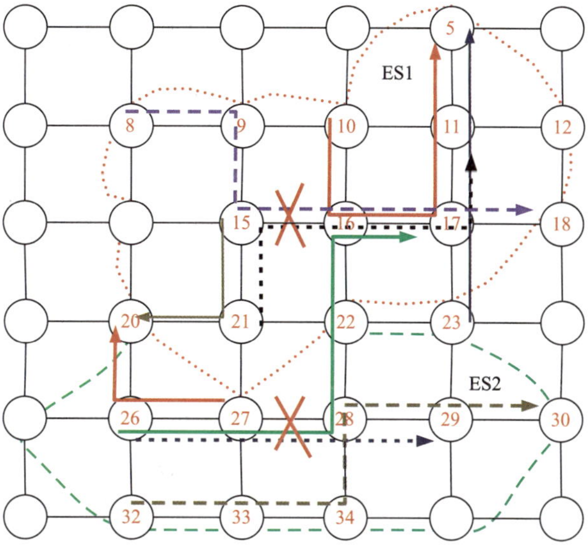

图 4-60 光路经过两个重叠的区域

由图 4-60 中可以看出有两个重叠的区域，指向节点 17 的光路同时经过了两个区域。图中上方区域含有五条光路为：$p_1=\{10\text{-}16\text{-}17\text{-}11\text{-}5\}$，$p_2=\{21\text{-}15\text{-}16\text{-}17\text{-}11\}$，$p_3=\{23\text{-}17\text{-}11\text{-}5\}$，$p_4=\{8\text{-}9\text{-}15\text{-}16\text{-}17\text{-}18\}$，$p_5=\{15\text{-}21\text{-}20\}$。其中链路{15-16}出现了故障，因此由于链路{15-16}的故障而受到影响的光路为：p_2，p_4。根据有限边界矢量匹配（LVM）协议，由于光路 p_2 相对于光路 p_4 的长度较短，而且 ID 最小，因此节点 11 被选为管理节点 ES。由节点 11 向网络中的节点发送的 ALV 见表 4-28。

表 4-28 受影响的链路向量

21-15	15-16	16-17	17-11	ALV

图 4-60 中下方区域的光路为：$p_1=\{26\text{-}27\text{-}28\text{-}29\}$，$p_2=\{32\text{-}33\text{-}34\text{-}28\text{-}29\text{-}30\}$，$p_3=\{27\text{-}26\text{-}20\}$。其中链路{27-28}出现了故障，因此由于链路{27-28}的故障而受到影响的光路为：p_1，p_6。根据有限边界矢量匹配（LVM）协议，由于光路 p_1 长度较短，而且 ID 最小，因此节点 29 被选为管理节点 ES。由节点 29 向网络中的节点发送的 ALV 见表 4-29。

表 4-29 受影响的链路向量

26-27	27-28	28-29	ALV

其中通过两个区域的光路为：p_6＝{26-27-28-22-16-17}。

4. 不在同一区域内的受故障影响的光路通过同一条链路，如图 4-61 所示。

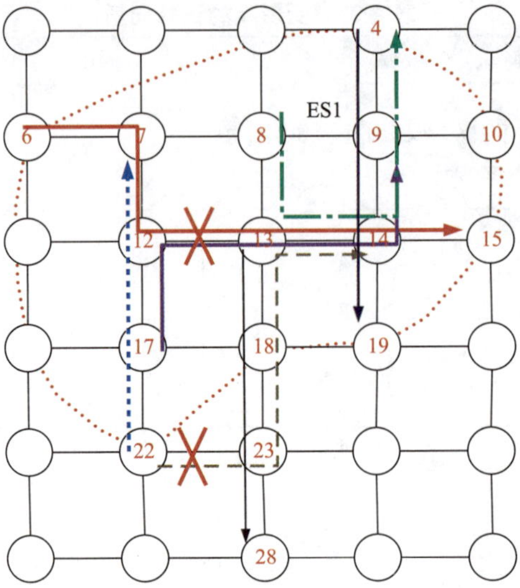

图 4-61　受故障影响的光路通过同一条链路

如图 4-61 所示，在这种情况下，两个故障同时发生，所有受故障影响的光路经过相同的链路{13-14}。一旦定位出第一个故障链路相应的 ES 就会判断出指向节点 14 的受影响的光路没有通过故障链路{12-13}。因此节点 14 就会开始下一个故障定位过程。图 4-61 中含有光路为：p_1＝{6-7-12-13-14-15}，p_2＝{17-12-13-14-9}，p_3＝{22-17-12-7}，p_4＝{22-23-18-13-14}，p_5＝{13-18-23-28}，p_6＝{8-13-14-9-4}，p_7＝{4-9-14-19}。网络中出现故障的链路为{12-13}与{22-23}。受故障影响的光路为 p_1、p_2、p_4，根据有限边界矢量匹配(LVM)协议，由于光路 p_2 长度较短，而且 ID 最小，因此节点 9 被选为管理节点 ES。由节点 9 向网络中的节点发送的 ALV 见表 4-30。

表 4-30　受影响的链路向量

17-12	12-13	13-14	14-9	ALV

在下一轮的故障定位过程中，节点 14 所发送的 ALV 见表 4-31。

表 4-31　受影响的链路向量

22-23	23-18	18-13	13-14	ALV

5. 同一区域内受影响的光路通过相同的链路，如图 4-62 所示。

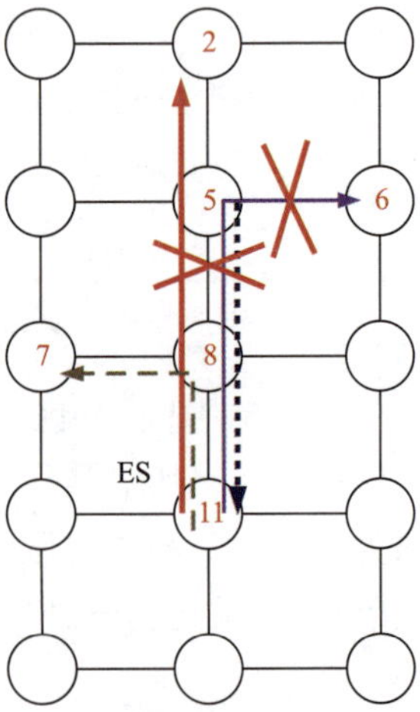

图 4-62　同一区域内受影响的光路通过相同的链路

如图 4-62 所示，两个故障同时发生，所有受影响的光路通过相同的链路{5-8}。

图中含有四条光路为：p_1＝{11-8-5-2}，p_2＝{11-8-5-6}，

$p_3=\{5\text{-}8\text{-}11\}$，$p_4=\{11\text{-}8\text{-}7\}$。网络中出现故障的链路为{5-8}与{5-6}。受故障影响的光路为 p_1、p_2、p_3，根据有限边界矢量匹配(LVM)协议，由于光路 p_3 长度较短，而且 ID 最小，因此节点 11 被选为管理节点 ES。由节点 11 向网络中的节点发送的 ALV 见表 4-32。

表 4-32 受影响的链路向量

5-8	8-11	ALV

如图 4-62 所示，管理节点 11 在定位出链路{5-8}出现了故障后，会认为其他的链路没有出现故障，因此不能定位出链路{5-6}也出现了故障。

6. 光路经过两个或者多个相同的链路，如图 4-63 所示。

在这种情况下，所有受故障影响的光路经过两个或者多个相同的链路，如图 4-63 所示光路通过链路{10-11}与链路{10-14}。因此管理节点 ES 不能准确的判断出哪条链路出现了故障，因此，管理节点就会认为这两条链路都出现了故障。图中所示的光路为 $p_1=\{15\text{-}11\text{-}7\text{-}3\}$，$p_2=\{14\text{-}10\text{-}11\text{-}7\}$，$p_3=\{14\text{-}10\text{-}11\text{-}12\}$，$p_4=\{11\text{-}10\text{-}14\text{-}15\}$。受故障链路影响的光路为 p_2、p_3、p_4。根据有限边界矢量匹配(LVM)协议由于光路 p_2 长度较短，而且 ID 最小，因此节点 7 被选为管理节点 ES。由节点 7 向网络中的节点发送的 ALV 见表 4-33。

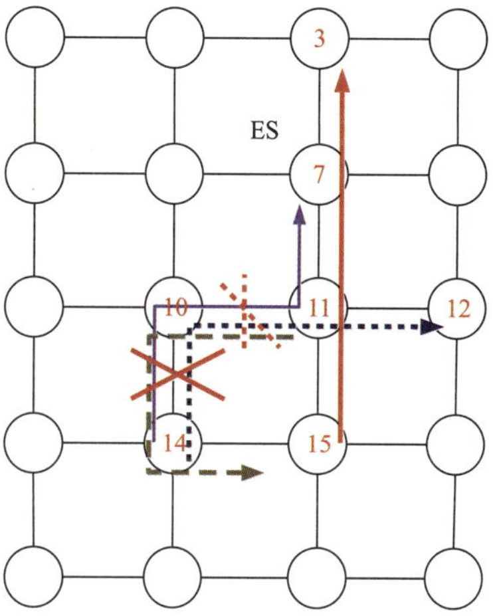

图 4-63 光路经过两个或者多个相同的链路

表 4-33 受影响的链路向量

14-10	10-11	11-7	ALV

四、PF-LVM 协议故障定位

在光传送网络中，光信号从源节点到目的节点的传输过程中，在中间节点没有经过 O/E 以及 E/O 的转换。在信号的传输过程中，若中间节点没有相应的监测设备，只有在目的节点有相应的监测设备来监测网络中信号的性能变化，如：光功率的下降、信号的衰减等。将会给光传送网络的故障定位带来很大的困难，尤其是光传送网络多链路故障定位。

(一)同一时间内多条链路发生故障

PF-LVM 故障定位的过程如下：

Step 1：对于网络中的链路，如果在某一时间网络中的两条链路同时出现了故障，那么通过这两条链路的光路就会受到影响。在故障发生后，光路的末端监测器就会监测到该光路受到了影响，每一个末端节点将会收到至少一条到达它的光路信息。一开始，光路中的每一个节点的末端节点被当作一个潜在的管理节点(PES)。但是不能确定是哪条故障的链路产生该 PES。如图 4-64 所示，有三条受影响的光路同时经过节点 17，这三条受影响的光路是由两条故障的链路所引起的。为了能够定位出发生故障的链路,节点 17 必须向网络发送这三条受影响的光路中故障告警信息。假如节点 17 仅仅发送受影响的最短的光路故障告警信息,那么这个告警信息就不包含其他两条受影响的光路。就不能确定这两条光路所经过的链路是否出现了故障,也就无法进行故障定位。因此,节点 17 必须向网络中广播到达它的三条受影响的光路的信息。

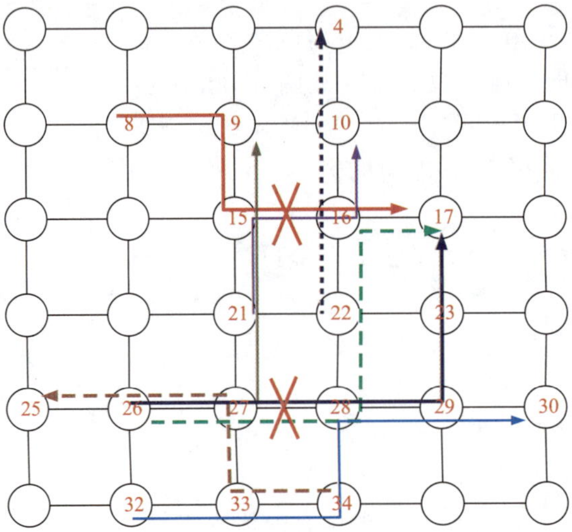

图 4-64　三条含有共同 PES 的受影响光路

Step 2:所有的 PES 在接收到告警信息后会等待一段时间,这段时间可以预先设置,以保证所有的 PES 有足够的时间来发现故障。这个预定的时间一般很短,通常是由传播时延以及网络的大小来决定。

Step 3:在暂停的这段时间内,每一个 PES 会产生告警信息,进而把告警信息传送到网络中的其他节点。在这些告警信息中包含了 PES 的 ID 以及所有到达它的受影响的光路。因此,每一个 PES 节点都会收到其他潜在管理节点 PES 节点发送的信息。

Step 4:一旦 PES 接收到从其他 PES 传送过来的信息后,PES 将会把所有的指向它的光路提取出来并根据光路的长度插入一个列表中,如果有两条光路含有相同的长度,那么就比较该光路发出的节点的 ID,由 ID 较小的节点发出的光路优先插入列表中。此外,如果光路含有相同的长度,并且由相同的节点发出,那么就比较连接光路的节点 ID,较小的优先插入列表中。

Step 5:每一个 PES 把列表中的第一条光路与列表的其他光路进行比较。如果 PES 发现两条受影响的光路没有经过任意一条相同的链路,该 PES 就会把每一条光路分别存放在一个分开的队列中,这个队列叫作执行路由队列(Executive Route Queue,ERQ_i),其中 $i=1,2,3\cdots\cdots$。如果列表中的第一条光路与列表中的其他光路经过相同的链路,将会把列表中的第二条光路与列表中的光路进行比较,并依此类推直到找到两条分离的光路。如果找不到分离的光路,那么就将此故障视为单链路故障,因此可以按照有限边界矢量匹配(LVM)协议进行故障定位。

Step 6:一旦找到两条分离的光路,进而与列表中剩余的光路进行比较。具体步骤如下:

Step 6.1:如果列表中剩余的光路与两条分离的光路中的一条光路有相同的链路,那么这条光路就被加入该光路的 ERQ 的末尾。

Step 6.2:如果列表中的剩余的光路与两条分离的光路有相同的链路,那么这条光路就被忽略。

Step 6.3:如果列表中剩余的光路与两条分离的光路的任意一条都没有相同的链路,那么就将这条光路加入到一个新的 ERQ 中,因为这种情况代表着又有一种新的故障,并且将这条光路与列表中的光路进行比较。

Step 6.4:一直进行此过程,直到列表中剩余的光路都进行了比较。

Step 7:在所有受影响的光路依据不同的故障产生的影响,分别放在不同的 ERQ 中。每一个 ERQ 可以应用于单链路故障定位的过程中。因此在故障定位时可以同时进行,每一个故障定位过程如下:

Step 7.1:把 ERQ 中的第一个元素作为执行路由(Executive Route,ER),因为其光路的长度最短,并且该光路的 PES 作为 ES。

Step 7.2:ES 会依据受影响的链路产生 ALV 并确定限制区域(Limited-Perimeter,LP)。这个限制区域包括 ER 中的所有的节点、链路以及其相邻的节点。之后 ES 就会将 ALV 广播给 LP 内的所有的节点。

Step 7.3:一旦 LP 中的节点接收到 ALV,该 LP 中的节点就会将其产生的二进制的链路向量(Link Vector,LV)与 ALV 进行匹配。对于发生故障的光通道,如果有 ALV 与LV_i含有相同的链路,则将二进制向量(Binary Vector,BV)中相应的二进制位设置为 1,反之设置为 0,并且将光路状态设置为 0;对于正常的光通路,若 ALV 与LV_i 有相同的链路则将其对应的二进制位设置为 0,反之设置为 1,并且将光路的状态设置为 1。

Step 8:如果得到的 BV 与 ER 没有相同的链路,则相应的末端节点不会将二进制向量发送给 ES。如果得到的 BV 与 ER 含有相同的链路,那么相应的节点将会把 BV 发送给生成的 ALV 的 ES。

Step 9:ES 在其 LP 内从末端节点收集到所有的 BV 后,对这些 BV 进行按位与操作以实现链路的故障定位。一旦故障链路确定,ES 就会把故障链路的信息传送到整个网络。

(二)多链路故障不在同一时间发生

如果一种故障发生时另外一种故障还处于被定位的状态,在这种情况下,PF-LVM 仍然可以实现故障的定位。具体故障定位的步骤如下:

Step 1:当一个故障发生后又有新的故障产生,网络中受链路故障影响的光路的末端节点就会向整个网络发送告警信息。

Step 2:如果第一个故障的 ES 还没有确定,那么新产生的告警信息就会加入到每一个受影响光路的 PES 的列表中。并且 PF-LVM 将会重新进行比较以确定 PES 的新的列表,这样可以实现对每一个故障进行定位。如果对于第一个故障的限制区域已经确定,那么 ES 可以按照如下方式来确定该定位过程是否要继续,具体过程如下:

Step 2.1:ES 只比较最新接收告警中的光路路由与 ER。如果含有相同的链路则会重新开始故障定位过程。这是因为一些光路可能会在其BV中向ES发送状态为1的信息,但是这个故障会改变这个光路的状态。这样就会产生一些意想不到的结果,进而不能实现准确的故障定位。

Step 2.2:另外,如果ES发现产生告警的光路与ER没有共同的链路,那么ES就会丢弃这个告警,因为ES可以确定该告警对于已经被定位了的链路没有影响。

五、PF-LVM协议故障定位复杂度分析

通过故障定位的时间复杂度以及空间复杂度对平行快速有限边界矢量匹配(PF-LVM)协议进行性能评估。为了简化计算,将故障定位的过程分为以下阶段:泛洪阶段、暂停阶段、多播阶段、匹配阶段、比较阶段。

在泛洪阶段,备选管理节点(Potential Executive Sink,PES)把自己的信息广播给网络中的节点,相应的泛洪时间间隔为:

$$T_1 = D\alpha \tag{4-21}$$

其中D代表网络的直径,α代表邻近节点间的平均传播时延。在网络故障定位中,PES暂停一段很短的时间以保证网络中的所有的节点都完成了信息的交换。需要注意的是在经历泛洪阶段后网络中的所有节点都达到了稳定的状态。相应的时间间隔由光路的初始节点到末端节点的距离来决定,记为$E[d_{\mathrm{sd}}]\alpha$,则平均的传播时延为:

$$T_2 = E[d_{\mathrm{sd}}]\alpha \tag{4-22}$$

在多播阶段的时延也与光路的初始节点到末端节点的距离$E[d_{sd}]$相关,由于在限制区域中最长的光通路相对于最短的路径来说最多包含两条额外的链路,因此相应的时延为:

$$T_3 = (E[d_{sd}] + 2)\alpha \tag{4-23}$$

在匹配阶段,潜在管理节点与列表中的光路进行逐一地匹配,直到找到两条分离的光路。假设列表中总共有p_l条光路,如果在列表中存储着两条长度分别为l_1、l_2的光路,那么在这个匹配过程中的复杂度为$O(l_1 l_2)$,由此可以计算出列表中的两条光路在匹配阶段的平均计算复杂度为$O(E[d_{\mathrm{sd}}]^2)$,因此该匹配阶段的时间复杂度为:

$$T_4 = p_l \times (E[d_{\mathrm{sd}}]^2 \beta) \tag{4-24}$$

其中β代表计算时间周期。

最后一个阶段,ES对到达的它的BV进行逻辑与操作,这个阶段可以在一个时间周期β内完成,因此整个故障定位所需要的时间为:

$$\begin{aligned} T_{\text{PF-LVM}} &= \sum_{i=1}^{5} T_i \\ &= E[d_{\mathrm{sd}}]\alpha + D\alpha + (E[d_{\mathrm{sd}}] + 2)\alpha + p_l(E[d_{\mathrm{sd}}]^2)\beta + \beta \end{aligned} \tag{4-25}$$

对于一个具有$M+1$行$N+1$列个节点的矩形网络,其中任意一组源节点到目的节点的距离d_{sd}为:

$$d_{\mathrm{sd}} = |x_{\mathrm{s}} - x_{\mathrm{d}}| + |y_{\mathrm{s}} - y_{\mathrm{d}}| \tag{4-26}$$

其中$(x_{\mathrm{s}}, y_{\mathrm{s}})$与$(x_{\mathrm{d}}, y_{\mathrm{d}})$为相应的从$x$到$y$的源节点与目的节点。假设源节点与目的节点相互独立,坐标中的变量x与y满足独立均匀分布。因此对于一个含有$(M+1)(N+1)$个节点的矩形网络满足:

$$p(x_s=m)=p(x_d=n)=\frac{1}{M+1},\forall m,n=0,1\cdots,M \tag{4-27}$$

$$p(y_s=p)=p(y_d=q)=\frac{1}{N+1},\forall p,q=0,1\cdots,N \tag{4-28}$$

从而，距离的期望值为：

$$\begin{aligned}E[d_{sd}]&=E[|x_s-x_d|+|y_s-y_d|]\\&=E[|x_s-x_d|]+E[|y_s-y_d|]\end{aligned} \tag{4-29}$$

为了计算平均距离，$|x_s-x_d|$与$|y_s-y_d|$采用的分布如下：

$$p(|x_s-x_d|=i)=\sum_k p(x_s=k)p(x_d=i-k) \tag{4-30}$$

$$p(|y_s-y_d|=j)=\sum_k p(y_s=k)p(y_d=j-k) \tag{4-31}$$

其中，k 在上述求和公式中可以取任意值，从而可以得到：

$$p(|x_s-x_d|=i)=\frac{2(M+1-i)}{M(M+1)},\forall i=1,2,3\cdots,M \tag{4-32}$$

$$p(|y_s-y_d|=j)=\frac{2(N+1-j)}{N(N+1)},\forall j=1,2,\cdots,N \tag{4-33}$$

因此，可以得到如下结果：

$$\begin{aligned}E[|x_s-x_d|]&=\sum_{i=0}^{M} i\left(\frac{2(M+1-i)}{M(M+1)}\right)\\&=\frac{M+2}{3}\end{aligned} \tag{4-34}$$

同理可得：

$$E[|y_s-y_d|]=\frac{N+2}{3} \tag{4-35}$$

$$E[d_{sd}]=\frac{M+N+4}{3} \tag{4-36}$$

由以上计算得出的由源节点到目的节点的距离的期望可以计算出在故障定位的过程中的时间复杂度。

$$\begin{aligned}T_{\text{PF-LVM}}&=\sum_{i=1}^{5}T_i\\&=(M+N)\alpha+\left(\frac{M+N+7}{3}\right)2\alpha+p_l\left(\frac{M+N+4}{3}\right)^2\beta+\beta\end{aligned} \tag{4-37}$$

假设 $\beta\geqslant\alpha$ 则计算出的时延主要与上式的二次项有关，但是，在某些情况下 α 要大于β。因此应该考虑变量的变化对于 $T_{\text{PF-LVM}}$的影响。为了减少变量的数目，假设 $M=N$ 并且把β设置为 1，α 的值根据 N 的变化而改变，即：$\alpha=N,2N\cdots$。图 4-65 显示变量的变化对时延的影响。

由图 4-65 中的曲线可以看出当 $\alpha=2N=M+N$，两个式子对时延的影响相同，但是随着 α 的增大，其对应的时延占主要部分。

另一方面，空间的复杂度可以由以下两个阶段来确定，即：多播阶段以及匹配阶段。在第一个阶段限制区域内的节点收到管理节点发送的 ALV，假设每一条链路用 m 位来表示。因此：

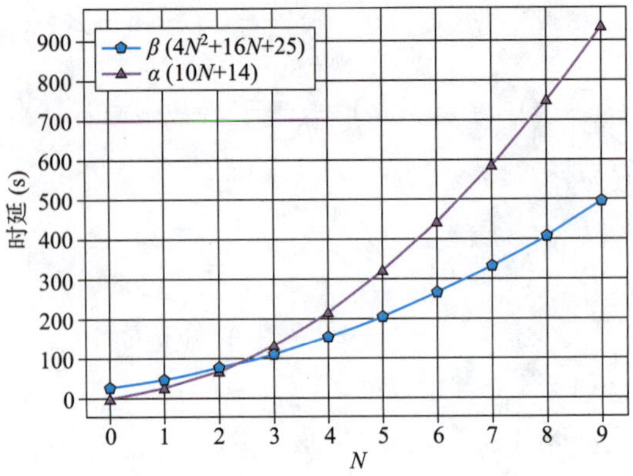

图 4-65　传播时延与计算时延的比较

$$S_1 = mE[d_{sd}] \tag{4-38}$$

在 PF-LVM 的匹配阶段，对于列表中总共有 p_l 条光路，每一条光路的平均长度为 $E[d_{sd}]$，管理节点收到从 n 个限制区域内发送的与 ALV 的匹配向量，因此这个阶段的空间复杂度为：

$$S_2 = p_l n E[d_{sd}] \tag{4-39}$$

因此可以计算出空间的复杂度可以表示为：

$$\begin{aligned} S_{\text{PF-LVM}} &= S_1 + S_2 \\ &= (m + p_l n)E[d_{sd}] \\ &= (m + p_l n)\frac{M+N+4}{3} \end{aligned} \tag{4-40}$$

六、PF-LVM 协议性能评估与仿真分析

为了评估 PF-LVM 协议的性能，可以通过以下两个指标来确定：第一个指标为故障定位成功的概率，第二个指标为故障定位的时延。其中定位成功的概率是成功定位出故障的数目与所有的故障数目的比值。故障定位的时延表示定位出故障所需要的平均时间。

表 4-34　骨干层三号环节点间的距离

	A	B	C	D	E	F	G	H	I	J	K	L	M	N	O	P
A	0	500	0	0	0	0	0	0	0	0	0	140	0	0	0	0
B	500	0	200	0	0	0	0	0	0	0	0	0	0	0	0	0
C	0	200	0	400	0	0	0	0	0	0	0	0	430	0	0	0
D	0	0	400	0	210	0	0	0	0	0	0	0	0	0	0	0
F	0	0	0	0	470	00	400	0	0	0	0	0	0	0	0	0
G	0	0	0	0	0	400	0	130	0	0	0	0	0	0	0	270
H	0	0	0	0	0	0	130	0	240	0	0	0	0	300	0	0
I	0	0	0	0	0	0	0	240	0	500	0	0	0	0	0	0
J	0	0	0	0	0	0	0	0	500	0	230	0	0	0	0	0

续上表

	A	B	C	D	E	F	G	H	I	J	K	L	M	N	O	P
K	0	0	0	0	0	0	0	0	0	230	0	140	450	0	0	0
L	140	0	0	0	0	0	0	0	0	0	140	0	0	0	0	0
M	0	0	430	0	0	0	0	0	0	0	450	0	0	330	0	370
N	0	0	0	0	0	0	0	300	0	0	0	0	330	0	0	0
O	0	0	0	0	190	0	0	0	0	0	0	0	0	0	0	140
P	0	0	0	0	0	0	270	0	0	0	0	0	370	0	140	0

对铁路骨干层三号环进行仿真验证，如图 4-66 所示。若网络中的光通路连接请求服从泊松分布。每一个光通路请求的目的节点均匀分布在网络中。每一个连接保持时间服从指数分布。

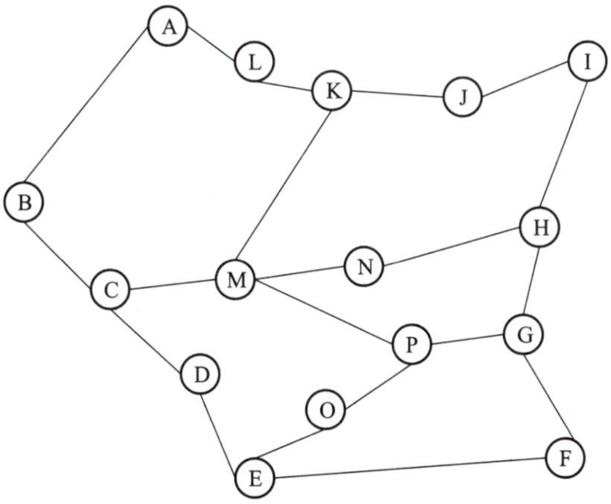

图 4-66　铁路骨干层三号环网络结构

图 4-66 中的每个字母代表网络中的每一个节点，节点之间的距离见表 4-34，单位为公里。

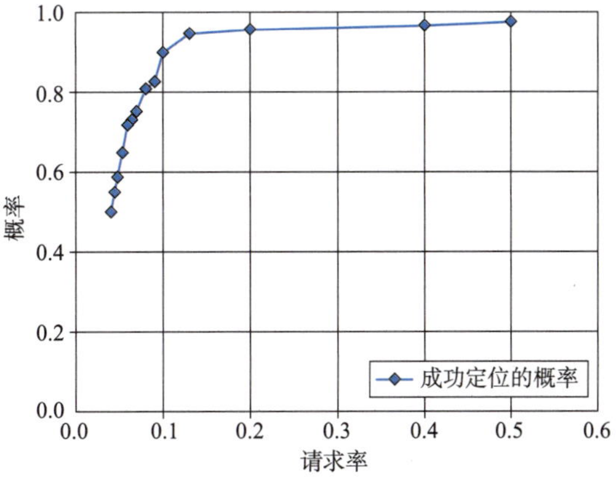

图 4-67　故障定位成功的概率

图 4-67 显示在不同业务请求率的情况下故障定位的准确率。由图可以看出当业务请求率较低时,故障定位的准确率较低,随着业务请求率的增加故障定位的准确率增长显著。这是因为随着业务请求率的增加使限制区域内有更多有效的光路,这将会使故障定位变得更加容易。但是如果业务请求率达到一定的值时,有效的光路数并没有显著的变化,因此,对于故障定位的准确率的作用已经不大,进而故障定位的准确率将会趋于平稳。

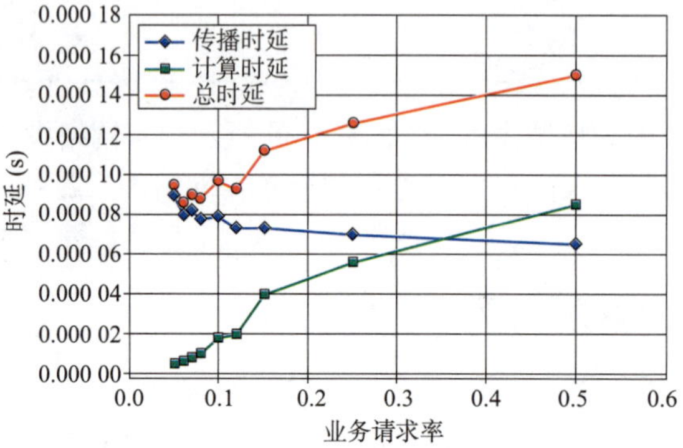

图 4-68　故障定位时延

图 4-68 显示出平均故障定位时延以及相应的传播时延、计算时延,故障定位时延单位为(s)。图中表明随着业务请求率的增加,计算时延也在增加,从而故障定位的时延也会增加。因为随着光路数目的增加受影响的光路也会增加,这将会增大寻找两条分离光路的处理时间。从图中可以看出大体的故障定位所需要的时间远低于 OSPF 所需的定位时间 40 ms,因此,此方法可以快速地定位出多链路故障。

七、小结

伴随着大规模网络的层次化和区域化,对于光传送网络的故障定位也变得越来越复杂。光传送网中每根光纤中波长通道的传输速率可以达到 Tbit/s 的量级,由于光传送网具有大带宽的传输能力,一旦网络出现了故障就会引起大量的业务中断。随着铁路光传送网络的规模化与复杂化,多故障发生的概率也越来越大,尤其是在大规模的多层多域光网络环境下,网络多故障发生的几率也变得越来越大。光传送网络的多故障造成的危害和损失更大,同时,在多故障的环境下,对于网络故障的快速、准确定位也带来了很大的挑战。

本节分析了有限边界矢量匹配故障定位协议(LVM),为了实现对光传送网络多链路故障定位,依据 LVM 单链路故障定位协议提出了平行快速有限边界矢量匹配(PF-LVM)协议的多链路故障定位方法。列举了几种光传送网络中的几种多故障的情况。PF-LVM 协议多链路故障定位的基本思想是在识别故障后将每一个发生故障的链路分离到一个有限的区域内,再采用分布式的故障定位方法同时定位发生故障的链路。分析了 PF-LVM 在故障定位过程中的时间与空间复杂度。该故障定位机制既可以定位同时发生故障的链路又可以定位不在同一时间发生故障的链路。通过运用铁路骨干层三号环进行仿真验证本方法具有很高的故障定位率,并能够实现快速的故障定位。

第七节 静态业务下的铁路光传送网生存性设计

一、研究背景

随着新的光传输技术和OTN设备的广泛应用，铁路传输网的网络拓扑结构由环形和链形逐步向网状演进；同时，随着单波长传输速率升高，单纤复用信道数增多，网络故障发生的概率也越来越高，情况越来越复杂。当链路故障、通路故障或网络部件失效发生时，会导致业务传输的中断，严重时会造成巨大的安全隐患和经济损失，铁路光传送网生存性能力是网络设计者或使用者首要关注的问题，对铁路光传送网生存性的研究也具有重大的实际意义。

OTN光传送网技术在铁路骨干网、汇聚网甚至是接入网建设中逐步成为主流关键技术，具有传送带宽容量大、智能化的网络管理以及承载大颗粒业务的优势。由上一章的测试工作可知，节点设备的重要单板采用了冗余备份机制，在实际工程中，对于一些关键节点，还进行了双机备份，因此节点故障在铁路传输网中发生的概率极低。铁路光传送网通过光缆线路连接光传输设备，传输线路覆盖全国各个地区，而且大部分都铺设在室外各种各样的地理环境中，因此链路故障和通路故障是光传送网络中最常见的故障类型。

铁路OTN系统是以DWDM技术和光的波长路由为基础，引入光的交叉连接(Optical Wavelength Cross-Connection，OXC)和光分插复用器(Optical Add Drop Multiplex，OADM)节点建立起来的具有高度灵活性和生存性的光传送网络，其节点具有路由功能，每个节点能够按照网络中的端到端的链接进行选择性地输出，而不是将信息发送到所有的输出端，因此大大节省了网络的终端设备，并可以在空间上重新利用波长，能够接收连接请求，按需建立连接，具有较高的波长利用率。OADM可以看成OXC结构化的功能结构，OXC由波长复用器、解复用器、交换矩阵组成，有可能包含波长转换器。波长转换器可以将某个波长上的输入信号转换成另一个波长上输出，如果只能将一个波长转换成某一特定波长，称为固定波长转化器；若转换成若干个其他波长，称为动态波长转换器。在铁路光传送网络中，根据业务量的不同需求，具有固定波长转换器和动态波长转换器两种类型的OADM节点设备相互配合使用，这样形成的网络结构通过在光路所经过的所有链路上分配相同的波长为用户提供光连接。

随着铁路行业信息业务的IP化发展，铁路传输网将承载大量的高带宽、大颗粒的IP业务。为了适应这一发展需求，要求铁路传输网一方面提供更高带宽以满足大颗粒业务的传输，另一方面提供可靠灵活的业务调度和安全保障机制，面对目前网络的可用资源有限和承载的业务需求不断增长的矛盾性，如何在有限的资源网络中为铁路上的通信业务和非通信业务选择合适的路由与波长成为了波道配置方案设计过程中的重要环节。

二、基于业务可靠度的路由与波长分配(RWA)算法

由于铁路传输网承载铁路总公司及铁路局间的既有业务和新增业务，信息业务量迅速增大，业务传输需求复杂。在国际铁路联盟UIC关于高速移动列车未来信息业务需求分析

报告中指出，为满足铁路的高安全性运营需求，未来有超过 200 种信息业务需要通过光网络进行传输，如此多种新型业务的不断涌现，对网络的可靠性质量要求也越来越多样化。

区分可靠性(Differentiate Reliability, DIR)，用于向用户提供不同可靠度级别的服务。依据 DIR 的定义，每个业务请求与网络签订可靠性服务等级协议 SLA(Service Level Agreement)，要求获得的可靠度不能低于某个下限值，如医疗急救服务要求的可靠性高，希望获得的可靠度不能低于 99.999%。可靠性定义为系统或业务请求连接在某一时间段内正常工作的概率。通常情况下，业务请求的可靠性要求越高，所需的资源就越多。根据这一特点，要实现区分可靠的业务请求，最重要的一点就是根据各个业务连接请求的可靠度要求为其设计合适的路由，在尽量满足业务请求的可靠度要求的前提下，将全网的网络风险降到最低。当前的铁路传输网是通过改造既有网络设备，调整网络结构逐步由链状和环状演变为网状拓扑结构，拓扑结构相对简单，并且节点之间通常传输的是大容量的固定业务，所以本文主要对基于链路失效情况下的静态业务可靠度约束 RWA 问题进行生存性设计，下面分别从基于单链路失效的业务可靠度约束 RWA 算法和基于多链路失效的业务可靠度约束 RWA 算法两方面具体分析研究。

三、基于单链路失效的业务可靠度约束 RWA

既有的基于单链路失效的 RWA 启发式算法大多从负载均衡、阻塞率、物理攻击和信号损伤感知等方面考虑 RWA 问题，很少涉及网络业务连接请求与光纤链路可靠状态关系的研究，业务的可靠性要求反映到光纤链路状态上就是要求形成工作通路的光纤链路的可靠性程度能够保障该业务正常传输。链路失效是指包括由于色散、串扰和非线性效应等各种损伤造成的链路质量下降引起的链路失效，也包括由于地震、雷击等自然灾害或人为因素造成的链路失效，使得业务数据无法在链路上正常传输。由于铁路在传输业务之前，已经通过提前计算对光纤的损耗、色散等参数进行了相关的配置，因此本节主要考虑由于自然灾害或人为因素造成的单链路失效对网络业务的影响，提出了一种基于业务可靠度约束的 RWA 算法。在解决 RWA 问题时，以全网可靠度R_m为优化目标，通过恰当的路由波长设计，在不增加任何管理设备成本的前提下，使得网络在发生单链路失效时，全网的可靠性达到最大，提高网络的抗风险能力。

(一)问题描述

假定图 $G=(V,E)$ 为 OTN 光传送网络的拓扑结构，其中 V 为节点集合，E 为链路集合。令 n、m 分别表示网络 G 中的节点数和链路数，光路请求集合为 $R=\{R_1,R_2,\cdots,R_p\}$，其中$R_i=\{s_i,t_i,d_i,r_i\}$ $(i=1,2,3,\cdots,p)$，s_i和t_i分别为光路请求R_i的源节点和目的节点，$d_i=1$ 表示单链路无保护业务请求；$d_i=2$ 表示双路径 1+1 保护业务请求，r_i表示一个业务连接请求的可靠度要求。假定网络中的每个节点都具有波长转换能力，并且网络中的每条链路都是可以双向传输的光纤。因此，任何一条链路失效就意味着该链路上双方向的传输同时中断，每条链路 l 都有两个链路参数：链路长度c_l和链路可靠度r_l^*，链路长度c_l表示该链路的实际传输距离，链路可靠度r_l^* 表示该链路正常工作的概率。每个业务连接请求到达之后，根据业务类型和当前的链路状况为该连接请求计算路由，并为网络中的所有业务请求分配波长。

在铁路光传送网络中，一根光纤通常承载着巨大的业务数据量，若两点之间只存在一条业务路由，当发生单链路失效时，会直接造成业务的传输中断，因此重要业务一般采用1+1的冗余保护方式来提高传输可靠性。铁路OTN传送网络通常承载两种类型的业务，分别为单路径无保护业务和双路径1+1保护业务，其业务路径的配置方式如图4-69所示，业务a的连接请求为$R_a=\{s_a,t_a,1,r_a\}$，业务路由为$\{l_1,l_2,\cdots,l_i,\cdots,l_p\}$，$1\leqslant i\leqslant p$，如图4-69(a)所示。假设链路$l_i$的可靠性为$r_i^*$，则链路正常状态下，业务a的可靠度为：

$$r_a=\prod_{i=1}^{p} r_i^* \tag{4-41}$$

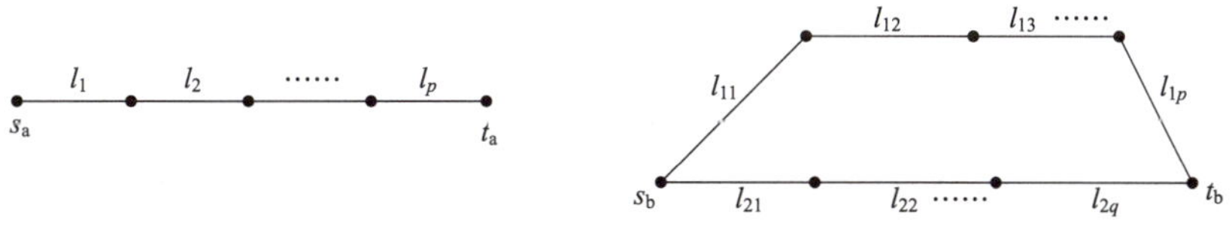

(a) 单链路无保护业务　　(b) 双路径1+1保护业务

图4-69　业务路由的配置方式

假设此时失效链路为l_k $(1\leqslant k\leqslant p)$，链路由正常转为失效后，业务请求被完全中断，业务a的可靠度$r'_a=0$。因此在链路失效前后，业务a的可靠度变化为：

$$\Delta r_a=r_a-r'_a=\prod_{i=1}^{p} r_i^* \tag{4-42}$$

而业务b的连接请求为$R_b=\{s_b,t_b,2,r_b\}$，采用双路径1+1的保护方式，业务路径的配置如图4-69(b)所示。传输业务时，源端同时在两条路由中传输相同的数据。正常情况下，接收端只选择接收工作路由上的业务数据，当工作路由发生链路失效时，接收端才会通过倒换方式接收备用路由的业务数据。其中工作路由为$\{l_{11},l_{12},\cdots,l_{1i},\cdots,l_{1p}\}$，$1\leqslant i\leqslant p$；保护路由为$\{l_{21},l_{22},\cdots,l_{2j},\cdots,l_{2q}\}$，$1\leqslant j\leqslant q$。假设工作路由中的链路$l_{1i}$的可靠性为$r_{1i}^*$，保护路由中链路$l_{2j}$的可靠性为$r_{2j}^*$，则工作路由正常时的，业务b的可靠度为：

$$r_b=\prod_{i=1}^{p} r_{1i}^*+\prod_{j=1}^{q} r_{2j}^*-\prod_{i=1}^{p} r_{1i}^*\times\prod_{j=1}^{q} r_{2j}^* \tag{4-43}$$

假设工作路由上的一条链路l_{1k} $(1\leqslant k\leqslant p)$由正常转为失效时，业务b的数据只能倒换到保护路由上去传送，其可靠度变为$r'_b=\prod_{j=1}^{q} r_{2j}^*$，因此链路失效前后业务b的可靠度变化为：

$$\Delta r_b=\prod_{i=1}^{p} r_{1i}^*-\prod_{i=1}^{p} r_{1i}^*\times\prod_{j=1}^{q} r_{2j}^* \tag{4-44}$$

单链路失效对全网业务的影响由业务的可靠性变化和业务的可靠度要求决定。假设失效的链路为l_j，该链路上运行的业务为b_i，可靠度要求为r_i链路失效前后全网业务可靠度变化为：

$$\Delta E_j=\sum_{i=1}^{p}(r_i\times\Delta r_{ij}) \tag{4-45}$$

其中Δr_{ij}为链路l_j失效前后业务b_i的可靠度变化，即$\Delta r_{ij}=r_{ij}-r'_{ij}$，$r_{ij}$，$r'_{ij}$分别为

链路失效前、失效后的业务b_i的可靠度，那么全网的网络业务可靠度为：

$$R_m = 1 - \max\{(1-r_j) \times E_j\} \tag{4-46}$$

基于单链路失效的业务可靠度约束 RWA 算法考虑到全网业务可靠性R_m与单链路失效之间的联系，通过分析单链路的可靠性、链路上传输业务数以及传输业务的可靠度要求，确定了全网业务可靠度R_m大小，在搜索最优路由解时以提高网络的可靠度R_m为目标，R_m越大，发生单链路失效时，全网业务的可靠性扰动就越小，业务传输也就越可靠。由以上的内容可知，RWA 的问题通常被分成两个子问题(路由选择和波长分配)进行研究。本节将分别从基于路由选择的路由算法和基于波长分配的专用通路模型建立两方面对该 RWA 问题进行详细地论述。

(二)路由算法

为了满足铁路传输网在链路或节点出现故障时使业务能够快速恢复的要求，网络生存性机制，特别是保护机制，通常的做法是在源节点和目的节点之间为业务请求提供两条链路分离的路径，其中一条作为工作路径，另一条作为保护路径。当某个业务请求的工作路径失效时，就将其承载的业务倒换到保护路径上。其中衡量网络生存性机制性能的一个重要指标是工作路径与保护路径的分离程度。一般而言，链路分离程度越高，两者同时失效的概率就越低，网络的生存性就越好。链路分离是指两条链路不经过相同的路径但可以经过同一节点。在铁路传输网中，对于节点失效的保护，通常采用节点设备的冗余备份。近年来提出了共享风险链路组(Shared Risk Line Groups，SRLG)的概念，把实际物理资源共享风险的特性通过 SRLG 标识反映到网络光纤链路中，每个 SRLG 都有唯一的标识。而传统的基于链路分离的路由算法采用的是著名的迪杰斯特拉(Dijkstra)最短路径算法，该算法只能将计算出节点业务对之间的一条最短路径作为工作路由。对于某些业务需求，可能无法找到和工作路由链路分离的保护路由或者由于保护通路经过的节点和链路数目过多，导致占用较多波长资源的问题。

对于双路径 1+1 保护的业务请求，为了能找到链路分离的工作通路和保护通路，同时保证有较好的资源利用率，本节采用的路由算法的基本思想是 KSP(K-Shortest-Paths)K 最短路径，即对于每一个业务请求，求出所有满足链路分离的工作通路和保护通路的组合，然后选择其中全网业务可靠度值R_m最大的通路对组合作为该业务请求的工作路由和保护路由。假定网络中所有的节点都不具有全波长转换能力，则负载最大的链路所承载的光路即为网络所需波长数，同时，网络中每个节点的度应大于 1，目的是为了保证能够得到一对路径完全分离的工作路由与保护路由对，然后根据光路请求矩阵求出各个光路请求的 K 最短路由。下面将具体阐述该 R 路由算法，在此之前，首先对该算法所涉及的一些概念和参数进行定义：

全网业务最优可靠度：这里指的是当节点之间的某一链路失效之后全网业务的最优可靠度$R_m = \min R(X_{best})$，R_m值越大，说明全网业务的可靠性扰动越小，传输也就越可靠。

邻接矩阵：表示网络拓扑图中顶点之间相邻关系的 n 阶矩阵，初始化为 matrix-0，矩阵中元素的值n_{ij}表示节点 i 与节点 j 之间是否直接相连，若直接相连n_{ij}的值表示链路 i-j 的距离；若不直接相连，则$n_{ij}=0$；

网络路由：对于每个光路连接请求，网络中可能存在对应的 k 最短路由，用 $X=$

$\{x_1, x_2, \cdots, x_p\}$表示，式中$x_i=1,2,\cdots,k(1\leqslant i\leqslant p)$，表示第$i$个光路请求采用的是$k$最短路由中的第$x_i$条路由。

RWA的路由选择算法考虑到全网业务与单链路失效的关系，确立可靠性指标，在搜索最优路由解时以降低网络的最大风险指标，提高全网可靠性为目标。下面对基于单链路失效情况下的业务可靠度约束RWA的路由算法的执行过程进行详细的叙述。

RWA的路由选择算法的主要步骤如下：

步骤一：对光路请求矩阵中的光路请求，设置k值，并使用KSP(K-Shortest-Paths)计算其k条最短路径，若$k\geqslant 1$，则转至步骤二，否则视为不存在满足该光路请求的通路，转至步骤五；

步骤二：判断n(n的初始值为1)的大小。

若$n=1$，表示该光路请求只有一条最短路径，该最短路径即可以作为双路径1+1保护业务请求的工作路径，也可以作为单路径无保护业务的工作路由；

若$1<n\leqslant k$，表示该光路请求有n条最短路径，该n条路径按照业务可靠性的原则，既可以选择其中解最优的两条路径作为双路径业务请求的工作路径和保护路径，也可以选择最优的一条路径作为单路径业务的唯一传输路由；其中的最优选取的原则就是业务的可靠度$R_m=1-\max\{(1-r_j)\times\Delta E_j\}$，$R_m$值越大，解越优。

步骤三：初始化。初始路由解设为光路请求的最短路径路由，即$X_{now}=\{1,1,1,\cdots,1\}$，路由方案最优解$X_{best}=X_{now}$，计算当前路由方案的业务可靠度$R=\min R(X_{now})$，并置全网业务最优可靠度为$R_m=\min R(X_{now})$，循环变量$s=1$，最大迭代次数为$s_{max}$。

步骤四：判断是否满足算法结束的条件。若$s<s_{max}$，则改变当前解X_{now}，随机为某一光路请求从其k最短路由选取一条新的路由，得到一个新的邻域解，由此产生邻域解集合X_{now^*}。计算所有邻域解的R_m，并按照从大到小的顺序排序，转至步骤五，若$s>s_{max}$，则转至步骤六。

步骤五：若邻域解的R_m优于当前最优可靠度值R_m，则用此邻域最优解替换当前的解X_{now}和最优解X_{best}，若由邻域解得到的R_m劣于当前最优解R_m，则返回前一个路由方案，并令$s=s+1$，转至步骤四，进行下一次迭代过程。

步骤六：算法结束，得到最优路由解。

从以上步骤可以看出，相比传统的链路分离路由算法，RWA的路由选择算法以K-Shortest-Paths算法为基础，按照全网业务的可靠性最大原则计算了所有可能作为工作通路的工作路径和相应的保护通路，并通过最优解选择为各光路请求确定最终的工作通路路径和保护通路路径，在保证全网业务可靠性最高的前提下，使网络发生单链路失效时，全网的安全性能下降最小，抗风险能力进一步提高。然后在最终路由解方案的基础上，本节采用随机选择的波长分配方式建立了专用通路保护模型，为网络中的光连接请求进行波长设计。

(三)波长分配策略

波长分配问题的优化目标是在满足全网光路请求波长需求的同时使所占用的波长数目达到最小，建立ILP整数线性规划的专用通路保护模型并对专用通路保护设计中用到的参数进行如下定义：

$j=1,2,3,\cdots,p$，表示网络中的第j条链路；

b_i，$i=1,2,3,\cdots,I$，表示第 i 个光路请求的波长需求；

$w=1,2,3,\cdots.W$，表示第 w 个波长；

WP_i，表示光路请求 i 的工作通路；

BP_i，表示光路请求 i 的保护通路；

W_j，表示第 j 条链路上的工作通路占用的总波长数；

S_j，表示第 j 条链路上的保护通路占用的总波长数；

γ_w^{i,wp_i}，表示如果第 i 个光路请求的工作通路路径 WP_i 占用了波长 w，则 $\gamma_w^{i,wp_i}=1$，否则 $\gamma_w^{i,wp_i}=0$；

α_{w,BP_i}^{i,wp_i}，表示如果第 i 个光路请求的工作通路 WP_i 失效，专用保护路由 BP_i 占用波长 w 时，$\alpha_{w,BP_i}^{i,wp_i}=1$，否则 $\alpha_{w,BP_i}^{i,wp_i}=0$；

β_{j,wP_i}，表示如果光路请求 i 的工作通路 WP_i 经过链路 j，则 $\beta_{j,wP_i},=1$，否则 $\beta_{j,wP_i},=0$；

β_{j,BP_i}，表示如果光路请求 i 的保护通路 BP_i 经过链路 j，则 $\beta_{j,BP_i},=1$，否则 $\beta_{j,BP_i},=0$；

本节采用的是带有波长转换能力的专用通路保护模型，首次命中的方式，以全网占用波长资源数目最小为优化目标的波长分配策略。

将波长资源数目最小作为目标函数：

$$\text{Min}\sum_{j=1}^{p} w_j + s_j \tag{4-47}$$

相关的约束条件：

1. 链路容量：

$$(w_j + s_j) \leqslant W(1 \leqslant j \leqslant p) \tag{4-48}$$

2. 光路请求波长需求：

$$b_i = \sum_{w=1}^{W} \gamma_w^{i,wp_i}, 1 \leqslant i \leqslant I \tag{4-49}$$

3. 工作通路波长占用情况：

$$W_j = \sum\nolimits_{i=1}^{I} \sum\nolimits_{w=1}^{W} \gamma_w^{i,wp_i} \times \beta_{j,wP_i},, 1 \leqslant j \leqslant p \tag{4-50}$$

4. 保护通路波长占用情况：

$$S_j = \sum\nolimits_{i=1}^{I} \sum\nolimits_{w=1}^{W} \alpha_{w,BP_i}^{i,wp_i} \times \beta_{j,BP_i},, 1 \leqslant j \leqslant p \tag{4-51}$$

5. 失效情况下的约束：

$$\sum\nolimits_{w=1}^{W} \gamma_w^{i,wp_i} = \sum_{w=1}^{W} \alpha_{w,BP_i}^{i,wp_i}, 1 \leqslant i \leqslant I \tag{4-52}$$

表示工作通路失效时，保护通路将替换这条工作通路，并且其预留的波长资源应该等于工作通路所占用的波长资源。

上述基于单链路失效情况的可靠度约束 RWA 算法被分解成了路由选择和波长分配两个子问题，并分别对这两个子问题进行了详细的算法描述和专用通路模型建立描述，通过计算机仿真来验证该 RWA 算法的性能。

(四)仿真结果与分析

为了进一步验证上面提出的基于单链路失效的可靠度约束 RWA 算法的性能，选择铁路 OTN 骨干网 3 号环作为仿真用的网络结构，如图 4-70 所示。

该网络结构共包含 16 个节点和 19 条链路，每条链路的实际传输距离已知，假设网络中每条链路的带宽为 40 个波长，且每个光路请求的带宽是一个波长单位，以下分别是该网络结构的邻接矩阵和光路连接请求矩阵。为了方便计算，这里假设所有光路请求的可靠性要求均为 0.9，链路可靠性均匀随机分布在区间(0.8，1.0)之间。

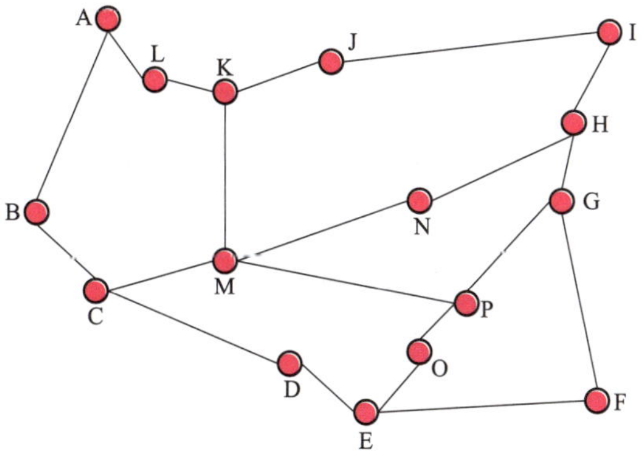

图 4-70　铁路 OTN 骨干网 3 号环网络拓扑结构

(1)邻接矩阵

在仿真中，每个节点用字母分别表示，两节点之间链路距离已知，邻接矩阵见表 4-35。

表 4-35　网络拓扑结构的邻接矩阵

单位(km)	A	B	C	D	E	F	G	H	I	J	K	L	M	N	O	P
A	0	500	0	0	0	0	0	0	0	0	0	140	0	0	0	0
B	500	0	200	0	0	0	0	0	0	0	0	0	0	0	0	0
C	0	200	0	400	0	0	0	0	0	0	0	0	430	0	0	0
D	0	0	400	0	210	0	0	0	0	0	0	0	0	0	0	0
F	0	0	0	0	470	00	400	0	0	0	0	0	0	0	0	0
G	0	0	0	0	0	400	0	130	0	0	0	0	0	0	0	270
H	0	0	0	0	0	0	130	0	240	0	0	0	0	300	0	0
I	0	0	0	0	0	0	0	240	0	500	0	0	0	0	0	0
J	0	0	0	0	0	0	0	0	500	0	230	0	0	0	0	0
K	0	0	0	0	0	0	0	0	0	230	0	140	450	0	0	0
L	140	0	0	0	0	0	0	0	0	0	140	0	0	0	0	0
M	0	0	430	0	0	0	0	0	0	0	450	0	0	330	0	370
N	0	0	0	0	0	0	0	300	0	0	0	0	330	0	0	0
O	0	0	0	0	190	0	0	0	0	0	0	0	0	0	0	140
P	0	0	0	0	0	0	270	0	0	0	0	0	370	0	140	0

(2)光路请求矩阵

表 4-36 是整个网络的光路连接请求矩阵，设每一个请求占用一个波长带宽。

表 4-36　光路连接请求矩阵

光路请求编号	(源节点—目的节点)	业务路由配置方式	光路请求的带宽需求
1	A—B	2	1
2	A—H	2	1
3	B—P	2	1
4	B—E	2	1
5	C—H	2	1
6	C—I	2	1
7	E—F	2	1
8	E—J	2	1
9	F—I	2	1
10	G—M	2	1
11	G—F	2	1
12	H—C	2	1
13	H—M	2	1
14	M—E	2	1
15	M—K	1	1
16	O—F	2	1
17	O—E	1	1

(3)RWA 算法的路由选择及波长分配情况

路由选择及波长分配见表 4-37。

表 4-37　路由选择及波长分配

光路请求的需求	工作通路/工作波长	保护通路/保护波长
A—B	A—B / λ 浇	A—L—K—M—C—B/λ 浇
A—H	A—L—K—J—I—H /λ 浇	A—L—K—M—N—H/λ 浇
B—P	B—C—M—P/λ 浇	B—C—D—E—O—P/λ 浇
B—E	B—C—D—E/λ 浇	B—C—M—P—O—E/λ 浇
C—H	C—M—N—H/λ 浇	C—M—K—J—I—H/λ 浇
C—I	C—M—N—H—I/λ 浇	C—M—K—J—I/λ 浇
E—F	E—F/λ 浇	E—P—G—F/λ 浇
E—J	E—O—P—M—K—J/λ 浇	E—O—P—G—H—I—J/λ 浇
F—I	F—G—H—I/λ 浇	F—E—O—P—G—H—I/λ 浇
G—M	G—P—M/λ 浇	G—H—N—M/λ 浇
G—F	G—F/λ 浇	G—P—O—E—F/λ 浇
H—C	H—N—M—C/λ 浇	H—I—J—K—M—C/λ 浇
H—M	H—N—M/λ 浇	H—G—P—M/λ 浇
M—E	M—P—O—E/λ 浇	M—C—E/λ 浇
M—K	M—K/λ 浇	——
O—F	O—E—F/λ 浇	O—P—G—F/λ 浇
O—E	O—E/λ_1	—

从以上的(1)-(3)结果分析,RWA 算法基本可以为光路请求按照业务路由配置的方式完成路由实施和波长分配。为了更好地对基于单链路失效的业务可靠度要求 RWA 算法的各项性能进行分析,本节将所提算法与常用的 SP(最短路径)算法进行对比分析,其中用于比较算法性能分析的光路请求矩阵由程序随机产生,不产生相同业务点对的光路请求。业务类型有两种,即单路径无保护业务和双路径 1+1 保护业务,并且为了保证存在路径完全分离的工作路由和保护路由,需要网络中每个节点的度都要大于 1,根据以上铁路 OTN 骨干网 3 号环网络,随机均匀产生 16 组光路请求矩阵,光路连接请求数为 30~50,网络中的链路可靠性随机均匀分布在(0.8,1.0)之间,分别对网络占用波长数和全网业务最优可靠度 R_m 两项性能指标进行对比分析。实验结果如图 4-71 和图 4-72 所示。

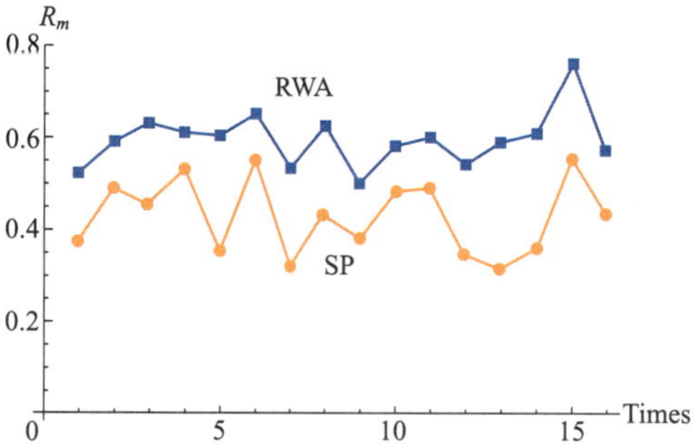

图 4-71 全网业务最优可靠度 R_m

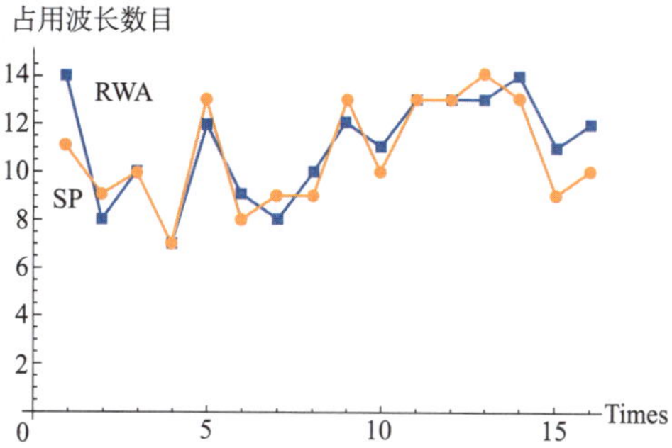

图 4-72 全网占用波长数目

与此同时,为了验证 RWA 算法与网络规模大小和光路请求数目的关联关系,本节选取了一个网络节点数目为 30,光路连接请求数目为 90~150,网络中的链路可靠性随机均匀分布在(0.8,1.0)的网络结构,同样对网络占用波长数和全网业务最优可靠度 R_m 两项性能指标进行对比,网络拓扑结构如图 4-73 所示。

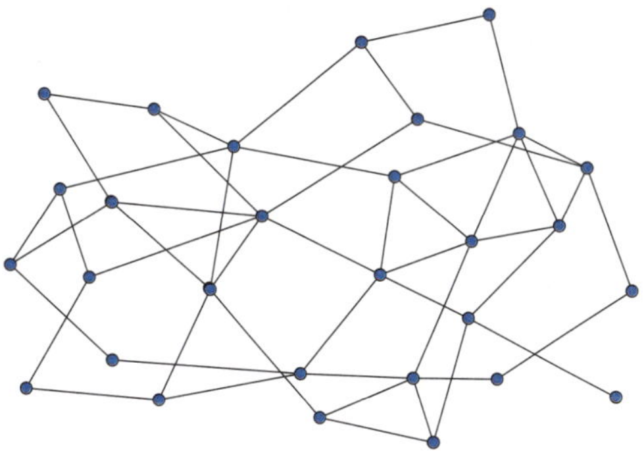

图 4-73 由 30 个节点组成的网络结构拓扑

从上图可以看出,基于单链路失效的业务可靠度约束 RWA 算法和 SP 算法所提供的方案占用的波长数差别很小,可以认为两种方案占用了同等的波长资源,但从图 4-71 和图 4-74 可以看出,在全网业务最优可靠度 R_m 指标上,RWA 算法相比 SP 有明显的改善,并且两种网络结构下 R_m 平均提升了 29.09%和 52.45%,这种改善效果会随着网络业务规模的上升而变得更加明显。因此，在占用同等网络波长资源的条件下，相比传统的 SP 算法，RWA 算法能够为全网业务提供更高的R_m，即网络有着更高的安全性能和更强的抗风险能力。如图 4-75 所示。同时，最优可靠度R_m在一定程度上也可以反映出链路的负载状况。根据路由选择的原则，重要业务尽量采用双路径 1+1 路由，并且所经过的工作路由和保护路由尽可能选择可靠性R_m较大的链路，因此在协调可靠度要求不同的等级服务过程中，能够有效均衡链路负载状况，链路负载越均衡，单条链路承载的业务量数量就越少，发生单链路失效时，被中断的业务就越少，网络的可靠性也就越大。

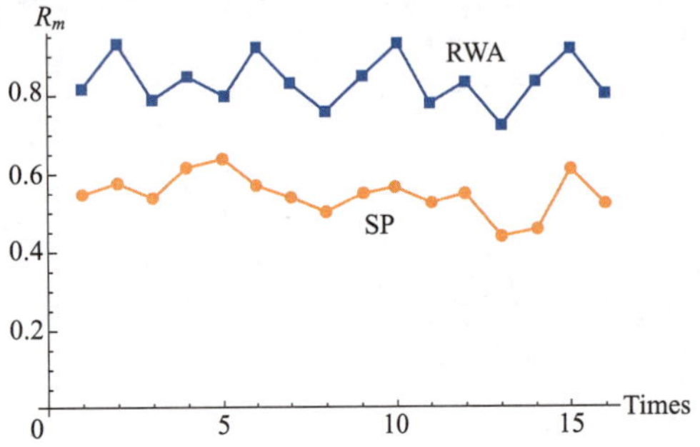

图 4-74　全网业务最优可靠度R_m

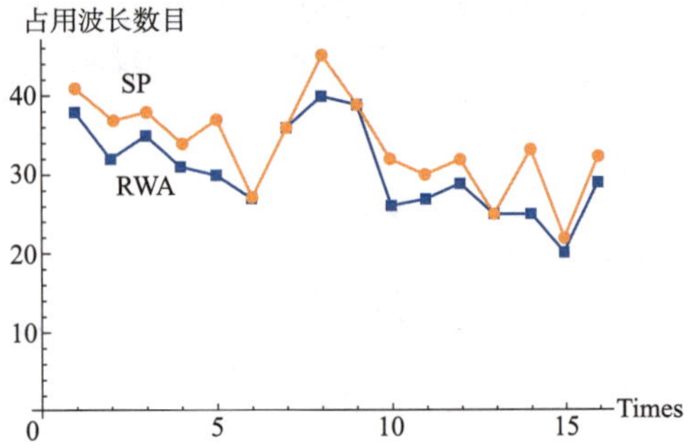

图 4-75　全网占用波长数目

四、基于多链路失效的业务可靠度约束 RWA

随着铁路光传送网络规模的不断扩大，传输线路覆盖面积也在逐渐增加，出现多条链路失效的可能性也越来越大。通常情况下，各条链路失效之间是相互独立的。既有的光传送网生存性设计主要是关于单链路失效或双链路失效的情况，通对失效问题的处理方法是通过在网络设计阶段引入保护通路和冗余资源，而基于由多链路失效引起的网络业务恢复的相关研究相对较少，适用于这种网络的 RWA 算法研究更少。最大空闲路径(MLP)算法忽略了业务连接请求的可靠度特性，在进行路由选择过程中只考虑了瓶颈链路中的剩余波长数。针对网格光网络多路径恢复的 MPR 算法满足用户的传输比特率。最小链路权重优先(MPFW)的动态 RWA 算法，权衡链路长度与链路剩余容量，在考虑网络流量均衡因素的同时，尽可能减少对网络资源的占用。

本节提出了一种基于多链路失效的可靠度约束 RWA 算法，该算法根据光路请求类型和业务可靠度要求，为请求连接计算其合适的路由，使其满足业务可靠度要求的目标。

(一)问题描述

假定 OTN 光传送网的物理拓扑结构为 $G=(V,E)$，其中 V 为节点集合，E 为链路集合。令 n、m 分别表示该网络的节点数和链路数。假定网络中所有节点都具有波长转换能力，并且网络中的每条链路是否失效都是相互独立的。网络中的每条链路中的光纤都是可以双向传输业务的，因此如果网络中任何一条链路出现失效，那么该链路两个方向的传输都会出现中断。每条链路 l 都包含有两个链路参数：链路代价c_l和链路可靠度r_l^*，链路代价c_l表示单位带宽(如一个波长带宽)的光路连接请求从该链路的源端发送到接收端所耗费的代价。假设存在一条光通路 P，那么该通路的代价就是其所经过的所有链路代价之和，可靠度为该通路的所经过所有链路的可靠度之积。

光路请求$R_i=\{s_i,t_i,d_i,r_i\}(i=1,2,3,\cdots,p)$，$s_i$和$t_i$分别为光路请求$R_i$的源节点和目的节点，$d_i$为业务类型，$d_i=1$ 表示单链路无保护业务请求；$d_i=2$ 表示双链路 1+1 保护业务请求。r_i表示一个业务连接请求的可靠度要求。每个光路连接请求到达之后，根据当前的网络状况为该请求计算一条通路，使得这条通路的可靠度大于连接请求的可靠度要求，并使这条通路消耗的代价最小。

由于单个工作通路 WP 可能无法满足光路连接请求的可靠度要求，因此重要业务一般采用 1+1 的冗余保护方式来提高传输可靠性，即采用保护通路 BP 对工作通路 WP 进行保护来提高可靠度。也就是说，对于单链路无保护业务，由于其可靠性要求比较低，一般单个工作通路就可以满足，但是对于双路径 1+1 保护业务，其可靠性要求较高，只利用单个工作通路是无法满足传输可靠性要求的，因此有必要为该这条工作通路设置一条保护路由。传统的保护工作路径采用的是称为部分保护(Partial Protection Scheme，PPS)的方法，利用一个保护路段对工作通路的一部分路段进行保护，该方法虽然结构简单，易于实现，但是当光路连接请求的可靠度比较高的时候通常不能为其找到合适的路由。在图 4-76 中，一条光路请求从源节点 A 发送到目的节点 H，其可靠度要求为 0.8，采用部分保护的方式就不能为连接请求寻找到符合要求的路由。这是因为工作通路 WP=A-C-D-F-H 的可靠度为：0.9×0.9×0.9×0.9=0.656 1，小于连接请求可靠度 0.8，因此需要计算一条保护路段来对工作通路 WP 进行保护。

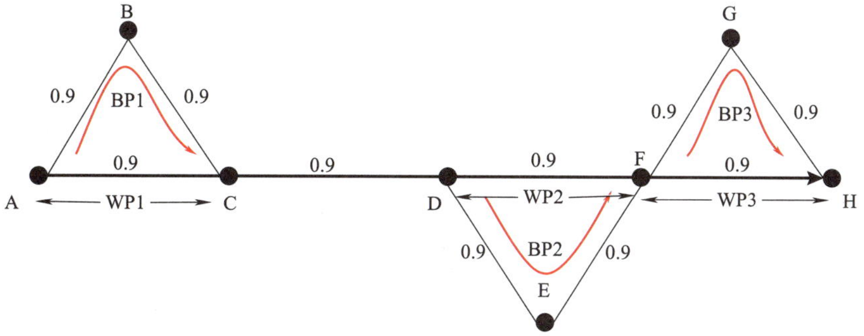

图 4-76 部分保护(PPS)路段的示例图

从图中可以看出，工作通路 WP 中的 3 条链路 WP1、WP2 和 WP3 各自都增加了路段保护，分别为 BP1、BP2 和 BP3，如果采用三个保护路段 BP1、BP2 和 BP3 同时对工作通路 WP 进行保护，则这三个保护路段和工作通路 WP 合在一起的业务可靠度为 0.8497，大于光路请求可靠度要求 0.8，因此就可以利用 BP1、BP2 和 BP3 以及工作通路 WP 作为连接请求的路由。本节提出的基于多链路失效的业务可靠度约束 RWA 算法可以有效地根据光路连接请求的可靠度要求计算合适路由，其基本思想是在必要的时候可以利用多个保护路段对工作通路 WP 进行保护，防止工作通路中多链路失效对业务传输造成的影响。假设任何两个保护路段保护的工作链路都没有相同的路段。

令AS_i表示一个由工作通路中的工作链路WP_i和对应保护路段BP_i组成的恢复域，r_{AS_i}

代表恢复域AS_i的可靠度，r_{WP_i}代表工作链路WP_i的可靠度，r_{BP_i}代表保护路段BP_i的可靠度，则

$$r_{AS_i}=r_{WP_i}+(1-r_{WP_i})\times r_{BP_i} \tag{4-53}$$

如果一个路由是由一条工作通路 WP 和 K 个保护路段组成，则这个路由的可靠度 r 可以表示为：

$$r=r_{WP}/\prod_{i=1}^{k} r_{WP_i}\times\prod_{i=1}^{k} r_{AS_i} \tag{4-54}$$

其中r_{WP}表示工作通路 WP 的可靠度。如果一个路由的可靠度 r 大于连接请求的可靠度要求r_i，则这条路由就可以作为该请求的首选路由，考虑到资源共享时计算的复杂性，这里假定没有涉及资源共享。

(二)路由算法描述

基于多链路失效的可靠度约束 RWA 算法的基本思想是构造一个辅助图，然后在这个辅助图中计算一条满足光路连接请求可靠度要求的路由。主要步骤如下：

步骤一：在网络结构拓扑图 G 中去除那些空闲带宽小于光路连接请求带宽的链路(初始化为每一个光路请求带宽为 1 个波长)，得到剩余图G^*，在剩余图G^*中利用最短路径 SP 算法为光路连接请求计算一条工作通路 WP，如果工作通路 WP 存在，转至下一步骤；否则，返回失败并拒绝该连接请求；

步骤二：如果该工作通路 WP 的可靠度比连接请求的可靠度要求大，也就是$r_{PW}\geqslant r$，则返回工作通路 WP，这条路径就可以作为单链路无保护业务的工作路由，也可以作为双路径 1+1 保护业务的工作路由；若该路径不存在则转至下一步骤；

步骤三：在剩余图G^*中令各条链路的代价为$c_l=-\lg(r_l)$，即表示为该链路可靠度的对数的相反数。然后在G^*中重新计算一条最短路径WP^*，如果路径WP^*的代价比$-\lg(r)$小，则返回WP^*，并暂时将WP^*作为工作通路并转至步骤四；

步骤四：定义$\{WP_i\}$集合由工作通路WP^*上的所有工作路段构成。令 WG 表示一个辅助图，然后将工作通路WP^*上的所有节点添加到辅助图 WG 中，转至步骤五；

步骤五：此时集合$\{WP_i\}$非空，从集合$\{WP_i\}$中任选一个工作路段 $WP_i=\{v_i,\cdots,v_j\}$，然后转至步骤六；

步骤六：在剩余图G^*中利用 SP 算法为工作路段 $WP_i=\{v_i,\cdots,v_j\}$计算一条保护路段BP_i，如果 BPi 存在，转至步骤七；否则，转至步骤十；

步骤七：如果工作路段 $WP_i=\{v_i,\cdots,v_j\}$上只存在一条链路，即节点v_i和v_j是相邻的，转至步骤八；否则，转至步骤九；

步骤八：在辅助图 WG 中新加入一个节点v_{ij}，在 WG 中节点v_i和节点v_{ij}之间增加一条连接(v_i,v_{ij})，定义这条连接的代价是链路(v_i,v_j)代价的δ倍，并令这条连接的可靠度为(v_i,v_j)的可靠度；在辅助图 WG 中的节点v_j与节点v_{ij}之间也增加一条连接(v_{ij},v_j)，定义这条连接的代价为 0，可靠度为 1，与此同时，在辅助图 WG 中的节点v_i与节点v_j之间加一条和工作路径同向的连接，令这条连接的代价为保护路段 BPi 的代价，可靠度是由工作路段 WP 和保护路段 BP 共同组成的恢复域AS_i的可靠度r_{AS_i}，然后转至步骤五；

步骤九：在辅助图 WG 中的节点v_i与节点v_j之间增加一条连接，令这条连接的代价为保护路段 BP 的代价，由工作路段 WP 和保护路段 BP 共同组成的恢复域的可靠度r_{AS_i}作为这条连接的可靠度，然后转至步骤五；

步骤十：在辅助图 WG 中的节点v_i与节点v_j之间加一条跟工作路径同向的连接，定义其代价为 0，该连接的可靠度为工作路段 WP 的可靠度r_{WP}，然后转至步骤五；

直到将{WP_i}集合中的所有工作路段按照步骤六、步骤七、步骤八、步骤九和步骤十执行完成之后，转入步骤十一；

步骤十一：使辅助图 WG 中的参数 δ 从 1 开始逐渐增大(增量应该根据实际问题进行确定，本节设定 δ 每次增加 1)，直到 δ 的值达到工作路段对应保护路段含有的最大链路数值。每增加一次后都要在辅助图 WG 中计算一条最短路径WP^*，若某一次计算得到的最短路径WP^*的可靠度大于光路连接请求的可靠度要求 r，则停止增加并将最短路径WP^*对应的保护路段以及工作路径返回。

以图 4-76 所示为例，由于工作路径 WP 的可靠度 0.656 1，小于光路连接请求可靠度要求 0.8，无法满足其可靠性要求，因此有必要计算一些保护路段来对工作路径进行保护。基于多链路失效的可靠度约束 RWA 算法首先构造一个如图 4-77 所示的辅助图。在辅助图 WG 构造图的基础上，通过不断增加参数 δ 的值来计算最短路径WP^*，当 δ 的值增加为 2 时，就找到了一条满足业务可靠度要求的最短路径，如图中虚线所示。通过计算，可以得到该请求的最短路由可靠度为 0.849 7，大于光路连接请求的可靠度要求 0.8，因此，该光路连接请求就可以被接收。其中设定，每条链路的代价$c_l=-\lg(0.9)$。

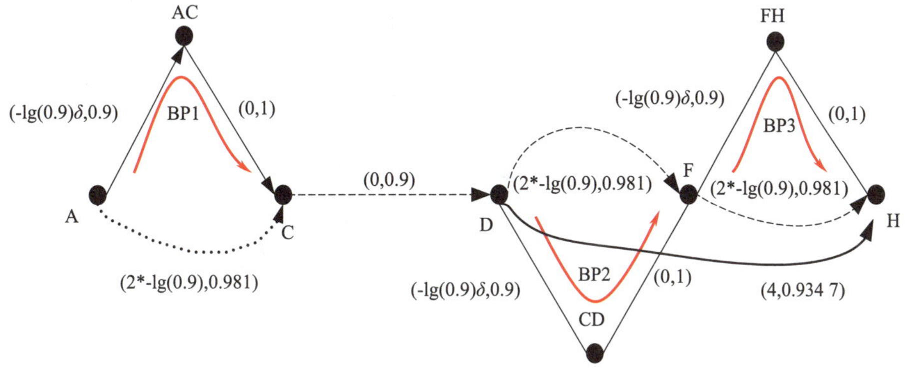

图 4-77　使用基于多链路失效的业务可靠度约束 RWA 构造的辅助图

(三)波长分配策略

为了简化分配算法，基于多链路失效的业务可靠度约束 RWA 的波长分配算法采用与单链路相同的 ILP 专用通路保护模型。优化目标是在满足全网光路请求波长需求的同时使所占用的波长数目达到最小。

在全网业务连接请求强度一定的情况下，不同的分组策略会得到不同的全网的阻塞性能，因此提出参数(Blocking Performance，BP)，作为衡量全网阻塞性能的指标。在最大可用波长数及各业务请求强度一定的情况下，BP 值越小，表明全网的阻塞性能越好，也就是说使得 BP 值达到最小的波长分配策略为最佳策略。

(四)仿真结果与分析

为了验证以上 RWA 算法的性能，本节将 RWA 与部分保护(PPS)进行了仿真分析。仿真用的网络拓扑图是以上的图 4-70 和图 4-73。假定两种网络拓扑中各条链路的代价为该链路的实际距离长度，所有链路的可靠度服从(0.9-1.0)的随机均匀分布，网络中每条链路都包含两条双向传输的光纤，每条光纤的带宽为 40 个波长并且各个连接请求的带宽都是一个波长，为提高准确率，以下仿真结果均为模拟 1 000 000 个光路连接请求后经统计所得。

图 4-78 比较了两种不同拓扑结构中，网络业务量为 100Erlang 时两种算法的业务阻塞率 BP 随全网业务可靠度变化的情况。从图中可以看到该 RWA 的路由选择算法阻塞概率明显要低于 PPS 算法的阻塞概率，主要原因是 RWA 的路由选择算法不仅仅只是用一个保护路段来保护工作路，而是尽可能寻找代价较低的保护路段的组合来保护工作路来满足连接请求的可靠性要求，从而减少了路由连接请求的使用资源。另外，通过图(a)与图(b)的对比，可以看出图(b)中 RWA 路由选择算法和 PPS 算法的阻塞率均要比图(a)中 RWA 路由选择算法和 PPS 算法的阻塞率低，这是因为在网络业务量相同的情况下，图(b)的网络有更多的节点和传输链路，光路连接请求也存在有更多的路由选择性。

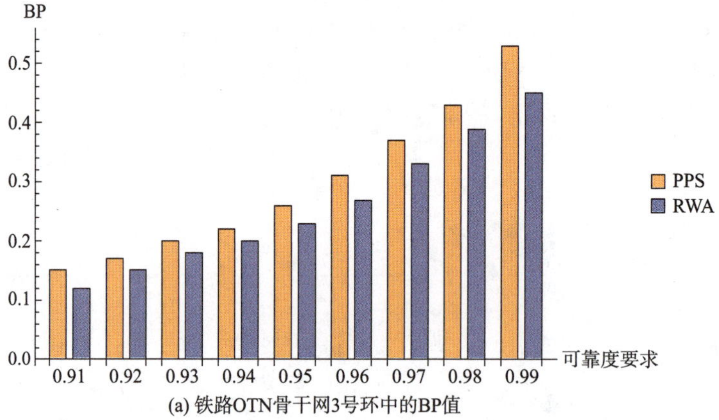

(a) 铁路OTN骨干网3号环中的BP值

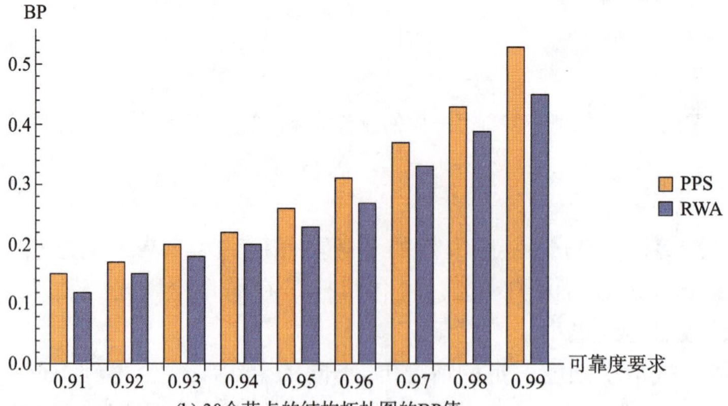

(b) 30个节点的结构拓扑图的BP值

图 4-78　100Erlang 业务量下时两种算法阻塞率 BP 值的比较

图 4-79 比较了在两种不同网络拓扑结构中，当全网光路连接请求的可靠度要求分别是 0.92 和 0.95，业务量从 40 Erlang 增加到 200 Erlang 时两种算法的阻塞率 BP 值的比较。从图中可以看到，两种算法的阻塞率均随着业务量的增加逐渐升高，但是 RWA 路由选择算法的网络阻塞率要明显低于 PPS 算法。例如，在图(a)中，当业务量为 120 Erlang，$R=0.92$ 时，RWA 路由算法的阻塞率为 0.21，比 PPS 算法低 0.05，这表明 RWA 路由算法的全网平均阻塞性能优于 PPS 算法，而在图(b)，相同条件下的 RWA 路由算法的阻塞率为 0.3，说明网络的规模也是影响全网阻塞性能的一个重要因素。

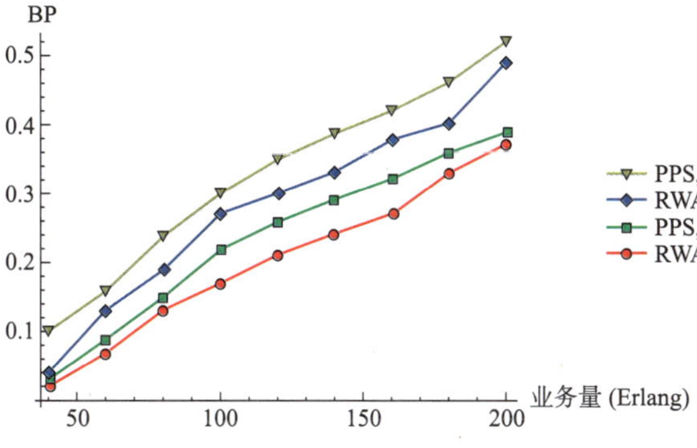

(a) 铁路OTN骨干网3号环中的BP值

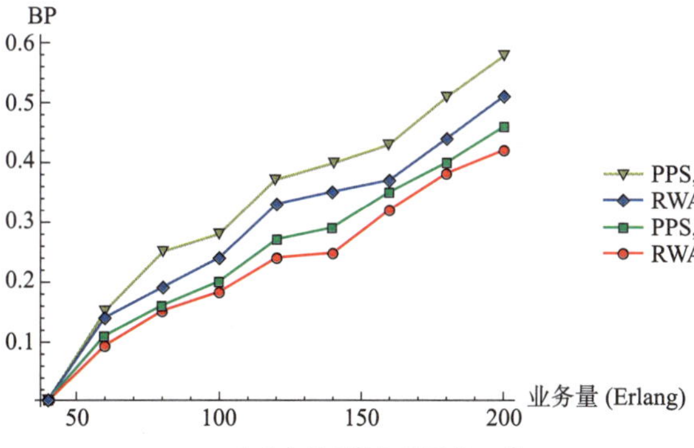

(b) 30个节点的结构拓扑图的BP值

图 4-79 业务量变化时两种算法阻塞率 BP 值的比较

五、小结

在分析了铁路光传送网故障类型、业务特点和现有 RWA 算法的基础上，本节提出了一种基于业务可靠度约束的路由波长(RWA)算法，其中根据链路失效情况的不同又分为基于单链路失效的业务可靠度约束 RWA 算法和基于多链路失效的业务可靠度约束 RWA 算法。基于单链路失效的业务可靠度约束 RWA 算法分析了单条链路失效对全网业务的可靠度影响，并以全网最优可靠度R_m为优化目标进行路由选择，以使全网占用波长数最小为最佳波长分配策略的优化目标。仿真结果表明，相比于 SP 算法，在全网最优可靠度R_m和波长资源占用情况两方面都具有较好的性能。而基于多链路失效的业务可靠度 RWA 算法是以链路失效相互独立为前提，通过利用多个保护路段对工作通路 WP 进行保护的方式来提高连接请求的可靠性，尽可能使用最小的代价来满足网络业务的可靠度要求，并通过建立 ILP 整数线性规划专用通路保护模型来进行波长分配，在满足业务可靠度要求的情况下，提高了波长资源利用率，同时也改善了全网的阻塞性能。

第八节　铁路数据网网络流量趋势分析模型

本节着重对网络业务流量的统计特性做重点分析，通过构建网络模型对未来网络流量数据做趋势分析，为网络带宽分配提供参考依据。这也是实现网络带宽资源管理的关键之处。

网络流量特性是流量建模分析的基础和参考依据。其中，自相关性和长相关性是网络流量中最重要的特性。另外，周期性和多分形性也是网络流量不可缺少的参考特性。在实际网络中，流量的自相似性对时延、分组丢包率等网络性能影响尤为明显。一般对于具有自相似性业务来说，业务流会需要更大的带宽和缓存。当业务流的自相似性增大时，分组丢失率、吞吐量和重传率也会相应增加，响应时间和平均队列长度会迅速增大。当队列长度增加后，狭窄的链路流量过载时，业务突发性增加，需要更大的带宽和缓存。当网络业务量较少的时候，网络链路带宽空闲会造成带宽资源的浪费。持续业务量大的时候会容易导致链路拥塞，甚至可能会导致系统设备瘫痪。目前，一般的动态拥塞控制策略是基于当前流量的统计对网络进行相应控制管理。但是，网络的自相似性会使网络出现连续长时间的高突发量，这样普通的拥塞控制策略很难适应流量的突发变化。因此，对未来网络流量的趋势预测变得尤为重要。

(1)自相似性和长相关性

自相似是指一个连续的随机过程 $X(t)=\{X(t),t\in T\}$ 在不同时间统计尺度上的统计特性不变，也就是满足下式：

$$X(t)=\alpha^{-H}X(\alpha t),\ \forall\alpha>0,0\leqslant H\leqslant 1 \tag{4-55}$$

其中，H 称为 Hurst 参数，是表示网络突发性的重要参数。一般，Hurst 值越大，说明随机过程的自相似程度越高，突发性也越高。

长相关性反映了自相似过程的持续现象特征，在大时间尺度下，描述的自相关函数反映了网络流量的突发性和相关性。长相关描述了自相关函数在大延迟下的行为特征。长相关的随机过程自相关函数随时间的增加呈双曲线衰减(幂率衰减)，其自相关函数是不可和的。虽然高滞后的相关是个特别小的量，但累计的结果却是十分重要的。

(2)多分形性

多分形性指的是在网络流量中存在着多维统计特性，也就是说在不同时间尺度下，流量统计特性具有差异性。所以，仅仅通过单一维度或者单一时间尺度进行统计分析无法描述流量的全部特性。通过国外人员潜心研究，网络流量在大时间尺度上表现为长相关性；在小的时间尺度下，流量变化规律比较复杂，突发性较为显著。

(3)周期性

周期性是指网络流量会随着时间变化呈现一种季节性规律。其实这种情况是很好理解的，比如在周末，办公区域网络流量显然会骤减，相反居民区网络流量会有上涨的趋势。因此在流量统计建模和趋势分析的过程中，周期性的上下波动特性以及突发性的爆发特性是需要考虑的。

由于现代网络业务的分形或自相似特性，即网络数据在绝大部分时间尺度范围内具有统计相似性（高度相关）和重尾特性（高变化或突发），传统的网络业务模型（如 Markov、Poisson 或 Gaussian 等）虽然具有完善的数据理论，但是由于它们只具有短相关特性，已经无法适应当下的网络的特性。目前，针对网络流量预测的算法有很多，主要包括基于自回归(AR)或自回归滑动平均(ARMA)、自回归综合滑动平均(ARIMA)或分型自回归综合滑动平均(FARIMA)、神经网络(NN)等预测模型、ON/OFF 源模型、分形布朗运动模型(FBM)等。

根据流量模型不同的数学表达式以及参数特性，各模型应用研究领域也不同。ON/OFF 模型表示的参数具有物理意义，表达式也比较简单，但是它的假设要求比较苛刻，在网络设计中判断参数及控制策略合理性方面应用较好。分形布朗运动模型虽然比较简洁，但是不能够同时表示短相关和长相关特性。AR 和 ARMA 的预测模型算法简单，研究成果较多，短期预测效果精确度较高，但同样不能体现网络流量的长相关性，对于长期趋势预测数据误差大。ARIMA 和 FARIMA 预测模型是由 ARMA 模型改进而来的，可以同时捕获网络流量的长相关和短相关特征，虽然复杂度和运算量相比 ARMA 较大，但由于其长相关特性，应用在长期预测模型中精度较高。FARIMA 模型适合作为自相似网络流量的建模工具，能同时描述短相关和长相关特性。如何利用网络模型进行趋势预测对改善网络管理，提高网络性能具有重要的意义。在本节中，需要对铁路业务流量做长期趋势分析，以帮助铁路运营部门进行网络优化、网络升级以及适应未来 SDN 网络的动态分配机制。在此，本节选用 FARIMA 模型对铁路数据网业务流量做趋势分析，预测结果可以用于网络的带宽分配、缓冲区分配、流量控制及拥塞控制等，对于网络规划、管理和分析都有重要意义。

一、FARIMA 模型原理

分形自回归综合滑动平均(Fractional Autoregressive Integrated Moving Average，F-ARIMA)是一个自相似模型，能够同时捕获流量数据的长相关特性(LRD)和短相关特性(SRD)。对于一个时间序列$\{Z(n),n\in Z^+\}$，它的 FARIMA(p,d,q)的模型如下：

$$\phi(B)\nabla^d Z(n)=\theta(B)e(n) \tag{4-56}$$

上式中，$e(n)$是一个白噪声序列，即其均值为 0，方差为σ^2。变量 d 为差分因子，其反映了序列的长相关特性。其中 d 可由 $d=H-0.5$ 求得，H 是著名的 Hurst 参数。∇^d是分形差分算子，其中：

$$\nabla^d=(1-B)^d=\sum_{k=0}^{\infty}\binom{d}{k}(-1)^k B^k \tag{4-57}$$

上式中，

$$\binom{d}{k}=\frac{d!}{k!\ (d-k)!}=\frac{\Gamma(d+1)}{\Gamma(k+1)\Gamma(d-k+1)} \tag{4-58}$$

式中的 B 为延迟算子，也即 $B^n Z(t)=Z(n-t)$。$\phi(B)$ 和 $\theta(B)$ 为稳定的多项式，表示如下：

$$\phi(B)=1-\phi_1 B-\phi_2 B^2-\cdots-\phi_p B^p \tag{4-59}$$

$$\theta(B)=1-\theta_1 B-\theta_2 B^2-\cdots-\theta_q B^q \tag{4-60}$$

其中，$\phi(B)$ 自回归项(AR)，$\theta(B)$ 为滑动平均项(MA)，p 为自动回归阶数，q 为滑动平均的阶数。

进一步，对比 ARMA(p,q)模型的表达式 $\phi(B)Z(n)=\theta(B)e(n)$，可以发现 FARIMA 和 ARMA 模型的差别主要在于分形差分算子∇^d上。设一个序列 $Y(n)$，其中 $y(n)=\nabla^d z(n)$。那么，可以发现 $Y(n)$是 FARIMA(p,d,q)的 ARMA(p,q)成分，也就是说，可以把 $Y(n)$ 当成是一个保留了短相关特性的新过程，也即其符合 $\phi(B)Y(n)=\theta(B)e(n)$模型定义。对于这个新的过程，可以通过 ARMA($p$,$q$)模型对其进行参数定阶，进而也就能得出 FARIMA 过程中的 $\phi(B)$ 和 $\theta(B)$。

从上述推导可以看出 FARIMA 模型预测主要分为模型建立和预测算法两部分。而关键之处就是对 FARIMA 模型的 d、p、q 等参数进行估计。根据以上算法分析可以得出，FARIMA(p,d,q)模型过程可以看成是由分数差分噪声 FARIMA(0,d,0)激励的 ARMA(p,q)过程。因此，可以将 FARIMA 过程分为两个部分，分别为差分过程和 ARMA 过程。FARIMA 模型参数的估计就分为差分因子 d 的估计和 ARMA(p,q)模型过程的 p、q 定阶及参数估计。从整体上来看，整个流量趋势预测过程如图 4-80 所示。

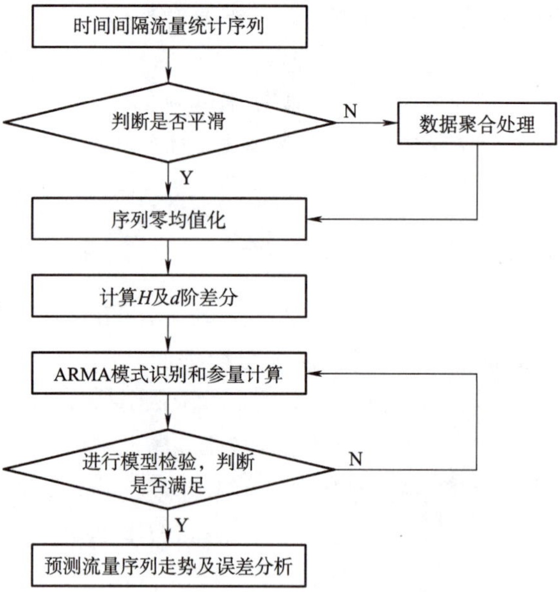

图 4-80　FARIMA 模型预测流程

根据图 4-80 所示，首先收集 t 时间间隔的流量统计序列，判断其是否平滑，只有满足平稳非白噪声序列才可以应用上述模型。判断主要采用平稳性检验和纯随机性检验，如果不满足条件则进行聚合处理。其次，将上述平滑的序列做零均值化处理，得到一个均值为 0 的时间序列。然后，进行 Hurst 系数的估算以及 d 阶分数差分，将其转化为一个 ARMA 过程。接着，对 AMAR 模型进行模式识别及参量计算，并进行模型检验判断是否满足条件。最后，进行流量模型预测，得到预测结果。本节将更为细化的探讨如何转化为适应 ARMA 模型的过程。

（一）数据聚合处理

如果采集的数据量不满足平滑性要求，需要对该组序列数据进行聚合操作。聚合处理的方法是对一个平稳时间序列 $\{Z(n), n\in Z^+\}$，做如下算法：

$$Z^m(k) = \sum_{t=(k-1)m+1}^{km} Z(t) \tag{4-61}$$

其中，m 是聚合长度。通过聚合得到一个由 m 个序列数据之和构成的新序列。聚合后的序列更有利于分析研究和预测。

（二）序列零均值化

为了适应模型过程，对序列进行零均值化处理，也即归一化整合。零均值化过程其实比较简单。对长度为 N 的原序列进行求和后除以 N 得到一个均值，新的序列就等于原序列与均值作差即可。

（三）Hurst 系数估计及分数差分

对于 FARIMA 模型转换的关键之处就在于 d 阶差分，它能够让复杂的 FARIMA 模型转换成相对简单的 ARMA 模型。在上面已经介绍了 $d=H-0.5$，所以差分因子 d 的估算等价于 Hurst 系数的估算。一般当 $H<0.5$ 时，数据不具有 LRD 特性。对于流量数据而言，一般都有 $H>0.5$。计算 H 有多种方法，比如方差聚集法、小波分析法、R/S 法等。

（1）方差聚集法

对一个长度为 N 的序列 $Z(n)$，将其分成长度为 m 块，每一块的序列均值大小为：

$$Z_k^{(m)} = \frac{1}{m}\sum_{t=(k-1)m+1}^{km} Z(t), k = 1,2,\cdots,[N/m] \tag{4-62}$$

其 n 阶中心矩阵为：

$$AM_n^{(m)} = \frac{1}{N/m}\sum_{k=1}^{N/m} \left| Z_k^{(m)} - \overline{Z(n)} \right|^2 \tag{4-63}$$

如果序列 $Z(n)$ 是高斯序列或者方差有限，则对于大的 N/m 和 m，满足：

$$AM_n^{(m)} \propto Cm^{n(H-1)} \tag{4-64}$$

其中，C 为常系数，因此上式在对数坐标图中，可以通过计算直线的斜率 $n(H-1)$，从而得出 Hurst 系数。

（2）小波分析法

设时间数据序列 $Z(n)$ 的 DWT 系数为 $d(j,k)$。如果 $Z(n)$ 是自相似序列，则会存在如下关系：

$$\log_2\left(\frac{1}{N}\sum_{k=1}^{N} \left| d(j,k) \right|^2\right) = (2H-1)j + c \tag{4-65}$$

其中,N 是序列长度,而 j 是 DWT 的间隔尺度,c 是一个有限常数,可以通过计算直线的斜率估算出 Hurst 系数。

(3)R/S 法

对于时间序列 $Z(n)$,设其部分和序列 $Z^{(m)}(n)=\sum_{t=1}^{n}Z(t)$,其样本方差为:

$$S^2(n)=\frac{1}{n}\sum_{t=1}^{n}Z(t)^2-\left(\frac{1}{n}\right)^2 Z^{(m)}(n)^2 \tag{4-66}$$

R/S 法统计量为:

$$\frac{R}{S}(n)=\frac{1}{S(n)}\begin{cases}\max_{0\leqslant t\leqslant n}\left[Z^{(m)}(t)-\dfrac{1}{n}Z^{(m)}(n)\right]\\ -\min_{0\leqslant t\leqslant n}\left[Z^{(m)}(t)-\dfrac{1}{n}Z^{(m)}(n)\right]\end{cases} \tag{4-67}$$

对于具有长相关特性的随机过程,其满足以下特性:

$$E\left[\frac{R}{S}(n)\right]\propto Cn^H \tag{4-68}$$

其中,当 $n\rightarrow\infty$,C 是与 n 无关的常量。寻找一条满足最小均方准则的直线,直线斜率即为 Hurst 系数。

上述几种方法中,聚类方差法计算速度最快,R/S 法的运算速度较慢,Whittle 法的运算复杂度最高,但是其精度比其他都高。综合比较后,本节模型选择 R/S 法来估算 H 参数。

通过 R/S 法计算出 Hurst 值,进而可以得出 d 值。通过对序列 $Z(n)$ 进行分数差分滤波,将具有长相关的流量数据通过 d 阶差分转换成符合 ARMA 模型的短相关过程。对 $Z(n)$ 进行分数差分得到 $Y(n)$ 是关键步骤,下面详细讨论这一过程。根据公式,可以展开为具体的精确计算公式,如下:

$$Y(n)=\nabla^d Z(n)=\sum_{k=0}^{\infty}\begin{pmatrix}d\\k\end{pmatrix}(-B)^k Z(n)=\sum_{j=0}^{\infty}\pi_j Z(n-j) \tag{4-69}$$

其中,

$$\pi_j=(-1)^j\frac{\Gamma(1+d)}{\Gamma(1+j)\Gamma(1+d-j)} \tag{4-70}$$

根据式子的递推关系可以得出以下关系:

$$\pi_0=1,\pi_j=\frac{j-1-d}{j}\pi_{j-1},j=1,2,\cdots,\infty \tag{4-71}$$

对于 $d<0.5$,式(4-71)均方收敛,因此算子∇^d是完备的。

由于 d 的值是通过 R/S 法估算的,可能会存在误差。因此,在得到估计的 d 值后,为了得到准确的 d 值以及成功去除长相关性,可采用搜索法进行分析。分析原理是在(0,0.5)范围内从小到大不断改变 d 的值,对 $Z(n)$ 进行 d 阶分数差分滤波。计算每个差分后序列的归一化自相关函数的平方和,得到最小平方和的 d 作为该序列分数差分参数 d,如图 4-81

所示。接着对 $Z(n)$进行 d 阶分数差分，得到的新的序列 $Y(n)$满足 ARMA 模型结构。接下来重点研究分析 ARMA 模型结构。

二、ARMA 模式识别

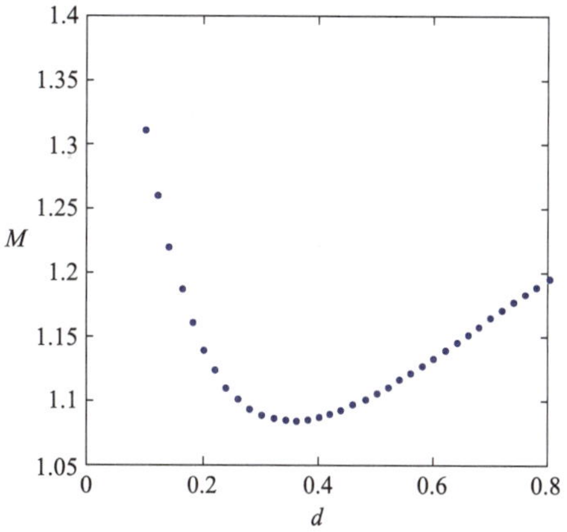

图 4-81 搜索法估计 H 值

ARMA 模型（Auto-Regressive and Moving Average Model）的时间序列预测是非常高效的。它是由自回归模型（AR）与滑动平均模型（MA）为基础“混合”构成。在长期追踪资料方面研究应用比较多，比如用于消费行为模型变迁的 Panel 研究以及具有季节性变动特性的销售量研究等。

（一）ARMA 模型原理

对于一个随机过程 $Y(n)$，一方面，受到外界因素的影响；另一方面，其自身也存在着变动规律。也就是说序列本身存在依赖关系的同时，误差项在不同时期也具有依存关系，因此可以由下式表示：

$$\phi(B)Y(n)=\theta(B)e(n) \tag{4-72}$$

上式中，$e(n)$是一个白噪声序列，即其均值为 0，方差为 σ^2。B 为延迟算子，即 $B^nY(t)=Y(n-t)$。$\phi(B)$和 $\theta(B)$分别为自回归项（AR）、滑动平均项（MA）$\theta(B)$，它们的阶数分别为 p、q。按照模型分析，ARMA 模型主要有如下三种。

（1）自回归模型（AR，Auto-regressive）

当 $q=0$ 是，也即时间序列 $Y(n)$满足：

$$Y(n)=\phi_1Y(n-1)+\phi_2Y(N-2)+\cdots+\phi_pY(n-p)+e(n) \tag{4-73}$$

上述过程时间序列 $Y(n)$服从 p 阶的自回归模型。另外，自回归模型的平稳条件是滞后算子多项式根均在单位圆外，也即 $\phi(B)=0$ 的根大于 1。

（2）移动平均模型（MA，Moving-Average）

当 $p=0$ 时，也即时间序列 $Y(n)$满足：

$$Y(n)=e(n)-\theta_1e(n-1)-\cdots-\theta_qe(n-q) \tag{4-74}$$

此过程时间序列为 $Y(n)$服从 p 阶移动平均模型。另外，移动平均模型任何条件下都平稳。

（3）混合模型（ARMA）

当 p 和 q 都不等于 0 时，时间序列 $Y(n)$满足：

$$Y(n)=\phi_1Y(n-1)+\cdots+\phi_pY(n-p)+e(n)-\theta_1e(n-1)-\cdots-\theta_qe(n-q) \tag{4-75}$$

此过程时间序列为 $Y(n)$服从 (p,q) 阶自回归滑动平均混合模型。

根据 ARAM 原理分析可知，ARMA 模型处理过程主要包括 ARMA 模式识别定阶、未知参数估计以及模型检验等。如图 4-82 所示为 ARMA 模型处理流程。

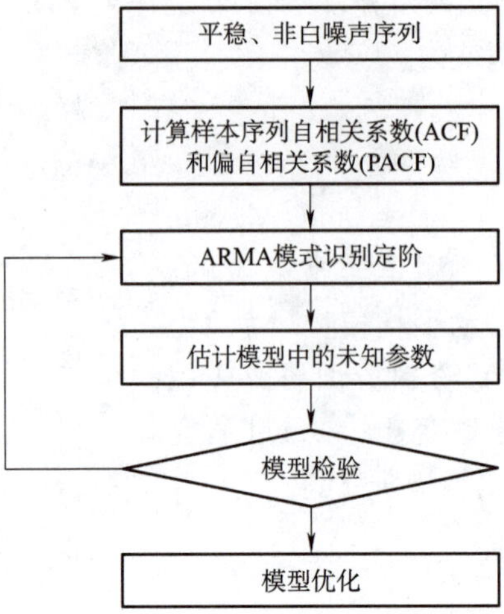

图 4-82　ARMA 模型处理流程

(二)样本自相关系数和偏自相关系数

通过考察平稳序列样本自相关系数和偏自相关系数的性质来选择合适的模型拟合观察值序列,所以模型拟合的第一步是要根据观察值序列的取值求出该序列的样本自相关系数$\{\hat{\rho}_k, 0<k<n\}$和样本偏自相关系数$\{\hat{\varphi}_{kk}, 0<k<n\}$的值。$\hat{\rho}_k$ 计算如式(4-76)所示。

$$\hat{\rho}_k = \frac{\sum_{t=1}^{n-k}(y_t - \bar{x})(y_{t+k} - \bar{x})}{\sum_{t=1}^{n}(y_t - \bar{x})^2}, \forall\, 0 < k < n \tag{4-76}$$

样本的偏自相关系数可以通过自相关系数的值来计算,如式(4-77)所示。

$$\hat{\varphi}_{kk} = \frac{\hat{\boldsymbol{D}}_k}{\hat{\boldsymbol{D}}}, \forall\, 0<k<n \tag{4-77}$$

$$\text{上式中,}\hat{\boldsymbol{D}} = \begin{bmatrix} 1 & \hat{\rho}_1 & \cdots & \hat{\rho}_{k-1} \\ \hat{\rho}_1 & 1 & \cdots & \hat{\rho}_{k-2} \\ \vdots & \vdots & & \vdots \\ \hat{\rho}_{k-1} & \hat{\rho}_{k-2} & \cdots & 1 \end{bmatrix}, \hat{D}_k = \begin{bmatrix} 1 & \hat{\rho}_1 & \cdots & \hat{\rho}_1 \\ \hat{\rho}_1 & 1 & \cdots & \hat{\rho}_2 \\ \vdots & \vdots & & \vdots \\ \hat{\rho}_{k-1} & \hat{\rho}_{k-2} & \cdots & \hat{\rho}_k \end{bmatrix} \tag{4-78}$$

(三)模型识别(计算 p,q)

可以通过样本自相关系数(ACF)和偏自相关系数(PACF)表现出来的性质,选择适当的 ARMA 模型来拟合观察值序列。此过程实际上就是要根据样本 ACF 和 PACF 的性质估计自相关阶数 $\hat{p}$ 和移动平均阶数 $\hat{q}$,因此,模型识别过程也称为模型定阶过程。

根据 ACF 和 PACF 表现出来的性质(主要是拖尾和截尾特点)来选择适当的模型,见表 4-38。截尾性表现为样本相关系数在延迟若干阶之后衰减为小值波动。拖尾性表现为相关系数在延迟若干阶之后正常衰减到零值附近拖尾波动。

表 4-38 ARMA 模型定阶

$\hat{\rho}_k$	$\hat{\varphi}_{kk}$	模型定阶
拖尾	p 阶截尾	AR(p)模型
q 阶截尾	拖尾	MA(q)模型
拖尾	拖尾	ARMA(p,q)

当样本序列 n 无穷大时，其自相关系数近似服从正态分布：$\hat{\rho}_k \sim N(0,\ 1/n)$。样本偏自相关系数也同样近似服从这个正态分布：$\hat{\varphi}_{kk} \sim N(0,\ 1/n)$。根据正态分布的性质可知：

$$Pr\left(-\frac{2}{\sqrt{n}} \leqslant \hat{\rho}^k \leqslant \frac{2}{\sqrt{n}}\right) \geqslant 0.95 \tag{4-79}$$

$$Pr\left(-\frac{2}{\sqrt{n}} \leqslant \hat{\varphi}_{kk} \leqslant \frac{2}{\sqrt{n}}\right) \geqslant 0.95 \tag{4-80}$$

因此，可以利用 2 倍标准差范围$\left(-\frac{2}{\sqrt{n}}, \frac{2}{\sqrt{n}}\right)$辅助判断，如果样本自相关系数或偏自相关系数在前 d 阶明显数在 2 倍的标准差范围之外，而在 d 阶之后的 95%的自相关函数在 2 倍标准差内，并且非零自相关值衰减为小值波动的过程非常突然，这种突然衰减的过程视为相关系数截尾，且截尾阶数为 d。如果有超过 5%的样本自相关系数落入 2 倍标准差范围之外，或者是有显著非零的自相关值衰减为小值波动的过程比较缓慢或者非常连续，这种没有明显的突发衰减过程称为相关函数拖尾。

（四）参数估计

参数估计主要是利用序列观察值及上述选择好的拟合模型确定模型的口径，即估计模型中未知参数的值。对于一些低阶模型计算方式比较简单，比如 AR(2)模型 $y_t = \varphi_1 y_{t-1} + \varphi_2 y_{t-2} + \varepsilon_t$ 中未知参数 φ_1、φ_2 的估计为 $\hat{\varphi}_1 = \frac{1-\hat{\rho}_2}{1-\hat{\rho}_1}\hat{\rho}_1$，$\hat{\varphi}_2 = \frac{\hat{\rho}_2 - \hat{\rho}_1^2}{1-\hat{\rho}_1^2}$。

低阶的 ARMA 模型可以根据公式直接带入求参数估计即可，但当阶数比较大时，参数估计值会非常复杂，这时可以采用极大似然估计或最小二乘估计方法。

1. 极大似然估计

根据前面分析可以知道 $y_t = \varphi_1 y_{t-1} + \cdots + \varphi_p y_{t-p} + \varepsilon_t - \theta_1 \varepsilon_{t-1} - \cdots - \theta_q \varepsilon_{t-q}$，记 $\tilde{y} = (y_1 \cdots y_n)$、$\tilde{\beta} = (\varphi_1 \cdots \varphi_p, \theta_1 \cdots \theta_q)'$。然后求解如下似然方程组：

$$\begin{cases} \dfrac{\partial}{\partial \sigma_\varepsilon^2} l(\tilde{\beta}; \tilde{y}) = \dfrac{n}{2\sigma_\varepsilon^2} - \dfrac{S(\tilde{\beta})}{2\sigma_\varepsilon^4} = 0 \\ \dfrac{\partial}{\partial \tilde{\beta}} l(\tilde{\beta}; \tilde{y}) = \dfrac{1}{2} \dfrac{\partial \ln|\Omega|}{\partial \tilde{\beta}} + \dfrac{1}{\sigma_\varepsilon^2} \dfrac{\partial S(\tilde{\beta})}{2\partial \tilde{\beta}} = 0 \end{cases} \tag{4-81}$$

上式中：

$$l(\tilde{\beta}; \tilde{y}) = -\frac{n}{2}\ln(2\pi) - \frac{n}{2}\ln(\sigma_\varepsilon^2) - \frac{1}{2}\ln|\Omega| - \frac{1}{2\sigma_\varepsilon^2}[\tilde{y}\Omega^{-1}\tilde{y}] \tag{4-82}$$

其中：

$$S(\widetilde{\beta})=\widetilde{y}\boldsymbol{\Omega}^{-1}\widetilde{y} \tag{4-83}$$

$$\boldsymbol{\Omega}=\begin{bmatrix} \sum_{i=0}^{\infty}G_i^2 & \cdots & \sum_{i=0}^{\infty}G_iG_{i+n-1} \\ \vdots & \ddots & \vdots \\ \sum_{i=0}^{\infty}G_iG_{i+n-1} & \cdots & \sum_{i=0}^{\infty}G_i^2 \end{bmatrix} \tag{4-84}$$

由于 $S(\widetilde{\beta})$ 和 $\ln|\boldsymbol{\Omega}|$ 都不是 $\widetilde{\beta}$ 的显式表达式,因而上述似然方程组实际上是由 $(p+q+1)$ 个超越方程构成,可以经过迭代算法求出未知参数的极大似然估计值。

2. 最小二乘估计

通过最小化误差的平方和寻找数据的最佳函数匹配。利用最小二乘法可以简便地求得未知的数据,并使得求得的数据与实际数据之间误差的平方和为最小。设 $F_t(\widetilde{\beta})=\varphi_1x_{t-1}+\cdots+\varphi_px_{t-p}-\theta_1\varepsilon_{t-1}-\cdots-\theta_q\varepsilon_{t-q}$,其中 $\widetilde{\beta}=(\varphi_1\cdots\varphi_p,\theta_1\cdots\theta_q)'$。通过公式(4-85)求得残差平方和。

$$Q(\widetilde{\beta})=\sum_{t=1}^{n}(x_t-F_t(\widetilde{\beta}))^2 \tag{4-85}$$

求得的残差平方和最小的那组参数即为 $\widetilde{\beta}$ 的最小二乘估计值。与极大似然估计一样,由于 $Q(\widetilde{\beta})$ 不是 $\widetilde{\beta}$ 的显性函数,未知参数的最小二乘估计值通常也需要借助迭代法求出。

(五)模型检验

模型的检验主要是检验模型的有效性。通常如果一个模型能够提取观察值中几乎所有的样本信息证明模型效果比较好。也就是说,拟合残差项(真实值与拟合值的差)应该为白噪声序列,不包含任何观察序列的相关信息。这样,可以通过检验残差序列是否为白噪声序列来说明所建模型是否通过检验。本节利用 LB 统计量来检验残差,如式(4-86):

$$LB=n(n+2)\sum_{k=1}^{m}\left(\frac{\hat{\rho}_k^2}{n-k}\right)\sim\chi^2(m) \tag{4-86}$$

式中 n 为序列观测期数,m 为指定延迟期数,$\hat{\rho}_k$ 为自相关系数(当前 x 与 k 期前 x 的相关系数),而且 LB 服从卡方分布。一般只要计算出来延迟 6 期和延迟 12 期的 LB 及所对应的 P 值就可以判断序列的随机性。判断随机性一般以 0.05 为标准,只要大于 0.05 即可断定残差序列是纯随机序列,进而说明该拟合模型通过了检验。P 值计算可以通过对 k 自由度的 $\chi^2(k)$ 函数的密度函数 f(x)进行积分,然后代入之前计算的 LB 值即可,公式如下:

$$p=1-\int_0^{LB}f(x)\mathrm{d}x \tag{4-87}$$

其中
$$f(x)=\begin{cases}\dfrac{1}{2^{\frac{k}{2}}\Gamma\left(\dfrac{k}{2}\right)}x^{\frac{k}{2}-1}\mathrm{e}^{-\frac{x}{2}}, & x>0\\ 0, & \text{其他}\end{cases} \tag{4-88}$$

此外,还可以通过残差项序列的自相关图和偏自相关图来检验残差项是否为白噪声。如果残差序列的自相关函数值和偏自相关函数值都处于 95% 置信区间内,则可以说明残差序列为纯随机序列，也就证明残差项已经包含观察序列的相关信息。

（六）模型优化

对于给定的观察值序列，能够建立多个拟合模型，模型优化就是从所有通过检验的拟合模型中选择最优模型。

本节利用 *AIC* 准则（最小信息量准则）来选择最优模型。*AIC* 准则的思想认为模型的好坏除了考察衡量拟合程度的似然函数值，还得考虑模型中未知参数的个数，即 p+q 的长度。一个好的拟合模型应该综合拟合精度和未知参数个数的最优方案，使得 *AIC* 最小的 *ARMA* 模型为最优模型，*AIC* 计算如式(4-35)所示：

$$\mathrm{AIC}=n\,ln(\hat{\sigma}_{\varepsilon}^{2})+2(p+q+2) \tag{4-89}$$

其中
$$\hat{\sigma}_{\varepsilon}^{2}=\mathrm{Var}(\varepsilon_t)=\frac{\sum_{i=1}^{n}(\varepsilon_i-\bar{\varepsilon})^2}{n} \tag{4-90}$$

三、仿真验证 FARIMA 模型的长相关性

由前面分析可以得知网络流量的自相似性，主要表现为序列长度的长相关性。为了进一步验证该模型应用的可行性，通过仿真验证 *FARIMA* 模型的长相关性。

利用 *FARIMA*(p,d,q)模型时，在获取了参数 d 的有效估计后，可以通过分形反滤波来削弱数据中的长相关结构，以达到增强短相关结构的目的。这是因为对序列数据进行分数差分后所得到的过程是一个 *ARMA* 过程。

（一）产生 FARIMA(p,d,q)序列

本节采用直接定义法产生 *FARIMA* 模型序列。先用直接定义方法生成 *FARIMA*(0,d,0)序列，然后取适当的 p、q(p=q=1)以及相应的(p+q)个参数生成 *FARIMA*(p,d,q)过程。d 的取值分别为 0.1，0.2，0.3，0.4，0.45。对每个 d 值，在保持 p 和 q 及其参数不变的情况下，分别产生 N 个 *FARIMA*(p,d,q)样本点，然后使用 R/S 法分别估计其 *Hurst* 参数，根据 d=H−0.5 得到 d。其中，产生分数差分噪声 *FARIMA*(0,d,0)序列是关键之处。本节采用 *Matlab* 进行分数差分噪声的产生仿真。

(1)产生分数差分噪声

对于给定的参数 d，分数差分噪声 Y_t 可通过式(4-91)得到一个有限的时间序列。

$$Y_t=\sum_{j=1}^{t}\pi_j Y_t+e(t) \tag{4-91}$$

其中，e(t)是均值为 0，方差为 σ^2 的白噪声。π_j 有如下关系：

$$\pi_0=1,\pi_1=d,\pi_j=\frac{j-1-d}{j}\pi_{j-1},k=2,3\cdots \tag{4-92}$$

(2)差分噪声转换成 *FARIMA* 序列

按照常用的 *ARMA* 过程产生方法来生成 *FARIMA*(p,d,q)过程 Z_t，不过此处需要把白噪声换成了 Y_t。也就是说，通过取适当的 p、q 以及相应的参数就可以由 $\phi(B)Z_t=\theta(B)Y_t$ 产生 Y_t。

在本节中,先拟定 d=0.5、p=q=1。虽然取得的样本点越多,估计的 H 参数越精确,但由于用 *Matlab* 仿真程序运行 2 000 点及以上的样本点数会造成运行时间太长,所以综合考虑,采取样本点为 1 000 点。*FARIMA* 序列产生过程如图 4-83 所示。

图 4-83　*FARIMA* 序列生成过程

根据上述的设计思想,可以得到 1 000 点符合 *FARIMA*(1,d,1)模型的随机序列,其随机序列的波形如图 4-84 所示。

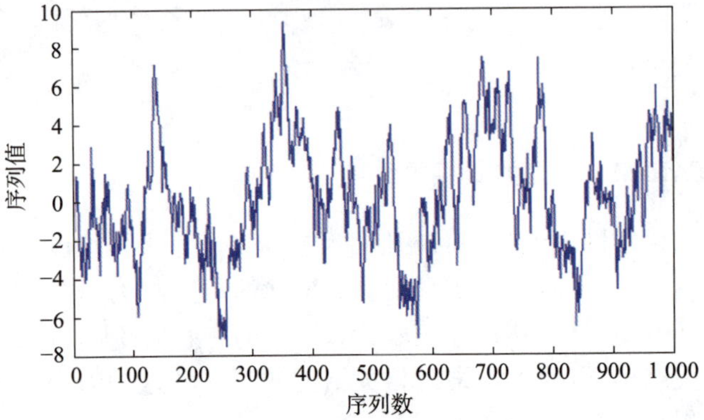

图 4-84　*FARIMA* 过程 1 000 点序列

而没经过 *FARIMA* 模型处理的 1 000 点随机序列(即服从正态分布的随机序列)的波形如图 4-85 所示。

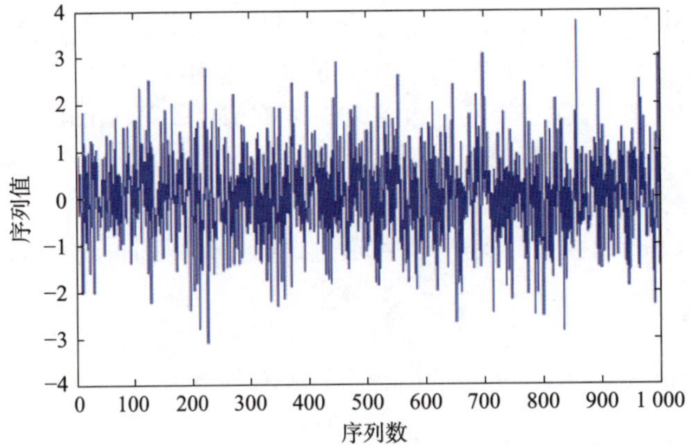

图 4-85　未经处理的 1 000 点序列

对比图 4-84 和图 4-85 可知,服从正态分布的随机序列的波形较平稳,也就是说,其网络业务的突发性较低,这种预测波形并不符合现代网络业务的特性。而图 4-84 是用 *FARIMA* 模型产生的 1 000 个样本点序列,从图中可以看到产生的样本存在较明显的突发。表现的随机序列非常符合现代网络业务的自相似特性，并且也表现出了网络突发特性，也就是现代网络术语常说的重尾特性。

（二）验证 Hurst 参数

通过检验 H 参数是否满足(0.5,1)范围内，验证 *FARIMA* 模型的自相似性特点。利用 *FARIMA* 模型产生的随机序列需要进行零均值处理，所以对上述 *FARIMA* 序列进行零均值化处理，按照相应方法可以得到零均值处理后的 1 000 点基于 *FARIMA* 模型的随机序列，波形如图 4-86 所示。

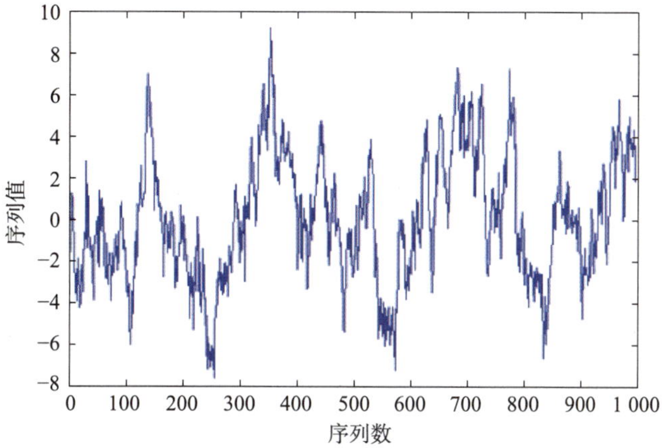

图 4-86　零均值化 *FARIMA* 序列

接着，采用上述介绍的 R/S 法对零均值化后的序列进行 H 参数估计。首先求此 1 000 点随机序列的均值及方差，并求出均值方差比值。仿真得出序列的均值及方差的波形分别如图 4-87 和图 4-88 所示。然后利用最小二乘法拟合出 H 参数，得出的曲线图的斜率就是 H 参数的值，通过仿真得到最小二乘法估计的样本 H 参数，如图 4-89 所示。

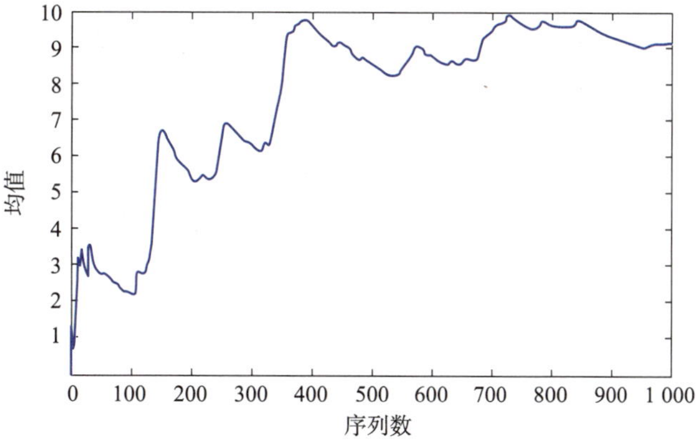

图 4-87　1 000 点 *FARIMA* 序列的均值波形

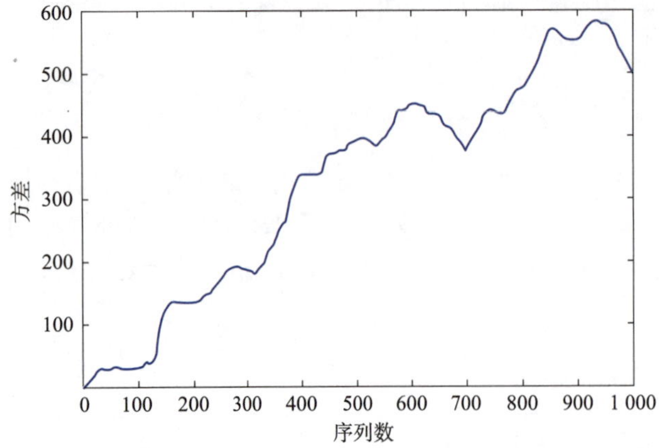

图 4-88　1 000 点 *FARIMA* 序列方差

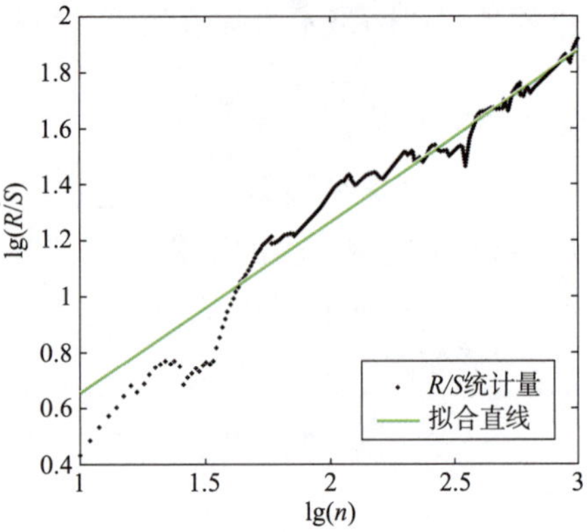

图 4-89　R/S 方法估计 *Hurst*

从图 4-87 和图 4-88 的波形可以看出，基于 *FARIMA*(1,d,1)模型的随机序列的突发性非常明显，从此角度上看，也可证明网络业务的突发特性，对验证网络的自相似特性提供有力的依据。

从图 4-89 可以看出所求的 *Hurst* 参数为 0.592 0，处于(0.5,1)之间，符合网络业务的自相似特性。由于所取的点数较少，产生的又是一组随机数，所以估计出的差分阶数 d 并不等于 0.1，而是有一定的误差，为 0.092 0。

接着，再令 d 依次为 0.2、0.3、0.4、0.45，按照上述的方法验证 *Hurst* 参数值是否处于(0.5,1)区间。由 R/S 算法求出 H 参数的曲线图拟合直线图依次如图 4-90 中(*a*)、(*b*)、(*c*)、(*d*)所示。

对比分析各分数阶差分前后的 H 参数值，见表 4-39。从表中可以看出，使用上述方法产生的业务流，其估计的 d 值非常接近于设定的 d 值，这就验证了上述方法产生 *FARIMA* 过程的可行性。根据公式 $H=d+0.5$ 得到的 H 值在(1/2,1)范围内。因此，仿真结果说明 *FARIMA* 可以用来描述自相似业务流。另外，*FARIMA*(p,0,q)等价于 *ARMA*(p,q)过程。所以，综合起来看，*FARIMA*(p,d,q)既可以描述长相关又可以描述短相关业务流。

表 4-39　各分数阶 Hurst 参数对比

1 000 个样本点的 FARIMA(1,*d*,1)		
d 的预期值	$\hat{H}$	$\hat{d}$
0.1	0.592 0	0.092 0
0.2	0.718 4	0.218 4
0.3	0.820 3	0.320 3
0.4	0.877 3	0.377 3
0.45	0.924 6	0.424 6

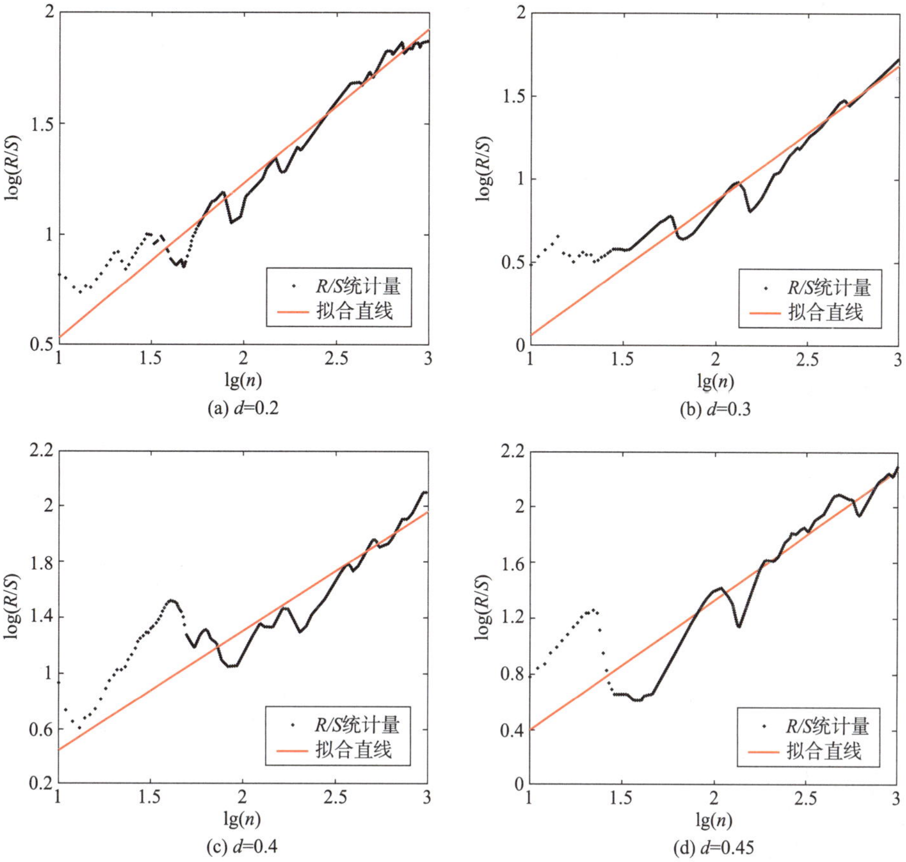

图 4-90 不同分数阶 R/S 统计

四、铁路数据网流量趋势预测仿真分析

在前面已经通过理论分析介绍了 FARIMA(p,d,q)模型作为网络流量测量工具的可行性，并且通过仿真验证了模型的长相关特性。现在用 FARIMA 模型对真实的铁路数据网流量进行拟合和预测。

准确高效的预测能够帮助铁路运营部门合理分配网络带宽，及时进行网络扩容，优化网络性能。利用 FARIMA 模型预测流量数据，能够帮助铁路网络运营部门提前高效地分配带宽，节约带宽资源。在业务数据突发时，能够提前分配充足的带宽，预防因网络阻塞而造成的铁路业务数据丢失，造成重大损失。本节针对铁路实地数据进行 FARIMA 模型建模预测流量趋势，分析计算估计的误差。通过比较预测值和真实值的自相关函数的均方差来验证模型估计的预测值精度。

（一）数据采集及处理

在第二章中对铁路数据网承载的业务特点作了详细分析，但是由于铁路传输网络正在进行全面改造中，因此具体链路业务数据流量存在着由于改造所带来业务倒换的突发性，显然这样数据不具有代表性。在此,选取某条业务承载无巨大变动的核心节点路由器间链路作为分析根源。统计了该条链路 250 天的流量数据,数据间隔时间为一天,把前 200 天的数据作为建模基础数据,后 50 天作为观察拟合数据。两百天的链路出口流量数据统计如图 4-91 所示。

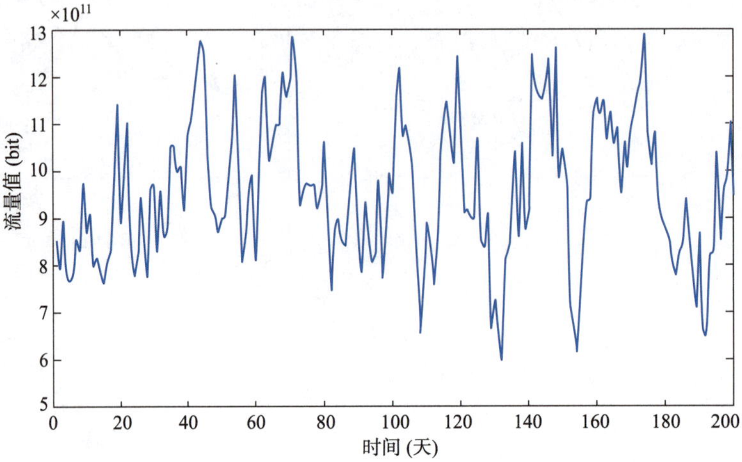

图 4-91　两百天链路出口流量

观察图 4-91 发现流量数据存在着连续突发性特点,即具有长相关性。考虑到铁路数据网承载特性以及周期性,对基础数据做一次季节差分,差分周期为 7。接下来观察数据样本值是否平滑,如果不平滑则进行平稳化处理。经过观察分析得知数据序列满足平滑条件。为了适应模型过程,还必须要对序列进行零均值化,使序列转化成均值为 0、方差为σ^2的随机序列。经过零均值化处理后的数据统计如图 4-92 所示。

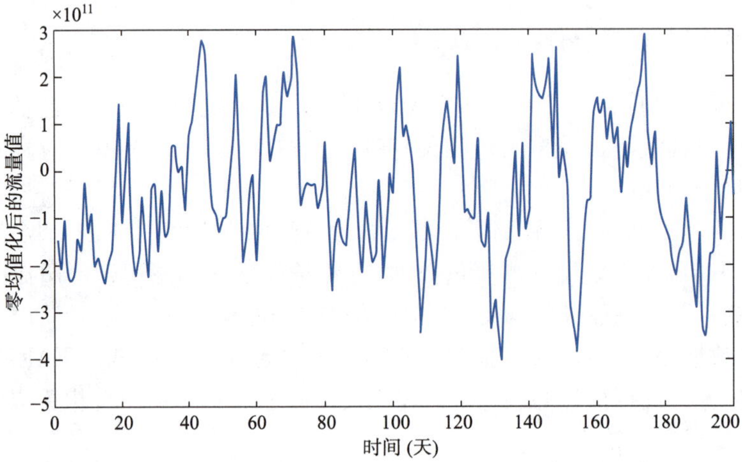

图 4-92　零均值化后的流量数据

（二）Hurst 定参及 d 阶差分处理

Hurst 参数可以通过 R/S 估算法求得。在此，通过 MATLAB 编程得到 RS 统计量的对数图，根据图 4-93 中(a)图的斜率求得 Hurst 参数为 0.687。根据 $d=H-0.5$，能得到分数差分阶数 d 为 0.187。然后，在 MATLAB 平台上进行分数差分，差分后得出的数据波形如图 4-94 所示。最后再次检验差分后是否成功去除长相关性。利用 RS 法计算，得到图 4-93 中(b)图，计算得出差分后的 Hurst 参数为 0.515，基本去除流量数据的长相关性。

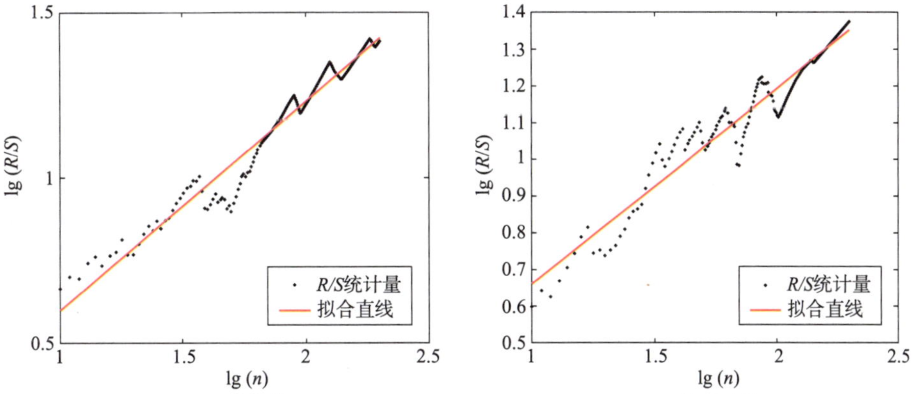

(a) 差分前 (b) 差分后

图 4-93 序列差分前后 Hurst 值

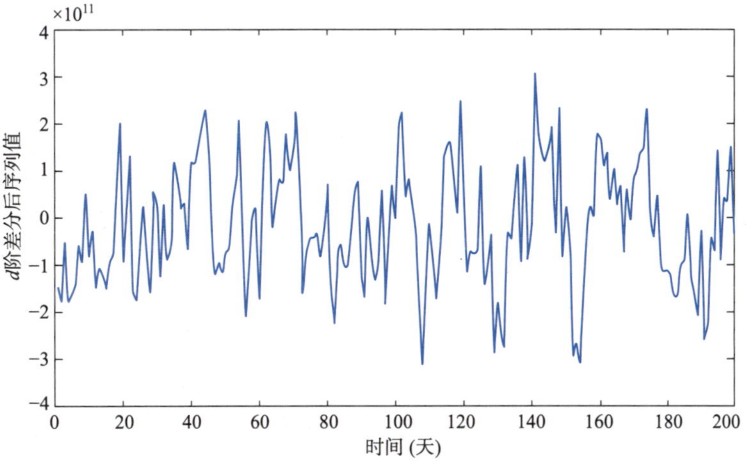

图 4-94 d 阶差分后的数据波形

（三）ARMA 过程的 p、q 定阶和参数估计

根据分析，可以采用自相关函数图和偏自相关函数图来确定 p 和 q 的阶数。计算得该时间序列的自相关 ACF 函数和偏自相关 PACF 函数如图 4-95 和图 4-96 所示。其中，图中横轴为延迟阶数，选择 24 阶延迟。纵轴表示 ACF 和 PACF 的函数值。另外，图中两条横线表示 95%的置信区间。

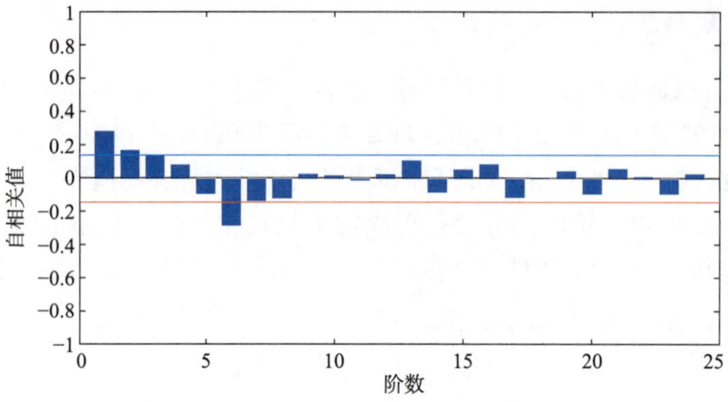

图 4-95　24 阶 ACF 函数

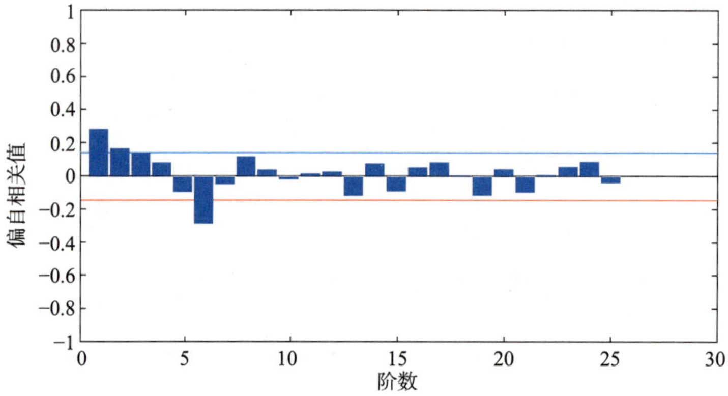

图 4-96　24 阶 PACF 函数

由图 4-95 和图 4-96 可以看出,流量时间序列的自相关函数图和偏自相关函数总体上呈现拖尾状态。这两个图在水平方向上较为平稳,在垂直方向上波动幅度基本稳定。另外,ACF 图和 PACF 图的各阶数值与 0 没有显著差异,并且呈现拖尾或截尾特性。因此,判定该流量序列为平稳序列。根据 ARAM 模型建模要求(序列必须为平稳随机序列),该序列可以作为 ARMA(p,q)模型。所以,经过 d 阶分数差分后的 FARIMA(p,d,q)模型可以转化为 ARMA(p,q)模型进行求解。

接下来,估计 p,q 阶数。从图中可以看出,ACF 值在前 5 阶开始慢慢减小,在 4 阶和 5 阶处进入置信区间,但是在 6 阶处又有一个反弹,超出了置信区间,之后所有值都处于置信区间内,并且呈现整体拖尾现象。因此,q 的值可以取 6。从 ACF 图可以看出,在 4 阶的时候已经进入置信区间,而 6 阶的反弹也不是特别明显,所以也可以考虑 q 为 3。从图中可以看出,PACF 函数在前 5 阶呈现下降趋势,并且在 3、4、5 阶进入置信区间,在 6 又出现了明显的不为 0 的反弹,随后的函数值又落入置信区间,并且出现拖尾趋势。所以,在此处取 p 为 6。根据最小二乘法计算每一阶参数估计值,采用 SPSS 软件进行仿真得到 ARM(6,6)和 ARMA(3,6)的参数分别见表 4-40 和表 4-41。

表 4-40 ARMA(6,6)模型参数表

ARMA(6,6)	滞后阶数	估计参数	标准差	显著性检验值
AR	1	0.738	0.126	5.954
	2	−0.086	0.165	−0.515
	3	0.193	0.143	0.976
	4	−0.032	0.152	−0.203
	5	0.102	0.155	0.694
	6	0.154	0.149	0.998
MA	1	−0.398	0.523	−0.586
	2	0.156	0.432	0.153
	3	0.09	0.421	0.142
	4	−0.047	0.400	0.106
	5	−0.189	0.386	0.231
	6	−0.312	0.321	1.396

表 4-41 ARAM(3,6)模型参数表

ARMA(3,6)	滞后阶数	估计参数	标准差	显著性检验值
AR	1	0.653	0.136	4.869
	2	−0.183	0.146	−0.675
	3	0.176	0.131	1.231
MA	1	−0.398	0.232	4.235
	2	0.156	0.268	0.136
	3	0.09	0.438	0.138
	4	−0.047	0.398	0.234
	5	−0.189	0.402	0.168
	6	−0.312	0.536	0.987

表 4-40 和表 4-41 中的估计参数分别为 ϕ_1、ϕ_2、ϕ_3、ϕ_4、ϕ_5、ϕ_6，θ_1、θ_2、θ_3、θ_4、θ_5、θ_6 和 ϕ_1、ϕ_2、ϕ_3，θ_1、θ_2、θ_3、θ_4、θ_5、θ_6。另外，表中的显著性检验值越大，证明该参数自变量影响因变量的作用越大。对比两个表中的显著检验值，发现 ARMA(3,6)效果更明显。

为了得到更加直观的模型对比，分别对上述两个模型做拟合分析。可以通过 $\phi(B)y(t)=\theta(B)e(t)$算出序列估计值，对比 ARMA(3,6)和 ARMA(6,6)的拟合曲线，如图 4-97 所示。从图中可以看出 ARMA(3,6)拟合效果更佳。所以，选用 ARMA(3,6)模型。综上可以得出该 ARMA 模型的表达式为：

$$\begin{aligned} y(t)=&0.738y(t-1)-0.086y(t-2)+0.193y(t-3)+e(t)-0.398e(t-1)+\\ &0.156e(t-2)+0.09e(t-3)-0.047e(t-4)-0.189e(t-5)-0.312e(t-6) \end{aligned} \tag{4-93}$$

(四)模型检验

上述对比分析得出选择 ARMA(3,6)模型，接下来要对该模型进行检验，模型的检验主

要是看模型得出的预测序列与观察值之差是否为一个随机序列，其实也就是残差序列是否满足随机性。在前面介绍了利用 LB 统计来判断序列的随机性，另外还可以通过观察残差序列的 ACF 函数值和 PACF 函数值来判断序列是否存在随机性。如果残差序列的 ACF 和 PACF 函数值显著为 0 或者其函数值均处于 95%置信区间，则残差序列为一个随机序列，也即残差序列接近于白噪声。图 4-98 和图 4-99 分别是由 FARIMA 模型转化建立的 ARMA(3,6)模型的残差序列 ACF 函数图和 PACF 函数图。其中，图的横坐标为 24 个滞后阶数，纵坐标分别为 ACF 值和 PACF 值，两条横线为 95%置信区间。

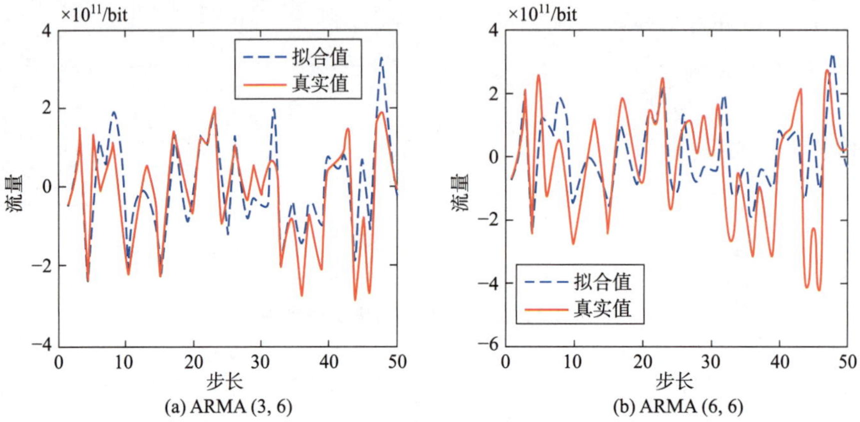

图 4-97　ARMA(3,6)和 ARMA(6,6)拟合

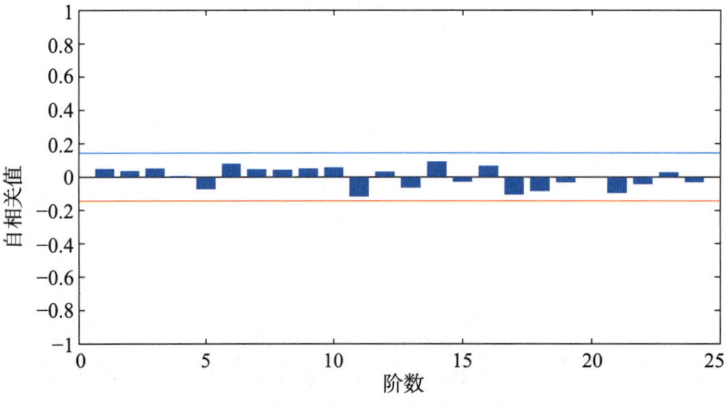

图 4-98　ARMA(3,6)残差序列 ACF

从图 4-98 和图 4-99 可以看出，ARMA 模型的自相关函数和偏自相关函数全部落在 95%置信区间内，并且大小都接近 0。所以，可以判定该残差序列为白噪声。

(五)FARIMA 模型预测仿真分析

根据前面得出的 ARMA 模型表达式，结合前文计算得出的 d 值，可以得出如下关系：

$$\nabla^{0.187} z'(t)=0.738z'(t-1)-0.086z'(t-2)+0.193z'(t-3)+e(t)-0.398e(t-1)+0.156e(t-2)+0.09e(t-3)-0.047e(t-4)-0.189e(t-5)-0.312e(t-6) \tag{4-94}$$

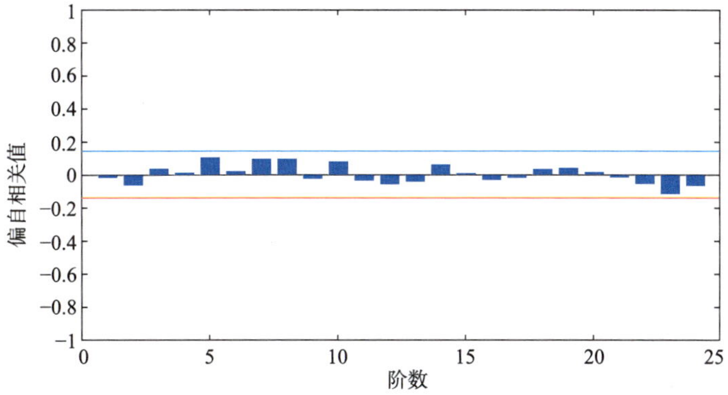

图 4-99 ARMA(3,6)残差序列 PACF 图

其中，$z'(t)$为经过零均值化处理后的 FARIMA 过程。对 $z'(t)$进行一次反零均值化处理，可以得到网络流量 FARIMA 过程的估计序列 $\tilde{z}(t)$。图 4-100 中(a)图给出了 50 步长的铁路数据网流量预测曲线。其中，实线为真实的网络流量，虚线为 FARIMA(6,0.178,6)的拟合估计预测值，横坐标为步长。从图中可以看出拟合波形在前 25 步内能够完全反应观察值流量的趋势。随着步数的增加，拟合残差变得越来越大，这也是由于多步预测对其前面数据的估计值使用得越来越多所引起的，符合理论原理。

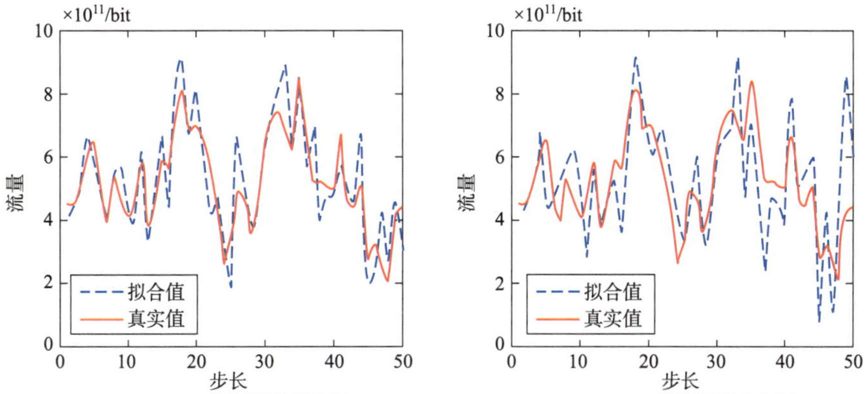

(a) FARIMA模型预测拟合图　　(b) ARMA模型预测拟合图

图 4-100 FARIMA 和 ARMA 模型预测拟合效果

为了检验模型估计的精准度，利用平均绝对误差、平均绝对误差率等指标参量进行检验，并且对比直接用 ARMA 模型预测的拟合效果，其中直接采用 ARMA 模型预测 50 步流量预测曲线如图 4-100 中的(b)所示。从(a)和(b)两图对比可见 FARIMA 模型预测拟合效果更好。另外，两种预测方法的各项性能指标参数见表 4-42，基于 FARIMA 模型预测的各项性能指标均优于直接 ARMA 预测模型，说明基于 FARIMA 网络模型预测精准度的更高，证明铁路数据网网络流量可以通过 FARIMA 模型进行建模分析预测未来流量数据，这对网带宽分配、网络优化、网络扩容提供了数据基础。

表 4-42 FARIMA 与 ARMA 预测指标

	MAE	MAPE	RMSE	NMSE	SNR
FARIMA	6.27	0.091	8.57	0.32	17.88
ARMA	13.29	0.196	13.52	0.62	12.79

五、小结

本节主要介绍了业务流长相关与自相似的定义、特点及相关的定理，并指出了网络业务流既具有长相关特性也具有短相关特性。分析了 FARIMA 模型，优化了 ARIMA 模型只用于短相关的弊端，使其同时具备描述长相关和短相关的能力，能很好地描述自相似业务的网络流量。并且利用 FARIMA 模型进行建模和验证时，通过比较真实的分数差分阶数 d 和仿真验证时拟定的差分阶数 d，对所采用的方法进行了仿真验证。仿真结果表明，FARIMA(p,d,q)模型在同时处理长相关和短相关方面有其独特的优势，可以很好地对实际网络数据进行拟合。本节还通过数学变换将 FARIMA(p,d,q)过程可以分解为分数差分噪声和 ARMA 过程，有效地避免了直接计算分析 FARIMA(p,d,q)过程的复杂性。在最后针对铁路数据网流量数据的特点，通过消除长相关性及周期性，对真实数据进行建模仿真分析，得出拟合波形效果较好。并且结合直接 ARMA 建模预测进行对比分析，通过平均绝对误差、平均绝对误差率等指标参量进行检验比较，结果表明基于 FARIMA 模型预测比直接 ARMA 模型预测拟合精准度更高，证实 FARIMA 模型对铁路网络流量建模预测的可行性。

参 考 文 献

[1] 孙学康,毛京丽. SDH 技术[M]. 北京：人民邮电出版社,2009.
[2] 王健,魏贤虎,易准,等. 光传送网 (OTN) 技术、设备及工程应用[M]. 北京:人民邮电出版社,2016.
[3] 李允博. 光传送网(OTN)技术的原理与测试[M]. 北京：人民邮电出版社,2013.
[4] Greg Bernstein,Bala Rajagopalan,Debanjan Saha,等. 智能光网络:体系结构协议和标准[M]. 北京:人民邮电出版社,2007.
[5] 曹畅,唐雄燕,王光全. 光传送网:前沿技术与应用[M]. 北京：电子工业出版社,2014.
[6] Bonaventura G, Jones G, Trowbridge S. Optical transport network evolution: hot standardization topics in ITU-T including standards coordination aspects [M]. IEEE Press,2008.